COLLISION
COMMUNICATION

碰撞与会通
西方科技与教育在近代中国的传播与发展

———— 下册 ————

李建求 著

商务印书馆
The Commercial Press

目 录

第四章 在碰撞和抗拒中催生的晚清"中国梦" 521

第一节 中体西用：洋务派的自强之道 522
一、自强思潮与中兴之道 524
二、洋务实践的扩展与中体西用的对峙 529
三、洋务教育的新景观：西文与西艺 548
四、江南制造局翻译馆：西书翻译出版中心 584

第二节 变法维新：永载史册的瞬间 588
一、民族危亡对近代化道路的重新思考 589
二、寻找变革的新工具与新途径 597
三、教育维新下猛药 611
四、康梁的科学观与教育理想 617
五、京师大学堂在悲怆中诞生 638

第五章 突破自家围城走向新世界 648

第一节 初沐欧风美雨 649
一、千古创辟：容闳与近代第一次官派留学 649
二、福建船政局派出的留欧学生 664

第二节　浮槎东渡：近师日本 …………………………………… 679

　　第三节　庚子赔款：引发留学欧美潮 …………………………… 693

　　第四节　严复：中国西学第一人 ………………………………… 703

　　　一、严译八大名著与思想启蒙 ………………………………… 705

　　　二、教育救国论与科学教育观 ………………………………… 737

　　第六节　张謇：善取法于各国参究之后 ………………………… 747

第六章　现代科技与教育的曙光 …………………………………… 767

　　第一节　科举废除与科技教育合法化 …………………………… 767

　　　一、新旧中国的分水岭：科举制度的废除 …………………… 767

　　　二、新学制的确立：科技教育合法化 ………………………… 785

　　第二节　蔡元培与中国教育的新纪元 …………………………… 805

　　　一、博采世界最新主义，开中国教育新纪元 ………………… 806

　　　二、仿世界各大学通例，为北大精神奠基 …………………… 823

　　第三节　科学主义思潮拍击神州 ………………………………… 843

　　　一、陈独秀：科学与民主的旗手 ……………………………… 845

　　　二、胡适：实验主义的引渡人 ………………………………… 858

　　　三、丁文江和中国第一个科研机构 …………………………… 871

　　　四、任鸿隽：现代科学事业的开路先锋 ……………………… 884

　　　五、蔚为大观的科技学会 ……………………………………… 892

　　　六、科学教育思潮改写中国教育 ……………………………… 901

　　　七、杜威与罗素的中国之行 …………………………………… 909

主要参考征引文献 ……………………………………………………… 942

后　　记 ……………………………………………………………… 957

第四章

在碰撞和抗拒中催生的晚清"中国梦"

中国现代化的进程与西方不同,其起因并非源自内部现代性因素的累积生长,而是肇因于西方现代化的外部挑战,是在西方近代新生优势文明进逼下的仓促对策,具有强烈的功利主义色彩。明清之际,西方走出中世纪,其文明经文艺复兴、宗教改革、科技革命、工业革命所累积的巨大能量,所显示的强大威力,正在摇撼一切、改变一切、创造一切。它首先以武力的形式击碎了国人天朝大国的迷梦,中国传统文化也因外来文化的冲击以致根本动摇。在悲惨壮烈的血与火的较量中,部分先知先觉的中国人在饱受切肤之痛后,开始为摆脱困境、救国保种而急功近利地向西方寻求自强复兴的良方。近代中国整个社会,可以说都为西方文明所笼罩,无论是社会开放与政治变革,还是文化更新、西学引入、教育改革,都是在西方文明的冲击下,被迫做出的无奈与应急反应。如何救亡图存,如何对待西方文明,如何实现中华文明的现代转型,成为近代中国一个不可回避而又亟待解答的问题。中国传统文化教育也在应对西方文明挑战的过程中,仓促地走进了近代。西方船坚炮利的"武功",首先成为学习的对象,问题在于如何对待它:是闭关绝市、"夷夏大防",还是开放变革、奋发图强?是"中体西用""师夷长技",还是"用夷变夏"、全盘西化？今天当我们以理性视角审视近代中国这一段悲壮的历史时，我们会惊奇地发现：虽然西方尤其欧洲近代文明的优势颇多，但在实践中，中国既没有走上全盘西化的道路，也没有完全死守中国传统，而是在与西学的切磋琢磨、碰撞交锋中逐渐走向开放变革，由对峙慢慢走向携手融合。而中国传统文化的新变，又带动了社会各领域的全面转型，为中华民族和华夏文明的伟大复兴创造了不可或缺的环境条件。

第一节　中体西用：洋务派的自强之道

第一次鸦片战争的失败，在清朝绝大多数士大夫看来是一次偶然的意外，只有极少数像林则徐、魏源这样的睁眼看世界的士大夫才敏锐地初步意识到中国与世界的关系已进入一个前所未有的共同体新时代。对清政府来说，也许1860年以后的时期，才可以说是真正充满恐惧和变化的年代。起事于1851年的太平军，于1860年初击溃了清廷苦心经营的江南大营，使清廷失去了可依恃的绿营重兵。满族亲贵所统帅的部队，全力对付捻军、太平军及进逼京城的英法联军，再无力量应付江浙战场上太平军的攻势。在四顾无人的情况下，咸丰帝不得不起用以曾国藩为首的汉族士绅领导武装镇压太平军叛乱。曾国藩是一个注重实践的理学家，在治军过程中革新与守旧并举。一方面，以中国传统的纲常名教作为军队的精神支柱，以宗族和乡土观念来加强军队的团结；另一方面，持开放态度，虚心向西方学习，罗致徐寿、华蘅芳等科技专家制造洋枪、洋炮和洋船，并支持李鸿章创设上海广方言馆，领衔奏请选派幼童官费留美。所以，不仅他治下的湘军骁勇彪悍，在镇压太平军时凯歌高奏，而且在他周围聚集了一批热心洋务的官僚和视野开阔的知识精英。曾国藩亦因此步步升迁，成为权倾一时的封疆大吏和洋务派领袖。由于自成体系的湘军集团迅速崛起，清政府的军事重心也从中央转移至地方，地方分权势力逐步形成。

第二次鸦片战争自1856年开始，英法联军攻下天津直逼北京后，咸丰帝被吓得逃往热河。1860年11月，清政府被迫与英法签订《北京条约》。条约中包含诸多使国家民族蒙受耻辱的条款，同时也迫使清政府接受了平等对待外国的要求。大清帝国自此在与西方各国的"往来照会"中亦必须"俱按平等"。这就从根本上改变了中国自秦始皇甚至自周天子以来，以"天朝上国"自居、用"夷夏"观念处理对外关系的传统。西方列强在要求清政府实行平等外交的同时，还因对于只能与清政府地方督抚打交道而不能与清廷直接交涉的制度一直不满，强烈要求设立专门性的外事机构来处理中外交涉事务。清政府不得已，只好于咸丰十年（1860）设"抚夷局"（即"总理各国事务衙门"的前身）。1861年8月，咸丰帝奕詝病逝，年仅6岁的载淳即位，由载垣、肃顺等八大臣辅政。同年11月，载淳生母慈禧太后联合恭亲王奕䜣发动宫廷政变，罢黜八大臣，由奕䜣任议政王，主持军机处和总理衙门，奕䜣政治集团由此崛起。也就是这一年，李鸿章离开他的恩师曾国藩，仿效曾国藩广开幕府罗致实干真才，并在江苏上海一带开始招募淮军，图谋一展宏图。由是，中央集权统治进一步弱化，清政府只可依赖而无法动摇的地方分权势力进一步扩大。

1861年的宫廷政变，实际上是清朝统治集团内部的革新派对恪守传统和先祖遗训的守旧派的胜利。面对国内动荡不安、危机四伏及与西方对峙不可避免的现实，新掌权的实力派为要求开放变革的开明官僚和士绅提供了机会。由是，乃有19世纪60年代"自强"思潮的勃兴与以引入"西技"为起点并延伸到"西政"的变革开放运动——洋务运动的发生，从而不仅从理论上而且从社会实践层面上，正式揭开了近代中国第一次大规模民族复兴的现代化运动的序幕。

一、自强思潮与中兴之道

"自强"作为中国传统文化精神的基本范畴之一，古已有之。在《易传·乾象》中就有"天行健，君子以自强不息"的名言，但真正把它作为一个治国理政的纲领性口号提出的则是奕䜣。1861年1月24日，亦即总理衙门成立后第4天，奕䜣等在《奏请八旗禁军训练枪炮片》中提出："窃臣等酌议大局章程六条，其要在于审敌防边，以弭后患，然治其标而未探其源也。探源之策，在于自强，自强之术，必先练兵。"[①]就时间而言，奕䜣"自强"口号的提出距《北京条约》的签订仅仅两个多月，其因果联系不难判定；就文化心理而言，"自强"意识的萌发，与士大夫们创巨痛深的"庚申之变"有密切的关联。对于奕䜣和其他官僚士大夫来说，英法联军入侵北京与《北京条约》的签订仿佛是一场噩梦。奕䜣与文祥虽然主持签订了《北京条约》，但这一耻辱性的结局，绝非出自他们个人的意愿，而是战争本身的定局。奕䜣、桂良、文祥在《统计全局酌拟章程六条呈览请议遵行折》中说："此次夷情猖獗，凡有血气者，无不同声愤恨。"[②]此言或许更能体现他与文祥等人的真实情感。

第一次鸦片战争后，"都门仍复恬嬉，大有雨过忘雷之意"。第二次鸦片战争后，统治集团和士绅阶层被深深震动，有关"庚申之变"的奏折、文章，一时间在京城内外交相飞递。士大夫见外侮日

[①] 中华书局编辑部整理：《筹办夷务始末（咸丰朝）》（卷七十二），中华书局1979年版。
[②] 中华书局编辑部整理：《筹办夷务始末（咸丰朝）》（卷七十一），中华书局1979年版。

迫,"人人有自强之心,亦人人为自强之言"。[1]最先倡导"自强"的开明知识分子是冯桂芬(1809—1874年)。1861年,他在《校邠庐抗议》中指出:"顾今之天下,非三代之天下比矣。……今则地球九万里,莫非舟车所通,人力所到"[2],因此,"不能自强,徒逞谲诡,适足取败而已"[3]。至于如何自强,他主张"采西学""制洋器"。西学先驱王韬认为,"当今光气大开,远方毕至。……合地球东西南朔九万里之遥,胥聚于一中国之中,此古今之创事,天地之变局,此所谓不世出之机也"。1864年,他在代友人撰写给时任江苏巡抚李鸿章的建议书中,解释"不世出之机",即"天之聚数十西国于一中国,非欲弱中国,正欲强中国,以磨砺我中国英雄智奇之士"。因此,中国应抓住这一时机,发奋图强,"以不世出之略,成不世出之功,而适会此不世出之机"[4]。亲身经历这一过程的曾纪泽在其所著的《中国先睡后醒论》中亦指出,西方列强的侵略"略已唤醒中国于安乐好梦之中","然究未能使之全醒",直到"庚申圆明园之火,焦及眉毛,俄国之僭伊犁,法国之吞东京,始知欧洲人四面逼近,其地势极其危险","中国始知他国皆清醒,而有所营为,己独沉迷酣睡,无异于旋风四周大作,仅中央咫尺平静,窃以此际,中国忽然醒悟"[5]。"数千年来未有之强敌"促成了识时务者的觉醒,而这一时期中国由睡入醒的重要标志,正在于"自强"观念的提出。

---

[1]《同治十三年九月二十七日总理各国事务衙门奏》,引自中国史学会主编:《中国近代史资料丛刊·洋务运动》(一),上海人民出版社1961年版,第26页。

[2] 冯桂芬:《校邠庐抗议·采西学议》(卷下),引自璩鑫圭、童富勇编:《中国近代教育史资料汇编(教育思想)》,上海教育出版社2007年版,第25页。

[3] 同上书,第32页。

[4] 王韬:《代上苏抚李宫保书》,载《弢园文新编》,生活·读书·新知三联书店1998年版,第240–242页。

[5] 曾纪泽:《中国先睡后醒论》,载于宝轩编纂:《皇朝蓄艾文编》,北京图书馆1965年影印本,第242–243页。

"自强"的必要性虽然为19世纪60年代的朝野上下所认同,但如何"自强"却成为官僚士大夫分歧的焦点。守旧的倭仁一派认为,"立国之道,尚礼义不尚权谋;根本之图,在人心不在技艺";"古今来未闻有恃术数而能起衰振弱者也"[①]。因此,"欲求制胜,必求之忠信之人;欲谋自强,必谋之礼义之士。"他心中的"自强"是"战胜在朝廷,用人行政,有关圣贤体要者,既已切实讲求,自强之道,何以逾此"[②]。而他列举的"用人行政"仍然是正学术、养人才、求直言、分田域、裁冗食、警游惰及"重本黜末""崇实黜华"等传统儒学励行内治的陈旧话题。和倭仁相互呼应者还大有人在。方濬颐说:"今天下言时务者,动以泰西机器为至巧至精,而欲变吾之法,师彼之法,谓舍此不足以强中国而慑岛夷也;一唱百和,万口同声。……顾吾思之,机主于动,生于变,戾于正,乖于常。以技艺夺造化,则干天之怒;以仕宦营商贾,则废民之业;以度支供鼓铸,则损国之用。"[③]他强调"中国之强弱视乎政事之得失,而不关乎货财之多寡;而世运之安危,根乎治理之纯驳,而不在乎兵力之盛衰"[④]。曾担任驻英国副公使、见过洋世面的刘锡鸿也说:"圣人之数,仁义而已。……今西洋之俗,以济贫拯难为美举,是即仁之一端;以仗义守信为要图,是即义之一端。……非然者,一意讲求杂技,使趋利之舟车、杀人之火器,争多竞巧,认为富强,遽谓为有用之实学哉?中国自天开地辟以来,历年最多,百数十大圣继起其间,制作日加精备,其言理之深,有过于外洋数倍

---

① 倭仁:《请罢同文馆用正途人员习天算折》,引自高时良、黄仁贤编:《中国近代教育史资料汇编(洋务运动时期教育)》,上海教育出版社2007年版,第11页。
② 倭仁:《密陈同文馆招考天文算学请罢前议折》,引自高时良、黄仁贤编:《中国近代教育史资料汇编(洋务运动时期教育)》,第14—15页。
③ 方濬颐:《二知轩文存·机器论》(卷一),引自中国史学会主编:《中国近代资料丛刊·洋务运动》(一),上海人民出版社1961年版,第454页。
④ 方濬颐:《二知轩文存·议覆赫威两使臣论说》(卷十二),引自中国史学会主编:《中国近代资料丛刊·洋务运动》(一),第458页。

者。外洋以富为富，中国以不贪得为富。外洋以强为强，中国以不好胜为强。此其理非可骤语而明。究其禁奇技以防乱萌，揭仁义以立治本，道固万世而不可易。"[1]而奕䜣、文祥（可视为清廷中央的洋务派）及曾国藩、李鸿章、左宗棠等洋务派大员却以"采西学""制洋器"，即向西方学习军用、民用工业技术和声光化电等学问为"自强"的根本。奕䜣等在《奏请派京营弁兵往江苏学制火器折》中一再强调："查治国之道，在乎自强，而审时度势，自强以练兵为要，练兵又以制器为先。"[2]李鸿章关于"自强之道"的认识或许可以说远较同时代人更为丰富和深刻。在他的视野中，"自强"至少包括：变法用人——"能自强则必先变法与用人"[3]；机器制造——"机器制造一事，为今日御侮之资，自强之本"[4]；变革兵制——"外国利器强兵百倍中国，……实能持我短长，无以扼其气焰。……若不及早自强，变易兵制，讲求军实，仍循数百年绿营相沿旧规，厝火积薪，可危实甚"[5]；兴办民用企业，如办矿务——"台湾甫经试办，滦平则尚无成议。目前欲为自强本计，不得不就此地利，实力经营"[6]；收回利权，如设招商局——"轮船招商局之

---

[1] 刘锡鸿：《英轺私记》，见钟叔河主编：《走向世界丛书》（第7册），岳麓书社2008年修订版，第128—130页。

[2] 中华书局编辑部，李书源整理：《筹办夷务始末（同治朝）》（卷二十五），中华书局2008年版。

[3] 李鸿章："复刘仲良中丞"，《李文忠公全书·朋僚函稿》（卷十六），引自中国史学会主编：《中国近代史资料丛刊·洋务运动》（一），上海人民出版社1961年版，第268页。

[4] 李鸿章：《置办外国铁厂机器折》，载李守亭主编，侯云龙、张丽红编：《李鸿章全集·奏稿》（卷九），长春时代文艺出版社1998年版，第425页。

[5] 李鸿章："复陈筱舫待御"，《李文忠公全书·朋僚函稿》（卷五），引自中国史学会主编：《中国近代史资料丛刊·洋务运动》（三），上海人民出版社1961年版，第591页。

[6] 陈旭麓、顾廷龙、汪熙主编：《盛宣怀档案资料选辑》（之二：湖北开采煤铁总局·荆门矿务总局），上海人民出版社1981年版，第67页。

设,原期收回中国利权,徐图自强之计"[①];变革科举制——"中国欲自强,则莫如学习外国利器;欲学习外国利器,则莫如觅机器之器,师其法而不必尽用其人。欲觅制器之器与制器之人,则或专设一科取士"[②];改革教育体制,设"洋学局"——"用人最是急务,储才尤为远图。……似应于考试功令稍加变通,另开洋务进取一格,以资造就。……拟请嗣后凡有海防省分,均宜设立洋学局,择通晓时务大员主持其事。分为格致、测算、舆图、火轮、机器、兵法、炮法、化学、电器学数门,此皆有切于民生日用军器制作之原。"[③]可以说,在当时的洋务官僚提出的诸多对策中,李鸿章提出的"自强"方案是水平最高、识见最深远的,包含着新鲜的时代活力。李鸿章的变革主张,不仅强调了"师夷长技"的重要性与迫切性,甚至在某种程度上意识到仅仅停留在器物层面上的学习是不够的,必须有制度层面上的深化改革,即他在《筹议海防折》上所谓"办洋务、制洋兵,若不变法,而徒骛空文,绝无实济"[④]。总而言之,洋务派与守旧派围绕"自强"道路的论争,一方面可以从中国传统经世之学的内在矛盾中找到其思想的踪迹,另一方面又在新的世界图景和环境条件下延展出新的时代内涵。洋务派力求用自觉的开放变革来实现中国的自强复兴,并以此阻止西方列强的咄咄进逼;而顽固派则仍然抱"夷夏之辨"的传统文化观,一厢情愿地欲以封建主义来打败新生的资本主义,以中国传统的伦理道德来回击西方的坚船利炮。

---

① 李鸿章:"论维持招商局",《李文忠公全书·译署函稿》(卷十),引自中国史学会主编:《中国近代史资料丛刊·洋务运动》(六),上海人民出版社1961年版,第94页。

② 中华书局编辑部,李书源整理:《筹办夷务始末(同治朝)》(卷二十五),中华书局2008年版。

③ 李鸿章:《筹议海防折》,引自中国史学会主编:《中国近代史资料丛刊·洋务运动》(一),上海人民出版社1961年版,第52-53页。

④ 同上书,第52页。

诚然如有的学者所言，19世纪60年代的"自强"思潮与"同治中兴"，"只能算是中国历史上一个较低层次的复兴。它虽然暂时制止了衰落，但却未能使清王朝恢复到足以体面地生存在近代世界的水平。它对西方军械、技术和外交的模仿是一种浮于外表的现代化姿态；西方文明中的精华所在——政治体制、社会理论、哲学、艺术和音乐——全然没有涉及。从历史的眼光看，它充其量不过是清王朝国运持续衰落中的一缕回光返照而已——犹如'秋老虎'最后的炎热一般。"① 但不可否认，其最低限度的意义在于，洋务派突破了传统的"夷夏大防"观念，做出了基于"师夷制夷"的勇敢尝试，从而为中国社会的开放变革提供了一种前所未有的文化和社会心理氛围。特别是以"自强"作为"治国之道"与"探源之策"的洋务派，显示出他们面对西方近代新生文明的挑战与列强的逼迫时，终于从本能的反应转变到主动自觉的回应，使输入的"西学"摆脱了与"中学"的隔绝，从而也摆脱了与中国社会隔绝的尴尬局面，在实践层面实现了中学与西学的会通与融合。至此，古老中国真正在客观环境和主观意识上都转入近代，开启了从传统文明向近代文明转换的大胆尝试，用梁启超的话来说，中国从此进入一个"蚕变蛾、蛇脱壳"的新陈代谢时代。

二、洋务实践的扩展与中体西用的对峙

在自强思潮的推动下，面对"数千年未有之大变局"，筹办建设旨在御外的现代军事工业便成了"洋务"的重心和当务之急。从

---

① 徐中约：《中国近代史（1600—2000中国的奋斗）》，计秋枫、朱庆葆译，世界图书出版公司2013年版，第190页。

历史上看,"洋务"是由"夷务"演化而来的。①按照陈旭麓先生的说法,"'夷'、'洋'两字的本义,互不相涉,更无厚薄之殊。但在中国历史上的国与国、民族与民族之间的交往发展中,它们不仅有文野的区别,而且有过新旧递嬗的关系。"②尽管"洋务"并不是洋务派的发明,但仔细辨析起来,由"夷务"变而为"洋务",说明其中还是有些差别的。在魏源"师夷长技以制夷"的思想中,无疑是有蔑视洋人和制夷的意味,而由"夷务"演化为"洋务"后,却有崇洋和畏夷之意。"洋务"概念虽然早在林则徐时便已出现,但真正成为一个社会热点和一项实践活动却在19世纪六七十年代。当时所谓的"洋务",是"合交涉、制造、教案、通商诸务,而一概之以一名词焉,曰'洋务'"③。当时倡言洋务的大致有两类人物。一类是靠镇压太平天国起家、逐渐掌握地方军政大权的汉族封疆大吏,如曾国藩、李鸿章、左宗棠,他们的洋务实践得到了皇室亲贵中比较开明的人士如奕䜣、文祥等的支持。一类是社会地位相对较低、富于改革创新精神的开明知识分子。这类人不仅对西方资本主义国家的现代文明有较为清醒的了解和认识,对西方的先进科技和政治、

---

① 据陈旭麓先生考证,对"夷"字较早提出异议的,是19世纪二三十年代间来往于澳门、广东的东印度公司职员英国人胡夏米。他认为,称英国商船为"夷船"是对他的"凌辱"。他进而上书抗议说,"大英国终不是夷国,乃系外国"。"夷务"这个词大约出现在道光年间,而"洋务"一词最早见诸官方文字乃是1839年7月江南道监察御史骆秉章的奏折中"把持洋务"句。1853年6月,在咸丰帝的上谕中出现有"向来洋务,均归钦差大臣两广总督酌量办理"一说,但这时洋务一词尚是不常见的偶用。"洋""夷"两词的正式出现,则是1858年6月26日签订的《中英天津条约》。约中条款规定:"嗣后各式公文,无论京外,内叙大英国官民,自不得提书'夷'字。"(陈旭麓:《陈旭麓文集 第二卷:思辨留踪(上)》)这个规定虽不能说不合理,却是炮口下产生的苦果,是不平等条约制造者要求的所谓平等对待他国。这个规定出现时,中国官绅和民众都有过强烈的却无可奈何的反应。

② 陈旭麓:《陈旭麓文集 第二卷:思辨留踪(上)》,华东师范大学出版社1997年版,第306页。

③ 何晓明:《百年忧患——知识分子命运与中国现代化进程》,东方出版中心1997年版,第153页。

经济制度表露出由衷的赏识和倾慕之情，而且他们又与曾、李、左等封疆大吏保持着十分密切的私人关系，或为门生或为幕僚，如冯桂芬、容闳、王韬、薛福成、郭嵩焘、马建忠等。在主张办洋务的方略和实践上，这两类人可以说是同声相应、同气相求。自19世纪60年代起，在上有实力派洋务官僚倡导，下有地方督抚和开明人士摇旗鼓舌的情形之下，洋务以京城建立的"总理各国事务衙门"①为标志，以江南制造局、金陵机器局、福州船政局、天津机器局等为开端，在南北同时展开，且范围不断扩展，日益成为一股经久不息的热潮和运动，历时三十余年。借用日本学者沟口雄三的话来说，"洋务运动是中华文明世界在被迫与欧洲文明世界相对抗的情况下，出于对自身世界的败北的危机意识，在吸收异文明的同时试图利用异文明来保存、再生自身世界的运动；在内容上，是一场因自觉到民族及王朝、国家、国民的危机而从引进军事技术、振兴机械工业、改革教育制度开始，直至变革政治体制的'前所未有'的运动；是涉及政治、经济、社会、文化等所有领域的广泛深入的运动。因此，

---

① 清廷从前一直没有设立外交衙门，因为中国在古代以"天朝上国"自居，从来就不在所谓的平等、外交级别上承认其他国家，而只是在藩务（封贡事务）和商务的基础上对待他国。在鸦片战争以前，藩务由礼部执掌，因为它本质上反映的是一种礼仪关系。清廷的外交改良始于1861年1月11日恭亲王和文祥上奏的"统筹全局酌拟善后章程"。该章程建议设立一个新的衙门来总理"夷务"，由是1861年3月11日"总理各国事务衙门"就在北京正式设立了。"总理各国事务衙门"，简称"总理衙门"或"总署"，它是中国在响应西方冲击时所设置的第一个重要的、作用巨大的机构。它的职权范围非常宽泛，分设有英国股（主办与英国、奥地利交涉事务，兼办与各国通商、税务等事）、法国股（主办与法国、荷兰、西班牙、巴西交涉事务，兼办管理保护民教及招工等事）、俄国股（主办与俄国、日本交涉事务，兼办陆路通商、边防疆界、外交礼仪、本署官员考试任免、经费开支等事）、美国股（主办与美国、德国、秘鲁、意大利、瑞典、挪威、比利时、丹麦、葡萄牙交涉事务，兼管设埔保工等事）、海防股（主办南北洋海防，包括长江水师、沿海炮台、船厂及购置军械、制造机器、开设铁路、矿务、通讯等事务），同时还管辖同文馆、海关总税务司署。可见，"总理各国事务衙门"总揽了当时的外交以及与之相关的财政、军事、工商、矿务、交通、教育各方面的大权。虽然外国人一般都视之为"外交部"，可实际上它的职能更像是清廷军机处的一个下属机构，是兴办"洋务"的总指挥部，当然它也在相当程度上执行了内阁的职能。

洋务运动是一场关系到政治、经济、社会、文化等所有领域的文明运动。"①

洋务官僚和士绅展开的洋务实践，最先着手建立的是以"御侮"为目的的军事工业。众所周知，模仿西方军事技术以求自强是林则徐、魏源早已提出的构想，但真正把林、魏"师夷长技"思想付诸实施的第一人却是曾国藩。曾国藩虽为理学大师，但其学术思想却颇具经世色彩，少年时便"毅然有效法前贤，澄清天下之志"。他曾说："君子之立志也，有民胞物与之量，有内圣外王之业，而后不忝于父母之所生，不愧为天地之完人。"②可见，他是一个典型的入世致用的实践主义理学家。他将"经世之学"看作与义理、考据、词章同样重要的学问，并对官制、财用、盐政、漕务、钱法、兵制、兵法等关系国计民生的大事认真研讨。同时，由于他长期活跃在社会政治、军事领域的前列，接触西学较多，对时局的认识也更加清晰，因而，他在镇压太平军和此后的活动中，都比较注重学习西方的科学技术和先进工业。咸丰十一年（1861），在他的主持和倡导下，成立了中国第一家近代军事工业——安庆军械所，"访募覃思之士、智巧工匠"，着手试造船炮，从而开政府组织人力进行武器机器生产实践的先河。继安庆军械所后，大型新式军事企业纷纷建立：同治四年（1865），由曾国藩支持、李鸿章筹办，江南制造局在上海成立；同年，李鸿章在南京设立金陵机器局；次年，左宗棠在福州设立福州船政局；后年，崇厚在天津设立机器局。除上述四大新式军事企业外，又有各省机器局陆续成立，如福州机器局，山东、湖南、四川、广东、吉林、山西、浙江、云南、湖北、台湾等

---

① 〔日〕沟口雄三：《作为方法的中国》，孙军悦译，生活·读书·新知三联书店2011年版，第69页。

② 曾国藩："道光二十二年十月二十六日与诸弟书"，载郑红峰译注：《曾国藩家书》，吉林出版集团有限责任公司2011年版，第42页。

省亦设有机器局，规模相当可观。洋务派创办这些军工企业，其主要目的并非为了对付国内手持大刀长矛的反清武装，而是针对他们心目中的"长久之患"——西方列强。曾国藩说："枪炮固属目前急需之物，而轮船也不可不赶紧制造，造成此物，则显以定中国之人心，隐以折彼族之异谋。"[①] 李鸿章认为："中国文武制度，事事远出西人之上，独火器万不能及。"[②] 因而，他肯定地说："机器制造一事，为今日御侮之资，自强之本"[③]；"中国但有开花大炮、轮船两样，西人即可敛手"[④]。可见，他们抵御外侮的意识十分明晰。

如本书前述，军事工业的兴办只是洋务运动的一部分内容。洋务派鉴于"中国之积弱不振，皆因贫穷之故"（李鸿章语），加之新式国防远比传统国防花费大，因此，洋务派还创办了一些追求利润而又是当时中国急需的民用工业，如轮船、铁路、开矿、纺织和电报等，以"官督商办"或"官商合办"的模式展开。企业的经营管理权大都掌握在官府指定的官员手上，企业资本则主要来自私人资金，虽然在企业筹办时官府也赞助一部分资金，但日后盈亏"全归商认，与官无涉"。这类企业著名的有轮船招商局、开平矿务局、上海机器织布局、电报总局、贵州制铁厂、漠河金矿和湖北缫丝局等。除此之外，洋务派还创建了科技、文化、教育方面的诸种近代设施。而所有这些展开的事业，同样具有鲜明的防御性色彩：民用工业的兴办是为了解决军事经费匮乏的财政困难；格致之学的兴起是为了"资以制造以为强兵之用"；新式学堂的开办及留学生的

---

① 曾国藩：《曾文正公全书·书礼》（卷二十五），李翰章编纂，李鸿章校勘，吉林人民出版社1995年版，第2525页。

② 中华书局编辑部，李书源整理：《筹办夷务始末（同治朝）》（卷四十八），中华书局2008年版。

③ 李鸿章：《置办外国铁厂机器折》，载李守亭主编，侯云龙、张丽红编：《李鸿章全集·奏稿》（卷九），长春时代文艺出版社1998年版，第425页。

④ 李鸿章：《上曾相》，载《李文忠公全集·朋僚函稿》（卷三），安徽教育出版社2008年版，第19页。

派遣是为了培养中国自己的外交和科技人才，以免受制于人；江南制造局译书馆在最初二十年间的西书翻译中，亦以兵法、工艺知识的输入为主要任务。梁启超曾对洋务时期文化活动的防御性意味有较为清晰的论述："（洋务）综其大纲，不出二端，一曰军事，如购船、购械、造船、造械、筑炮台、缮船坞等是也；二曰商务，如铁路、招商局、织布局、电报局、开平煤矿、漠河金矿等是也。其间有兴学堂、派学生游学外国之事，大率皆为兵起见，否则以供交涉翻译之用者。"[1] 他在谈及洋务派翻译西书的活动时亦说："中国官局所译者，兵政类为最多。盖昔人之论，以为中国一切皆胜西人，所不如者，兵而已。"[2] 又说："中国官局旧译之书，兵学几居其半。中国素未与西人相接，相接者兵而已。于是震动于其屡败之烈，怵然以西人之兵法为可畏，谓其所以驾我者，兵也。吾但能师其长技，他不足敌也。故其所译，专以兵为主。……其间及算学、电学、化学、水学诸门者，则皆将资以制造以为强兵之用。"[3] 上述梁氏诸论，一语道破了洋务运动兴起的原动力与防御性的内核。洋务派操持的这种"大率皆为兵起见"的"自强求富"运动，在当时就遭到了郭嵩焘的质疑和抨击。光绪元年（1875），郭嵩焘在《条议海防事宜》中指出："诚使竭中国之力，造一铁甲船及各兵船布置海口，遂可以操中国之胜算，而杜海外之觊觎，亦何惮而不为之？而……果足恃乎？此所不敢知也。"在他看来，"西洋之法，通国士民，一出于学；律法、军政、船政，下及工艺，皆由学升进而专习之。……能通知洋人之情，而后可以应变；能博考洋人之法，而后可以审机；非但造船制器，专意西洋新法，以洽海防者之宜急求也"。所以，他进

---

[1] 梁启超：《李鸿章传》，中华书局2012年版，第47页。
[2] 梁启超：《西学书目表序例》，引自中国史学会主编：《中国近代史资料丛刊·戊戌变法》（一），上海人民出版社1957年版，第449页。
[3] 梁启超：《变法通议·论译书》，载《饮冰室合集》（文集之一），中华书局2008年版。

而强调,"西洋立国,有本有末。其本在朝廷政教,其末在商贾;造船制器,相辅以益其强,又末中之节也。……彼之所长,循而习之;我之所短,改而修之。……以中国之大,土田之广,因地之制,皆可使富也;用民之力,皆可使强也;即吾所谓自治也。舍富强之本图,而怀欲速之心,以急责之海上,将谓造船制器,用其一旦之功,遂可转弱为强,其余皆可不问,恐无此理。"①

洋务派在应对西方列强侵略时,仿效西方建造坚船利炮,在理论上属于器物层面,在中国传统哲学中属于"器"的范畴。洋务派之所以致力于器物层面的变革,其原因固然是他们在实践中认识到"西器"既可"平内患",又能"勤远略"。同时,也因为这一层面的文化抗阻力最弱,对中国传统文化核心价值的破坏力和影响力也最小。在这一层面上移植西技、西艺进而图谋达到"以夷制夷"的目的,一方面可以为传统文化观念和民族情感所容纳接受,另一方面则可在不触动中国传统文化、政制伦常系统的情况下,保护传统文化体系内的核心价值观不受侵犯和冲击,如果理想的话甚至可以达到"用夏变夷"的目的。对此,曾国藩的幕僚、活跃一时的洋务思想家薛福成在其1880年撰写的《筹洋刍议》中曾有一段明确的表白。他指出:"取西人器数之学,以卫吾尧舜禹汤文武周孔之道,俾西人不敢蔑视中华。吾知尧舜禹汤文武周孔复生,未始不有事乎此;而其道亦必渐被乎八荒,是乃所谓用夏变夷者也。"② 这就是说,薛福成不仅主张取西人所长之"器",而且要用西方的"器"来卫护中国的"道",进而使中国的道传给西方,让西方也为中国的圣道所教化,最终达到"用夏变夷"的目的。尽管他的这一主张过于理想化,但却道出了当时绝大多数洋务人士的心声。英国著名历史学

---

① 郭嵩焘:《伦敦与巴黎日记·引言》,钟叔河、杨坚整理,见钟叔河主编:《走向世界丛书》(第4册),岳麓书社2008年修订版,第25—27页。
② 转引自龚书铎主编:《中国近代文化概论》,中华书局1997年版,第25页。

家汤因比曾在谈到文化冲突的法则时指出，在文化冲突中采取守势的民族，往往"把入侵的外国文化射线衍射成各种组合部分，然后，勉强接纳这些外国生活方式的裂片中那些毒害最小的，从而引起最少扰乱的部分，希望能够免去在此以外的更进一步的让步"[①]。在洋务运动中，洋务派"借法自强"的内在逻辑和真实的目的，也许正在于此。所谓"中学为体，西学为用"这一洋务实践的指导思想，也正是这种防御性文化心理的理论提炼。

"中体西用"说的出现，则是在洋务时期"自强求富""救亡图存""以夷制夷"这一根本性需求下，中国士大夫阶层对于西学"欲迎还拒"的矛盾心理的生动写照。"中体西用"观念广为流传的社会背景是，西方科学技术在洋务运动中的大量引进，造成中国传统科技向近代科学技术转变的不可逆转的趋势，中学与西学的较量与抗争在科学本身的范围内已经失衡，因而不得不转向在更大的范围讨论西学在中国传统文化整体中的地位问题，即"中学"与"西学"何为根本、何为枝叶，何为体、何为用。"体用"是中国哲学的特有范畴。按照陈旭麓先生的说法，"中体西用"包含两对范畴，"一是'中西'，一是'体用'。中与西是欧风美雨东来之后产生的对待之词，不单是区域名称，而有着不同生活和不同文化的丰富内涵；'体'与'用'运用的面很广，涉及的范围常因论旨而异，是一对古老的哲学范畴，和另一对更古老的哲学范畴'道'与'器'常发生联系。……本来中学有中学的'体用'，西学有西学的'体用'，即封建主义和资本主义有各自的'体用'，移花接木地把西方资本主义的'用'移植到中国封建主义的'体'上来，这是近代中国特殊历史条件下的产物，是在中西文化两极相逢的矛盾中第一阶段的结

[①] 〔英〕汤因比：《文化经受着考验》，浙江人民出版社1988年版，第281页。

合形式，是以以新卫旧的形式来推动中国社会的新陈代谢的"[1]。

"中学为体，西学为用"这一理论的最早表述是由林则徐的高足冯桂芬提出的。1861年，冯桂芬蒿目时艰，著《校邠庐抗议》四十篇，勾勒出"中体西用"思想的雏形。他在《制洋器议》篇中指出，和西洋比，中国有四不如："人无弃材不如夷，地无遗利不如夷，君民不隔不如夷，名实必符不如夷"。因而，他主张"采西学"，"以中国之伦常名教为原本，辅以诸国富强之术"[2]，其意为中国文化的伦常名教是根本，西方文化的科学技术是辅助性的东西。这与19世纪中叶日本维新派所主张的"东洋道德，西洋艺术"如出一辙。冯桂芬的这一论调，产生于西学东渐与守旧势力的双重压力之下，因而先天具有中西新旧折中的性质，其内在矛盾也显而易见。从理论上考察，此说实源于中国传统文化中的"道器""体用""本末"论，但突破了"夷夏大防"的文化观，从而为引进西学和实行开放变革寻求到了合法性，为"中体西用"思想勾勒了最初的框架，意味着传统儒学在西学东渐的态势下一统独尊的文化地位开始动摇并逐步丧失。冯桂芬的这一论调后来被开明知识分子、洋务官僚和改良派所普遍接受并加以进一步阐发。1896年，曾任《万国公报》主笔的沈寿康发表《匡时策》一文，指出："中西学问本自互有得失，为华人计，宜以中学为体，西学为用。目下中外使聘往来交涉等事，西学固为当务之急。然专讲西学者，往往见异思迁，食用起居渐染西气，鲜中学以为根底，遂至见弃士林。……其于西学又皆宜剥肤存液，师其所长，慎勿窃取皮毛，不特为华人鄙，更为彼西人笑也。西人之学问技艺高出于华人者甚多，今宜择其善者而师之，如天文、

---

[1] 陈旭麓：《论"中体西用"》，载《陈旭麓文集　第二卷：思辨留踪（上）》，华东师范大学出版社1997年版，第277页。

[2] 冯桂芬：《采西学议》，引自璩鑫圭、童富勇编：《中国近代教育史资料汇编（教育思想）》，上海教育出版社2007年版，第27页。

地理、算法、治河、医药、律例其大要也。至于农务、商务、工艺无不有学，悉数难尽。"①从笔者目前所接触的资料看，"中学为体、西学为用"这一口号系沈寿康在此时首次明确提出的。1896年8月，受命主办京师大学堂的孙家鼐对中西学的关系又进一步做了更为明确的论述："今中国创立京师大学堂，自应以中学为主，西学为辅；中学为体，西学为用；中学有未备者，以西学补之；中学有失传者，以西学还之；以中学包罗西学，不能以西学凌驾中学。"②1898年5月，洋务派领袖张之洞在其洋洋四万言的《劝学篇》中将"中体西用"的思想加以理论概括和系统阐发，以期"知西学之精意通于中学，以晓固蔽"③。《劝学篇》分内外两篇，内篇为"旧学"即中学，讲"体"，目的是"治身心"；外篇为"新学"即西学，讲"用"，目的是"应世事"。他在《劝学篇·外篇·设学》中说："新旧兼学，四书五经、中国史事、政书、地图为旧学；西政、西艺、西史为新学，旧学为体，新学为用，不使偏废。"④在19世纪60—90年代，"中体西用"思想成为洋务人士的共同理论纲领，甚至凡谈时务、讲西学的人，莫不接受或附和这一主张。诚如梁启超所谓："甲午丧师，举国震动；年少气盛之士疾首扼腕言维新变法，而疆吏李鸿章、张之洞辈，亦稍和之。而其流行语，则有所谓中学为体，西学为用者，张之洞最乐道之，而举国以为至言。"⑤梁启超本人也坚信，"舍西学

---

① 转引自汤奇学：《论"中学为体，西学为用思想"：从萌芽到形成体系的历史过程》，载《中国人文社会科学博士硕士文库（历史学卷·中册）》，浙江教育出版社1998年版，第1064–1065页。

② 孙家鼐：《议复开办京师大学堂折》，引自汤志钧、陈祖恩、汤仁泽编：《中国近代教育史资料汇编（戊戌时期教育）》，上海教育出版社2007年版，第225页。

③ 张之洞：《劝学篇·序》，引自璩鑫圭、童富勇编：《中国近代教育史资料汇编（教育思想）》，上海教育出版社2007年版，第102页。

④ 张之洞：《劝学篇·外篇·设学第三》，引自璩鑫圭、童富勇编：《中国近代教育史资料汇编（教育思想）》，第105页。

⑤ 梁启超：《清代学术概论》，载《梁启超论清学史二种》，朱维铮校注，复旦大学出版社1985年版，第79页。

而言中学者，其中学必为无用；舍中学而言西学者，其西学必为无本。无用无本，皆不足以治天下。虽庠序如林，逢掖如鲫，适以蠹国，无救危亡"[1]。也许是因为张之洞对"中体西用"论做了系统的概括和提炼，加之他又"最乐道之"，所以张之洞一度成了"中体西用"论的代言人。1898年6月，光绪帝颁布"明定国是"诏书，宣谕："中外大小诸臣，自王公至于士庶，各宜发愤为雄，以圣贤之学植其根本，兼博采西学之切时务者，实力讲求，以通达济变之才。"[2]至此，"中体西用"思想具有了钦定的意味，成为光绪帝实行维新变法的政治准则，以及近代中国政府的一种政策和实践取向。

"中学"和"西学"代表的是封建主义和资本主义两种不同的文化。在主张"中体西用"的士大夫心目中，中学与西学是有着根本差异的，而这种差异从本源上就存在，即所谓"中国之洪荒，以圣人制度文物辟之；外国之洪荒，以火轮舟车、机器、电报辟之"[3]。这就是说，中国文化的本质是圣人之道，而西方文化的本质则是器物技艺。这无疑是偏颇甚至是荒谬之论。但"中体西用"的倡导者，就是想通过这一思维模式，把代表中国传统文化的"中学"和代表西洋先进文化的"西学"，在价值和功用上加以区分。在洋务派的言论里，我们可以看到，他们将中学和西学置于既对立又统一的地位：中学是体，西学为用；中学是本，西学为末；中学为道，西学为器；中学是内学，西学是外学。进而肯定二者的相对价值，即中学具有精神价值，西学具有物质价值；更进而肯定二者各自的功用，即中学用来"治心身"，西学用来"应世事"。在这里，中学和西学的地位虽略有高下之分，如强调中学是"本"，是"体"，而西学

---

[1] 梁启超：《西学书目表后序》，载《饮冰室合集》（文集之一），中华书局2008年版。
[2] 转引自陈旭麓：《论"中体西用"》，载《陈旭麓文集 第二卷：思辨留踪（上）》，华东师范大学出版社1997年版，第281页。
[3] 参见龚书铎主编：《中国近代文化概论》，中华书局1997年版，第24页。

只是"末",是"用";但同时,这二者又被强调是相补相救、不可偏废的。在这种二元论的思维模式里,中学所指向的伦理价值和西学所指向的世俗价值被统一为一个整体。应当说,在当时既定的现实中,洋务派人士对"中体西用"思想的理论阐发达到了极致。这种极具中国化色调的策略,一方面满足了士绅阶层的中国传统文化优越的自豪感及贬低西学的心理要求;另一方面就动摇守旧卫道士所谓的"天不变,道亦不变""祖宗之法不可改"的观念来说,它的确起了某种掩护作用,使西学的内容合法化,肯定了西学所指向的世俗价值,肯定了它具有传统伦理价值所不能替代的实际功用,从而使西学可以名正言顺地引进中国,在中国谋得一席之地。这在一定程度上动摇了中国传统文化和伦理道德至上价值观的绝对、唯一的权威和独尊地位,对推进中国传统文化新陈代谢的积极作用是不言而喻的。从历史的视角看,在儒学一统天下的中国,它的确达到了当时思想解放的最大限度。当然,在科学技术已成为近代社会重要标志的时代,特别是在科学技术已远远落后于西方的中国,这种"中体西用"说的消极影响是长远的。它使封建主义在中国现代化进程中四处横溢,不但不可能把中国导向未来,而且严重阻碍了近代科学在中国的传播、融合与正常发展,使科学真理、科学精神和科学方法在中国难以扎根和开花结果。同时,由于在这一思维模式中,传统与现代的因素之间、伦理价值与世俗价值之间的矛盾冲突并未消除,因而又难以形成一个完整、严密的理论体系。从李鸿章、张之洞到所有洋务派人士,每当谈论学习西方、向西方寻求"富强之术"的时候,常常同时肯定中国的圣贤之道和道德教化"远出西人之上",甚至是完美无缺的;在主张外在治术的"变通""变革"的时候,同时又强调古代圣贤之道是"不易之经""不变之道"。他们这种既肯定新的价值又不否定传统价值的相对主义态度,虽然也有迫于外在舆论压力的因素,但主要还是由他们所受的传统文化教育熏陶及新旧、中西相逢之初不可避免的矛盾心理所造成的,这种思想矛盾影响了他们对西方文化的深入理解和系统接纳。随着洋务实践的展开和对西方了解的逐步加深,他们发现西方并不只是器物、技术先进,而且其教育制度、社会政治制度也属"良法美意"。他们对这种触及"体"和"本"的东西格外谨慎,便以是否符合"上古三代之法度""古圣贤德之美意"来做理论解释,使其附着在传统价值之上,而不承认其具有独立的本体价值。把西方的"本""体"嫁接到中学的"本""体"之上,有如严复所谓的"以牛之体当马之用"。这样,就人为地造成了理论形式内在结构的矛盾性,即目的与手段的矛盾,封建主义之"体"与资本主义之"用"的矛盾。"中体西用"论的倡行者张之洞,算得上是因时而变的开明洋务派大员,他敢于采用西洋器物之学,仿用机器,开矿办厂,力主变通科举,兴办新式学堂,鼓励留学游学及翻译西学等,在维新变法时期还一度支持和吸纳了改良派开民智、改学制、办报刊等主张,并在"西艺"的基础上兼采部分"西政",尽管他所谓的"西政"并非西方的政治制度,亦有别于维新派倡导的君主立宪制度。他曾说:"学校、地理、度支、赋税、武备、律例、劝工、通商,西政也;算、绘、矿、医、声、光、化、电,西艺也。才识远大而年长者,宜西政;心里精敏而年少者,宜西艺。"[①]但在核心问题,即封建君主专制和纲常名教上,则又与维新派不两立。他指出:"五伦之要,百行之原,相传数千年更无异议。圣人所以为圣人,中国所以为中国,实在于此。故知君臣之纲,则民权之说不可行也;知父子之纲,则父子同罪、免丧、废祀之说不可行也;知夫妇之道,则男女平等之说

---

① 张之洞:《劝学篇·设学》,载苑书义等主编:《张之洞全集》(第12册),河北人民出版社1998年版,第9740页。

不可行也。"① 为了在"中体西用"中强化"体先用后",他更明确地指出:"今欲强中国、存中学,则不得不讲西学。然不先以中学固其根柢,端其识趣,则强者为乱首,弱者为人奴,其祸更烈于不通西学者矣。"② 可见,"中体西用"的倡行者们,并不是儒学体系的叛逆者,而是它的服膺者;他们鼓吹"中体西用"说的出发点和归宿地还是忠君卫道。

由于"中体西用"思想没有触动传统文化和价值观的核心,相反,其终极目的是为了卫护儒学传统,因而也使得它不具备与传统观念体系相抗衡的理论力量。当守旧派以儒学和旧的价值观念对其展开攻击的时候,洋务派往往陷于理论矛盾和思想困窘的状态。守旧派常常站在"圣贤之道"的立场,对洋务派违背传统进行诘难:"自强之道,岂在天文、算数、轮船、机器哉?臣观史册,见历代之致升平、臻郅治者,皆上有至诚无息之令主,下有各尽其职之臣工,纬武经文,一时天下畏威怀德,庶民子来,百工咸集,蛮夷率服矣。"③ 对于这种基于传统价值观的非难,洋务派虽然心里清楚守旧派"以道学鸣高",故作危言耸听之论,于实际毫无用处,但他们并不能从理论上予以强有力的、针锋相对的反击。他们无法否认这种指责在理论上的正确性,而只能以其过于空疏且缺乏实效来做无力的辩解,有时甚至不得不承认其"陈义甚高""持论甚正"。这就使得他们面对守旧派的理论攻击时,只能处于被动的守势,从而使他们的新思想、新观念减少了许多锐气和光彩,新价值观的理论合法性也因此大打折扣。在现实中,洋务派也由于价值观的矛盾性,而陷于社会身份的两难境地。他们作为洋务专家、西学

---

① 张之洞:《劝学篇·明纲》,载苑书义等主编:《张之洞全集》(第12册),河北人民出版社1998年版,第9715页。
② 张之洞:《劝学篇·循序》,载苑书义等主编:《张之洞全集》(第12册),第9724页。
③ 杨廷熙:《请撤销同文馆以弭天变折》,引自高时良、黄仁贤编:《中国近代教育史资料汇编(洋务运动时期教育)》,上海教育出版社2007年版,第25页。

人才的世俗化身份，由于背离了传统士人身份，而受到士林的排斥。他们的社会价值只在洋务派和洋务实践的圈子内被认可，而在整个士大夫阶层中往往被看成"异途""浊流"。因而，他们只能以一些传统的方法，向传统士大夫资格靠拢。他们或者在言论中引用圣贤之言，以标榜自己崇尚孔孟之道；或者参加科举，博得"正途"资格。这种现实的困境成了洋务派日后产生分裂的一个重要缘由。

"中体西用"思维模式中两种价值观的矛盾和局限性，使洋务派着力于在"器""用"层面倡导西学与施行改革之策，因而他们的社会改革主张也呈现出矛盾与纷乱之处，难以适应社会变革的需要。他们采"西用"求"自强"，进而达成"用夏变夷"目标的企图，及"取西人器数之学，以卫吾尧舜禹汤文武周孔之道"的文化折中方案，到最后自然也只能是一厢情愿的空想。甲午一战，北洋水师全军覆没，洋务运动遭到毁灭性的打击；洋务企业也因其"官督商办"，因循苟且，成效甚微，徒掷千百万有用之财，令人沮丧。李鸿章自己也承认数十年的洋务实践"茫如捕风"。维新派和保守派，甚至厕身洋务有志西学的人，都从不同立场、不同层面指斥洋务派的"中体西用"是"徒袭皮毛"，"遗其体而求其用"，是捡了芝麻丢了西瓜。王韬说："洋务之要，首在借法自强。非由练兵士，整边防，购火器，制舟舰，以竭其长，终不能与泰西诸国并驾而齐驱。顾此其外焉者也，所谓末也。至内焉者，仍当由我中国之政治，所谓本也。其大者，亦惟是肃官常，端士习，厚风俗，正人心而已。两者并行，固已纲举而目张。而无如今日所谓末者，徒袭其皮毛，所谓本者，绝未见其有所整顿。"[①] 宋育仁说："其号为通洋务者，又以巽懦为能，以周容为度，以张惶畏葸为功，言交涉则讲

---

① 王韬：《洋务》，载《弢园文新编》，生活·读书·新知三联书店1998年版，第30—31页。

求语言文字、交际晋接之间,屈己伸人,以苟且无事;言海防则鳃鳃然敝精竭力于利炮坚台、鱼雷铁舰之属,岁掷帑金千万,以苟且侥幸于一时,弃其精英而取其糟粕,遗其大体而袭其皮毛。"①梁启超说:"今之同文馆、广方言馆、水师学堂、武备学堂、自强学堂、实学馆之类,其不能得异才何也?言艺之事多,言政与教之事少。其所谓艺者,又不过语言文字之浅,兵学之末,不务其大,不揣其本,即尽其道,所成已无几矣。"②谭嗣同认为,"数十年来士大夫争讲洋务,绝无成效"。他在《上欧阳中鹄书》中说:"近日又有一种议论,谓今日之祸皆由数十年之讲洋务",洋务运动使"中国虚度此数十年"③。1902年,严复在《与〈外交报〉主人书》一文中,论及"中体西用"在逻辑和内容上的错谬,并进行了深刻的批判。他一针见血地指出:"体用者,即一物而言之也。有牛之体,则有负重之用;有马之体,则有致远之用。未闻以牛为体,以马为用者也。中西学之为异也,如其种人之面目然,不可强谓似也。故中学有中学之体用,西学有西学之体用,分之则并立,合之则两亡。议者必欲合之而以为一物。且一体而一用之,斯其文义违舛,固已名之不可言矣,乌望言之而可行乎?"中体西用既不可为,那么中国应该何去何从呢?严复主张"会通中西",即"统新故而视其通,苞中外而计其全,而后得之"④。这样,就可以真正跳出中体西用的思想框架,抛弃简单比附中西的做法。

洋务运动的破产,原因当然是多方面的。如前所述,有体制机

---

① 宋育仁:《庸书内外篇·自序》,转引自陈旭麓:《陈旭麓文集 第二卷:思辨留踪(上)》,华东师范大学出版社1997年版,第299页。
② 梁启超:《学校总论》,引自舒新城编:《中国近代教育史资料》(下册),人民教育出版社1981年版,第933页。
③ 蔡尚思、方行编:《谭嗣同全集》(上册),中华书局1981年版,第202页。
④ 严复:《与〈外交报〉主人书》,载王栻主编:《严复集》(第三册),中华书局1986年版,第558–559页;第560页。

制方面的,有传统文化与价值观念方面的,还有如奕䜣、文祥、曾国藩、李鸿章、左宗棠、张之洞等洋务派领袖人物饱受传统旧学浸染,不知西学真谛的原因;同时也有诸如清政府从无统一的实施部署,也没有统筹全国的财力和资源,更没有制定统一的政策去动员社会资源,当然也有诸如浓重的人亡政息的人治色彩及李鸿章的外交失策等方面的原因。但笔者认为,费正清的观点至为公允。他指出:"中国应战的主要决定因素存在于中国社会内部而不是其外部,这些因素中最重要的是惰性,它使洋务运动的努力流于形式,仅对直接危险做出暂时反应,一旦危险过去这种反应便消失了。更广泛地说,我们认为,传统的中国根本不能像日本那样实现现代化,因为中国社会幅员辽阔,组织如此牢固,以致无法迅速地转变成西方的组织模式。从这一角度讲,只有等到大部分传统社会的虽已腐朽但仍在延续的结构被摧毁以后,才能建立起一个现代化的中国。"[1]事实上,曾经亲历甲午海战的兵舰官兵在北洋海军被歼的当时就有这样的反思条陈:"我们地广人众,沿海甚多,不能不设海军而护卫。既设海军,必全按西法,庶足以御外侮。西人创立海军多年,其中利弊,著书立说,无微不至。我海军章程,与泰西不同,缘为我朝制所限,所以难而尽仿,所以难而操胜算也";"海军所有章程,除衣冠语言外,均当仿照西法,万不得采择与中国合宜者从之,不合宜者去之,盖去一不合宜,则生一私弊"[2]。这是亲历甲午战争的军官们在付出沉重而惨痛的代价后得出的血的教训。用"中体西用"这种既保守又创新的指导思想去筹建和管理海军兵舰,这是一种国情,一种文化传承,是洋务派不得已而为之的应急之策,然而其结局只

---

[1] 〔美〕费正清、赖肖尔:《中国:传统与变革》,陈仲丹等译,吴世民等校,江苏人民出版社1995年版,第314页。
[2] 《盛宣怀档案资料选辑》之三:《甲午中日战争》(下),转引自《陈旭麓文集 第二卷:思辨留踪(上)》,华东师范大学出版社1997年版,第301页。

可能是被"朝制所限"而难以"尽仿",进而难"操胜算"。但不管怎么说,洋务运动作为中国应对西方列强挑战的最初回应,其价值意义是不容怀疑和否定的。洋务派为中国早期现代化果敢地走出开放变革的第一步及其所做出的种种努力,在当时显得富有朝气,开启了现代化变革的端绪,然而,也为后人留下了深刻的印象和惨痛的教训。可见,从根本上说,洋务运动的破产是腐朽的封建主义无法阻挡新生的、充满朝气的世界资本主义潮流冲击的结果,是中华传统文明无法应对西方近代新生文明挑战的结果。事实上,如果没有洋务运动,就不会有左宗棠的挥戈出塞,收复新疆;就不会有冯子材的镇南关大捷,迫使法国议和;就不会有甲午战争期间的黄海大战,日本侵略者就有可能长驱直入,直捣京师。

洋务运动的重要意义还在于为中国现代化开了头,促进了中国传统社会和传统文化的新陈代谢。洋务运动在引进西方先进技术的同时,实实在在地创办了第一批现代军工、交通、采冶、电讯、纺织等生产部门,引发了生产关系的变革和生产力的提升,造就了中国最早的一代产业工人;洋务时期创办的一批新式学堂,促使旧式书院逐渐向新式学堂过渡,动摇了科举的根基,培养了第一批现代科技人才和外交翻译人才;洋务时期派出的第一批海外留学生和驻外使节,使中国人看到了另外一个陌生的新世界,实地领略了西洋文明的风采,使中西文明的交流和会通成为一种可能。对于古老的中国社会来说,洋务时期开创的这些生气勃勃的、具有现代性的新生事物,不仅具有创新性和奠基性的意义,而且是中国走向现代化和接纳西学的契机与标界。

洋务运动的意义不仅在于种种具体新生事物的引进和创立,还在于通过这种引进和创立,在一个落后停滞的社会中注入了新的活力,为新观念的形成、新思潮的诞生、新文化的传播,开启了方便之门。在洋务派的倡导和主持下,各种形式的西学传播汇为一股潮流，打开了社会各阶层尤其是掌握着文化导向权力的上流社会的眼界，启蒙着新一代的读书人。梁启超在《戊戌政变记》中这样描述这一时期社会思潮的变迁："同治初年，创巨痛深，曾国藩借洋将，渐知西人之长。……朝士耻言西学，有谈者皆诋为汉奸，不齿士类。盖西法萌芽，而俗尚深恶。"进入19世纪70年代后，"识者渐知西法之不能尽拒，谈洋务者亦不以为深耻，……渐知西学，而肯讲求"。从"耻言西学"到"渐知西学，而肯讲求"；从"俗尚深恶"，到"谈洋务者亦不以为深耻"，由此可见风气之变。到19世纪90年代，更形成"举国争言洋务"的气象。① 在当时一些开放的城市，学西法、识洋务在知识界已成为时尚。就连作为传统社会天之骄子的士大夫也新论洋务，如同反映社会思潮的清末小说所刻画的，"我虽中个状元，自以为名满天下，哪晓得到了此地，听着许多海外学问，真是梦想没有到哩！从今看来，那科名鼎甲是靠不住的，总要学些西法，识些洋务，派入总理衙门当一个差，才能够有出息哩！"② 就是以正统自居的上流社会的儒学硕彦如翁同龢、孙家鼐等，也开始赞成洋务，标榜维新。由于洋务时期西学的引入是一种以政府为主导力量，以一系列新式文化教育设施创办为基础展开的文化开放革新活动，故在其助推下，西方文明在中国传播的速度、规模与影响，都绝非林则徐、魏源、徐继畬等个人的著述活动可以比拟。而这样一种文化教育革新活动又与新的社会生产力的引进有着内在的联系，两种力量的耦合，对中国传统社会的基础造成了一股前所未有的破坏力，其效应远远超过思想精英呼吁改革的激昂呐喊，以及历史上周期震荡的旧式农民战争。所以，从这个意义上说，尽管洋务运动"自强""求富"的目的没有达到（事实上

---

① 梁启超：《戊戌政变记》，载《饮冰室合集》（专集之一），中华书局2008年版。
② 曾朴：《孽海花》（"第三回：领事馆铺张赛花会 半敦生演说西林春"），解放军文艺出版社2000年版，第18页。

在当时的历史条件下也不可能达到），尽管他们的"中体西用"思维模式是传统价值理性和现代工具理性的混合物，尽管他们仍然徜徉在历史转折的十字路口裹足不前，但毋庸置疑，正是他们，看到了权威的儒家经典和传统的价值观受到了西学的尖锐挑战，从而宣告了儒家纲纪伦常之道器体用兼备的"内圣外王"神话的破灭；也正是他们，引进了西方资本主义的生产方式，培养中国第一代初步具有现代化素养的科技人才，诱发了社会风气的转变和新思潮的兴起，使中国传统学术文化在与西方文明的碰撞与抗争中，走上了一条会通与融合发展的道路。

三、洋务教育的新景观：西文与西艺

洋务运动展开的大规模社会实践，凸现了西学独特的实用价值，在实践层面架起了沟通中西学会通的桥梁，迈出了中国传统社会走向现代化的第一步，作为其有机组成部分的西文与西艺教育，也将中国传统文化教育的儒学"长袍"撕开了一个口子。

众所周知，清朝自顺治元年至同治元年（1644—1862）两百余年的时间里，学校教育大体与明代相同，是一种单一的、封闭的教育体系，完全被镶嵌于程朱理学和八股文糅合的模具之中。学校成了一个封闭的科举预备场所，知识阶层要想获取功名利禄，非应科举不可，绝大多数读书人可谓为"八股制艺"奔波一生。入仕之后，则如龚自珍所言："以为苟安其位一日，则一日荣；疾病归田里，又以科名长其子孙，志愿毕矣。且愿其子孙世世以退缩为老成，国事我家何知焉？"[①] 所以，早在鸦片战争前夜，龚自珍就猛烈抨击过这种空疏无用的教育制度，斥其为"摧锄天下人才"。第二次鸦片战争的结局以及南京城下之盟，终于使一部分封建士大夫从

[①] 璩鑫圭主编：《中国近代教育史资料汇编（鸦片战争时期教育）》，上海教育出版社2007年版，第434页。

"天朝大国"的迷梦中惊醒。他们一方面敏锐地感觉到自第二次鸦片战争后,"各国通商传教,来往自如,麇集京师及各省腹地,阳托和好之名,阴怀吞噬之计,一国生事,诸国构煽,实为数千年来未有之变局";另一方面也在惊叹和仰慕西方国家"轮船电报之速,瞬息千里;军器机事之精,工力百倍;炮弹所到,无坚不摧,水陆关隘,不足限制"的同时,终于意识到他们是"数千年来未有之强敌"[①],从而萌生了"我朝处数千年未有之奇局,自应建数千年未有之奇业"的设想。

洋务不得不办,但洋务人才奇缺却是一个不争的事实。早在咸丰九年(1859),西学先进郭嵩焘就指出:"通市二百余年,交兵议款又二十年,始但无一人通知夷情,熟悉其语言文字者。"第二年他又说:"中国与西夷交接二十余年,至今懵然莫知其指要,犹谓国有人乎?京师知者独鄙人耳。"[②]1861年,冯桂芬在其所著的《校邠庐抗议·采西学议》中亦指出:"今之习于夷者曰通事,其人率皆市井佻达、游闲,不齿乡里,无所得衣食者始为之。其质鲁,其识浅,其心术又鄙,声色货利之外,不知其他;且其能不过略通夷语,间识夷字,仅货目、数名与俚浅文理而已。"所以,他当时就大胆倡议,"于广东、上海设一翻译公所,选近郡十五岁以下颖悟文童,倍其廪饩,住院肄业,聘西人课以诸国语言文字,又聘内地名师课以经史等学,兼习算术"。[③]事实上,在1854年,上海初设海关时,由于无洋务人才,便让外国驻沪领事馆的英、法、美三国各派一人,即英国的威妥玛(Thomas Wade)、法国的史亚实

---

① 李鸿章:《筹议海防折》,引自中国史学会主编:《中国近代史资料丛刊·洋务运动》(一),上海人民出版社1961年版,第41—42页。
② 参见郭嵩焘:《伦敦与巴黎日记·引言》,见钟叔河主编:《走向世界丛书》(第4册),岳麓书社2008年修订版,第23页。
③ 璩鑫圭编:《中国近代教育史资料汇编(鸦片战争时期教育)》,上海教育出版社2007年版,第441页。

（Arthur Smith）、美国的贾流意（Lewis Carr）组成关税管理委员会，由威妥玛主持工作。这一做法令当时许多中国官员愤愤不已。威妥玛一年后辞职回国，清廷拒绝了领事馆推荐的接替者，决定自己挑选和任命海关人员，但任命的这位新人仍是高鼻子、蓝眼睛的英国人李泰国，他拿着中国政府的高薪，却参与制造了有损中国利益的"阿思本舰队事件"[①]。此后，李泰国虽被清政府解职，但他的接替者、任海关总税务司四十余年的赫德还是一位洋人。传教士丁韪良在回忆中说："赫德爵士所执掌的中国海关与西方世界任何国家的海关都不相同。而且它在运作方法和人员上都不是中国人自己的。因为在别的国家里，海关的关税都是由本国的臣民来征收的。但中国海关的管理层完全由外国人组成，中国人只是在他们的指导下作为助手——这种安排似乎有悖常理。"又说："虽然'总税务司'（赫德的头衔）接受外国公使们对海关雇员的提名，但他不容许后者的指令和干涉；无论求职者是谁推荐的，他都把录取或不录取的特权

[①] 1862年初，清廷得悉太平天国"汇银五十万两向美购买船炮之事"，非常惊恐，即令江苏巡抚薛焕、两广总督劳崇光等加紧购买船舰。1862年3月，赫德致函正在英国的李泰国，以清政府全权代表的口吻，着他在英国购买并且装备一支舰队遣派来中国。李泰国接到此讯后，马上通知英国外交部，并计划着手组织这支舰队。李泰国为了图谋中国的海军掌控权和海关总税务司一职，于1863年1月背着清政府，以中国政府全权代表的身份，与英国海军上校阿思本签订了所谓"合同十三条"，并擅自制定了"英中联合海军舰队章程"。在上述文件中，李泰国规定由自己完全控制这支舰队的指挥权，并且不顾清廷原议，擅自决定舰上人员全部由英国人出任。1863年4月，李泰国返回中国。同年6月，李泰国与赫德奉总理衙门令进京，李泰国向总理衙门面递节略（其中包括他与阿思本签订的"统带轮船合同十三款"的经费清单及向总署提出借银1000万两专供雇佣外兵之经费）。对李泰国的擅权，总理衙门及奕訢等人十分恼火，就李对舰队事宜的安排和"合同十三条"，对李泰国严词驳斥。李态度强硬，但因事关中国海军的主权，故清廷也毫不退让。尽管赫德逐日与总理衙门各大臣会晤，协调争吵双方的立场，但由于双方立场相去甚远，根本没有可能达成协议。其后，奕訢正式上奏清廷罢免李泰国，称李泰国"狡猾异常，中外皆知，屡欲去之而不能。今因办船贻误，正可借此驱逐"。1863年11月，所谓的"阿思本舰队"被遣散，总理衙门亦下令革去李泰国的总税务司职。

留给他自己。"[①]在19世纪后半期，海关税务司可以说是清政府的经济命脉，它为清政府提供的资金，占全部财政收入的三分之一。然而，这样一个至关重要的机构却完全掌握在洋人手中，只有少数中国人在其中担任职员、会计、誊写员等低级职务，这的确如丁韪良所言"有悖常理"。

外交向来是任何一个主权国家最基本、最重要的职能，外交事务最能体现国家主权。然而，在19世纪60年代，由清政府派出的第一个正式的外交使团却以洋人为主，担任"钦派办理中外交涉事务大臣"的是前任美国驻华公使蒲安臣。这些咄咄怪事，固然反映了清政府的愚昧、闭塞、软弱，但另一方面也反映了中国洋务人才严重缺乏的现实。因此，洋务派在办理"洋务"的过程中，迫切期望能有一种既能恪守中国传统之道又懂得西文、西艺的洋务人才。于是，他们在中国传统教育中开了一个口子，创办新式学堂，派遣留学生及官员游学，成立翻译局，变通科举考试。正是由于洋务派开了这个口子，中国本土的科学文化教育呈现出一种前所未有的新景观。通观洋务时期的科学文化教育，创办新式学堂和翻译局是其主要工作，派遣出洋留学生是其重要内容，而变通科举则只能说进行了一些初步的、有益的尝试。在本章，笔者重点评介洋务派创办的新式学堂和翻译馆，而派遣留学生将在下章专门论及。

洋务派创办的新式学堂主要有三种类型：外国语学堂、科技学堂和军事学堂。

1. 外语学堂

鸦片战争后，清政府的闭关绝市政策已经不敷时用，被迫在政治、军事、经济、外交各方面与西方国家打交道，因此外国语言文字的重要性首先被有识之士和洋务派所认识。咸丰十年（1860），

---

① 〔美〕丁韪良：《花甲忆记——一位美国传教士眼中的晚清中国》，沈弘、恽文捷、郝田虎译，广西师范大学出版社2004年版，第280页；第281页。

恭亲王奕䜣奏请在北京设立"总理各国事务衙门",专门办理洋务交涉,以替代以前礼部和钦差大臣的职责,朝廷允其所奏。但是当时国门初开,在朝廷执掌大权的官吏,都不懂外国语言文字,在外交过程中存在诸多不便,许多问题都出在语言文字的隔阂上。王韬曾说:"呜呼!今日之所谓时务急务者,孰有过于洋务者哉?四十年来事变百出,设施多谬。有心人蒿目时艰,辄为扼腕太息。夫国家之一举一动,所以多左者,由于未能熟悉泰西之情,而与之往来交际也。中外语言文字,迥然各别。彼处则设有翻译官员,及教中之神父牧师,效华言,识汉字,留心于我国之政治,于我之俗尚风土、山川形势、物产民情,悉皆勒之成书,以教其国中之民。而向时中国之能操泰西言语,能识英人文字者,当轴者辄深恶而痛疾,中国文士亦鄙之而不屑与交。而其人亦颇多赤贫无赖,浅见寡识,于泰西之政事得失、制度沿革,毫不关心。即有一二从其游者,颇皆役于饥寒,仰其鼻息,鲜有远虑,足备顾问。盖上既轻之,则下亦不知自奋也。因是,于其性情日益隔阂,于其国政民情终茫然罔有所知。通商十余年来,无能洞悉其情状,深明其技能,抉其所短而师其所长。询以海外舆图,则以为非我所当知,或以为洋务一端自有主者,非我所能越俎。一旦交涉事起,局促无据,或且劝援成例,以为裁制。此事之所以多决裂也。如是则谓中国之无人才也可。"①《清史稿·选举志》亦说:"自五口通商,英法联军入京后,朝廷鉴于外交挫衄,非兴学不足以图强。先是交涉重任,率假手无识牟利之通事,往往以小嫌酿大衅,至是始悟通事之不可恃。又震于列强之船坚炮利,急需养成翻译与制造船械及海陆军之人才。故其时首先设置之学校曰京师同文馆……"②虽然"通事"在洋务派眼

---

① 王韬:《弢园文新编》,生活·读书·新知三联书店1998年版,第28—29页。
② 《清史稿·选举志(节录)》,引自陈学恂主编:《中国近代教育史教学参考资料》(上册),人民教育出版社1987年版,第23页。

中是"洋务之害",但"凡关局军营交涉事务,无非雇觅通事往来传话"。与此相反,外国侵略者与清政府打交道二十年来,"彼酋之习我语言文字者甚多,其尤者能读我经史,于我朝章、吏治、舆地、民情,类能言之。而我都护以下之于彼国,则懵然无所知,相形之下,能无愧乎?于是乎不得不寄耳目于蠢愚谬妄之通事,词气轻重缓急,转辗传述,失其本旨,几何不以小嫌酿大衅!"①1858年,因战败而被迫签订的《中英天津条约》规定:"嗣后英国文书俱用英文书写,暂时仍以汉文配送,俟中国选派学习英文,英语熟习,即不用配送汉文。自今以后,凡有文词辩论,总以英文作为正义。"②因此,在洋务派看来,开办外国语学校、培养翻译人才以替代"通事",是外交上最基本也是最紧要的事情。1859年2月,郭嵩焘上《请广求谙通夷语人才折》,首倡培养外语人才,以通夷情。1863年,李鸿章在《请设外国语言文字学馆折》中说:"京师同文馆之设,实为良法,行之既久,必有正人君子、奇尤异敏之士出乎其中,然后尽得西人之要领,而思所以驾驭之,绥靖边陲之原本,实在于此。"③当时,朝廷的实权人物奕䜣是筹设京师同文馆的倡议人和实施者,他在《奏请设立同文馆折》中说:"臣等伏思欲识各国情形,必先谙其言语文字,方不受人欺蒙。各国均以重资聘请中国人讲解文义,而中国迄无熟悉外国语言文字之人,恐无以悉其底蕴。"④

奕䜣等人所奏很快获得批准,但因外语教习迟迟没有着落,

---

① 冯桂芬:《校邠庐抗议》(卷下)《采西学议》,引自璩鑫圭、童富勇编:《中国近代教育史资料汇编(教育思想)》,上海教育出版社2007年版,第27页。
② 转引自桑兵:《晚清学堂学生与社会变迁》,学林出版社1995年版,第25页。
③ 李鸿章:《请设外国语言文字学馆折》,引自陈学恂主编:《中国近代教育史教学参考资料》(上册),人民教育出版社1987年版,第52页。
④ 恭亲王奕䜣等:《奏请设立同文馆折(附章程)》,引自陈学恂主编:《中国近代教育史教学参考资料》(上册),第26页。

学馆无法开张。他们原拟从广东、上海商人中遴选教习，亦未如愿，"不得不于外国中延访"。1862年，总理衙门接受英国公使威妥玛推荐，聘请英国传教士包尔腾为英文教习，在八旗子弟中挑得"资质聪慧"的少年10人入馆学习。为了防止包尔腾趁机传教，奕䜣在奏折中言明：外国传教士"若到同文馆，断不准其传教，一涉此弊，立即辞回"。同时聘请汉人徐澍琳教习汉文，"汉教习日与外国人相处，且有暗为查察之责"。[①]同治元年五月十五日（1862年6月11日），学馆在总理衙门中正式开端，先行试办英文馆，学生每届3年，后正式定名为"同文馆"，它是中国人自己创办的第一所新式学堂（如本书前述，中国最早开设的新式学堂为传教士在华开办的教会学校，并非由中国人自己创办，其开设目的大多为传播基督福音，且不排除文化侵略的野心）。

从奕䜣和李鸿章的奏折中，可以看出京师同文馆之设目的有三：一是应中外交涉之需，培养外交上急需的翻译人才，以免西人之欺蒙和通事之操纵；二是培养熟悉外国语言文字者以研究洋人"底蕴"，遇有中外交涉时方能收知己知彼之效；三是要"尽得西人之要领，思所以驾驭之"，必须尽习西洋科技知识及新式的武器装备和制造技术，这就需要培养西书中译人才，专司西籍的译述工作。可见，京师同文馆的开办主要是为了实现魏源所谓的"款夷""师夷"，进而达到"制夷"的目的。京师同文馆开办的第二年，俄文馆被归并进来，聘请俄国驻华使馆翻译柏林任俄文教习。法文馆亦同时开办，以法籍传教士司默灵为法文教习。到同治五年（1866）之前，京师同文馆主要教授英、法、俄三国语言文字，兼习汉文，

[①]《同治二年三月十九日总理各国事务奕䜣等奏》，引自中国史学会主编：《中国近代史资料丛刊·洋务运动》（二），上海人民出版社1961年版，第11-12页。

每馆各有学生 10 人。①

1866年,随着洋务事业的展开,洋务派鉴于西方科学技术的发展和军事武器装备制造的日新月异,而"西人制器之法,无不由度数而生,今中国议欲讲求制造轮船、机器诸法,苟不借西士为先导,俾讲明机巧之原,制作之本,窃恐师心自用,徒费钱粮,仍无裨于实际"②。于是,在左宗棠、李鸿章等的建议和支持下,奕䜣等人奏请在同文馆内加设算学馆,"招取满汉举人、恩、拔、岁、优贡生,并前项正途出身之五品下京外各官,考试录取",入馆学习天文、算学以及西方制造之术,并聘请西人及"专精数术""尤精西法"的李善兰等在馆任教。奕䜣的上奏虽然获得了同治帝的批准,但朝野上下反对之声一时不绝于耳,引发了一场著名的"同文馆风波"。倭仁以大学士为帝师,素负重望,反对尤力,"一时清议极推服之"。除倭仁之外,还有御史张盛藻反对同文馆招收正途人员学习天文算学,直隶州知州杨廷熙甚至专门奏请撤销同文馆。他们引经据典,互相煽惑,说"立国之道,尚礼义不尚权谋;根本之图,在人心不在技艺。今求之一艺之末,而又奉夷人为师,无论夷人诡谲未必传其精巧,即使教者诚教,学者诚学,所成就者不过术数之士,古今来未闻有恃术数而能起衰振弱者也。天下之大,不患无才,如以天文、算学必须讲习,博采旁求,必有精其术者,何必

---

① 据曾任同文馆总教习的丁韪良回忆,俄文馆早在18世纪中叶就已经存在,最初是在乾隆年间为了跟俄国人打交道而设立的。多年来,俄文馆中只有中国教习,并无学生。被并入同文馆时,那里只有一名不懂俄文的老教习,没有任何学生或书籍,而且他本人也很快被一个俄国教习所取代,这使得原有的俄文馆对于同文馆的贡献徒有虚名(丁韪良:《花甲忆记——一位美国传教士眼中的晚清中国》)。

② 《同治五年十二月二十三日总理各国事务奕䜣等折》,引自中国史学会主编:《中国近代史资料丛刊·洋务运动》(二),上海人民出版社1961年版,第23-24页。

夷人，何必师事夷人"①。他们说，师事洋人是忘耻忘仇，夷人狡诈多端，令正途以其为师，"适堕其术中耳"，必然是"上亏国体，下失人心"②。他们甚至用"天象示警"为理由来请撤同文馆。杨廷熙说："天象示警，人言浮动，……以弭天变而顺人心，杜乱萌而端风教。"③ 在守旧顽固派的煽惑下，社会上也谣言烽起，一时沸反盈天。奕䜣针对顽固守旧势力的种种谬论痛加批驳，认为其论调皆为"不识时务之论"。他指出："中国之宜谋自强，至今日而已亟矣。识时务者，莫不以采西学、制洋器为自强之道"；"天下之耻，莫耻于不若人"，西洋各国，制作日新，致以"雄长海帮，各不相下"；东洋日本，以其"蕞尔小国"，"尚知发愤为雄"，亦遣人赴英国"学其文字，究其象数，为仿造轮船张本，不数年后亦必有成"；"独中国狃于因循积习，不思振作，耻孰甚焉"。奕䜣认为，顽固派的守旧论调总体而言是"不以不如人为耻"，而"独以学其人为耻"，"安于不如而终不学"。为了对付守旧势力的诘难，奕䜣甚至还牵强附会地提出所谓"西学源出中学说"。他认为："西术之借根实本于中术之天元，彼西土目为东来法，特其人性情缜密，善于运思，遂能推陈出新，擅名海外耳，其实法固中国之法也。天文、算学如此，其余亦无不如此。中国创其法，西人袭之，中国偿能驾而上之，则在我既已洞悉根原，遇事不必外求，其利益正非浅鲜。"④

---

① 奕䜣等：《遵议倭仁密陈同文馆招考天文、算学请罢前议并陈管见折（附片）》（同治六年三月十九日），引自陈学恂主编：《中国近代教育史教学参考资料》（上册），人民教育出版社1987年版，第193-194页。

② 倭仁：《密陈同文馆招考天文、算学请罢前议折》（同治六年三月初八日），引自陈学恂主编：《中国近代教育史教学参考资料》（上册），第191页。

③ 杨廷熙：《奏请撤销同文馆以弭天变折》（同治六年五月二十二日），引自陈学恂主编：《中国近代教育史教学参考资料》（上册），第195页。

④ 《同治五年十二月二十三日总理各国事务奕䜣等折》，引自中国史学会主编：《中国近代史资料丛刊·洋务运动》（二），上海人民出版社1961年版，第24-25页。

洋务派在这场论争中取得了主动，同治帝在1867年的谕旨中也指斥顽固派所言"甚属荒谬"[1]，但京师同文馆招考正途人员学习天文算学的计划最终还是没有实现。总理衙门只好放宽资格招收杂项人员，结果半年内报名的只有98人（没有一名是正途出身），录取了30名，但因程度太差，半年后又退学10名，剩下的被并入旧馆。遭此挫折，同文馆元气大伤。1870年以后，情况逐渐改观。一是因为上海广方言馆与广东同文馆自同治七年（1868）以后陆续选送优秀学生到京；二是中国著名数学家李善兰奉调到馆担任教习；三是美国传教士丁韪良[2]被聘担任该馆总教习后，对京师同文馆实施了一些改革举措。1871年，同文馆添设德文馆；1876年，馆中添设印书处；1877年，馆中已有学生101名，中外教习十余人；1888年，馆中添设格致馆、翻译处；1897年，馆中添设东文（日文）馆，教习日文。1898年，京师大学堂成立。1902年，京师同文馆并入大学堂，开办40年的京师同文馆至此结束了它的历史使命。

在1870年以前，京师同文馆的课程主要是外文与中文。丁韪良受聘京师同文馆后，对其进行了一番改进。据《同文馆考》记述，丁韪良任总教习后，京师同文馆发生了一些实质性的变化："馆务即经改组，课程范围渐加扩大，学生人数也有增加，并且学生根底打好之后，立即进而续作高深的研究。当初文字各馆和科学一馆之间，似有深沟高垒，至此也渐消失。"[3] 1876年，总教习丁韪良又

---

[1] 《清帝谕旨》（同治六年五月二十九日），引自陈学恂主编：《中国近代教育史教学参考资料》（上册），人民教育出版社1987年版，第202页。

[2] 丁韪良曾于1865年任教于京师同文馆，1867年去职回美国深造。1869年再次来华，于同年11月受聘为京同文馆总教习。丁在京师同文馆任总教习长达25年，清廷曾授予丁韪良二品顶戴以奖励他对同文馆的贡献。京师大学堂成立后，京师同文馆并入，丁又任该校总教习。

[3] 朱有瓛主编：《中国近代学制史料》（第一辑，上册），华东师范大学出版社1983年版，第202页。

主持制定了京师同文馆《八年课程表》，不仅扩充了不少西方自然科学和社会科学方面的新课程，而且将课程教学内容系统化。新制定的课程表分两项，一为年纪较小、既学外文又学新学的学生所用；二为年纪较大、不学外文、只通过译本学习新学的学生所用。前者分为8年，后者分为5年。从总体上看，同文馆的课程体系及其知识结构，基本以西学为主。同文馆8年制课程如下。首年：认字写字，浅解辞句，讲解浅书；第2年：讲解浅书，练习文法，翻译条子（即便条）；第3年：讲各国地理，读各国史略，翻译选编；第4年：数理启蒙，代数学，翻译公文；第5年：讲求格物，几何原本，平三角、弧三角，练习译书；第6年：讲求机器，微分积分，航海测算，练习译书；第7年：讲求化学，天文测算，万国公法，练习译书；第8年：天文测算，地理金石，富国策，练习译书。以上各科，以西语为必修科，自始至终，皆当勤习；至于天文、化学、测地等诸学则分途讲求，其期限以1年或数年不等。5年制课程除了外语和译书，其余与8年制大同小异。[①] 同文馆所用教材来自三个方面。一是原版外文教科书；二是中文已有或已译为中文的书籍，如《九章算法》《几何原本》；三是教习自编，如司默灵编的《法国话料》《法国话规》，丁韪良撰的《格物入门》等。同文馆对学生也有一整套的考试制度：分月课、季考、岁试和三年一次的大考；此外，负责同文馆的总理衙门大臣还可随时抽查学生。考试的科目起初只是外语，后来逐渐增多，主要的西学课程诸如算学、格物、化学、天文、富国策、外国史略、测算等，皆被列入。教习与同文馆主管部门根据学生考试的优劣，决定奖惩。月课、季课、岁试优者赏以银两花红，大考优者保奏官职，次者记优留馆，劣者降革除名。馆中还设有图书馆，存放各种中、西文书籍供学生阅读查考。据《同

---

① 《京师同文馆课程表》（光绪二年），引自陈学恂主编：《中国近代教育史教学参考资料》（上册），人民教育出版社1987年版，第31页。

文馆题名录》云，同文馆图书馆存有汉文经籍 800 本，洋文书 1900 本，汉文算学等书 1000 本。① 自此以后，同文馆由先前单纯的外国语言学校，变成以外语为主，兼习多门西文、西艺与西政的综合性新式学堂。

在同文馆 40 年的办学历程中有两位总教习，一为美国传教士丁韪良，自 1869 年出任同文馆首任总教习，任期长达 25 年；一为英国人欧礼斐，自 1894 年任代理总教习（第二年实任总教习）至 1902 年。总教习的职务大抵相当于现在的大学教务长。同文馆还先后聘请过 54 名外国人，担任英文、法文、德文、日文、化学、天文、医学教习。外籍教师中比较有名的有：包尔腾（首任英文教习）、傅兰雅（英文教习）、丁韪良（总教习兼教国际公法）、欧礼斐（C.H.Oliver，爱尔兰人，副总教习兼教物理）、德贞（J.H.Dudgeon，苏格兰人，解剖学和生理学教习）、骆三畏（S.M.Russell，爱尔兰人，天文学教习）、施德明（Carl Stuhlmann，德国人，化学和矿物学教习）、华必乐（Monsieur Ch.Vaperean，法国人，法文教习）、柯乐德（Herr V.von Grot，俄国人，俄文教习）、威尔泽（Herr A.H.Wilzer，德国人，德文教习）、麦克唐（W.MacDonald，苏格兰人，英文教习）等。同时还聘请过 32 名中国学者，担任中文和算学教习。

同文馆的创立与发展，对于晚清的政治、外交和教育等方面都产生了一定的影响。

首先，同文馆的创立从制度层面开启了近代意义上的教育改革，从此传统的科举教育逐渐衰微，具有近代意义的新教育开始尝试。曾长期任同文馆总教习的丁韪良在《同文馆记》中说："有希望革新

---

① 《同文馆题名录》，引自中国史学会主编：《中国近代史资料丛刊·洋务运动》（二），上海人民出版社 1961 年版，第 89 页。

这古老的帝国的是新教育，新教育的肇始是同文馆。"①尽管同文馆的办学理念仍没有跳出"中体西用"的框架，但它的主要特色却是创办培养新式外交与洋务人才的新式学校，教育的重心在西文、西艺与西政，而且由于科技知识对传统教育内容的渗透，中国传统教育开始出现将科学渗入科举的构想和行动。1870年，闽浙总督英桂等奏请科举开算学科；1875年，礼部奏请开算学科；1884年，潘衍桐奏请开艺学科。这些都是试图改变以儒家经典为科考内容的旧教育，要求科举给科学以席位的新举动。可见，它对传统的人才选拔制度产生了重大的冲击。诚如丁韪良所言："同文馆对于清朝高级官员的间接影响，以及通过他们对于整个政体的影响，并非是无足轻重的。其中最主要的成就是将科学的内容介绍到了科举考试之中，尽管其规模仍然有限。"②

其次，培养了一些在晚清政治、外交上产生过一定影响的人才。丁韪良说："同文馆初成立的时候，中国并无外交之可言。它只知道接见藩属的贡使；除了派人赐封或训导藩属以外，从来没有派人出使过外国的。……同文馆的历史是与中国最初的外交往返和现在的外交事务都有关系的。"③的确，第二次鸦片战争后，随着洋务运动的开启，清政府由于"近来中国之虚实，外国无不洞悉；外国之情伪，中国一概茫然。其中隔阂之由，总因彼有使来，我无使往。以致遇有该使倔强任性、不合情理之事，仅能正言折服，而不能向其本国一加诘责，默为转移"④，为了避免办理交涉事务中的"终虞隔

---

① 〔美〕丁韪良：《同文馆记》，引自陈学恂主编：《中国近代教育史教学参考资料》（上册），人民教育出版社1987年版，第36页。
② 〔美〕丁韪良：《花甲忆记——一位美国传教士眼中的晚清中国》，沈弘、恽文捷、郝田虎译，广西师范大学出版社2004年版，第215页。
③ 〔美〕丁韪良：《同文馆记》，引自陈学恂主编：《中国近代教育史教学参考资料》（上册），第41页。
④ 《恭亲王等奏请派蒲安臣权充办理中外文涉事务使臣折》（同治六年十一月初二日），引自钟叔河主编：《走向世界丛书》（第1册），岳麓书社2008年修订版，第384页。

膜",于是才有了派员游历欧美之意愿。而同文馆设立的目的就是直接出于对外交往的需要,其培养目标首先着眼于对外交涉的人才。事实上,同文馆的学生也经常参与当时的一些外交活动。例如1866年,总理衙门派斌椿父子率团前往欧洲各国考察,[①]就有同文馆学生凤义、德明、彦慧三人充任译员。1868年,曾任美国驻华公使的蒲安臣(Anson Burlingama)以中国使节的身份第一次正式出使欧美国家,中国国旗(当时为"黄龙旗")第一次在西方国家升起。这次出使历访美、英、法、普、俄及其他一些欧洲国家,是近代中国对外关系史上一个具有深远历史意义的转折点,被丁韪良誉为"新时代的曙光"[②]。使团由蒲安臣和"办理中外交涉事务大臣"的总理各国事务衙门章京、花翎记名海关道志刚和礼部郎中孙家谷等满汉大臣组成,同时也以需要英、法、俄文翻译的名义带了六个同文馆学生前往。同文馆学生毕业后也多被委以外交重任,或被派往国外担任外交使节,或被任命为驻外使馆的秘书、代办。1907年,丁韪良在《同文馆记》中说:"近来对于同文馆学生的需要便很大了。有两个

---

① 在时任清政府总税务司赫德的协调下,同治五年(1866)正月二十一日,时年已63岁的斌椿率其子与京师同文馆学生一行5人赴法国、英国、荷兰、德国、丹麦、瑞典、芬兰、俄国、普鲁士、汉诺威、比利时等11国游历近4个月。这是清政府第一次派遣官员赴欧洲游历,也是清政府第一次非正式的试探性的接触和了解西方文化的外交使团。使团所到之处都受到了体面的欢迎和接待,他们"随时记载、带回中国"的有《乘槎笔记》及2本纪行诗集——《海国胜游草》和《天外归帆草》,这是近代中国知识分子最早亲历欧洲的记述,也是中国传统知识分子"知海外有此胜境"之始。斌椿在《乘槎笔记》一首诗中自称:"愧闻异域咸称说,中土西来第一人。"(斌椿:《乘槎笔记·诗二种》)他们在笔记和诗集中记录了在欧洲所见的社会风俗、服饰、商贸、马戏及高楼、街道、火轮车、火轮船、兵舰炮甲、玻璃灯、电气灯、电梯、机器、机器纺织印染等新奇事物。当然,由于斌椿等人不通外国语言,不了解西方的思想文化与政治制度,所以其笔记所载偏重于宴会和习俗,对近代欧洲的文明尤其是科技发展与制度文明等方面述及不多。由此使得游历归来的斌椿等人在思想观念上并无多大变化,他们的笔记和诗在当时也没有在学界和官界引起较大的反响。

② 〔美〕丁韪良:《同文馆记》,引自陈学恂主编:《中国近代教育史教学参考资料》(上册),人民教育出版社1987年版,第41页。

当了出使日本的大臣；一个出使英国；一个出使法国；一个出使德国；其余还有很多服务于外交界及任各省官员的。"[①]可见，同文馆的毕业生在近代中国外交史上占有一定的地位。据丁韪良回忆，同治皇帝学习英文的时候，他的教师便是同文馆的学生；曾多次随外交使团出使欧美各国的同文馆毕业生张德彝也曾充当光绪帝的英文老师。有趣的是，在"光绪刚开始学习英语时，宫里掀起了一股学习英语的热潮，王爷和大臣们都一窝蜂地去寻找英语课本和教员。可是当各国特使在过年的时候都谢绝前来恭听皇上所准备的一篇英文演讲稿以后，君臣们学习英语的热忱顿时趋向于低落"[②]。

再次，由于同文馆开始摆脱传统教育内容的束缚，谋求与近代西方的科技教育合拍，因而对传统"中学"的知识结构和中国传统文化的发展趋向也产生了一定的冲击，为中西方文化教育的汇通与融合起到了积极的推动作用。同文馆除了在课程上设置了一些"西艺""西政"外，还译介了大量西方自然科学技术和社会科学方面的书籍，内容涉及国际公法、英国和法国的法典、经济学、化学、物理学、数学、天文历法、自然地理、历史、解剖学、生理学、药物学、外交领事指南等。据丁韪良回忆，截止到1888年，同文馆师生辑译的书籍有：丁韪良译的《万国公法》《格物入门》《格物测算》《中国古世公法记略》，毕利干译的《化学指南》《法国律例》《化学阐原》《汉法字汇》，汪凤藻译的《富国策》《新加坡律例》《英文举隅》及他和凤仪合译的《公法便览》，联芳、庆常合译的《星轺指掌》《公法会通》，俄文馆学生译的《俄国史略》，杨枢、长秀合译的《各国史略》，德贞译的《全体通考》，海灵敦译的《中西合历

[①] 〔美〕丁韪良：《同文馆记》，引自陈学恂主编：《中国近代教育史教学参考资料》（上册），人民教育出版社1987年版，第41页。

[②] 〔美〕丁韪良：《花甲忆记——一位美国传教士眼中的晚清中国》，沈弘、恽文捷、郝田虎译，广西师范大学出版社2004年版，第214–215页。

(1877)》，费礼饬译的《中西合历（1878）》，骆三畏译的《中西合历（1879）》《天学友轫》，席淦、贵荣合译的《算学课艺》，等等。①这些书籍多数是由同文馆的教习和学生合作翻译的。西学的译介改变了中国人传统的学术思想，使人们开始重新思考传统文化的地位和价值，重新估量过去被封建士大夫阶层不屑一顾的西方自然科学技术知识。

当然，由于同文馆是在中国逐步沦为半殖民地的过程中孕育并创立起来的，所以在它身上也带有半殖民地半封建社会的烙印。从经费方面看，同文馆的经费是从海关办公费中提取的，而把持海关总税务司的却是英国人赫德，所以实际上是赫德操纵着同文馆的财政和人事大权。而赫德是一个"盘踞要津，阴持朝议，显绾邦交，阻挠税则，左袒西商"，"貌似忠诚，心怀鬼蜮"的人。在赫德的把控下，同文馆师资除汉文教习外，只有算学课程由两位中国教习承担，其余课程由为洋教习教授，总教习也都是外国人。严复对此曾有过猛烈的抨击："往者总署之设同文馆也，生徒数百计，虽无奇才异能，足任外文，然以供象寄译鞮之职，则固绰有余裕。当局者狃于故事，卒不肯汰洋员而任华人。其延聘教员也，则一切委诸赫税司，管理大臣，不复过问。当是时，西人之跅弛无能，不得志于故里者，辄相率来华，干谒求售。赫欲以关员任之，而虑其不娴华语，则先使入馆为教习。名为以西学授生徒，实则借生徒以习华语。略通向对，则已调司税务，而又易以新至者。是以办理累年，实鲜成效。曩尝有人太息痛恨，而无如何也。"② 从教学内容看，虽然同文馆的课程表上列出了许多西方近代科技知识，但其教习的水平很成

---

① 〔美〕丁韪良：《同文馆记》，引自陈学恂主编：《中国近代教育史教学参考资料》（上册），人民教育出版社1987年版，第43-45页。

② 严复：《外交报》：《申论外谋我教育权之可危》，引自朱有瓛、高时良主编：《中国近代学制史料》（第四辑），华东师范大学出版社1993年版，第687-688页。

问题，而且有些洋教习用神学思想歪曲科学知识，使学生学到的科学知识极为有限，全盗虚声。光绪二十一年十二月（1896年2月），御史陈其璋奏提请整顿同文馆。他上奏说："伏思都中同文馆，为讲求西学而设，学生不下百余人，岁费亦需耗万两，而所学者只算术、天文及各国语言文字，在外洋只称为小中学塾，不得称为大学堂。且自始至终，虽亦逐渐加深，仍属有名无实，门类不分，精粗不辨，欲不为外洋所窃笑也难矣。计自开馆以来，已历三十余年，问有造诣精纯，洞悉时务，卓为有用之才乎？所请之洋教师，果确知其教法精通，名望出众，为西国上等人乎？授受之法，固不甚精，而近年来情弊之多，尤非初设馆时可比。"① 郑观应也批评说："广方言馆、同文馆虽罗致英才，聘请教习，要亦不过只学语言文字，若夫天文、舆地、算学、化学，直不过粗习皮毛而已。……况督理非人，教习充数，专精研习曾无一人，何得杰出之士？成非常之才耶？"②

与此同时，按照丁韪良的说法，恭亲王及其同僚是在受到日本明治维新影响下创设同文馆的，但中国和日本在学习西方的态度上是完全不同的。"日本采用西方教育制度，从幼儿园到大学，所有的学校都是一脉相承的；而中国则不然，它对于旧式的教育制度沾沾自喜，从未梦想过要对其进行改变和做大规模的补充。同文馆的建立是针对新形势要求的一种让步——目的只是为了提供少数训练有素的官吏，并非要革新整个帝国的官僚制度。"③ 即便如此，如前所述，在同文馆开办的四十年历程中，中西文化的碰撞冲突就一直未曾中断。在一般士大夫心目中，"以时文进身，以资格补官"的传

---

① 陈其璋：《请整顿同文馆疏》（光绪二十一年十二月初九日），引自陈学恂主编：《中国近代教育史教学参考资料》（上册），人民教育出版社1987年版，第30页。

② 郑观应：《西学》，引自高时良、黄仁贤编：《中国近代教育史资料汇编（洋务运动时期教育）》，上海教育出版社2007年版，第32–33页。

③〔美〕丁韪良：《花甲忆记——一位美国传教士眼中的晚清中国》，沈弘、恽文捷、郝田虎译，广西师范大学出版社2004年版，第221页。

统入仕途径并没有改变。外文、西学仍然卑污下贱,他们所热衷的依旧是八股词章。当时一位名叫高斯特的外国人,在其所撰的《中国在进步中》一文中指出:"虽然同文馆的事业到现在略略地有些推进,但在它开办时实在是一个大失败。中国学者中的优秀部分拒绝和它发生任何关系。文人们的自尊心阻止他们去忍受向西方番人学习的屈辱。结局是这个新的学府受到多数人的抵制。只有一些才具较差的'骗子'之流才肯去接受新课程的利益。过了二十年才有人再一次试图强迫顽固的文人们接受教育的革新。"[①]19世纪80年代,丁韪良曾游说中国上层官员在科举考试中增加科学的内容,企图让科学渗入科举,亦未成功。具有讽刺意味的是,科学未能渗入科举,科举却挤进了科学,使得同文馆学生无心科学,却属意科举。据1898年出版的《同文馆题名录》记载,在历年科第中,同文馆学生共有10人在乡试以上的科举考试中榜上有名,其中进士5名,举人及副榜5名(其中1名翻译举人是特殊情况)。[②]科举考试以其独特的形式与内容,支撑着儒家文化的正统地位,成为传统知识分子实现自身价值、竞争社会地位的主要通道。丁韪良想以旧瓶装新酒的方式为西学争一席地位而未成,进入同文馆的人仍需靠科举才能赢得社会的承认。这典型地反映了西学在中国扎根之艰难。

除京师同文馆外,继有的语言学堂还有上海广方言馆(1863年)、广州同文馆(1864年)、新疆俄文馆(1887年)、台湾西学馆(1887年)、珲春俄文馆(1888年)、湖北自强学堂(1893年)。这些外语学堂的办学宗旨、教学内容,大多与京师同文馆没有显著的差别,故不赘述。

[①] 高斯特撰:《中国在进步中》,张雁深摘译,引自中国史学会主编:《中国近代史资料丛刊·洋务运动》(八),上海人民出版社1961年版,第432页。
[②] 《同文馆题名录》,引自中国史学会主编:《中国近代史资料丛刊·洋务运动》(二),上海人民出版社1961年版,第91—92页。

2. 科技学堂

海禁洞开以后，中国与外人在军事上的较量，几乎全部以中国的失败而告终。以"坚船利炮"为表现形式的西方"技艺"以及支撑"西技"的西学的实际效用，连守旧派也无法否认。同时，在清政府联合外国侵略者镇压太平天国的过程中，洋务派也实实在在地看到了洋枪洋炮的威力。所以，洋务派认为，欲图自强，非整军经武、坚船利兵不可。他们希望能够"师其所能，夺其所恃"，达到"师夷制夷"的目的，而不应该只是"制于人而不思制人之法与御寇之方"。正是基于要应对内患外辱这两个目的，洋务派决心在购买洋枪洋炮等新式武器的同时，开设近代工厂以制造轮船和枪炮，当然，出于"自强"的目的，他们也认识到应该以后者为主。事实上，在洋务派开设的外国语学堂中，如李鸿章创办的上海广方言馆，学习西人"尚象制器"之法已被列入教学计划；再如张之洞在武昌设立的湖北自强学堂，其功课亦分"方言、算学、格致、商务"四科，每科分斋讲授。在中国思想界也涌现出以王韬、马建忠和薛福成等为代表的"船坚炮利"洋务方案的拥护者和鼓吹者。王韬曾写过以"精习枪炮之法"为内容的《操胜要览》，薛福成也出版了风行一时的《筹洋刍议》，二者完全是洋务运动的张本。而马建忠[①]这位学贯中西，既擅中国古文辞，又对英、法乃至希腊、拉丁古文无不兼通的新式人才，自1860年英法联军攻占北京火烧圆明园后，更是"决然舍其所学"，而学所谓洋务者。洋务派这一时期建立的近代兵工厂主要有福建马尾造船厂、上海机器制造局等。随着近代工厂的发轫，近代教育也发生了变化，洋务派在这个时期附设于近代工厂的技术学校，便是其集中体现。

[①] 梁启超曾在《适可斋记言记行·序》中称赞马建忠："每发一论，动为数十年以前谈洋务者所不能言；每建一议，皆为数十年以后治中国者所不能易。嗟夫！使向者而用其言，宁有今日，使今日而用其言，宁有将来。"

同治五年（1866），闽浙总督左宗棠奏请在马尾造船厂附设"求是堂艺局"。在左宗棠眼中，"轮船为泰西独有之秘，彼之雄长岛夷、垄断互市之利者，所恃在此"。中国欲巩固海防，非整理水师不可；欲整理水师，非设厂造船不可。设厂造船，"非为造轮船也，欲尽其制造驾驶之术耳，非徒求一二人能制造驾驶也，欲广其传使中国才艺日进，制造、驾驶展转授受，传习无穷耳"。否则，如果只是"雇买轮船之途，只能取济于一时，不能望期效于永久"。而当时法国君臣"欣然愿以其秘输之中国"，法国既乐为我所用，我们正可引而进之。如果求是堂艺局建成，那么"数年之后，彼之所长皆我之长也"。所以，左宗棠建议，"朝廷坚持定见，不为浮言所惑，则事可有成，彼族无所挟以傲我，一切皆自将敛抑，自强之道，此其一端"。为此，左宗棠一面筹设造船厂，一面开设学堂，希望通过该局之设，直接培养出一批学造西洋轮船机器的人才，"俾中国得转相授受，为永远之利"。[①]

筹设造船厂和学堂，在当时要面对许多困难，诸如资金问题、选址问题、教师问题等，而且还要面对守旧势力的攻击。面对守旧势力的诘难，左宗棠态度十分坚决。他说，事属创举，"纵局外议论纷纷"，只要能有实际成绩，就可以堵众人之口。所以，他亲自规划建船厂设学堂，并聘法国军官日意格和德克碑协助办理。至于为什么要聘请法国人办理，左宗棠在《详议创设船政章程购器募匠教习折》中这样说明："法国君臣欣然愿以其秘输之中国，……法国商船较诸国为最少，其争利之见淡于英。法又与英国本非同教，英习耶稣，法习天主，仇隙素深，且暂时依违其间不敢立异者，特以借英吉利首与中国通商，法乘之后，不欲显与为难耳。而其不甘久居英夷之下，实在意中。现在日本习造轮船亦系法国韦而宜监督，

[①] 左宗棠：《上总理各国事务衙门》，引自中国史学会主编：《中国近代史资料丛刊·洋务运动》（五），上海人民出版社1961年版，第453–454页。

是其欲广轮船之制以夸主为名,仍不外好胜争利之本性可知。英国商船最多,深恐中国学成挠其生计;又阴谋叵测,必欲以此傲我所无。"①求是堂艺局的教师,也以西人为多。法国人日意格为正监督,德克碑为副监督,"中国人所管者为经济之筹划,材料之出入及中国工人之工资及纪律等项。至于指导工作,教授学生,乃洋人之责任"②。

求是堂艺局(又名船政学堂)正式创办于同治六年(1867)③,借福州城内定光寺(白塔寺)开课,后马尾船厂落成,迁回马尾。船政学堂创办后当时报考入学的大约有四类人:一是家境贫寒之士。如严复"囊无余钱,家无恒产";又如林泰曾虽为林则徐从孙,但"幼失怙恃,依寡嫂而居"。二是受外国影响的家庭子弟或商人。如邓世昌,广东番禺人,"少时常随父之沪上见欧舶",加之他本人也有一定的洋务知识;又如福建人郑恭戎,"习举子业未成去而学贾"。三是教会学堂学生。如广东人吕翰,"年十五肄业于上海英华书院"。四是,来自南洋、通外语略知机器之学的华侨子弟。此外,还有少数出身官僚家庭的子弟,如黄建勋为"永福望族","以文童应船官考选入后学堂"。这些学生大多来自广东以及福州附近。总体来看,船政学堂的学生绝大多数是福建、广东一带粗通文字的贫寒子弟。④

求是堂艺局分前后两堂。前学堂学习法文,专学制造,又称

---

① 左宗棠:《详议创设船政章程购器募匠教习折》(同治五年十一月初五日),引自陈学恂主编:《中国近代教育史教学参考资料》(上册),人民教育出版社1987年版,第70页。

② 王信忠:《福州船厂之沿革》,引自陈学恂主编:《中国近代教育史教学参考资料》(上册),第80页。

③ 严复《送沈涛园备兵淮扬》诗注:"同治丙寅(1866),侯官文肃公开船厂招子弟肄业,试题'大孝终身慕父母',不肖适丁外艰,成论数百言以进,公见之,置冠其曹。"(载王栻主编:《严复集》)。

④ 参见林庆元:《福建船政局史稿》,福建人民出版社1986年版,第63-64页。

"法国学堂"。后堂学英文，专习驾驶，又称"英国学堂"，光绪二年（1876）又复分设管轮一班。学堂课程除专门学科外，还有中文、孝经、圣谕广训，并学策论，"以明义理而正趋向"。可以看出，学堂的课程设置仍体现着洋务派所奉行的"中体西用"的原则。据日意格描述[①]，用法语授课的有造船专业、设计专业和学徒班。造船专业的培养目标是使学生能依靠推理、计算来理解蒸汽机各部件的功能、尺寸，能够设计制造轮船的各种零件，计算设计木船船体，学习的课程有算术、几何、三角、解析几何、微积分、物理、透视绘图学、蒸汽机制造及船体建造实习课与熟悉车间的工作。设计专业的目标是培养能够绘制生产所需图纸的人才；设立学徒班的目的是使青年工人能够识图、作图，计算蒸汽机各种形状部件的体积重量，并使他们达到所在车间应具有的技术水平，学习的课程有算术、几何、几何作图、代数、设计和蒸汽机构造。使用英语授课的有航海和轮机两个专业。航海专业的课程除必须开设的英语课外，还包括算术、几何、代数、直线、球面三角、航海天文、航海技术和地理。轮机专业学生都是从上海和香港的工厂中招收的有工作经验的青年，培养的目标是让学生掌握蒸汽机的理论和实践，开设的课程除英语外，主要有算术、几何、设计蒸汽机结构、操纵维修船用蒸汽机及实地安装蒸汽机和锅炉。学生在校学习时间总共5年，在最后的2年中，学制造的学生须至厂中工作，学管轮驾驶的学生须至船上实习。学堂有一套比较严格的规章制度约束学生：每3个月进行1次考试，考列一等者赏洋银10元，二等者无赏无罚，三等者记惰一次，2次连考三等者戒责，3次连考三等者斥出，3次连考一等者除照章奖赏外另赏衣料以示鼓舞；每日晨起后、夜眠前听教习训课；不准在外嬉游，不准侮慢教师、欺

[①] 〔法〕日意格：《船政学堂教学状况记》，引自陈学恂主编：《中国近代教育史教学参考资料》（上册），人民教育出版社1987年版，第74—77页。

凌同学；休假只能享受中国的几个传统假日，如端午、中秋、春节，而且休假时间短；学生学成之后，准授水师官职或保举文职官阶。

学堂开办之后，由于所学切用且注重实践教学，在清政府内获得了一些好评。1873 年，总理船政沈葆桢说："监督日意格逐厂考校，挑出中国工匠艺徒之精熟技艺、通晓图说者为正匠头，次者为副匠头，洋师付与全图，即不复入厂，一任中国匠头督率中国匠徒放手自造，并令前学堂之学生、绘事院之画童分厂监之。数月以来，验其工程，均能一一吻合，此教导制造之成效也。后学堂学生既习天文、地舆、算法，就船教练，俾试风涛，出洋两次，而后教习挑学生二名令自行驾驶，当台飓猝起巨浪如山之时，徐觇其胆识，现保堪胜驾驶者已十余人。管轮学生凡新造之轮船机器皆所经手合拢，分派各船管车者已十四名，此教导驾驶之成效也。"[①] 左宗棠对自己悉心筹设的这个学堂也感到满意。他说："闽中艺局学生，均民间十余岁粗解文义子弟，……均甚聪明，易学易晓……可见中国人才，本胜外国。惟专心道德文章，不复以艺事为重，故有时独形其绌。数年之后，彼之所长，皆我之长也。"[②] 热心于洋务活动的船政大臣丁日昌也十分称赞船政学堂。他说："船政前设立前后学堂，招致聪慧学生，延请精通西学者教习制造驶船并英法语言文字，用意至为深远。现在该学生等学业有成者，已派充轮船管驾，类皆深谙测经纬以及风潮沙线，即西人亦深赞其能。其尤精者，如张成、吕翰等，已派在扬武轮船随同教练洋人前赴日本等处游历，以增胆识而广见闻。……查现在轮船数目日增，若非由学堂造就管驾之才，谙练天文算学各事，则一出大洋，便茫无津涯，岂能与西人并驾齐驱，

[①] 朱有瓛主编：《中国近代学制史料》（第1辑，上册），华东师范大学出版社1983年版，第365-366页。

[②] 同上书，第380页。

决胜顷刻。"[①] 署理船政大臣裴荫森称："汪乔年由船政前学堂学生出身，……其艺学之专，研精殚虑，亦为学生中之翘楚矣。光绪元年五月间，闽厂开造十七号艺新轮船，为船政学生学成放手自制之始。查该船船身图式，为学生吴德章等所测算，而测算船内轮机、水缸等图则出自汪乔年一人之手"；汪乔年"所监造之快船，一曰开济，曾驶赴北洋会操；二曰镜清，亦经南洋验收；其第三号环泰，业经下水，秋间即可试洋"[②]。该学堂的外籍教师嘉乐尔也称赞中国学生"勤勉与专忠工作，也许超过英国的学生"。尽管"他们是虚弱屡小的角色"，"在某种程度上有些巾帼气味"，但"从智力来说，他们和西方的学生不相上下"[③]。

船政学堂是中国近代海军海防事业第一个极其宝贵的育才基地，它给中国传统教育带来了许多新气象。就办学目的来说，它比先期的京师同文馆、上海外国语学堂等更进一步，不仅强调学生学外国语言文字，而且进一步强调最终目的是通过外语这座桥梁以窥西人制作之秘而"夺其所恃"，学成之后切合实用，或能制造轮船，或能驾驶轮船。就教学内容而言，课程内容更加丰富、更加注重实用与实效，几乎涉及轮船制造和驾驶的一切有用知识和技术。总之，不论其教学程度如何，就其最显明的意义而言，它对中国近代课程内容的改革有进一步拓宽的作用，使自然科学与技术的比重进一步加强。就人才选拔来说，它进一步突破了科举进取的拘囿，强调了有一技一艺之长者亦可登进，扭转了当时唯科举是正途的传统观念。船政学堂这所我国最早培养技术技能人才的新式学堂，自1877年始还先后派出四批人员赴英、法学习，开我国近代留欧教育之先河

---

① 朱有瓛主编：《中国近代学制史料》（第1辑，上册），华东师范大学出版社1983年版，第380—381页。

② 同上书，第386页。

③ 同上书，第388页。

（在本书后面有专门论及）。1912年中华民国成立后，前学堂更名为福州海军制造学校，后学堂更名为福州海军学校。

除船政学堂外，1867年，李鸿章在江南制造局机器厂也附设了一所学堂作为培养和研习机器制造人才的场所。到1898年，江南制造局总办林志道又提议创办工艺学堂，分化学工艺和机器工艺两科，目的在于"精求化学之理法，详究机器之功用"。化学工艺科的课程设有国文、英文、算学等；机器工艺科的课程设有国文、英文、算学、绘图等。教习中中国人较多，如算学教习华蘅芳、化学教习徐华封、工艺教习王世绶、绘图教习杨渐逵、机器教习徐备钰等；同时也请了一些洋教习，作为顾问与深造之备。学生在学堂学习期限为4年，学成之后被安排到上海的新式学堂里任教习，或在制造局任职。此后，洋务派又陆续开办了一些以学习西方专门技术为主的技术学堂，如福州电报学堂（又称电气学塾，1876年）、天津电报学堂（1880年）、广东实学馆（1881年）、上海电报学堂（1882年）、天津北洋武备学堂附铁路学堂（1882年）、湖北矿务局工程学堂（1892年）、天津北洋医学堂（1893年李鸿章奏请设立于天津，是为中国自设西洋医学校之始）、山海关铁路学堂（1895年）、江南陆军学堂附设铁路学堂（1896年）、杭州蚕学馆（1897年）、南京路矿学堂（1898年）等。这些学堂都具有科技专科学校的性质，重在传授科学和技艺，虽然办学绩效不宜估计过高，但的确培养了一批急需的技术技能人才，实开我国近代科技专门教育之先风。

3. 军事学堂

据不完全统计，自鸦片战争后的百余年间，西方列强从海上入侵中国达84次，入侵舰艇达1860艘次，入侵兵力达47万人。[1] 可

---

[1] 转引自许华：《近代中国海权问题的历史反思》，《光明日报》1999年11月19日。

见，近代中华民族屈辱的历史直接来自西方列强的海上入侵，近代中国武力之摧折亦以海战最为惨重。所以洋务派极其重视海防，并将创办船政学堂和水师学堂作为其配套人才培养工程。1880年，直隶总督李鸿章首先奏请设立天津水师学堂。李鸿章是洋务派中最重海防的疆臣之一，是清政府海防建设中的领袖人物，清朝北洋海军的创办者。李鸿章在奏折中说："北洋前购蚊船所需管驾、大副、二副，管理轮机、炮位人员，皆借材于闽省，往返咨调，动需时日。且南北水土异宜，亦须就地作养人才，以备异日之用。"[①]因此，他主张仿福州船政学堂成例就天津机器局度地建设水师学堂。1881年，水师学堂落成，开始招收学生入学肄业。根据学堂的章程，挑选学生时主要有三项标准：一是学生必须"体气充实"，便于学成之后，能置身行伍；二是"资性聪颖"，文理通顺；三是"身家清白"[②]。但由于在当时科举考试仍被人们视为士人晋升的正途，洋务派所办的新学堂仍然不具有很大的吸引力。所以，世家子弟多有观望迟疑不肯应试者，投考者多是"资质平庸，或年纪过大"的人，学堂开馆一年之后"终少出色之材"。第二年，李鸿章又令提高月给且明示晋升之途，务使学生"一经入选，八口有资"，"寒畯之家，咸知感奋"[③]。同时，在休假、医药等方面对学生也有较优厚的待遇。此后学生才渐渐增多。

天津水师学堂设驾驶与管轮两科，修业年限为5年。课程设置中西兼学、文武并重，开设的课程有：英国语言文字、地舆图说、算学、几何原本、代数、平弧三角法、驾驶诸法、测量天象、重学、

---

① 李鸿章：《奏筹办天津水师学堂片》（光绪六年七月十四日），引自陈学恂主编：《中国近代教育史教学参考资料》（上册），人民教育出版社1987年版，第83页。
② 《天津新设水师学堂章程》，引自陈学恂主编：《中国近代教育史教学参考资料》（上册），第84页。
③ 张焘：《记北洋水师学堂及招考章程》，引自陈学恂主编：《中国近代教育史教学参考资料》（上册），第85页。

化学格致等。天津水师学堂在教育过程中特别重视理论和实践相结合，直接将书本知识、课堂讲习与船上操作结合起来。如驾驶和管轮学生在堂学完功课后，必须上船实际操习。前者还须在每日傍晚由洋教习带赴学堂外训练外国水师操法。天津水师学堂虽然仿福州船政学堂而设，但它更具专门性质，直接为轮船业培养操作技术人才，且"开北方风气之先"，可视为我国近代最早的海军学校。

由于天津水师学堂在课程内容和教学方法上都有所创新，因而它成为后来创办的水师学堂的样板。此后，1886年，两广总督张之洞主持设广东黄埔鱼雷学堂；1887年，张之洞又奏请在广东设水陆师学堂，水师设管轮、驾驶两科，陆师设马、步、枪、炮及营造等科目；1888年，时任海军衙门总理大臣奕譞主持创设北京昆明湖水师学堂；1890年，南洋大臣曾国荃仿英国水师学堂设江南（南京）水师学堂，分驾驶和管轮两科；同年，时任北洋海军提督的丁汝昌主持创设山东威海卫水师学堂。除上述水师学堂外，这一时期创办的其他军事学堂还有：1885年，李鸿章奏请在天津创设武备学堂，此为近代中国第一所专业性质的陆军学校；1896年，张之洞创办湖北武备学堂。此外还有：南京的江南陆师学堂、安庆的安徽武备学堂、贵阳的贵州武备学堂、西安的陕西武备学堂、太原的山西武备学堂、保定的直隶武备学堂，等等。这些学堂的办学绩效和教学质量如何，尚且不论，但至少可以说，洋务时期是我国近代军事教育的初创和迅速发展时期。

尽管洋务派在兴办近代新式学校中花费了相当多的时间、精力和财力，但由于洋务教育大多由朝廷枢臣和封疆大吏主持和办理，民间真正响应和参与者不多，加之守旧势力仍然十分强大，只能在"中体西用"思想的框架内运作，因而办学绩效不大，最后随着对外战争中军事的失利，它们大都成了陪葬品，"制夷""御侮""自强"的初衷也化为泡影。对此，时人曾有过不少评说。光绪二十二年（1896），李端棻在《请推广学校折》中说："夫二十年来，都中设同文馆，各省立实学馆、广方言馆、水师武备学堂、自强学堂，皆合中外学术相与讲习，所在而有。而臣顾谓教之道未尽，何也？诸馆皆徒习西语西文，而于治国之道，富强之原，一切要书，多未肄及，其未尽一也。格致制造诸学，非终身执业，聚众讲求，不能致精。今除湖北学堂外，其余诸馆，学业不分斋院，生徒不重专门，其未尽二也。诸学或非试验测绘不能精，或非游历察勘不能确，今之诸馆，未备图器，未遣游历，则日求之于故纸堆中，终成空谈，无自致用，其未尽三也。利禄之路，不出斯途，俊慧子弟，率从事括帖以取富贵，及既得科第，遂与学绝，终为弃材。今诸馆所教，率自成童以下，苟逾弱冠，即已通籍；虽或向学，欲从末由，其未尽四也。巨厦非一木所能支，横流非独柱所能砥，天下之大，事变之亟，必求多士，始济艰难。今十八行省只有数馆，每馆生徒只有数十，士之欲学者，或以地僻而不能达，或以额外而不能容，即使在馆学徒一人有一人之用，尚于治天下之才万不足一，况于功课不精，成就无几，其未尽五也。此诸馆所以设立二十余年，而国家不收一奇才异能之用者，惟此之故。"[①]对洋务派所办新教育收效甚微的原因，梁启超更有入木三分的评说："不务其大，不揣其本，即尽其道，所成已无几矣。又其受病之根有三：一曰科举之制不改，就学乏才也；二曰师范学堂不立，教习非人也；三曰专门之业不分，致精无自也。"[②]但从历史进程的视角看，洋务派这一系列近代新式学校的开办，成为我国教育从传统型向近代型过渡的转折点，尤其是京师同文馆，它揭开了我国政府主动向西方学习、引入西学的序幕。

[①] 李端棻：《请推广学校折》（光绪二十二年五月初二日），引自陈学恂主编：《中国近代教育史教学参考资料》（上册），人民教育出版社1987年版，第425—426页。

[②] 《时务报》卷5《论学校》，转引自陈青之：《中国教育史》，中国社会科学出版社2009年版，第519—520页。

也正是这一系列近代新式学校的开设,标志着我国传统的文化教育价值观念开始发生转变,儒学的价值和独尊的地位开始被怀疑与动摇,西学的价值和地位开始凸现与被重视。实事求是地说,洋务派创办的一系列军事学堂也为我国军事力量的增强发挥了一定的作用。1876年,英国海军军官寿尔在随英国兵船田凫号巡游福州、天津等地时说:"迄今为止,中国的炮台已证明是坚固,难以击破的。这些炮台,配置着近代的武装,将给我们更多的麻烦";如果不是"中国在军事科学和组织能力方面是可悲地缺乏","如果中国军队获得适宜的武装与正确的领导,他们将成为我们可怕的敌手"[①]。在中日黄海海战时,日本水兵承认,"当时中国镇(远)定(远)二舰未坏之先,我军心大不安。我军之最大者惟'扶桑舰',然尚不及二船之半,我各舰之炮,合共105门,能穿甲者则只有3门,华炮则无一不可轰破我舰"[②]。可见,如果没有洋务派在军事建设上的努力(其中包括军事学堂培养制造武器、运用武器的将弁人员),仅凭血肉之躯对付洋人的坚船利炮,将又是如何一种结果?严格地说,甲午海战的惨败,与其说是由于军事不利而失败,毋宁说是政治和经济的原因造成了军事失败。同样不可否认的是,洋务派创办的一系列新式学校,也为我国近现代工业培养了第一批产业技术人才,中西文化在碰撞中开始一步步走向会通与融合。

4. 格致书院

上海格致书院是洋务时期新教育的一个特例,也是当时最具特色的书院。它是晚清传播西学特别是西方近代科学技术的重要基地,是最能体现中西文化交流与合作的一个文化教育机构,也是近代中

[①] 〔英〕寿尔:《田凫号航行记》,张雁深摘译,引自中国史学会主编:《中国近代资料丛刊·洋务运动》(八),上海人民出版社1961年版,第400页;第376页。

[②] 〔美〕林乐知译,蔡尔康辑:《中东战争记本末续编》(第4卷),上海图书集成局刊本(复印本),第50页。

国第一次较大规模动员社会力量集资创办的新式教育机构。有学者说，它还是中外教育史上一个罕见的机构：它由外国人倡议创办，但不是教会学校或外侨学校；中国官员对它有一定影响，但它又不完全听命于清政府。它是一所不中不西、亦中亦西，非官非民、亦官亦民的特殊学校。[1] 如倡议创办这所书院的虽为英国驻沪领事麦华陀（来华著名传教士麦都思之子），但书院的经费、筹办及日常事务的管理，均有华人参与其中，如洋务派大员李鸿章、曾国荃、刘坤一，两江总督李宗羲，以通晓洋务名世的薛福成、郑观应、王韬，通商口岸官员兼商人孙士达、盛宣怀、唐廷枢、徐润、朱其昂、郑藻如，近代中国科技巨匠徐寿、华蘅芳、徐建寅、赵元益，等等。由于这所特殊学校发挥作用主要在洋务运动时期（1873年开始筹办，1876年6月正式开院，戊戌政变后渐趋冷落，1914年停办），加之它是近代中国一所较为典型的科技学校，又有众多官绅、洋务人士、洋行商人及传教士参与其间，展示其学识才华，所以笔者把它放在这里简要述及，以便读者对洋务时期的教育有一个较为完整的印象。

　　格致书院最初是作为一个科技阅览室来筹建的，后经傅兰雅、徐寿等提议，经董事会同意，才决定要把书院不仅办成一个阅览室，而且要办成一所科技学校。格致书院的英文名为 The Chinese Polytechnic Institution and Reading Room，意思就是"中国科技学院与阅览室"。格致书院于1876年开院，洋务派大员李鸿章亲自题写"格致书馆"匾额。书院坐落在上海公共租界内的北海路，由中西双方官民两层合作创办，办院宗旨是"欲中国士商深悉西国人事，彼此更敦和好"[2]。书院内设书房、知新堂和博物馆等，置备有中西各

---

[1] 参见熊月之：《西学东渐与晚清社会》，上海人民出版社1994年版，第353页。
[2] 刘志琴主编，李长莉撰：《近代中国社会文化变迁录》（第1卷），浙江人民出版社1998年版，第369页。

种格致书籍和器具。书院开办经费主要由中国官员、洋行和绅商捐助,书院事务由中西人士组成的董事会管理(曾担任董事的有西人麦华陀、傅兰雅、伟烈亚力、福弼士、玛高温、担文、敬妥玛等,华人唐廷枢、徐寿、华蘅芳、王荣和、徐建寅、徐华封、李凤苞、王韬、张焕纶、赵元益、聂其杰等)。书院开设后日常事多由徐寿和傅兰雅负责。书院是一个集图书馆、博物馆和科技学校于一体的特殊机构。据复旦大学图书馆藏有的一份《上海格致书院藏书楼书目》所记,该院藏书楼藏书分经、史、子、集、丛书、东西学书目六部分,其中东西学书目有四百多种[①],到1907年据说书院有馆藏图书达五万余册。很明显,格致书院的藏书种类绝非旧式书院可比,其优势在于它不仅收藏中国的经史子集,而且还藏有各种新旧报刊及旧译泰西格致书、各种史志、江南制造局新译诸书、各种格致机器新旧之书、机器新式图册等大量汉译的西方科技书籍图册。格致书院董事会成立伊始,便致函欧美各国,呼吁捐助科学器械:"现在拟于中国上海设立格致书院,其意欲令中国便于专究西国格致之学、工艺之法、制造之理。……故请西国所有制造家、通商家与好善家相助此事。或送或借各种机器与器具,或其小样,或其图,或格致之器,或人物花卉之图象,或造成之各物,凡有益于中国人者,俱可寄来。"[②] 在董事会的努力下,格致书院陆续募集到不少科技器物,各类器具颇称完备。据《上海县续志》载,这些科技器物分为十大类:(一)生长之物;(二)食品之生熟料;(三)手工制造物及服饰;(四)造屋物料器具;(五)工艺所用器及汽水热各机;(六)水陆运重器具及开矿、挖泥、起水、通电、建桥、筑塘各器;(七)象

[①] 参见陈谷嘉、邓洪波主编:《中国书院史资料》(下册),浙江教育出版社1998年版,第2319页。

[②] 《万国公报》(三),转引自王扬宗:《傅兰雅与近代中国的科学启蒙》,科学出版社2000年版,第72页。

真人物及绘刻各种人物器;(八)枪炮、药弹、水雷及一切战守器具;(九)绘图、照像、天文、地理、山川胜迹图;(十)不能归类之零星物件及杂用诸器。所有物品均由英国商人工厂承担捐助、运输费用。比利时政府亦赠有精密化学仪器,其他诸国亦多有所赠。为了置放这些仪器,格致书院还与英商蒲恩公司磋商,向英国订建"长200尺、宽50尺、高40余尺,窗户均嵌玻璃"①的大铁房。

格致书院平常门院大开,任由人们进出观赏院内展示的西方科技器物及其他新奇物品,是上海普及科技常识的重要场所。从1877年始,格致书院邀请通晓西方科学技术的中西人士轮流举办科技讲座,并代售各处所刊西学书籍,极大地促进了西学在民间的传播。中外文化人士到上海,以到书院一游为幸事,一般人遇到有关科学技术方面的疑难问题,也爱到书院请人解难释疑。据傅兰雅所作《上海格致书院的第三次报告》云:格致书院"凡拟就科学问题进行咨询者,均可来此阅读、研究中文的科学论文,察看仪器、图表或模型,并请山长先生或其助手进行讲解。来自远方的访客,书院还提供免费住宿,这类访客的数量逐渐有所增加,平均每月达100人左右"②。书院山长徐寿经常住在院舍,接待来访者。傅兰雅曾于每周六晚在书院授课,他还编译了《格致书院西学课程》一书,分矿务、电务、测绘、工程、汽机和制造"六学",为各学开列了一个循序渐进的课程表,以便学者各择所好修习;他还在书院利用幻灯举办多场讲座,演讲主题如"采矿与采矿设备""布拉西女士的环球旅行""生理学与解剖学""芝加哥世界博览会""动物学",等等。1877年,美国传教士狄考文第一次在书院做科学讲座,讲解、演示电的原理,当场进行铁丝导电等实验并用电引燃爆竹,"观者无不赞美,无不欣悦"。清末杨模在其

---

① 《上海县续志》(第九卷),引自舒新城编:《中国近代教育史资料》(上册),人民教育出版社1981年版,第67页。

② 〔英〕傅兰雅:《上海格致书院的第三次报告》,《北华捷报》1883年4月18日。

《锡金四哲事实汇存》中称,华蘅芳在上海格致书院做教习时,"四方好事者造诣无虚日,算术、格致、矿路、制造之属,随事指陈,各满其意而去。以故通达者众,风气为之大开。"① 曾随郭嵩焘出使英国的守旧顽固派刘锡鸿在参观格致书院时,对书院之名颇有微词,说"大学之言格致,所以为道也,非所以为器也",而"所谓西学,盖工匠技艺之事也",因而建议"易'格致书院'之名,而名之曰'艺林堂'。聚工匠巧者而督课之,使之精求制造以听役于官,犹百工居肆然者,是则于义为当。……奈何目此为格致乎?"但他也实实在在地看到了当时格致书院的盛况,"慕西学者如蚁慕膻"②。

1884年,徐寿去世,次年王韬出任格致书院山长。为了加强推广西学的力度、扩大书院的影响,王韬对院务进行改革,决定开设课艺。格致书院的课艺有两大特点:一是推广西学。课艺中所有学术问题都围绕西学展开,而其中很大部分是关乎近代科学技术和时事洋务的。二是集纳百家学说,请四方饱学之士、政绩卓著的官绅来此命题并鉴定课卷,而来自国内各地的莘莘学子则在课卷中各抒己见,讨论时人最关心的学术和现实问题。因此,格致书院的课艺实则是一个最时髦的学术与时务大论坛。书院的课艺分为春夏秋冬的"季课"和春秋加开的"特课"。"季课"由热心科学和时务的官绅或教习出题,考生答卷,始于1886年,止于1894年;"特课"由南洋大臣和北洋大臣命题,始于1889年,止于1893年。就形式而言,格致书院考课与当时一般书院并无大异;就内容而言,格致书院以讲求科技知识为主,所出考题主要围绕科技与时事,如关于西学的源流、中西格致之学的异同、中西医之优劣、光电热的测量、

---

① 杨模编:《锡金四哲事实汇存》,引自中国史学会主编:《中国近代史资料丛刊·洋务运动》(八),上海人民出版社1961年版,第30页。

② 刘锡鸿:《英轺私记》,见钟叔河主编:《走向世界丛书》(第7册),岳麓书社2008年修订版,第50–51页。

化学原质、西学输入后的社会反应等，此外关于设立议院、改进留学、振兴商务等方面，也常有涉及。由于格致书院以西学和时事命题课艺，与一般书院相比大异其趣，加上南洋大臣、北洋大臣等热心时务的官绅登高倡议，"于是四方风动，群彦云起"，在当时社会引起很大反响，青年学生讨论西学、时事的课艺传向社会，又启发人们的思考，催生变法维新的新思想。当时以汇编时论而风行海内的各种经世文编，几乎每种都收录了该院相当数量的课艺，而其自编成册的优秀课艺考卷《格致书院课艺》更是一印再印，流播全国。直至清末民初实行教育改革后，西学有了正规化的教育传播途径和渠道，书院倡导西学的历史使命遂告结束，格致书院也于1914年停办。作为一所新型教育机构，格致书院在教育上有不少创新。如在办学主体和办学目的上，格致书院是由中西各界人士共同捐资创建的，重在培养通晓西学的实用人才，不同于旧式书院和教会学校；在管理方面，管理权不在官府，也不在某个人之手，而在董事会，举凡招收生徒、教学内容与管理、学术交流诸事宜均由董事会自主办理，体现了近代教育管理的精神；在经费上，格致书院的经费一方面来自官绅商民的捐助，另一方面来自借贷和各种经营活动收费，已具备现代教育经费筹措的基本特点；在招生方面，格致书院没有籍贯、性别、年龄的限制，"凡聪幼文人有志考求者，皆许来院习学"，具有相当程度的开放性及现代继续教育和终身教育的意味；在教学内容上，以西方格致之学为主体，兼及经济、政治、时务、文化教育等经世之学，除了采用讲解答疑式教学法外，还引入公共讲座制和参观、实验等直观教学法，形成了一套以自学为主、以讲授为辅、以科学实验及演示为重要教学手段的教学模式；在考课方面，既吸收了旧式书院的考课形式，又吸收了西方的"学分制"；在功能上，格致书院兼具学校、图书馆、博物馆、科普社团等多种功能。这些创新既向中国传统教育提出了挑战，也显示了中国民间教育的新变化,具有开风气之先的重要意义。

格致书院还通过创办《格致汇编》作为科普知识的重要阵地。《格致汇编》创刊于 1876 年,是近代中国第一份综合性、专门性的科技杂志,其办刊宗旨是"欲将西国格致之学广行于中华,令中土之人不无裨益"。《格致汇编》是傅兰雅一手创办、经营的。傅兰雅在传播西学的实际工作中,深深感到科学对于中国实在重要,而中国懂得科学的人实在太少,中国迫切需要科学启蒙。基于这一认识,傅兰雅萌发了创办以介绍西方自然科学为主要内容的科普杂志的想法。1876 年 2 月,《格致汇编》正式问世,初为月刊,后改为季刊,1892 年终刊,共出 60 期。《格致汇编》除在格致书院发售外,还由上海各送报人及外埠经理《申报》馆者分送承销。据熊月之先生说,《格致汇编》在国内外共有 51 个代销处,订阅者分布在上海、浙江、江苏、广东、福建、山东、湖北、天津、辽宁、安徽、直隶、江西、北京、香港,以及新加坡、神户、横滨等地。初刊时《格致汇编》每期印刷 3000 册,后因供不应求,经常增印重印。据说,该杂志发行量有时高达每月 9000 份。[①]《格致汇编》所刊文稿均为"泰西书籍及近事新闻并与格致之学相关者",体裁有图书连载、科学文论、人物传记、知识问答、科技信息等形式;题材则关乎数学、物理、化学、天文、地理、热学、光学、电学、植物学、生物学、医学、农学等学科的基础知识、工艺技术、科技人物和各种科学仪器。如在工艺技术方面,《格致汇编》所介绍的几乎面面俱到,属于日常生活方面的有啤酒、汽水、制冰器、磨面机、养蜂、碾米、制糖、打字机、幻灯机、电灯、电话、留声机、照相机、灭火器,属于生产方面的有纺织机械、碾泥机、凿石机、钻地机、抽水机、弹花机、造针机、造扣子机、造纸、造火柴、造玻璃、石印技术、炼铁、炼

---

① 熊月之:《西学东渐与晚清社会》,上海人民出版社 1994 年版,第 432 页。

钢、电气镀金，属于军事方面的有水雷、炮船，此外还有形形色色、名目繁多的科学仪器的制造及其使用技术的介绍。除了介绍自然科学基础知识、工艺技术外，《格致汇编》还介绍了一些西方礼俗方面的知识，如《西礼须知》《戒礼须知》；介绍了一批科学家的生平事迹，其中有中国科学家如徐光启、李善兰、徐寿等，有中西文化交流史上的著名人物如利玛窦、汤若望等，有世界大发明家如爱迪生，有法国数学家、物理学家、哲学家帕斯卡尔，还有哥伦布、麦哲伦、富兰克林等一批著名探险家和政治家。[1] 由于《格致汇编》提供了各种新鲜的科技知识，深受广大西学爱好者的欢迎，清末维新派人士更称此杂志为"西学渊薮"，列为西学必读书之一。1877年6月30日《申报》刊登《读〈格致汇编〉二年第四卷书后》一文，该文主笔评论说："余初以为中国讲求格致之人极少，且即有不拘陈见，深慕西学，知化学、算学之精，汽机制造之利，而事征诸书，不能历试其妙，则亦阅后辄忘，束之高阁已耳。千卷之书，恐其不能尽售也。不谓印至八九卷时，书出数日即已售完。可知中国之人于格致之学，已日新其耳目，深信而爱慕之，详阅而考究之矣。于是，傅君又扩充其卷帙，增加条目，益臻美盛，而阅者更觉争先快睹。"[2]

值得提及的是，《格致汇编》有一个极为重要的介绍和讨论科学技术知识的栏目——《互相问答》。在该栏目中，所提问题大都为自然科学技术类常识问题，如"地球为何只有南北两极而无东西两极？""日月在东升西落之时，与人距离应较午时为远，为何看上去反而较午时为大，远大近小，何理？""强水（浓硝酸、浓盐酸）滴于木上，其木变黑，何故？""格致书上说，人物呼吸、烧水、腐烂、造酿等必需养（氧）气，但历古以来，世上生齿甚繁，难以数

---

[1] 参见熊月之：《西学东渐与晚清社会》，上海人民出版社1994年版，第425页。
[2] 转引自刘志琴主编，李长莉撰：《近代中国社会文化变迁录》（第1卷），浙江人民出版社1998年版，第418-419页。

计，由何而得此养气以敷日用乎？世上养气能用尽否？""有何妙法能使房上木料经火不烧？""山中开采煤矿，其洞内难通外气，有何法令外气通入？"等等。据熊月之先生考证，该栏目共收入五花八门的科技问题320条，近五百个问题，内容涉及应用科学与各种技术、自然常识、基础科学、奇异问题等，其中应用科学与技术类136条，占42.5%；自然常识类73条，占22.8%；基础科学类56条，占17.5%；其他奇异问题55条，占17.2%。①

四、江南制造局翻译馆：西书翻译出版中心

洋务派在创办新式学校的同时，还成立了一个翻译、出版西方科学技术书籍的译书中心——江南制造局翻译馆。江南制造局是近代中国第一个大型的综合性军工企业。据《江南制造局记》云：制造局始建于同治四年（1865）五月初，同治六年分建各厂，建有机器厂、洋枪楼、汽炉厂、木工厂、铸铜铁厂、热铁厂、煤栈、轮船厂并筑船坞等；同治七年，设翻译局；同治八年，增建汽锤厂、枪厂；同治十三年，设立操炮学堂、黑药厂；光绪元年（1875），改汽炉厂为铁船厂，继又改为锅炉厂，设枪子厂；光绪二年，建火药库；光绪四年，改汽锤厂为炮厂；光绪五年，设炮弹厂；光绪七年，改操炮学堂为炮队营，又设水雷厂；光绪十六年，设炼钢厂；光绪十八年、十九年添设栗色、无烟火药两厂；光绪二十四年，设工艺学堂；光绪三十年，改炮弹厂为铸钱厂，旋又将铸钱厂改为炮弹厂；光绪三十一年，将船坞改为商办，并将轮船、锅炉、机器三厂划归商坞经管，又改水雷厂为铜引厂等。②可见，江南制造局是一个集钢铁、冶炼、轮船、军火、武器制造于一体，兼具技术人才培养与西

---

① 熊月之：《西学东渐与晚清社会》，上海人民出版社1994年版，第426–427页。
② 江南制造局编：《江南制造局记》，参见中国史学会主编：《中国近代史资料丛刊·洋务运动》（四），上海人民出版社1961年版，第73–74页。

书翻译的一个机构。该局翻译馆的设立主要是徐寿推动的。如前所述，徐寿平时留心学习博物实学，以善于制器而闻名于当时，后为曾国藩召至幕下，在安庆军械所内从事仿造轮船工作。1867年，曾国藩调徐寿到江南制造局襄办造船制舰。徐寿根据他在安庆等地造船的经验，深感制洋器必明其理法。因此，他一到局内便向曾国藩建议在该局翻译西书，曾允许他"小试"译书。1868年初，徐寿徐建寅父子、华蘅芳与英国传教士伟烈亚力、美国传教士傅兰雅与玛高温等合译成《汽机发轫》《运规约指》《汽机问答》《泰西采煤图说》等。1868年6月，江南制造局正式设立翻译馆，专门译印西书。两江总督曾国藩在奏陈办理情形时说："盖翻译一事，系制造之根本。洋人制器出于算学，其中奥妙，皆有图说可寻。特以彼此文义扞格不通，故虽日习其器，究不明夫用器与制器之所以然。……拟俟学馆建成，即选聪颖子弟随同学习，妥立课程，先从图说入手，切实研究，庶几物理融贯，不必假手洋人，亦可引伸其说，另勒成书。"[①]

翻译馆译员由中外学者组成，都是颇有造诣的专家。如主持创办该馆的徐寿、华蘅芳、徐建寅都是著名的格致、天算、化学和技术专家；翻译人员如李善兰、李凤苞、赵元益、钟天纬、徐华封、范熙庸、王德钧、郑昌棪、汪振声、贾步纬、王树善、瞿昂来等都是当时著名的专家，或格致，或天算，或医学，均各有专长，多有著述。其中，徐建寅为徐寿次子，深得其父家传，在化学、技术与兵工等方面都有很高的造诣，是洋务时期屈指可数的技术专家之一；贾步纬是天文学家和数学家；李凤苞精通地理学，后任中国驻德国公使；王德钧是李鸿章幕府中著名的技术专家，离开江南制造局后，任天津机器局总办；赵元益通晓医学，在江南制造局译书达二十余

[①] 江南制造局编：《江南制造局记》"同治七年，两江总督曾国藩奏陈办理情形"，引自中国史学会主编：《中国近代史资料丛刊·洋务运动》（四），上海人民出版社1961年版，第79页。

部。外籍翻译人员如傅兰雅、金楷理、林乐和、舒高第、伟烈亚力、玛高温、罗亨利、卫理、秀耀春、藤田丰八等也都是学识渊博、学有专长的学者。由于当时外国学者大多不精通中文，而中国学者又不怎么熟悉外文，于是翻译馆便沿用了明末清初以来翻译西书的老办法——口译笔述合作译书。傅兰雅在《译书事略》中对这种译书方法是这样描述的："馆内译书之法，必将所欲译者，西人先熟览胸中，而书理已明，则与华士同译。乃以西书之义，逐句读成华语，华士以笔述之。若有难言处，则与华士斟酌何法可明；若华士有不明指出，则讲明之。译后，华士将初稿改正润色，令合于中国文法。有数要书，临刊时华士与西人核对；而平常书多必对，皆赖华士改正。因华士详慎郢斫，其讹则少，而文法甚精。既脱稿，则付梓刻板。"[1] 翻译用书主要由传教士傅兰雅向英国订购，馆内设有藏书处以备挑选。据傅兰雅1880年记述，"局内书馆所存西字格致书有数百部，约为中国所有西字格致书最多之处。近来西国所出格致新书，拟再续购存储"[2]。翻译内容则由清政府官员包括两江总督、江苏巡抚、江南制造局总办等人拍板。翻译馆合翻译、出版为一体。翻译馆自1872年开始正式出书，前12年共译西学书籍156部，依内容和数量可分为如下几类：算学测量27部、水陆兵法26部、工艺22部、天文行船12部、汽机11部、博物学11部、地理10部、化学7部、年代表与报刊类7部、地矿学5部、医学5部、外国史5部、造船4部、交涉公法2部、其他2部。其中，综计科技类书籍114部，约占73%；军事方面书籍26部，约占17%，两者共计约占全部译书的90%。[3]

---

[1] 转引自王扬宗：《傅兰雅与近代中国的科学启蒙》，科学出版社2000年版，第33—34页。

[2] 〔英〕傅兰雅：《江南制造总局翻译西书事略》，引自张静庐辑注：《中国近代出版史料初编》，中华书局1957年版。

[3] 同上。

对于江南制造局翻译馆的贡献和影响，梁启超曾对其进行综合评价。他说："数十年中，思想界无丝毫变化。惟制造局中尚译有科学书二三十种，李善兰、华蘅芳、赵仲涵等任笔受。其人皆学有根柢，对于所译之书，责任心与兴味皆极浓重，故其成绩略可比明之徐、李。而教会之在中国，亦颇有译书。光绪间所为新学家者，欲求知识于域外，则以此为枕中鸿秘。"①又说："江南制造局成立之后，很有几位忠实的学者如李壬叔善兰、华蘅芳等人在里头，译出几十种科学书，此外国际法及其他政治书也有几种。自此，中国人才知道西人有还藏在'船坚炮利'背后的学问，对于西学的观念，渐渐变了。虽然，这是少数中之极少数，一般士大夫对于这种'洋货'，依然极端的轻蔑排斥。"②

翻译馆所译印的西学书籍，随时公开售卖。由于上海风气开化，文人学者云集，故购书者众，售书情况颇佳。据傅兰雅统计，从1871年到1879年6月，翻译馆售出各种书籍31111部，共计83454册；又刻成地图与海道图共27种，共售地图4774张。这些书籍多为"官绅文人购存"。同时，翻译馆还不定期编印《西国近事汇编》，"每若干时则印三百至五百本，分呈于上海及各省官员"③，同时公开售卖。翻译馆所译西书不仅成了时人学者的"枕中鸿秘"，改变了人们对西学的观念，引发了人们对西学的兴趣；而且翻译馆的译书活动还直接培养了中国近代最早的一批科技专家，如徐寿、华蘅芳、徐建寅、赵元益、王德均等通过译书，其科学素养都得到了显著的提高，成为当时中国成就卓著的一流科学家。此外，各类科技译著

---

① 梁启超：《清代学术概论》，载《梁启超论清学史二种》，朱维铮校注，复旦大学出版社1985年版，第79页。

② 梁启超：《中国近三百年学术史》，载《梁启超论清学史二种》，朱维铮校注，第121页。

③〔英〕傅兰雅：《江南制造局翻译西书事略》，引自张静庐辑注：《中国近代出版史料初编》，中华书局1957年版。

的出版还为当时的新式学堂提供了教材和参考书。可以说，从洋务时期的开明知识分子和洋务派大员，到维新时期的启蒙思想家和改良主义者，直至"五四"新文化运动时期的一代学人，无不受到制造局翻译馆所译西书的影响。

第二节　变法维新：永载史册的瞬间

第一次鸦片战争后，尽管中国已被卷入前途未卜的全球化汪洋大海之中，但战争过去数十年后，上自皇帝官绅，下至平民百姓，除像魏源这样的极少数先觉者外，绝大多数人都没有从这场战争中体察到中西力量对比上的差距。中国社会依然循着传统的轨道行进，中国基层的知识分子和普罗大众恐怕对这场战争是怎么回事都不清楚，中国人的文化优越感和虚骄心理也没有发生多大的变化，在理解西方文化、处理洋夷和中国的关系问题上，仍然沿用中国传统固有的以我为中心的"天下"国家观。正因如此，在第一次鸦片战争后，中国人并没有反思这场战争失败的教训，及由此推动政治、经济、思想与文化教育领域的变革与创新。直到第二次鸦片战争失败，皇帝从京师逃难而薨逝，"天朝上国"颜面尽失，才使得大清帝国的优越感和虚妄心理开始受到震动。由是，在内外交迫下，才有一部分开明的官僚和士绅开始办洋务以求"自强御外"，从器物层面开启学习西方之旅，办起了一些新式军工民用企业及一些新式的教育机构。就文化教育而言，尽管这些新式学堂所设科目及翻译馆所译西学已突破了传统的经史子集的知识分类标准，带来了新的知识视野，但它们基本上属于传统文化教育体制之外的嫁接，没有触动原有的文化教育系统。有如梁启超所言，"仅袭皮毛，震其技艺之片长，忽其政本之大法"①。加之这些机构有的规模小、不成系统，有些虎头蛇尾、人亡政息，同时，由于缺乏下层民众的参与，人们对于它们的价值和作用还疑虑重重，自然也就不可能改变民族文化心理与传统文化教育的发展模式。所以当时有位外国人说："一八六〇年联军攻陷了北京。就是这件事也没能够摧毁中国官吏的自满与昏聩"，"文人们仍然固执地抗拒外国科学的采用"②。清朝官僚和士绅阶层真正对中国传统政治经济、文化教育和价值观念进行公开系统的反思和批评，是在甲午战争爆发后开始的。甲午战争是中国近代史上的一大转折。清政府在甲午战争中惨败于日本，是中国的奇耻大辱，随之而来的是亡国灭种之祸迫在眉睫。这样一个急剧变动的多事之秋，给中国亿万民众敲起了新的警钟，成了推动开明士大夫和知识精英对传统政治经济与思想文化进行系统反思的契机。自此以后，中国传统的政治秩序、政治体制、文化教育与价值观念在剧烈的社会动荡和屈辱刺激中日趋瓦解。如果说五十多年前，士大夫中一些识时务者从"天朝大国"失去权威和尊严的遭遇中开始惊醒，那么五十多年后，一批新的知识分子和政治精英则是在"不是生，就是死"的险恶环境里觉醒起来了，开始从器物层面进入从学理和政制层面向西方学习的阶段，通过制度层面的变革维新，来探求救亡图存、文化建新、民族复兴之道。

一、民族危亡对近代化道路的重新思考

以仿效日本明治维新来谋求在制度层面为中国探寻出路的戊戌维新，可以说是中国人，尤其中国读书人难以忘怀的历史事件，它留给

---

① 梁启超:《上南皮张尚书论改书院课程书》，引自舒新城编:《中国近代教育史资料》（下册），人民教育出版社1981年版，第926页。
② 高斯特:《中国在进步中》，张雁深摘译，引自中国史学会主编:《中国近代史资料丛刊·洋务运动》（八），上海人民出版社1961年版，第433页。

人们的印记是一段知识精英们惨烈、悲壮的英雄史诗。学者张鸣认为,尽管戊戌维新没有打打杀杀的喧嚣,也没有应者云集的声势,但它在中国近代史上的地位却是居于前列的。近代化(或者说现代化)是从1840年以来中国面临的最严峻也最为迫切的问题。不解决这个问题,中国就没有出路,中华民族的复兴就没有希望,更谈不上自立于世界民族之林。而戊戌维新恰恰是中国近代化进程中非常关键的一步。从表面上看,戊戌维新只是少数先进士人仓促登台又仓促被撵下台的"政治闹剧"。但就是这短短103天的变法,"在中国历史上第一次在国家的旗帜上写下了向西方学习、全面变革的口号"①。从此以后,中国的学术大变,学风大变,思潮也大变。不仅抱残守缺的旧学黯然失色,就是"西学中源"这样的托词也没有了市场。在笔者看来,尽管戊戌维新在皇皇数千年华夏文明中只是昙花一现,康梁等知识分子在普罗大众眼里是书生意气的、空有一腔政治热情却缺乏政治上的成熟老练,变法维新的结局更是一场悲壮的失败,然而,康梁等维新变法代表人物的诸多改革思想和更张举措及其昂扬奋进的胆识和精神,却留给了人们无穷的思索,它在无数志士仁人前赴后继探寻中华民族伟大复兴的历史长河中,堪称永载史册的瞬间。

19世纪末,是清王朝的"世纪末",中国封建统治的"世纪末",是金耀基所谓的"中国的悲剧的世纪"②,也是中国进步思想家们和开明士绅对于中国近代化道路重新思考和重新选择的契机。1894年,北洋水师惨败黄海的消息传到国内,如同晴天霹雳令朝野上下巨大震惊,一时舆论大哗。梁启超直言:"吾国四千余年大梦之唤醒,实自甲午战败割台湾偿二百兆以后始也。"③日本从1636年江户幕府禁

---

① 参见张鸣:《再说戊戌变法·前言》,陕西人民出版社2013年版,第1页。
② 金耀基:《从传统到现代》,中国人民大学出版社1999年版,第63页。
③ 梁启超:《戊戌政变记》,引自中国史学会主编:《中国近代史资料丛刊·戊戌变法》(一),上海人民出版社1957年版,第249页。

绝基督教时起，有过一段比中国更长的闭关锁国时期，他们的门户被列强的炮舰打开、被迫向西方学习时，已比中国晚了14年。在甲午战争中，日本的军舰从数量和吨位上都不居优势，而战败的却是中国。这一惨痛的教训昭示人们，"同治中兴"只不过是幻想而已，三十多年来学习西方科学技术，设总署、购船炮、制洋器、开矿山、办工厂、兴学校、通商务等，并没有收到预期的效果，"自强求富""用夏变夷"，到头来变成了泡影一场，越来越严酷的现实倒是大有"用夷变夏"之势。梁启超在分析洋务运动失败缘由时直言："难者曰：'中兴以后，讲求洋务，三十余年，创行新政，不一而足。然屡见败衄，莫克振救，若是乎新法之果无益于人国也。'释之曰：前此之言变者，非真能变也，即吾问者，所谓补苴罅漏，弥缝蚁穴，漂摇一至，同归死亡，而于去陈用新，改弦更张之道，未始有合也。昔同治初年，德相毕士麻克语人曰：'三十年后，日本其兴，中国其弱乎？日人之游欧洲者，讨论学业，讲求官制，归而行之。中人之游欧洲者，询某厂船炮之利，某厂价值之廉，购而用之，强弱之原，其在此乎？'呜呼，今虽不幸而言中矣。"[1]

  幻想的破灭酿成了新的觉醒，促使中国有识之士从根本上否定洋务运动"采西学"以"制器为先"的选择，开始从政体、制度和哲学社会科学的层面来重新定位和检讨中国近代化道路的选择。制度层面的变革萌动，自然首先从思想的交锋和启蒙开始。1898年前后，维新派乃至举国对洋务派展开的洋务实践及甲午以前引进西学的抨击，拉开了思想启蒙与制度变革的序幕。他们抨击洋务派的改革是本末倒置，因而强调政制改革的必要性和重要性，并要求通过政制改革，进而推动文化教育、经济社会的全面改革及人们思想观念和行为价值体系的变革。谭嗣同说："今日之祸皆由数十年之讲洋

---

[1] 梁启超：《变法通议·论变法不知本原之害》，引自中国史学会主编：《中国近代史资料丛刊·戊戌变法》（三），上海人民出版社1957年版，第19页。

务。"① 在梁启超看来,李鸿章等人推行的所谓"洋务"是"知有洋务,而不知有国务",只看到洋务富强的表象,"其于西国所以富强之源,茫乎未有闻焉"②。又说:"朝士即有言西法者,不过称其船坚炮利制造精奇而已;所采用者,不过炮械军兵而已,无人知有学者,更无人知有政者";"故学知者亦不过炮械船舰而已。此实我国致败之由也"③。严复更指责洋务运动三十余年,"无一实效之可指"。他说:"中国自海通以来,咸同间中兴诸公,颇存高瞻远瞩之概。天津、江南之制造局,福州之船厂,其尤著也。顾为之者一,而败之者十。畛域之致严,侵蚀之时有,遂使事设三十余年,无一实效之可指。至于今治战守之具,犹縻无穷之国帑,以仰鼻息于西人,事可太息,无逾此者。"④ 究其根源,在于洋务时期所引入的西学"皆其形下之粗迹","而非命脉之所在"⑤。光绪帝亦有类似说法:"晚近之学西法者,语言文字制造器械而已,此西艺之皮毛,而非西学之本源也。……徒学其一言一话一技一能,而佐以瞻徇情面,肥利身家之积习,舍其本源而不学,学其皮毛而又不精,天下安得富强耶?"⑥ 尽管洋务派领袖们也是"胸中块垒牢骚郁抑,有非旁观人所能喻者"⑦,但洋务派在当时的确陷入了"四面楚歌"的窘境,洋务派的不二人物李鸿章更遭到"朝野上下的唾骂",国人皆曰可杀。在抨击、反省洋务运动的同时,洋务时期陆续出现的变法议论,由形

---

① 蔡尚思、方行编:《谭嗣同全集》(上册),中华书局 1981 年版,第 158 页。
② 梁启超:《中国四十年来大事记》,载《饮冰室合集》(专集之三),中华书局 2008 年版。
③ 梁启超:《戊戌政变记》,载《饮冰室合集》(专集之一),中华书局 2008 年版。
④ 严复:《〈原富〉按语》,载王栻主编:《严复集》(四),中华书局 1986 年版,第 888—889 页。
⑤ 严复:《论世变之亟》,引自璩鑫圭、童富勇编:《中国近代教育史资料汇编(教育思想)》,上海教育出版社 2007 年版,第 307 页。
⑥ "光绪二十六年十二月初十日下诏变法",引自璩鑫圭、唐良炎编:《中国近代教育史资料汇编(学制演变)》,上海教育出版社 2007 年版,第 4 页。
⑦ 梁启超:《李鸿章传》,中华书局 2012 年版,第 4 页。

诸笔墨推衍为一股民族思想的主流。当时的社会是"人思自奋,家议维新"(谭嗣同语),上自朝廷,下至庶民,纷纷倡言变法,"唤起吾国四千年之大梦,实自甲午一役使也"①。

1895年春,是清朝举行进士选拔的会试时间,各省举人齐集北京应试。是年4月,在京应试的举人康有为邀约18省举人一千三百余人于宣武城松筠庵集会,商议上书。大家公推康有为起草了一份万余言的折子,六百余举人在折子题名上书,希望光绪皇帝采择其议,"下诏鼓天下之气,迁都定天下之本,练兵强天下之势,变法成天下之治"②。这便是中国近代史上著名的"公车上书"。有学者认为,它"开创了知识分子以群体的面貌和力量向统治集团表达自己的意愿,干预政治,干预社会,推进国家民族现代化进程的新纪元"③。

然而,究竟如何学习西方,强国之策、立国之本是什么?见仁见智,各执一说。洋务派仍坚守"中学为体,西学为用"的防线,对此,张之洞还专门写下《劝学篇》,明确提出"旧学为体,新学为用"的口号。激进的维新派则借用西方近代的"进化论"、"天赋人权"论、"自由民主"思想为武器,倾向于不仅在文化教育、工艺技术、军事、工商业等方面,而且在最根本的思想启蒙和政治制度方面一并向西方学习。康有为与日本伊藤博文的一段对话很典型地体现了这种思路,即所谓"行改革事,必全体俱改革方可。若此事改,彼事不改,则劳而无效"④。但在全面改革的同时,也需有重点和主次,即有"本原"和"枝叶"的分别。梁启超指出:"吾今为一言以蔽之曰:

---

① 梁启超:《戊戌政变记》,引自中国史学会主编:《中国近代史资料丛刊·戊戌变法》(一),上海人民出版社1957年版,第296页。
② 康有为:《上清帝第二书》,引自中国史学会主编:《中国近代史资料丛刊·戊戌变法》(二),上海人民出版社1957年版,第133页。
③ 何晓明:《百年忧患——知识分子命运与中国现代化进程》,东方出版中心1997年版,第195页。
④ 康有为:《乘桴新获》,转引自张鸣:《再说戊戌变法》,陕西人民出版社2013年版,第268页。

变法之本，在育人才，人才之兴，在开学校，学校之立在变科举，而一切要其大成，在变官制。"① 这就意味着，救亡图存、民族复兴的根本，是要"开民智"，以"维新吾国民"或"改造吾国民"，使人们拥有崭新的人生理想、价值信仰和行为规范；意味着学习西方的视野要从"制洋器"，转向"变政体""变官制"，也就是说学习西方不应停留在"器物"层面，而应上升到意识形态及变科举、立宪法、设议院的"制度"层面，亦即要把一个封建国家变为资本主义国家。

1895年《马关条约》签订后，西方列强英、法、美、德、沙俄和后起的日本等，凭借不平等条约，从中国的海上到陆上，形成了一个强大的包围圈。他们在利益均沾的借口下，不但争先恐后地在中国办工厂、筑铁路、开矿山、设银行，大量输出资本，进一步控制中国的政治经济命脉；并且掀起割地狂潮，纷纷强夺"租借地"，划分势力范围，准备瓜分中国。严重的民族危机，使清政府的统治集团和开明士绅产生了一种犹严复所言的前所未有的危机感，"观今日之世变，盖自秦以来未有若斯之亟也"②。并且由此逐步汇合成一股蔚为大观的改良主义思潮：在历史的危急关头，只有改革才能救中国，一场成功的改革有可能会延缓清帝国的崩溃，否则只能预见清王朝的加速覆灭。由是，学者、官员甚至包括皇帝在内，在需要通过更大幅度、更为迅速的进一步变革来拯救民族危亡这一点上，形成了前所未有的新共识：制度变革与文化思想启蒙。1897年12月，康有为从广州赶到北京，他写了一封长达6000字的"上皇帝书"，向光绪皇帝提出了变法的上、中、下三策。上策主旨是："采法俄日以定国是"。他认为俄、日两国以前也和我国一样积弱不振，由

---

① 梁启超：《论变法不知本原之害》，引自中国史学会主编：《中国近代史资料丛刊·戊戌变法》（三），上海人民出版社1957年版，第21页。

② 严复：《论世变之亟》，引自璩鑫圭、童富勇编：《中国近代教育史资料汇编（教育思想）》，上海教育出版社2007年版，第307页。

于彼得大帝和明治天皇锐意变法，后来才日趋富强，他希望光绪帝"以俄国大彼得之心为心法，以日本明治之政为政法"变法图强。中策主旨是："大集群才而谋变政"。他建议挑选有才干的官吏，逐日召见，商讨变法的具体方案和步骤，议定后立即施行。下策主旨是："听任疆臣各自变法"。他建议饬令各省督抚，各自结合该省的具体情况，采用新法，施行实政，在3年期限内，必须取得一定成果。康有为请求光绪皇帝任意选择一种实行。他认为："凡此三策，能行其上，则可以强，能行其中，则犹可以弱，仅行其下，则不至于尽亡，惟皇上择而行上。"[①] 1898年1月29日，康有为又向光绪皇帝呈上一个"统筹全局"的奏折。在这个奏折中，他指出，中国"方今之病，在笃守旧法而不知变，处列国竞争之世，而行一统垂裳之法。此如已夏而衣重裘，涉水而乘高车，未有不病暍而沦胥者也"。而当今世界各国的趋势是"能变则全，不变则亡，全变则强，小变仍亡"。他认为，日本明治维新的时候改革甚多，但其主要措施不外三点："一曰大誓群臣以定国是；二曰立对策所以征贤才；三曰开制度局而定宪法"[②]。他要求光绪帝不要顾及守旧派的阻挠，毅然推行新政，走日本明治维新的道路。康有为等维新变法人士的努力虽几经周折，但最终得到了光绪皇帝的支持。1898年6月11日，光绪皇帝颁布"以变法定国是"折[③]。泰西各国咸谓"中国从此大梦渐醒，不难变积弱之势而进于富强"[④]。维新变法运动达到最高潮，史称"戊戌变法"。同年9月21日，慈禧太后发动政变，囚禁光绪帝，7天

---

① 康有为：《上清帝第五书》，引自中国史学会主编：《中国近代史资料丛刊·戊戌变法》（二），上海人民出版社1957年版，第195-196页。

② 康有为：《上清帝第六书（应诏统筹全局折）》，引自中国史学会主编：《中国近代史资料丛刊·戊戌变法》（二），第198-199页。

③ 《请告天祖誓群臣以变法定国是折》，引自中国史学会主编：《中国近代史资料丛刊·戊戌变法》（二），第206页。

④ 《照录八月二十七日上海新闻报康有为论》，引自中国史学会主编：《中国近代史资料丛刊·戊戌变法》（三），上海人民出版社1957年版，第369页。

后"戊戌六君子"被杀于菜市口,维新运动遂被扑灭。

维新期间,在知识精英康有为、梁启超、谭嗣同等人的推动下,维新变法主要在如下几个方面展开:一是抨击封建君主专制统治、三纲五伦和传统文化,倡行民权、自由、平等的新道德原则。如谭嗣同在其著述《仁学》中,直言清朝的专制统治比历史上辽、金、元代还要野蛮残酷,斥责清朝皇帝的荒淫奢侈"与隋炀、明武不少异",更称三纲五伦为束缚人心的"网罗",进而发出"冲决君主之网罗""冲决伦常之网罗"[①]的呼唤;严复把清朝扶植的封建正统学术宋学、汉学的流弊概括为四个字,即"无用"与"无实"。他认为,"所托愈高,去实滋远。徒多伪道,何裨民生","均之无救危亡而已"[②]。二是改革科举,创办新式教育,"开民智","鼓民力"。如改革科举,废除八股改试策论、举行经济特科考试;改革传统书院,创办新式学堂,创办京师大学堂;派遣官员及学生游历外国与留学;设立译书局,大讲西学,不仅包括西方的自然科学,而且包括西方的政治、法制学说和哲学社会科学。三是借鉴西方的民主政治制度,改革政制。如倡议建立君主立宪制,以取代清朝封建专制;裁撤不必要的政府机构和官员;设立政府制度局、议院和国会。四是创办新式学会和报刊,鼓吹维新变法思想,从理论和实践层面简释变法维新的必要性和重要性。如建立以民主参政为主要目标的学会;创办传播新思想、新知识和民众舆论的新式报纸。五是鼓励发展农工商业,修筑铁路,开采矿产;编制预算决算、整顿国家财政;对民族资本采取保护政策;奖励科技发明,等等。在军事方面,着重于训练现代化的陆军,加强海军,组织保甲和团练等。

[①] 谭嗣同:《仁学》,载蔡尚思、方行编:《谭嗣同全集》(增订本下册),中华书局1981年版。

[②] 严复:《救亡决论》,载王栻主编:《严复集》(第一册),中华书局1986年版,第43页。

在康、梁等人的推动下,光绪皇帝在百日维新期间接连发布了一百多道内容涉及上述诸方面的"上谕",试图以国家法令的形式规模空前地推行变法维新。诸多变革措施如同一剂猛药,试图一举清除封建专制和传统文化教育的流弊,疗救已病入膏肓的大清帝国。尤其是在文化教育与科技方面的革新思想和变革举措已经大大超出了洋务派的视野,表现出自1861年以来以点滴方式进行的文化教育与科技改革已到达前所未有、登峰造极的地步,在中国知识界引起的震动,直至维新变法失败以后,仍余响不绝。如果说,中国近代科学文化教育的大门被外来的传教士挤开了一条门缝,吹来了一阵令洋务派头脑清醒的清风;那么,康梁等人在变法维新的旗帜下,奉献给光绪皇帝的"欧美之新法,日本之良规",实则为中国学界接纳西学、扫除体制及观念上的障碍做了一场预演,中西方文化教育会通的门前障碍逐渐得以清扫。

二、寻找变革的新工具与新途径

1. 改革书院,创办新学堂,培养维新人才

百日维新期间的教育改革,首先选择了书院改制作为突破口。书院是中国古代一种重要的教育机构,从唐代兴办伊始至清末改制,存续了九百余年。清代书院由于受官方的控制,虽然保留了独有的与官学有别的教学体系,但在科举制度和以科举功名为价值取向的时代,即使是自主性较强的书院,也变得与官学无异,只以科举为务,专课时文制艺,绝大多数书院都没有逃脱附庸科举的命运。为了弘扬中国经世致用的学术文化传统,力纠八股时弊,一些具有远见卓识的学者们开始从旧式书院的体制层面上进行改革,推行通经致用、淡化制艺的学风。随着西学及西方学制的引入,有识之士对于科举及书院的批判达到了一个新的高度。特别是19世纪60年代以来,书院持续不断的改革运动,使其总趋势逐步转向摒弃考课举

业,引入中西实学。维新派进一步推进这种趋势,改革书院、创办新学堂,将其作为传播维新思想、开启民智、培养维新运动骨干的基地。陈宝箴认为:"国势之强弱,系乎人才;人才之消长,存乎学校。"① 梁启超指出:"故言自强于今日,以开民智为第一义。智恶乎开,开于学;学恶乎立,立于教。"所以,他强调:"亡而存之,废而举之,愚而智之,弱而强之,条理万端,皆归本于学校。"② 康有为认为:"欲任天下之事,开中国之新世界,莫亟于教育。"③ 所以,他于1898年7月进呈专折建议:"今既罢弃八股,而大学堂、经济常科皆须小学、中学之升擢,而中学、小学直省无之,莫若因省、府、州、县、乡、邑公私现有之书院、义学、社学、学塾,皆改为兼习中西之学校:省会之大书院,为高等学;府、州、县之书院,为中等学;义学、社学为小学。"④ 光绪帝旋即颁旨批准此议,不过对书院改设新学堂的等级有所变通:"至于学校阶级,自应以省会之大书院为高等学,郡城之书院为中等学,州县之书院为小学,皆颁给《京师大学堂章程》,令其仿照办理。其地方自行捐办之义学、社学等,亦令一律中西兼学,以广造就。"⑤ 此令一出,各地闻风而动,纷纷将书院更名为学堂。但变法失败后,迫于西太后的淫威,又一切照旧,那些曾改书院为学堂的地方官甚至因此获罪。好在1901年清政府"重行新政",于是光绪帝又发上谕重申改书院为学堂:"著各省所有

---

① 陈宝箴:《时务学堂招考示》,引自中国史学会主编:《中国近代史资料丛刊·戊戌变法》(四),上海人民出版社1957年版,第493页。
② 梁启超:《学校总论》,引自舒新城编:《中国近代教育史资料》(下册),人民教育出版社1981年版,第928页;第932页。
③ 梁启超:《康有为传》,引自中国史学会主编:《中国近代史资料丛刊·戊戌变法》(四),第9页。
④ 《请饬各省改书院、淫祠为学堂折》,引自朱有瓛主编:《中国近代学制史料》(第一辑,下册),华东师范大学出版社1983年版,第439页。
⑤ 《光绪二十四年五月二十二日上谕》,引自朱有瓛主编:《中国近代学制史料》(第一辑,下册),第442页。

书院,于省城均改设大学堂,各府及直隶州均改设中学堂,各州县均改设小学堂,并多设蒙养学堂。"并要求督抚学政"切实通饬,认真兴办"[1]。自此以后,各地书院陆续改制,至1903年底各地书院改制遂告完成。始于唐,盛行于宋、元、明、清四朝,延续九百多年的中国书院制度终于退出了历史舞台。

在改书院兴办新式学堂的风潮中,维新派人士也开办了许多以独特的学风、知识体系和教育模式与旧学、书院形成对立之势的新学堂,其中最著名的是"万木草堂"和"时务学堂"。

1891年,康有为在广州长兴里创办万木草堂,以"激励气节,发扬精神,广求智慧"[2]为办学宗旨,以培养维新变法人才为根本目的。草堂初创时只有学生二十多名,1894年达到一百多人,至1898年来草堂拜门求学的增至约一千人,影响越来越大。康有为在万木草堂"讲学著《长兴学记》,以为学规,与诸子日夕讲业,大发求仁之义,而讲中外之故,救中国之法"[3]。他在《长兴学记序》中指出:"勉强为学,务在逆乎常纬"。这种"常纬","其是为俗,非一时也,积日月年,积百十年,积千万年,于是积习深矣,欲矫然易之,非至逆安能哉?"[4]提出治学要"逆于常",要放弃科举考试的那一套"积习",提倡革新,扩大学习领域。

康有为自任万木草堂总教习和总监督。维新派的重要骨干梁启超、陈千秋、徐勤和王觉任等人都在此学习并担任过学长。万木草堂不分年级班次,新生入学均由学长指导读书。草堂所开设的课程,

---

[1] 《光绪二十七年八月初二日上谕》,引自朱有瓛主编:《中国近代学制史料》(第一辑,下册),华东师范大学出版社1983年版,第454页。

[2] 梁启超:《康有为传》,引自中国史学会主编:《中国近代史资料丛刊·戊戌变法》(四),上海人民出版社1957年版,第9页。

[3] 康有为:《康南海自编年谱》,引自中国史学会主编:《中国近代史资料丛刊·戊戌变法》(四),第124页。

[4] 康有为:《长兴学记序》,引自璩鑫圭、童富勇编:《中国近代教育史资料汇编(教育思想)》,上海教育出版社2007年版,第140页。

不仅有中国传统的经史典籍及佛学，而且还传授泰西哲学、中外政治沿革得失、政治实用学、政治原理学、万国史学、中外语言文字学、地理学、格致学等。另外，还设了诸如演说、体操、音乐、图画、射击、游历等方面的"科外学科"。学生每人发一本功课簿，凡读书有疑问或心得即写在功课簿上，交康有为批改。学生除读书外，还须参与编书，如《新学伪经考》①《孔子改制考》②等维新变法的惊天之作，都是由学生参加分任编检、校勘而完成的。康有为创办万木草堂，并在此讲学4年。梁启超在《康有为传》中说，康氏在万木草堂讲学杂糅经史佛学，贯通古今中西。"每论一学，论一事，必上下古今，以究其沿革得失。又引欧美以比较证明之，又出其理想之所穷及，悬一至善之格，以进退古今中外，盖使学者理想

---

① 康有为经多方论证认为："吾为伪经考凡十四篇，叙其目而击之辞曰：始作伪，乱圣制者，自刘歆，布行伪经，篡孔统者，成于郑玄。阅二千年岁月日时之绵暧，聚百千万亿衿缨之问学，统二十朝王者礼乐制度之崇严，咸奉伪经为圣法，诵读尊信，奉持施行，违者以非圣无法论，亦无一人敢违者，亦无一人敢疑者。于是夺孔子之经以与周公，而抑孔子为传，于是扫孔子改制之圣法，而目为断烂朝报，六经颠倒，乱于非种，圣制埋痊，沦于雾雾，天地反常，日月变色。"（康有为：《新学伪经考》，中华书局2012年版，第2页）既然古文经是刘歆为帮助王莽篡夺汉朝刘家天下而伪造出来的，所以他把古文经称为"新学"，不是孔子的真经，这样他就可以名正言顺地把历代奉为神圣的孔子经书的一部分说成赝本，从而引导知识分子去怀疑古代的经典，进而动摇人们对中国传统文化思想的盲目膜拜。梁启超云："此说一出，而所生影响有二：第一、清学正统派之立脚点根本动摇；第二、一切古书皆须从新检查估价。此实思想界之一大飓风也。"（梁启超：《清代学术概论》）

② 康有为认为，孔子是一个托古改制的改革家，孔子著作的六经是托古改制的范本。康有为把自己设想要建立的制度，托为古代曾经实行过，是对孔子托古改制思想的继承和发扬，并自誉为最得孔子真传和最崇敬孔子的一个人，借此佐证其变法主张是合理的，借以争取民众的信服。可以这么说，康有为撰此书的真实意图是想将孔子作为他思想的"傀儡"。孔子思想是中国传统文化的主流和核心，抓住了孔子就等于有了武器和公信力，便可以强有力地反击那些反对变法维新的士大夫。梁启超云：康有为"立'孔子改制'说，谓六经皆孔子所作，尧舜皆孔子依托，而先秦诸子，亦罔不'托古改制'。实极大胆之论，对于数千年经籍谋一突飞的大解放，以开自由研究之门"；"若以《新学伪经考》比飓风，则此二书者，其火山大喷火也，其大地震也。"（梁启超：《清代学术概论》）不过有不少学者认为，康有为《新学伪经考》《孔子改制考》中的思想并非康有为的创见，而是从廖平那里抄袭而来的。

之自由，日以发达，而别择之智识，亦从生焉"。又说："先生能为大政治家与否，吾不敢知。虽然，其为大教育家，则昭昭明甚也。先生不徒有教育家之精神而已，又备教育家之资格，其品行方峻，其威仪严整。其授业也，循循善诱，至诚恳恳，殆孔子所谓诲人不倦者也。其讲演也，如大海潮，如狮子吼，善能振荡学者之脑气，使之悚息感动，终身不能忘；又常反覆说明，使听者涣然冰释，怡然理顺，心悦而诚服。……其为教也，德育居十之七，智育居十之三，而体育亦特重焉。"①康有为在草堂以讲学为名，推衍变法理论为实。时人虚湘父说："万木草堂学徒，每轻视八股，于考据训诂，亦不甚措意，惟喜谈时务，多留心政治，盖有志于用世者。"②梁启超亦有这样的论述："时余以少年科第，且于时流所推重之训诂词章学，颇有所知，辄沾沾自喜，先生乃以大海潮音，作狮子吼，取其所挟持之数百年无用旧学，更端驳诘，悉举而摧陷廓清之，……自是决然舍去旧学，自退出学海堂而间日请业南海之门，生平知有学，自兹始。"③

时务学堂为维新派人士陈宝箴、江标、黄遵宪、谭嗣同等人在长沙筹设。1897年9月26日，《知新报》刊发《湖南时务学堂缘起》，公开揭橥其办学宗旨："用可用之士气，开未开之民智"④，以达"强国""保种""攘夷"之目的。时务学堂聘梁启超为总教习、唐才常为助教。梁启超拟定了《湖南时务学堂学约十章》，即"立志""养心""治身""读书""穷理""学文""乐群""摄生""经世""传

---

① 梁启超：《康有为传》，引自中国史学会主编：《中国近代史资料丛刊·戊戌变法》（四），上海人民出版社1957年版，第10页；第12页。
② 虚湘父：《万木草堂忆旧》，转引自王先明：《近代新学——中国传统学术文化的嬗变与重构》，商务印书馆2000年版，第140页。
③ 梁启超：《三十自述》，引自璩鑫圭、童富勇编：《中国近代教育史资料汇编（教育思想）》，上海教育出版社2007年版，第280-281页。
④ 汤志钧、陈祖恩、汤仁泽编：《中国近代教育史资料汇编（戊戌时期教育）》，上海教育出版社2007年版，第336页。

教"①，目的是把学生培养成为具有维新变法的坚强意志、通晓中外古今知识治理国家的专门人才。时务学堂的学习内容中西并重，分为"溥通学"和"专门学"两类。"溥通学"主要包括经学、诸子学、公理学（此种学科大约以圣经为原本，参合算理公法格物诸学而成，中国尚未有此学）、中外史志及格算诸学；"专门学"主要包括公法学（宪法民律刑律之类为内公法，交涉公法约章之类为外公法）、掌故学、格算学。学生入堂，以5年学成出堂为限。"溥通学"凡学生人人皆当通习，"专门学"则学生每人各认学一门。②梁启超在此讲学数月，他把"以政学为主义，以艺学为附庸"③的主张贯通于讲学的全过程。在时务学堂中，梁启超不仅宣传康有为的"孔子改制"理论，还大力提倡"大同"之学，勉励学生立志传"孔子太平大同之教"，即为实现较彻底的资产阶级民主政治而奋斗。他在《湖南时务学堂课艺批》中指出，"能兴民权者，断无可亡之理"，以"兴民权"为挽救中国危亡的唯一途径。为兴民权，梁启超甚至要求废除向天子行"拜跪之礼"："今日欲求变法，必自天子降尊始，不先变去拜跪之礼，上下仍习虚文，所以动为外国讪笑也。"④这些惊世骇俗的言语，自然被一些守旧者斥为"悖妄已极"。但他所宣传的这些思想，对中国资产阶级民主主义思想却具有启蒙作用，使得时务学堂成为当时负有一定声望的宣传维新思想的学校，推动了维新运动的发展。据梁启超自己说："启超每日在讲堂四小时，夜则批答诸生札记，每条或至千言，往往彻夜不寐。所言皆当时一派之民权论，

---

① 梁启超：《湖南时务学堂学约十章》，引自中国史学会主编：《中国近代史资料丛刊·戊戌变法》（四），上海人民出版社1957年版，第500页。

② 《时务学堂功课详细章程》，参见汤志钧、陈祖恩、汤仁泽编：《中国近代教育史资料汇编（戊戌时期教育）》，上海教育出版社2007年版，第342页。

③ 梁启超：《与林迪臣太守论浙中学堂课程应提倡实学书》，引自舒新城编：《中国近代教育史资料》（下册），人民教育出版社1981年版，第936页。

④ 梁启超：《湖南时务学堂课艺批》，引自中国史学会主编：《中国近代史资料丛刊·戊戌变法》（二），上海人民出版社1957年版，第548页。

又多言清代故实，胪举失败，盛倡革命。其论学术，则自荀卿以下汉、唐、宋、明、清学者，掊击无完肤。时学生皆住舍，不与外通，堂内空气日日激变，外间莫或知之。及年假，诸生归省，出札记示亲友，全湘大哗。"①当时的《知新报》亦有这样的评论："湘省人士，素称守旧，而近日丕变之急冠于行省。顷闻陈中丞宝箴、江学使标，创一时务学堂，特聘新会梁孝廉启超主讲席，诸生投考者至四千余人。梁孝廉深通中外，明于政学，故湘人鼓舞，不期景从。"②

除万木草堂、时务学堂以外，这一时期较著名的新式学堂还有：1894 年，严复在北京创办的"通艺学堂"；1897 年，盛宣怀在上海创办的"南洋公学"；1897 年创办的浙江"求是书院"和绍兴"中西学堂"；1897 年，张之洞奏设的江苏"江南诸才学堂"和谭嗣同在湖南创办的"浏阳算学馆"，等等。

2. 建学会，通风气，广聚维新力量

与维新时期勃然兴起的新式学堂相比较，学会的兀然出现尤为引人注目。自光绪二十一年（1895）至二十四年（1898）间，全国成立的学会遍布于 10 个省 31 个城市，拥有近万名成员。正所谓，学会之风遍天下，各省风从，州县并起。

维新时期的学会是一种具有强烈现代色彩的新型社会组织，是维新派"广联人才，创通风气"，且相聚讲求、挽救世变、推行维新变法的重要途径。康有为在代张之洞所作的《上海强学会序》中指出："天下之变，岌岌哉！夫挽世变在人才，成人才在学术，讲学术在合群，累合什百之群，不如累合千万之群，其成就尤速，转移

---

① 梁启超：《清代学术概论》，载《梁启超论清学史二种》，朱维铮校注，复旦大学出版社 1985 年版，第 69 页。
② "光绪廿三年十一月初一日《知新报》第卅八册"，引自中国史学会主编：《中国近代史资料丛刊·戊戌变法》（四），上海人民出版社 1957 年版，第 382 页。

尤巨也。……尝考泰西所以富强之由，皆由学会讲求之功。"① 在康有为看来，"中国风气，向来散漫，士夫戒于明世社会之禁，不敢相聚讲求，故转移极难。思开风气，开知识，非合大群不可，且必合大群而后力厚也。合群非开会不可。"② 梁启超亦说："先生（康有为）又以为凡讲学莫要于合群，盖以得智识交换之功，而养国体亲爱之习。自近世严禁结社，而士气大衰，国之日孱，病源在此，故务欲破此锢习。所至提倡学会，虽屡遇反对，而务必达其目的然后已。"③ 梁启超本人对学会亦有相当的认识，他认为："道莫善于群，莫不善于独。" 而"群"的形式主要有三，"国群曰议会，商群曰公司，士群曰学会。而议院、公司，其识论业艺，罔不由学；故学会者，又二者之母也"。所以，"西人之为学也，有一学即有一会。" 他强调："今欲振中国，在广人才；欲广人才，在兴学会。"④ 他在《南学会序》中又说："吾乃远稽之三代，乃博观于泰西，彼其有国也，必有会，君于是焉会，官于是焉会，士于是焉会，民于是焉会，旦旦而讲之，昔昔而摩厉之，虽天下之大，万物之多，而惟强吾国之知，夫能齐万而为一者，舍学会其曷从与于斯。"⑤ 可见，在维新派领袖人物的心目中，主要是为了所谓的以"合群"之形态来开风气、启民智进而挽世变才组织学会的。这种学会既与西方社会当时的学会有别，亦不同于我们今天所谓的学术性团体组织。尽管维新时期成立的学会不乏有研习西学和阐释、传播科学的功能，但就其性质而言，更带

---

① 康有为：《上海强学会序》，引自中国史学会主编：《中国近代史资料丛刊·戊戌变法》（四），上海人民出版社1957年版，第385-386页。
② 同上书，第133页。
③ 梁启超：《康有为传》，引自璩鑫圭、童富勇编：《中国近代教育史资料汇编（教育思想）》，上海教育出版社2007年版，第172页。
④ 梁启超：《变法通议·论学会》，引自中国史学会主编：《中国近代史资料丛刊·戊戌变法》（四），第374-375页。
⑤ 梁启超：《南学会序》，引自汤志钧、陈祖恩、汤仁泽编：《中国近代教育史资料汇编（戊戌时期教育）》，上海教育出版社2007年版，第159页。

有政治团体的色彩，其作用也主要是为他们变法维新而开通风气、解放思想、开启民智。

鉴于"在外省开会，则一地方官足以制之"，而在京师开会，"得登高呼远之势，可令四方响应"①，1895年8月，维新派在北京成立了维新时期第一个政治性的学术团体——北京强学会。1896年1月，康有为又因上海"为南北之汇，为士夫所走集，乃群中外之图书器艺，群南北之通人志士"②，是呼应京师的重要地区，于是他亲自南下，游说时任两江总督张之洞并争取到大笔捐款，发起组建了"上海强学会"。《上海强学会章程》明确提出："本会专为中国自强而立，以中国之弱，由于学之不讲、教之未修，故政法不举。今者鉴万国强盛弱亡之故，以求中国自强之学。"③上海强学会以"译印图书""刊布报纸""开大书藏""开博物院"等办法，传播西学，宣传维新思潮。当时东南一带维新派人士汪康年、黄遵宪、张謇、岑春煊等人相继入会，推动了各省维新运动的发展。他们的这些组织活动引起了守旧势力的仇视和不安，后者千方百计加以阻挠破坏，因而该会成立不久便以"私立会党，显干例禁"的罪名予以查禁。"强学会"被封闭以后，1898年，康有为等一批维新爱国人士又在北京发起成立"保国会"，以"保国、保种、保教"为该会宗旨。开会时，康有为、梁启超等发表演说，力陈中国被列强欺凌、民不聊生、濒于被瓜分的危机，号召人们奋起救亡。康有为大声疾呼："人人有亡天下之责，人人有救天下之权。"④与会者群情激

---

① 《康南海自编年谱》，引自中国史学会主编：《中国近代史资料丛刊·戊戌变法》（四），上海人民出版社1957年版，第133页。

② 康有为：《上海强学会后序》，引自中国史学会主编：《中国近代史资料丛刊·戊戌变法》（四），第389页。

③ 《上海强学会章程》，引自汤志钧、陈祖恩、汤仁泽编：《中国近代教育史资料汇编（戊戌时期教育）》，上海教育出版社2007年版，第149页。

④ 康有为述，麦孟华记：《三月廿七日保国会上演讲会辞》，引自中国史学会主编：《中国近代史资料丛刊·戊戌变法》（四），第410页。

愤，但因守旧顽固派的破坏，保国会开了三次大会后亦被迫停办。"虽旋经解散，而各省志士纷纷志起，自是风气益大开，士心亦加振厉，不可抑遏矣。"① 各种学会如雨后春笋，纷纷在各地破土而出。在各省，不仅有维新人士成立的学会，如粤学会、蜀学会、兴浙会、苏学会、南学会等，而且各种专业和团体也开始成立学会。如1897年，谭嗣同等创办的金陵测量会、罗振玉在上海创办的上海务农会；1899年，孙诒让等创办的瑞安天算学社。此外，还有诸如圣学会、兴儒会、质学会、蒙学会、好学会、医学善会、知耻学会、译书公会、戒鸦片烟会、戒缠足会、致用学会等。维新变法失败后，尽管学会热也遭到了以慈禧太后为代表的守旧势力的打击，许多学会被取缔，学会的核心人物遭到迫害，民间知识分子一度高涨的科学热情也大受挫折，但正是这些相继成立的学会，对变法维新活动起到了推波助澜的作用，使得"民智骤开，士气大昌，各县州府私立学校纷纷并起，学会尤盛。人人皆能言政治之公观，以爱国相砥砺，以救亡为己任，……自此以往，虽守旧者日事遏抑，然而野火烧不尽，春风吹又生"②。

3. 办报刊、译书局，开民智，宣传维新

众所周知，报纸是大众传播媒介的重要形式之一。研究大众传媒的美国学者施拉姆说："除非是人民要求变革，否则变革就不会顺利地或卓有成效地进行。通常是信息流的增长播下了变革的种子，也是信息开阔了人们的眼界，从而孕育了全国性的气候。"③自鸦片战争以来，中国的大众传播媒介一直处于滞后性发展的态势，使变革

---

① 梁启超：《记保国会事》，引自中国史学会主编：《中国近代史资料丛刊·戊戌变法》（四），上海人民出版社1957年版，第417页。
② 梁启超：《戊戌政变记附录·湖南广东情形》，载《饮冰室合集》（专集之一），中华书局2008年版。
③ 〔美〕韦尔伯·施拉姆：《大众传播媒介与社会发展》，华夏出版社1990年版，第43-44页。

思想无法与整个社会沟通。早期西来的传教士虽然也创办了一些报纸杂志,但仅流传于通商口岸。19世纪70年代,王韬创办《循环日报》,开中国人自办报刊与先进知识分子借助大众媒体鼓吹变革的先河,但其发行量和影响面极为有限。维新时期,现代报刊发展迟滞的情形为之一变。维新派从一开始便表现出对报刊的高度重视。上海强学会以"刊布报纸"为"最要者四事"之一。维新变法领袖康有为在1895年领衔发起"公车上书"时,主张实施重在富民、养民、教民的变法,三项"教民之法"中有一项便是"开设报馆"。康有为认为,清朝封建官僚们对西方资本主义国家的政治经济情况一无所知,因而不能认识到变法的重要,所以他"急欲办报",以扩大资产阶级改良主义思想的影响。1895年7月,他自己出资创办《中外纪闻》,该报形式与清政府的官报《邸报》相仿,每日出一小册,随《邸报》分送给在京的官员。这份报纸引起了官僚士大夫们的注意,它不但唤起普遍的民族危机感,而且将这种危机感纳入要求变法维新的运动中去。梁启超认为,"思想自由,言论自由,出版自由,此三大自由者,实惟一切文明之母。而近世世界种种现象,皆其子孙也。而报馆者,实荟萃全国人之思想言论,或大或小,或精或粗,或壮或谐,或激或随,而一一介绍之于国民。故报馆者,能纳一切,能吐一切,能生一切,能灭一切。西谚云,报馆者,国家之耳目也,喉舌也,人群之镜也,文坛之王也,将来之灯也,现在之粮也"。所以,"欧美各国之大报馆,其一言一论,动为全世界人之所注观、所耸听"[①]。中国受侮辱不振、停滞不前数十年,一个重要的原因就是无报馆,无思想、言论、出版之自由,由此造成内外隔绝、上下不通、民智不开、民气不振,而设馆办报正是开民智、振民气、去塞求通的最好办法。因为"阅报愈多者,其人愈智,报

---

① 梁启超:《〈清议报〉一百册祝辞并论报馆之责任及本馆之经历》,载《饮冰室合集》(文集之六),中华书局2008年版。

馆愈多者,其国愈强"[1]。为此,1896年7月,他与汪康年等人在上海发起创办《时务报》,并亲任主编。该报为旬刊,办刊历时2年,是戊戌维新时期影响最大的报纸。报上经常刊登论文、谕旨、奏折、欧美政法、京城近事、世界大事等方面的文章和消息。梁启超以其笔力纵横、雅俗共享、震骇心魄、雷鸣怒吼的文笔,先后在这份报上发表了《变法通议》《西学书目表》《古议院考》《论中国积弱由于防弊》《论君政民政相嬗之理》《说群》等政论文章,较系统地宣传了维新变法的理论,使海内观听为之一耸,自通都大邑至僻壤穷陬,"无不知有新会梁氏者"。据杨复礼编《梁启超年谱》云:1896年,梁启超与黄公度、汪康年等,"以强学会之余款,办时务报。七月报开,……一时风靡海内,销行至万余份,梁任公之名,由是噪起。于时著变法通议、西学书目表等书,时务报之言论,两书可为其代表;前者为救时之政治主张,归结于变科举、兴学校;后者为救时之学术主张,归结于中西学并重";1897年春夏秋间,梁启超仍"任时务报撰述之职,关于言论方面,有续变法通议各篇。仍以变科举兴学校为主旨。时当甲午战后,此论一倡,逐风靡海内,举国趋之如饮狂泉"[2]。《时务报》主撰除梁启超外,当时的学界名流、启蒙思想家如马相伯、马建忠、严复、谭嗣同、容闳、章太炎等也纷纷为之撰稿,《时务报》一度洛阳纸贵,"为中国有报以来所未有",成为维新运动最强有力的喉舌。可以说,维新运动的高涨和"明定国是"诏的实现,《时务报》起了很大的作用。湖南巡抚陈宝箴不仅要求各州县订购《时务报》,还亲自购买《时务报》发送至全省各书院。浙江巡抚廖寿丰亦购《时务报》分派全省各府县。张之洞亦

---

[1] 梁启超:《论报馆有益于国学》,引自中国史学会主编:《中国近代史资料丛刊·戊戌变法》(四),上海人民出版社1957年版,第522页。

[2] 杨复礼编:《梁启超年谱》,引自中国史学会主编:《中国近代史资料丛刊·戊戌变法》(四),第171–172页。

曾饬行湖北全省,"官销《时务报》",并说:"上海新设时务报馆,每一旬出报一本,本部堂披阅之下,具见该报识见正大,议论切要,足见增广见闻,激发志气。凡所采录,皆系有关宏纲,无取琐闻;所采外洋各报,皆系就本文译出,不比坊间各报,讹传臆造。且系中国绅宦主持,不假外人,实为中国创始第一种有益之报。"①传教士李提摩太亦曾这样赞美:"康有为大弟子梁启超,现在上海开办一个报纸,叫作《时务报》,是维新党的机关报。从最初就是一个灿烂的胜利,震动了整个的帝国,武昌张之洞总督及其他官吏们力加支持。文章的格式是介乎仅为少数学者所懂的古文,及劳动者所能了解的俗语之间。是如此的雅洁,因而得到每个学者的赞美,可是又如此的明畅,使得每个地方的读者能够了解。"②

与《时务报》遥相呼应的还有由严复、王修植、夏曾佑等人于1897年10月在天津创办的《国闻报》,它是戊戌时期在我国北方影响最广的报纸。该报发行宗旨是"求通",一是要"通上下之情",二是要"通中外之情"。它刊录有关变法维新的思想和活动,较其他各报翔实。《国闻报》刊行后,又于1897年12月8日另出《国闻汇编》旬刊,共出6册。严复的《天演论悬疏》《斯宾塞尔劝学篇》就是在《国闻汇编》刊出的。戊戌时期,在各地发行的报纸,还有湖南出版的《湘报》和《湘学报》,澳门出版的《知新报》,以及《无锡白话报》《求是报》《实学报》《蒙学报》《广仁报》《富强报》《经世报》《渝报》《工商学报》《农学报》《译书公会报》等有影响的三十余种报刊。在戊戌时期,这些报刊在传播西学和新思想,在介绍西方资本主义国家的政治经济、文化教育、科

---

① 张之洞:《鄂督张饬行全省官销时务报札》,引自中国史学会主编:《中国近代史资料丛刊·戊戌变法》(四),上海人民出版社1957年版,第548页。

② 〔英〕李提摩太:《留华四十五年记》,林树惠译,引自中国史学会主编:《中国近代史资料丛刊·戊戌变法》(三),上海人民出版社1957年版,第560页。

技发展情况,在扩展人们视野、开启民智、促进观念更新、改塑一代知识分子等方面,都起了一定的作用。当然,我们也不能期望过高,在当时历史和社会背景下,仅靠办几份报刊不可能达到"开民智""新民德"的目的,更不可能改变当时中国的"愚昧""积弱"的现实。

值得提及的是,1897年梁启超和康广仁在上海创办的"大同译书局",在当时为联合同志、传播西学、鼓舞维新变法上也产生了广泛的社会影响。梁启超在《大同译书局叙例》中直言:"天下识时之士,日日论变法。然欲变士,而学堂功课之书,靡得而读焉;欲变农,而农政之书,靡得而读焉;欲变工,而工艺之书,靡得而读焉;欲变商,而商务之书,靡得而读焉;欲变官,而官制之书,靡得而读焉;欲变兵,而兵谋之书,靡得而读焉;欲变总纲,而宪法之书,靡得而读焉;欲变分目,而章程之书,靡得而读焉。今夫瞽者虽不忘视,跛者虽不忘履,其去视履固已远矣。虽欲变之,孰从而变之,无已。则举一国之才智,而学西文,读西籍,则其事又迂远,恐有所不能待。即学矣,未必其即可用,而其势又不能举一国之才智,而尽出于此一途也。故及今不速译书,则所谓变法者,尽成空言,而国家将不能收一法之效。"虽然以前的京师同文馆、江南制造局、天津水师学堂,历时30年译有西书一百余种,但他认为"犹是万不备一",故"译书真今日之急图",于是联合同志创办大同译书局。他强调译书局的译书原则是:"以东文为主,而辅以西文;以政学为先,而次以艺学。"而对于以往翻译西书中的"希见之本"或"邦人新著之书",他认为只要"其有精言",亦可编为丛刻或分卷单行,其目的在"以广流传","洗空言之消,增实学之用,助有司之不逮,救燃眉之急难,其或忧天下者之所乐闻也"[①]。译书局成

---

① 参见梁启超:《大同译书局叙例》,载《饮冰室合集》(文集之二),中华书局2008年版。

立后，所译新书主要有《俄土战纪》《意大利侠士传》《瑞士变政记》《英人强卖鸦片记》《地球十五大国战纪》等，及专门刊印康有为的部分著作。这些书籍对维新变法产生了较大的影响。

要之，维新时期新式学堂、报纸和学会的兴起及译书局翻译印发的书籍，打破了当时令人窒息的文化专制氛围。维新派通过这些公共舆论，一方面以论干政，为限制皇权、兴民权、开议院奠定了舆论基础；另一方面开启了民智，传播了西学尤其是西方的社会科学，突破了洋务派"西用"的范畴而及于西方的科技、教育、政治、经济、军事诸方面。随着"西用"范畴由洋务时期的技艺扩展到政教经济，西学的价值更加凸现，"中体"的范畴亦随之缩小限定在儒学道统。"西用"与"中体"范畴的伸缩消长，实为中国传统文化迈进现代化格局的预兆。文化价值观念的更新，又造就和鼓动了一批青年才俊、知识精英走上了探寻反思中国积弱之源与应对之策的道路。

三、教育维新下猛药

1. 广设学堂，大倡西学

在光绪帝发布的"上谕"中明确指出："嗣后中外大小诸臣、自王公以及士庶，各宜努力向上，发愤为雄，以圣贤义理之学植其根本，又须博采西学之切于时务者实力讲求，以救空疏迂谬之弊。专心致志，精益求精，毋徒袭其皮毛，毋竞腾于口说，总期化无用为有用，以成通经济变之才。"[①]在这里，他已明白指出了教育的一项重要任务，就是要培养"博采西学""通经济变"的人才，不是像过去那样培养仅知八股时文、空疏无用的腐酸之辈，也不是像洋务派那样培养徒袭西学皮毛的洋务人才。

维新时期有关教育改革的政令有：1898年，6月11日，命军机

[①] 引自舒新城编：《中国近代教育史资料》（上册），人民教育出版社1961年版，第43页。

大臣及总理衙门大臣会同妥速议奏京师大学堂事宜；6月20日，命各省督抚在现有学堂增设矿学一门；7月3日，命孙家鼐管理京师大学堂事务；7月5日，谕能独立创设学堂者予特赏；7月10日，令各督抚将各省府厅州县现有之大小书院一律改为兼习中学西学之学堂；7月29日，令各督抚选择品学兼优能符重望之在籍绅士，派令管理当地之中小学堂事宜；8月4日，令五城御史劝导绅民于京师创立小学堂；8月18日，令派遣日本游学及各省迅将开设学堂筹办情况具奏；8月21日，令出使英、美、日等国大臣劝导华侨创立学堂，兼习中西文字；8月26日，诏准梁启超于上海设立翻译学堂；8月28日，命谭钟麟等立即筹办学校；9月6日，令孙家鼐议奏设立京师武备大学堂事宜；9月9日，令孙家鼐议奏设立医学堂事宜；9月11日，传旨于通商口岸及出产茶丝省份设立茶务学堂及蚕桑公院；9月12日，令江阴南菁书院改为高等学堂；等等。如此仓促、密集地发布一系列教育改革令，应该说在中外教育上是极其罕见的。尽管这是维新派激进主义政治的典型表演，且改革缺乏全局性、系统性，也谈不上科学性，但其议决速度之快，措施之具体，可以说是前所未有的。

上有所令，下便有所行。除康梁等维新派人士外，许多朝廷要员和地方督抚也纷纷上奏请设新式学堂，如孙家鼐上《奏筹办大学堂大概情形折》，黄槐森上《奏广西筹办学堂情形折》，胡聘之上《奏山西筹办学堂情形折》，荣禄上《奏直隶筹办学堂情形折》，刘坤一上《奏江南筹办学堂情形折》，张汝梅上《奏山东筹办学堂情形折》等。时人对戊戌时期学堂的兴办成效及其改革举措有过不少评述。如尹彦鈵在《剂变篇》中指出："甲午以降，则有大学堂之命。戊戌变政，则饬天下普建大中小三等学堂，中国之于新学，诚不可谓不亟亟矣。……夫策论虽不免钞胥怀挟，然所钞所挟者，皆系时务新书，如泰西新史，西学丛书之类，……俟学堂有成，再一律罢科举,盖合科举学堂为一事,始克有济。"①不幸的是,由于书生意气且没有实权的维新派与30年前发迹于镇压太平天国的实力派官僚的洋务派无法比类,加之这种自上而下的变法没有引起广泛的社会响应,且"当时社会嫉新学如仇,一言办学即视同叛逆,迫害无所不至"②,因而绝大多数在百日维新期间颁发的政令,由于中央和地方顽固派势力的抗拒,如同一纸空文,没有实行。但不可否认,它对后来的影响还是相当大的。变法失败后,各地公私立学校发展很快,尤其是私人设立学校得到了很大的鼓励。正如梁启超所言:"政变以后,下诏废各省学校,然民间私立者尚纷纷见,亦由民智已开,不可抑遏。"③

2. 废八股,改科举

科举制度始于隋代,几经变更,其制度日趋严密,落后性日增,进步性日减。到了近代,新的社会科学、自然科学日新月异,那种固守程朱理学、锢塞人才的八股取士制度显然不能满足近代社会对实用创新人才的渴求。因此,康梁等维新派人士把摒弃时文诗赋之学、改革科举取士作为维新变法的重要内容。在百日维新期间,光绪帝下达了一系列改革科举制的诏书:1898年,6月23日,传旨自下科开始,会试、乡试及生童岁科,旧用四书文(八股)者,一律改试策论;6月30日,谕将经济岁科归并正科,又令各省学政于本届生童岁科试后立即改试策论;7月6日,谕嗣后一切考试均着毋庸五言八韵诗;7月13日,传旨开经济特科;7月19日,谕乡会试改为三场,今后考试,均以讲求实政实学为主;8月19日,废朝考,务振兴实学,停考诗赋,不凭楷法取士。这些措施,确实使维新人

---

① 尹彦铎:《剂变篇》,引自中国史学会主编:《中国近代史资料丛刊·戊戌变法》(四),上海人民出版社1957年版,第307—308页。
② 梁启超:《莅北京大学校欢迎会演说词》,引自中国史学会主编:《中国近代史资料丛刊·戊戌变法》(四),第255页。
③ 梁启超:《戊戌政变记》,载《饮冰室合集》(专集之一),中华书局2008年版。

士及向往西学的广大知识分子欢欣鼓舞。虽然慈禧太后发动的政变使教育改革新政成为一纸空文,但是人们仍然留恋富有朝气的新式教育,倾慕西学、游学海外之势日益高涨。正如欧榘甲所述,政变后之民心发生了三大变化,"一曰人知危亡,不肯安于守旧。自八股之废也,翻译书籍出版者,人人争购,市为之空。家家言时务,人人谈西学,有力者则自请舌人译之,而快新睹。斯时智慧骤开,如万流涌沸,不可遏抑也。及政变而八股复矣,然不独聪明英锐之士,不屑再腐心焦脑,以问津于此亡国之物,即于高头讲章,舌耕口穑数十年,号为时艺正宗者,亦谓诵之无味,不如多阅报之为愈矣。是以士人应试,其数大减于常年,大抵一县常年四千人应试者,今则减至二千余,常年三千人应试者,今者减至一千余。夫前此科目之心何其热,而后此科目之心又何其冷?则以渐通中外之故,即知不能不变,宁留此岁月以讲求有用之学,不愿再从事于蜉蝣之仕宦也,政变后民心之明,此其一也。二曰人慕欧风,多讲求于西学。中国甲午以后,始稍稍言外事,然于外国情事,茫如捕风,渺如逐影,虚如书空,妄如扪签。况其学派万千,未有不临流探源而能知其毫末乎。于是壮志之士,知非游学各国不可,赢粮厚者,或翱翔于英、俄之都;取材美者,或联翩于德、美之府;乐德邻者,或星聚于扶桑之岛;而海外各埠之有力者,并踊跃创建学堂,聘列国通政治、经济、法律、海陆军法之士以教育其埠中刚猛侠烈之子弟,以为异日与万国人才相见之地。盖经政变后之波涛翻变,而国民输入欧美文明之志乃益急,政变后民心之明,此其二也。三曰人耻文弱,多想慕于武侠。外国教育必有体操,……中国自秦以来,武功未有出于域外者,固由其武器之不精,亦由学者埋首束身于章句之学,辞藻之末,所以衰其肌体,弱其脑筋,而无经略九州横绝四海之念也。……有志之士,乃召集同志,聘请豪勇军师,以研究体育之学,其能备资者,或入外国海陆军学堂,政变后民心之明,此其三也。"① 这种变化说明，科举制度已经在人们心目中趋向破产，西学及新式的学校教育已成了普罗大众的迫切需求。时隔三年，清政府在《辛丑条约》签订后不几日，即诏"复废八股文，科举改试策论"。这是在经受了血的教训后做出的选择，客观上呼应了当时国内教育救国的要求，顺应了半个多世纪以来教育改革的大势，推进了近代科学技术在中国的传播。1905 年，光绪帝正式颁布上谕："自丙午科为始，所有乡会试，一律停止。各省岁科考试，亦即停止。"②至此，延续 1300 年的科举制度被彻底废除。

3. 奖励科学著作和发明创造

戊戌维新时期，康有为曾上奏光绪帝："下明诏奖励工艺，导以日新，令部臣议奖创造新器，著作新书，寻发新地，启发新俗者，著新书者，查无抄袭，酌量其精粗长短，与以高科，并许专卖。创新器者，酌其效用之大小，小者许以专卖，限若干年，大者加以爵禄，未成者出币助成。……则举国移风，争讲工艺，日事新法，日发新义，民智大开，物质大进，庶几立国新世，有恃无恐。"③光绪帝采纳了康有为这个建议，并于 1898 年 7 月 5 日发布上谕："富强之计，首在鼓舞人才，各省士民若有新书以及新法制成新器，果系足资民用者，允宜奖赏以为之劝。或量其材能，授以实职，或赐之章服，表以殊荣。所制之器，颁给执照，酌定年限，准其专利售卖。有能独立创建学堂，开辟地利，兴造枪炮各厂，有裨于兴国殖民之计者，并着照军功之例给予特赏，以昭鼓励"④。不久光绪帝又谕："前经降

---

① 欧榘甲：《论政变为中国不亡之关系》，引自中国史学会主编：《中国近代史资料丛刊·戊戌变法》（三），上海人民出版社 1957 年版，第 156—157 页。
② 朱寿朋编，张静庐等校点：《光绪朝东华录》，中华书局 1958 年版，总第 5392 页。
③ 康有为：《请厉工艺奖创新折》，引自中国史学会主编：《中国近代史资料丛刊·戊戌变法》（二），上海人民出版社 1957 年版，第 227 页。
④ 《上谕：" 能独立创设学堂者予特赏"》，引自汤志钧、陈祖恩、汤仁泽编：《中国近代教育史资料汇编（戊戌时期教育）》，上海教育出版社 2007 年版，第 121 页。

旨，各省士民著作制器暨捐办学堂各事，给予奖励，……所拟给予世职实官虚衔，及许令专利颁赏扁额各节，量能示奖。"①此后，光绪帝又多次发布谕旨，强调"有能创制新法者，必当立予优奖"，"制造新器新艺专利给奖"②。

4. 派人出国留学游历

清末中国近代化事业的兴起和推进，急需大批掌握近代科学技术的专门人才，但在中国近代化起步之际，掌握近代科学技术知识的专门人才寥寥无几。因此才有了1872—1875年洋务派为创办近代工业、培养科技人才，而选派幼童留美的创举，形成了近代中国第一次留学高潮。戊戌变法时期，光绪皇帝也沿袭了这一改革措施，颁布了相应的谕旨。1898年6月12日，令宗人府察看王公贝勒等，如有留心时事、志趣向上者，切实保荐，听候简派出国游历；6月20日，令各督抚挑选年幼聪颖学生咨报总理衙门，派往日本矿务学堂学习；8月18日，又令各督抚挑选学生分送日本大学堂及中学堂学习。虽然这些措施均因变法失败俱成空文，但外出游历游学已在当时形成一种时尚，到20世纪初，更掀起了一股留学日本的热潮，这些留日学生不仅对1903年学制的制定和近代中国科技教育体制化的初创起到至为关键的作用，而且他们归国后还成了清王朝的掘墓人。

传教士李提摩太说："维新的运动像是一条溶化了的大冰河，或者是开了冻的黑龙江，把巨大障碍的冰块冲到海洋。"③此说尽管过于夸张，但不容置疑，维新变法的确不失为继洋务运动以来中国又一次的近代化运动，或者更准确地说是一次思想启蒙运动。从百日

---

① 引自中国史学会主编：《中国近代史资料丛刊·戊戌变法》（二），上海人民出版社1957年版，第37页。

② 同上书，第48页。

③〔英〕李提摩太：《留华四十五年记》，林树惠译，引自中国史学会主编：《中国近代史资料丛刊·戊戌变法》（三），上海人民出版社1957年版，第560页。

维新期间变法诏书的内容来看,戊戌维新的特定意义在于,第一次提出了全面学习西方科学技术与民主政治制度的近代化纲领和措施,突破了洋务派"中体西用"的思维定式,从中西学"会通"的高度和深度接纳了西学,有力地改变了中国传统的文化教育价值观念。尽管戊戌维新"时日极短,现效极少","骤起而卒蹶",但仅凭光绪帝敢于违背清朝祖制的"大经大法",就充分表明了他当时已在相当大的程度上容纳了资产阶级思想,而以康有为、梁启超等为首的维新派也的确做了不少社会改革、制度改良和思想启蒙的工作。与此同时,中国社会也出现了一些新的气象:清末新政在一定程度上推进了中国政治的近代化;一千多年来的科举制度开始动摇并最终退出历史舞台,使西方资本主义科学文化教育的传播初步取得了合法的地位;民众一度享有一定程度的思想言论出版自由,出现了不少传播西学、纵论时政的报纸和书刊;中国第一所新式大学——京师大学堂成立,延续了九百多年的书院制度走向消亡,各地开办了一些新式的中小学堂;出国游历留学成为时尚,以"实学"名义接受西方科学知识的课程改革被逐渐肯定下来;私人工商业取得了合法的地位,并且一度受到了奖励和提倡;各阶层民众广泛地受到资产阶级的科学和民主的启蒙教育,在一定程度上促进了民族的觉醒和民智的开启。

四、康梁的科学观与教育理想

维新运动喧嚣一时,躁动了百日便以失败告终。作为维新运动参与者的张元济后来回忆说:"在当时环境之下,戊戌变法的失败是必然的,断断无成功的可能,当时我们这些人要借变法来挽回我们的国运,到后来才知道是一个梦想。"[①] 对于失败的原

[①] 张元济:《戊戌政变的回忆》,引自中国史学会主编:《中国近代史资料丛刊·戊戌变法》(四),上海人民出版社1957年版,第329页。

因，学者们从政治、社会、经济、文化、民族心理的角度，甚至从维新运动领袖人物的性格等方面进行了反复的探究和论证。如果换一个角度来看，我们不禁发问，维新运动特别是维新运动的领袖们，在中国近代科学的发展历程中扮演了一种什么样的角色？他们的科学观是否蕴含了某些导致维新运动失败的原因？

康有为以一种"我不入地狱，谁入地狱"的历史主动性，以一种"雄横一时"的胆量去捕捉中国近代化的际运，无论成败与否，他都堪称中国历史上顶天立地的人物；同时，他作为第一个对中国传统学术文化进行系统改造的人，作为致力于建设一个"不中不西，即中即西"[①]之新学派的第一人，当然也具有启蒙者的意义。而且，对于西学，他超越了洋务派拘囿于"技艺"的水平，有了比较全面深刻的理解，能以一种比较平等的态度来权衡中西。他认为西人政教风俗自有其根本，不能简单地以"本末体用"来自闭塞眼界，西学成了他思想体系的重要成分和思想来源，并涵化到他几乎所有的论著之中。他曾说自己是"经三十一国，行六十万里"，事实上据可考的资料看，他至少去过日本、美国、英国、法国、意大利、加拿大、希腊、埃及、巴西、墨西哥、新加坡、印度等地。[②]应该说，他对西方和西学的了解和认识是远超同时代士绅的。但毋庸讳言，在他的学术思想体系中，西学并不具有独立存在的价值，他所掌握的西学在今天看来还是支离破碎不成系统的，并没有真正抓住西学的命脉，也没能看清近代西方文化的科学特性。有学者说："康有为最大的贡献在于他第一次用历史庸俗进化论代替了泛着传统文化古

[①] 梁启超：《清代学术概论》，载《梁启超论清学史二种》，朱维铮校注，复旦大学出版社1985年版，第79页。

[②] 康有为曾著有《欧洲十一国游记二种》，收录在钟叔河主编的《走向世界丛书》第10册。

老光泽的历史循环论。"[1] 这里我们从康有为在变法前夕接连上呈的数十道奏疏的内容中可以看出。汤志钧先生在《戊戌变法人物传稿》中将这些奏疏中的正面建议整理为 25 条,其中涉及科学技术的不过 6 条。这 6 条是:两条建议修筑铁路,两条建议改革学制和选派留学生、翻译日本著作,一条建议设农学堂、地质局以兴农殖民而富国本,一条建议鼓励工艺创新。[2] 康有为的所有建议,都没有从根本上超出晚期洋务派的主张,也都没有触及学习西方近代科学的核心要点,即建立一个独立的、以研究自然和社会现象为目的的科研系统。而且,康有为在同一奏疏中,一方面主张君主立宪,一方面又主张遵孔教为国教,用孔子纪年。可见,康有为的思想体系还是出于儒家归于儒家,仍然摆脱不了传统儒学的束缚,充其量是传统"中学"的近代模式,他的改革还是在"托古改制"的思想格局内依靠既有的封建统治权威,没有摆脱旧的儒学规范,仍托孔子为"素王",借孔子之名唱维新变法的新戏。他反对的"中体西用",不过是反对中国封建官僚与科举制度之"体",而对中国儒家文化之"体"仍奉为圭臬。在他的眼里,科学技术仍应服务于封建政治,他呼唤的不是科学理性和科学精神,而仍是圣人礼教和德治教化。著名学者萧公权先生曾言:"康有为乃一'爱国的'儒者,努力使儒家传统以及帝政适应 19 世纪末与 20 世纪初的新形势,以保国、保种、保教。他与主张'中学为体,西学为用'的张之洞并无很大的不同,所不同者仅程度而已:张之洞要保存传统中的中学儒学,而借自西学的不过是技器;康有为则予儒学以非传统的解释,而且除了西方的科技外更建议变法。因此,康氏较张氏激进,然两人一样热心使

---

[1] 王汝丰、杨念群:《传统文化与中国近代史学》,载张立文等主编:《传统文化与现代化》,中国人民大学出版社 1987 年版,第 191-192 页。
[2] 汤志钧:《戊戌变法人物传稿》(增订本上册),中华书局 1981 年版,第 16-18 页。

儒学的权威与影响绵延下去。"①

事实上，作为一个启蒙思想家，康有为的科学知识比起他的儒学修养是少得可怜的。他出身于世代为官、理学传家的封建士大夫家庭，从小受封建正统文化教育，醉心于举业。正如他在《康南海自编年谱》中所说："四库存要书大义，略知其概。"然而满肚传统旧学并不能使他找出济世救民之良方，康有为陷入了幻想和怀疑之中。于是他在西学风起潮涌之际，开始怀疑传统旧学的价值，阅读了一些第二手的介绍西学的书籍。对此，他在《康南海自编年谱》有详细记载：光绪五年己卯（1879）22岁，"既而得《西国近事汇编》。李圭《环游地球新录》及西书数种览之。薄游香港，览西人宫室之瑰丽，道路之整洁，巡捕之严密，乃始知西人治国有法度，不得以古旧之夷狄视之。乃复阅《海国图志》《瀛环志略》等书，购地球图，渐收西学之书，为讲西学之基矣"；光绪八年壬午（1882）25岁，"道经上海之繁盛，益知西人治术之有本。舟东行路，大购西书以归讲求焉。十一月还家，自是大讲西学，始尽释故见"；光绪九年癸未（1883）26岁，"购《万国公报》，大攻西学书，声、光、化、电、重学及各国史志，诸人游记皆涉焉。于时欲辑《万国文献通考》，并及乐律、韵学、地图学。是时绝意试事，专精问学，新识深思，妙悟精理，俛读仰思，日新大进"②。可见，康有为在青年时代的确显示出对西学的嗜好和对西方资本主义制度的倾慕。特别是当他写了两部有关西学的科普书《诸天讲》（介绍哥白尼日心说和牛顿天体力学）及《大同书》（述及欧几里得几何学）后，更是沾沾自喜，认为自己已经算得上是一个科学学者了，尽管这两本书中不乏

---

① 萧公权：《近代中国与新世界：康有为变法与大同思想研究》，江苏人民出版社1997年版，第105页。

② 康有为：《康南海自编年谱》，引自中国史学会主编：《中国近代史资料丛刊·戊戌变法》（四），上海人民出版社1957年版，第115-116页。

许多科学常识方面的错误。

与此同时,在康有为身上还有一种与科学精神不相容的自我神化的神秘主义倾向。他狂妄地把自己想象为超人圣人,"常有六经皆我注脚,群山皆其仆从之概"①;"天地万物皆我一体,大放光明,自以为圣人则欣喜而笑,忽思苍生困苦,则闷然而哭";"其来现也,专为救众生而已,故不居天堂而故入地狱,不投净土而故来浊世,不为帝王而故为士人,不肯自洁,不肯独乐,不愿自普,而以与众生观。为易于援救,故日日以救世为心,刻刻以救世为事,舍身命而为之"②。正是由于康有为津津乐道于一些皮毛的科学知识,又具有与科学精神不相容的神秘主义倾向,因而他对科学知识采取一种"天人之际"的态度,把自然科学的概念和规律直接套用到道德领域和社会科学领域中。如在《诸天讲》中,他把恒星的"真光"与孟子所说的"浩然之气,至大至刚充实而有光辉"混为一谈,拿天体物理学的知识去证明孟子的说法;在维新变法时期,他又拿他所知的地质学和进化论皮毛知识,来证明变法维新的正当性——天道可变人道亦可变。对于西方的自由、民主、平等观念,他也多次指出"平等"是孟子思想中的重要概念,说"人人可为尧舜,乃孟子特义。令人人自主平等,乃太平大同之义,纳人人于太平世者也"。又说:"独立自由之风,平等自主之义,立宪民主之法,孔子怀之待之平世,而未能遽为乱世发也。"③以孟子的"民本"来牵强附会"民权平等"的西学内容。可见,他对科学本质的理解是不够恰当的,他学西学是生吞活剥式的,不是以一种科学应有的精神去学的,他

---

① 梁启超:《康有为传》,引自璩鑫圭、童富勇编:《中国近代教育史资料汇编(教育思想)》,上海教育出版社 2007 年版,第 195 页。

② 康有为:《康南海自编年谱》,引自中国史学会主编:《中国近代资料丛刊·戊戌变法》(四),上海人民出版社 1957 年版,第 114 页;第 118 页。

③ 康有为:《孟子微》卷一(礼运注、中庸注),楼宇烈整理,中华书局 1987 年版 2012 年重印,第 16 页;第 21 页。

研究问题也不是以一种实事求是的科学态度去探究的。所以,刘大椿先生说,康有为"只是外面蒙了一层近代科学知识的皮罢了",康有为身上这种自我神化的神秘主义倾向和他骨子里传统的思维方式和逻辑,"很可以造就一位宗教领袖,却造就不了一位成功的实干型政治改革家,更造就不了一个科学的头脑"[①]。

戊戌变法失败后,康有为得英人保护逃往香港,后得日本友人之邀往居日本。1899年初春,由于清廷多次提出交涉,不让康有为留居日本,于是日本外务省赠以旅费,劝请离境,遂渡海赴加拿大。此后康有为在加拿大、新加坡、日本、印度等地逗留了近六年之久。1904年初夏,乘船经印度洋入地中海,作欧洲十一国之游,并撰成《欧洲十一国游记》。他在游记的"自序"中说:"将尽大地万国之山川、国土、政教、艺俗、文物,而尽揽掬之、采别之、掇吸之,岂非凡人之所同愿哉?于大地之中,其尤文明之国土十数,凡其政教、艺俗、文物之都丽郁美,尽揽掬而采别、掇吸之,又淘其粗恶而荐其英华焉,岂非人之尤所同愿耶?"他认为,他的"耳目闻见,有以远轶于古之圣哲人",二十年来自己昼夜负戴"为先觉以任斯民"的"天责之大任",是一位"耐苦不死之神农"。他此行的目的,就是为了"遍尝百草","考政治",通过对欧洲各国实地考察,寻找能够医治中国沉疴的"神方大药","以馈于我四万万同胞",使之"可以起死回生、补精益气,以延年增寿"。他的"神方大药"即所谓的"立宪有利进化,革命带来破坏"[②]。对于如何学习西方,他以学西方的老前辈自诩,却只准他人向西方学一点"物质"文明,学一点初步的"民权",不准学西方的"平等自由"学说,尤其不准学

[①] 参见刘大椿、吴向红:《新学苦旅——科学·社会·文化的大撞击》,江西高校出版社1995年版,第175–176页。

[②] 康有为:《欧洲十一国游记自序》,见钟叔河主编:《走向世界丛书》(第10册),岳麓书社2008年修订版,第55–57页。

习西方的革命道理。因此,这位被学子们惊为"天人"的国学大师,这位维新时期的"思想导师"、"洪水猛兽",这位一呼百应的变法领袖,到了晚年日益落伍,反对辛亥革命、参与张勋复辟、"觐见"废帝溥仪,且大倡孔教。当共和制度已在中国建立了十年之后,他还要大家来考虑"共和于中国宜否"的问题,当然是应者了无。梁启超曾回忆说:"启超既日倡革命排满共和之论,而其师康有为深不谓然,屡责备之,继以婉劝,两年间函札数万言";"启超自三十以后,已绝口不谈'伪经',亦不甚谈'改制'。而其师康有为大倡设孔教会定国教祀天配孔诸议,……启超不谓然,屡起而驳之"[①]。但不管怎么说,康有为仍然堪称近代中国第一个具有启蒙意义并具有广泛影响的思想文化人物。不管康有为掌握的西学是如何的支离破碎,也不管他的思想体系是以儒家为出发点和最后归宿这一事实,他毕竟致力于用以科学为基础的西学来大规模改造传统文化教育的事业。从科学启蒙的角度看,康有为的意义恰如他在使"Science"一词由"格致"变为"科学"这一象征性事件中所起的作用一样,他在中国最早引入并最早使用"科学"一词[②],象征着科学作为近代文化中一个基本概念进入了中国文化。

作为康有为的弟子和得力助手,梁启超在戊戌维新时期积极参加了变法维新几乎所有的重要活动。他不仅是一位百科全书式的学者和思想家,而且手执一支有魔力的笔。有学者说:"在他那新兴气锐的言论之前,差不多所有的旧思想、旧风气都好像狂风中的败叶,

---

① 梁启超:《清代学术概论》,载《梁启超论清学史二种》,朱维铮校注,复旦大学出版社 1985 年版,第 70 页。

② 1897 年,梁启超在《时务报》上介绍康有为编的《日本书目志》一书,该书于 1898 年发行,在第一册卷二"物理门"中有《科学入门》,普及舍译;《科学之原理》本村骏吉等"两条。这是目前人们发现的最早使用"科学"一词的中文资料,证明该词是由日文翻译引入中文的。1898 年 6 月,康有为在进呈光绪帝《请废八股试帖楷法试士改用策论折》中,三次使用了"科学"一词。如其中一处为"宏开学校,教以科学,俟学校尽开,徐废科举"。

完全失掉了它的精彩。二十年前的青少年……可以说没有一个没有受过他的思想或文字的洗礼的。"①梁启超坦承自己"未克读西籍,事事仰给于舌人,则于西史所窥知其浅也"②。但他对西学的理解和对科学的掌握,似乎要比他的老师康有为略胜一筹,在他身上的宗教情感也没有康有为浓烈。严复曾向他指出"教(指孔教)不可保,而亦不必保",他表示赞同。对于康有为,他"不服先生之能言,而服先生之敢言之也",并"与同志数人私言之"③。到了20世纪20年代初,他甚至对鄙薄科技的现象和态度进行了批评。他指出,"形而上者谓之道,形而下者谓之器","德成而上,艺成而下"等传统观念,"依然为变相的存在",只不过是换了一种说法,科学被认为是"艺成而下"的观念仍然"牢不可破"。"多数人以为科学无论如何高深,总不过属于艺和器那部分,这部分原是学问的粗迹,懂得不算稀奇,不懂得不算耻辱。又以为,我们科学虽不如人,却还有比科学更宝贵的学问。什么超凡入圣的大本领,什么治国平天下的大经纶,件件都足以自豪,对于这些粗浅的科学,顶多拿来当一种补助学问就够了"。在梁启超看来,这些论调是"西装的治国平天下大经纶"④。但在维新时期,梁启超的思想与康有为并无根本性的区别。1896年,他在《西学书目表序例》中强调:"国家欲自强,以多译西书本;学子欲自主,以多读西学为功"⑤。但同时,他又规劝学子们要"读经、读史、读子",要"一当知孔子之为教主,二当知六经皆孔子所作,……四当知六经,皆孔子改定制度以治百世之

---

① 钟叔河:《启蒙思想家梁启超》,载钟叔河主编:《走向世界丛书》(第10册),岳麓书社2008年修订版,第369页。
② 李华兴编:《梁启超选集》,上海人民出版社1984年版,第48页。
③ 同上书,第42页。
④ 梁启超:《科学精神与东西文化》,载《饮冰室合集》(文集之三十九),中华书局2008年版。
⑤ 梁启超:《西学书目表序例》,引自中国史学会主编:《中国近代史资料丛刊·戊戌变法》(一),上海人民出版社1957年版,第448页。

书,……十当知伪经既出,儒者始不以教主待孔子,十一当知训诂名物,为二千年经学之大蠹,其源皆出于刘歆;十二当知宋学末流,束身自好,有乖孔子兼善天下之义"①。梁启超的这些言论,可以说基本上是照搬康有为的《新学伪经考》。而当他议谈政治、社会、哲学时,思维方式也同样是直观推理式和"天人合一"式的。可见,在维新时期,康、梁等变法领袖,其思维方式和探究问题的态度,都不能说是科学的。只是到了维新变法后,梁启超逃脱了守旧派的屠刀,流亡到了日本,开启"生平游他国之始"。自此,他的思想才有了明显的变化,开始走上与康有为决裂的科学理性之路。他在《三十自述》中说:"戊戌九月至日本,十月与横滨商界诸同志谋设清议报,自此居日本东京者一年,稍能读东文,思想为之一变。"②同年冬,他在其所作的《汗漫录》中又云:"自居东以来,广搜日本书而读之,若行山阴道上,应接不暇;脑质为之改易,思想言论,与前者若出两人。"③并宣称"吾爱孔子,吾尤爱真理;吾爱先辈,吾尤爱国家;吾爱吾人,吾尤爱自由"。1899年至1903年,他阅读了大量关于西方资产阶级社会、政治、经济、哲学、文化等方面的学术著作,如霍布斯、斯宾诺莎、卢梭、培根、笛卡尔、达尔文、孟德斯鸠、康德等人的著作,他都有涉猎。同时也撰写了大量学术政论文章,内容涉及中、西方的政治、经济、文化、哲学、历史、地理、教育等,如《论中国与欧洲国体异同》《论近世国民竞争之大势及中国前途》《论支那独立之实力与日本东方政策》《中国积弱溯源论》《少年中国说》《过渡时代论》《论中国国民之品格》《立宪法议》《立

---

① 梁启超:《西学书目表后序》,引自中国史学会主编:《中国近代史资料丛刊·戊戌变法》(一),上海人民出版社1957年版,第460页。

② 梁启超:《三十自述》,引自璩鑫圭、童富勇编:《中国近代教育史资料汇编(教育思想)》,上海教育出版社2007年版,第282页。

③ 转引自钟叔河:《启蒙思想家梁启超》,载钟叔河主编:《走向世界丛书》(第10册),岳麓书社2008年修订版,第382页。

法权论》《中国改革财政私案》《霍布士学案》《斯片挪莎学案》《卢梭学案》《论学术之势力左右世界》《近世文明初祖二大家之学说》《天演学初祖达尔文学说及其略传》《法理学大家孟德斯鸠之学说》《乐利主义泰斗边沁之学说》《亚里士多德之政治学说》《进化论革命者颉德之学说》《近世第一大哲康德之学说》《政治学大家伯伦知理之学说》《泰西学术思想变迁之大势》《生计学学说沿革小史》《论希腊古代学术》《格致学沿革志略》《政治学学理摭言》《地理与文明之关系》《历史与人种之关系》《论民族竞争之大势》《论政府与人民之权限》《新民说》，等等。[①]这些纵论时局和潮流，评析西方学术与思想，开启民智、陶铸精神的文章，在当时产生了广泛而深远的影响。诚如他自己所说，由于"其文条理明晰，笔锋常带情感，对于读者，别有一种魔力焉"。所以，"二十年来学子之思想，颇蒙其影响"[②]。1903年，他又开启"新大陆"之游，实地考察了美国、澳洲、加拿大等国，目睹了西方资本主义国家社会经济的欣欣向荣、制度的文明先进以及文化教育与科学技术的飞速发展，同时也体察到了西方资本主义制度的弊端。因此，他主张"拿西洋的文明来扩充我的文明，又拿我的文明去补西洋的文明，叫他化合起来成一种新文明"，使这种新文明"叫人类全体都得着他的好处"[③]。从"新大陆"归来的梁启超，不仅慢慢丧失了"新兴气锐"的豪情与壮志，言论也因之大变，"前所深信之破坏主义与革命的排满主义，至是完全放弃"[④]。也许是因为这次流亡日本和美洲之行，使他在更广泛的层面接触和了解了西方社会和西学；也许是如他自己所言——"启超与康

[①] 参见梁启超：《饮冰室合集》（文集），中华书局2008年版。
[②] 梁启超：《清代学术概论》，载《梁启超论清学史二种》，朱维铮校注，复旦大学出版社1985年版，第70页。
[③] 梁启超：《欧游心影录》，载《饮冰室合集》（专集之二十三），中华书局2008年版。
[④] 钟叔河：《启蒙思想家梁启超》，载钟叔河主编：《走向世界丛书》（第10册），岳麓书社2008年修订版，第410页。

有为最相反之一点，有为太有成见，启超太无成见。其应事也有然，去治学也亦有然"①，自此以后，他逐步摆脱了宗教式的狂热和偏执，以科学理性的头脑到学术领域去寻求政治生活的答案。他把主要精力放在"新民"上，发表《新民说》，自号"新民子"。他认为，新民为当务之急，"苟有新民，何患无新制度，无新政府，无新国家？非尔者，则虽今日变一法，明日易一人，东涂西抹，学步效颦，吾未见其能济也"②。他指出："昔者，吾中国有部民而无国民，非不能为国民也，势使然也。吾国岿魏然屹立于大东，环列皆小蛮夷，与他方大国未一交通，故我民常视其国为天下。耳目所接触，脑筋所濡染，圣哲所训示，祖宗所遗传，皆使之有可以为一个人之资格，有可以为一家人之资格，有可以为一乡、一族人之资格，有可以为天下人之资格，而独无可以为一国国民之资格。"③在梁启超看来，有新民则有民治，不待贤君相即足以致治，君相依赖国民，国民不依赖君相。在梁启超心目中，所谓"新民"，就是民主国家之国民的总称，这样的国民"必非如心醉西风者流，蔑弃吾数千年之道德、学术、风俗，以求伍于他人；亦非如墨守故纸者流，谓仅抱此数千年之道德、学术、风俗，遂足以立于大地也"；而是要"一曰淬厉其所本有而新之，二曰采补其所本无而新之"④。他在《新民说》中为"新民"开列的必备素养是：新民应有新德性，如公德、合群、国家思想、权利思想、进取冒险精神，以及尚武、爱国、独立、自由、自尊、自治、自立等，个人应享本群之权利，亦须尽本群之义务。

晚年的梁启超"学问欲极炽"，更是以一位学者的身份出现。

---

① 梁启超：《清代学术概论》，载《梁启超论清学史二种》，朱维铮校注，复旦大学出版社1985年版，第73页。
② 梁启超：《新民说》，商务印书馆2016年版，第4页。
③ 同上书，第9—10页。
④ 同上书，第10页；第9页。

他关注新文化运动,参与新教育运动,受聘清华国学研究院导师,兼任京师图书馆馆长,致力于包括中国古代文化遗产的整理及"新文体"、"新史学"、"小说革命"、"文界革命"、科学启蒙在内的文化思想与科学启蒙及民族文化心理重建。1922年8月20日,他在南通为中国科学社年会发表了一篇题为《科学精神与东西文化》的演讲。在演讲中,他在宣传科学给人类带来巨大变化的同时,批评了那种对待科学的狭隘态度。他不但抨击"科学无用""中学为体,西学为用"的观点;而且认为中国人"始终没有懂得'科学'这个字的意义","不知道科学本身的价值","十个有九个不了解科学性质",不是"把科学看得太低了太粗了",就是"把科学看得太呆了太窄了"。在他看来,数学物理化学等自然科学可以称之为科学,"所有政治学经济学社会学……等等只要够得上一门学问的没有不是科学"。对于什么是"科学"和"科学精神",梁启超也提出了自己的观点。他说:"有系统之真智识,叫作科学。可以教人求得系统之真智识的方法,叫作科学精神。"对于这句话的含义,梁启超从三个层面进行了说明,一是"求真智识";二是"求有系统的真智识";三是"可以教人的智识"。在梁启超看来,"科学所要给我们的,就是一个真字",只有用科学精神,通过艰苦实验、反复验证去研究事物,才能从许多相类似、容易混淆的个体中,发现每个个体的特征,或者是把许多同有这种特征的事物,通过分析归纳,找出它们相互间的普遍性;在找出了事物的个性和共性之后,还要进一步分析事物之间的因果关系,找出它们之间所含有的必然性和偶然性。只有这样才能获得真正的科学知识,也只有这样去做才称得上科学精神。梁启超还指出:"凡学问有一个要件,要能'传与其人'。人类文化所以能成立,全由于一人的智识能传给多数人,一代的智识能传给次代。……倘若智识不可以教人,无论这项智识怎样的精深博大,也等于'人亡政息',于社会文化绝无影响。"他认为,中国所有的学问,"都带一种'可以意会不可以言传'的神秘性,最足为智识扩大之障碍"。为什么会产生这种现象? 在他看来是因为中国的学问,本来是由几位天才绝特的人"妙手偶得",就只好由他一个人独享,"对于全社会文化竟不发生丝毫关系"。而科学家则恰恰相反,他们不仅把如何搜集、如何审定知识一概告诉人,还把他们研究发现所得的方法告诉人。这样,人们不仅可从科学家那里获得知识及研究所得的方法,"而且可以用他的方法来批评他的错误,方法普及于社会,人人都可以研究,自然人人都会有发明"。中国思想界学术界由于缺乏以上三个方面的科学精神,因而自秦汉以来两千多年承受着"笼统""武断""虚伪""因袭""散失"五种病症。当然,梁启超同时认为这些病症非中国所独有,文艺复兴以前在西方同样存在这些病症。正是这些病症的存在,造成了中国"二千年思想界内容贫乏到如此,求学问的途径榛塞到如此"。而要除去这些病,使中国人成为具有科学精神不被现代淘汰的国民,使中国人在世界上具有学问的独立,梁启超认为,"除了提倡科学精神外没有第二剂良药了"[1]。为了培养国民的科学素养,向国民灌输科学的精神与方法,梁启超组织了"共学社",向国内介绍西方思想文化;他还发起组织了"讲学社",邀请了诸如罗素、德里克、杜威、泰戈尔等世界级著名学者来华讲演。也正是在他晚年,完成的几部具有深远影响的学术著作——《清代学术概论》《中国近三百年学术史》《先秦政治思想史》《墨子学案》等,梁启超由平生"屡为无聊的政治活动所牵率,耗其精而荒其业",变而为一名"于将来之思想界尚更有所贡献"[2]的真正的学者、社会科学家。

---

[1] 梁启超:《科学精神与东西文化》,载《饮冰室合集》(文集之三十九),中华书局2008年版。

[2] 梁启超:《清代学术概论》,载《梁启超论清学史二种》,朱维铮校注,复旦大学出版社1985年版,第74页。

康、梁这一代人在维新时期的表现，或者说在维新时期康、梁这一代人对待科学的态度和探究科学的精神，是由当时的社会文化环境及知识分子的整体状况所决定的。因为他们这一代人都是在传统的儒学圈里成长起来的，他们起初接受的教育全是古代圣贤的经典和封建名教纲常，尽管他们较之一般的知识分子更早、更多，或间接或直接地了解到了一些西方的自然科学和社会科学知识，但这些在他们的整个知识结构中所占的比例是很少的；加之传统文化在当时还有强大的量能和社会基础，封建宗法制的社会结构未曾从根本上动摇，因此，他们在接受和倡导西学时，他们固有的传统观念和思维方式仍潜藏在意识的深层结构中，一有适当机会就会显露出来。同时，他们这一代人又是在西方列强侵略的强烈刺激下，匆忙告别昨天，转而力倡西学、鼓吹变法维新的。政治上不平等、文化上不对等的屈辱地位，加深了中国和西方国家之间的民族隔阂和仇恨，强烈的民族自尊和文化自信在狭隘的爱国主义观念的刺激驱使下，扭曲成一种畸形的变态心理，这种心理又势必会迁移到对西方文化的接受上，从而妨碍了他们对西方文化的价值做出科学的判断。此外，由于他们对西方文化的了解不深，西方文化本身又有这样或那样的缺陷，这又引导他们去努力发掘中国传统文化中的优秀成分或以中国传统文化来注释西学，这就不可避免地助长了他们对中国传统文化、传统观念的维护和复归。1901年，梁启超在《过渡时代论》里说："今日中国之现状，实如驾一扁舟，初离海岸线，而放于中流，即俗语所谓两头不到岸之时也。"[①] "两头不到岸"，说的正是近代中国各种事业夹缠在古今、新旧、中西之间的不好说也不易做的情状。所以，在近代中国这样不好说与不易做的"过渡时代"，且不说康有为、梁启超，就是像严复那样曾以极大的热情和过人的

[①] 梁启超：《过渡时代论》，载《饮冰室合集》（文集之六），中华书局2008年版。

勇气向西方寻求真理，并猛烈抨击过误国误民的旧伦理道德和思维方式的启蒙思想家和西学先驱人物，到后来也怯懦地回到传统卫道士的行列。

作为一代启蒙思想家，一代变法维新的风云人物，康、梁的科学启蒙意义，还在于他们的教育主张和设想，为清除科学在中国传播的障碍、推动西方科学在中国传播，起了十分积极的作用，为探寻中国教育的现代化留下了深深的印迹。因此，有必要对他们的教育思想择其要者作一个简略述评。在此，笔者主要对康有为的教育理想作简要的评述。

康有为认为，教育是国家富强的根本，改造中国要从教育做起。1895年，他在《公车上书》中指出："尝考泰西之所以富强，不在炮械军兵，而在穷理劝学。彼自七八岁人皆入学，有不学者责其父母，故乡塾甚多。其各国读书识字者，百人中率有七十人。……而我中国文物之邦，读书识字者仅百之二十，学塾经费少于兵饷数十倍，士人能通古今达中外者，郡县乃或无人焉。"[①]可见，在康有为看来，中国积弱的主要原因是教育不良，"智学未开"。因此，他认为，要从启蒙教育做起，在教育内容中应当增加西学。因为，"八股之文、八韵之诗"处在知识的最低层次；训诂、名物、义理和掌故、考据、地理、议论之学，也只是第二层次；只有通晓儒家义理并懂得天算金石、异域新学、兼综并贯的人，才能达到知识的较高层次；而更高层次的知识——"天人之学"，是一种能突破所有旧知范围、探究宇宙自然法则和人的本性的知识。对这种最高知识的把握则要靠"智"。所以"欲任天下之事，开中国之新世界，莫亟于教育"，"以智为重"[②]。

[①] 康有为：《公车上书》，引自璩鑫圭、童富勇编：《中国近代教育史资料汇编（教育思想）》，上海教育出版社2007年版，第143页。

[②] 梁启超：《康有为传》，引自璩鑫圭、童富勇编：《中国近代教育史资料汇编（教育思想）》，第172页。

康有为的教育理想和主张，主要体现在：

第一，变科举，废八股，兴学校。这是康有为领导的维新运动的一项重要内容，是对科举统治封建教育的一种否定。1898年，他在《请废八股试贴楷法试士改用策论折》中，对科举制度的流弊进行了严厉的批评。他认为，科举制度"立法过严，……非三代之书不得读，非诸经之说不得览"，严格限制了文章的体裁、内容和书写的字体；学生则是"荒弃群经，惟读四书；谢绝学问，惟事八股"。其实际效用如何呢？"但八股精通，楷法圆美，即可为魁科进士，翰苑清才；而竟有不知司马迁、范仲淹为何代人，汉祖、唐宗为何朝帝者。若问以亚非之舆地，欧美之政学，张口瞠目，不知何语矣"。这种只会作空虚无用文章的腐儒之士，对国家建设、社会改良丝毫起不到作用。康有为认为，"中国之割地败兵也，非他为之，而八股致之也"。若能"从此内讲中国文学，以研经义、国闻、掌故、名物，则为有用之才；外求各国科学，以研工艺、物理、政教、法律，则为通方之学"。所以，他指出："变法之道万千，而莫急于得人才；得人才之道多端，而莫先于改科举。今学校未成，科举之法，未能骤废，则莫先于废弃八股矣。"① 同年，康有为又上《请停弓刀石武试改设兵校折》，极力主张停止传统无用的"武试"，学习西方兴办"武备学校"来培养对国防真正有用的军事人才。

在维新期间，康有为一方面积极要求废八股、变科举，一方面大力倡议创办新式学校，期收"鼓荡国民，振厉维新"之效。1898年，他上奏《请开学校折》，列举了欧美、日本等国因兴学校而国强民富的事实，建议仿效德国、日本学制，创办新式学校。在这个奏折中，他提出了建立新型的学校教育系统的建议：各乡皆立小学作为普及义务教育，全国所有7岁以上的儿童都必须入学，如有儿

---

① 康有为：《请废八股试贴楷法试士改用策论折》，引自璩鑫圭、童富勇编：《中国近代教育史资料汇编（教育思想）》，上海教育出版社2007年版，第144—147页。

童不入学,则对他们的父母进行处罚。每县立中学,儿童14岁入学,分初、高两等。初等科二年毕业后可升入专门学科学习农、商、矿、林、机器、工程、驾驶等。专门学毕业后可升入大学,对于大学他建议仿效欧美和日本的大学分科制,设立经学、哲学、律学、医学四科。他呼吁,速开议立多年之久的京师大学堂,地方有能力的也可开办大学。对于大学与其他学校的殊异,他还做了较为明晰的界定:"小学、中学者,教所以为国民,以为己国之用,皆人民之普通学也。高等、专门学者,教人民之应用,以为执业者也。大学者,犹高等学也,磨之耆之,精之深之,以为长、为师、为士大夫者也。"兴办新式学堂,还必须有配套的教育行政管理制度,才能收到实效,为此他还建议专立"学部",作为全国最高教育行政机关。[①]康有为设想的学校体系,实际上是试图在中国实施资本主义教育制度。他的这些设想,在百日维新期间部分得到实现,并对以后正式学制的制定产生了很大的影响。

第二,译西书,派游学。康有为极力倡议清政府广译西书并派人到资本主义国家考察和留学,借此通晓"各国之新法新学新器"。他认为,此举是"通世界之识,养有用之才"的大计。康有为在《请广译日本书派游学折》里,系统分析了广译西书和留学的缘由。他认为,中国虽然地大物博,历史悠久,但"数千年之积习……其学者所事,学八股试贴,读四书五经而外,无他学矣。其号称博学方闻之士,则有义理、考据、掌故、词章、舆地、金石诸学,通之者郡县寡得其人"。而这些学者,关于"新世五洲之舆地、国土、政教、艺俗,盖皆茫然无睹,瞠目挢舌,若罔闻知"。康有为分析日本强盛的原因是:"早变法,早派游学,以学诸欧之政治、工艺、文学知识,早译其书,而善其治。"因而,他呼吁,只有立即变法,

---

[①] 康有为:《请开学校折》,引自璩鑫圭、童富勇编:《中国近代教育史资料汇编(教育思想)》,上海教育出版社2007年版,第148–149页。

广译西书，派遣人员游学，"以学欧、美之政治、工艺、文学知识，大译其书，以善其治"，这样"以吾国之大，人民之多，其易致治强可倍速过于日本也"①。

对于译西书和派游学，康有为在这个奏折中亦进行了仔细的筹划。康有为分析了中国当时的情况，认为上海、福建、天津、广州等地已有译书的活动展开，但所译都是欧美的书，而这些书来源难，成书少，没有一位对这些书有把握的人主持编译，花费虽巨，但成效不大。他认为，日本与我国是近邻，文化相同，变法已三十年，凡是欧美政治、文学、武备、新识方面的好书，日本都已译了过来。通过翻译这方面的书，成效大，花费也少。所以，他建议在京师设译书局，挑选一些博学通识的专家主持，由他们来选择日本方面的好书进行翻译。同时，为了多译好书，各省也可成立译书局，对私人从事译书活动的，给予晋升奖励。他还主张，由京师译书局统筹译书事务，将所应译的书分科公布，以免各省重复；所译的书，都应呈给译书局，由译书局审查其文稿合格后，再发给各省的学政。"若此则不费国帑，而日本群书可二三年而毕译于中国"。但康有为又指出："书者空言也，实行之事，非深久游入其学校，尚虑不能深明之。"所以，他力主派遣人员出国游学。在人员的派遣上，他建议大县派3人，中县派2人，小县派1人，这样全国可派出3000游学生。关于游学生学习的科目，康有为认为，应学习哲学、海陆军、化、电、光、重、农、工、商、矿、工程、机器等科，每科有二三百人学习，然后每年议增。这样，"六年之后，立国之才，庶几有恃"。关于留学的国家，他认为欧洲以德国较为合适，因为德国国体与中国相似，文学最精；要学习有关民主的东西，以日本最为适宜，路近省钱；同时政府应鼓励私人自往游学。若此践行，则出

---

① 康有为：《请广译日本书派游学折》，引自璩鑫圭、童富勇编：《中国近代教育史资料汇编（教育思想）》，上海教育出版社2007年版，第156-157页。

国游学"万数千人,归而执一国之政,为百业之师,其成效也"①。

第三,构建一个乌托邦式的教育体系。康有为在他的奇书《大同书》(原名《人类公理》)中,远眺大同世界的理想之光,为中国教育的未来描绘出了一幅辉煌灿烂的大同图景。据梁启超说:"有为著此书时,固一无依傍,一无剿袭,……而其理想与今世所谓世界主义、社会主义多合符契,而陈之高且过之。……有为虽著此书,然秘不以示人,亦从不以此义教学者,谓今方为据乱之世,只能言小康,不能言大同,言则陷天下于洪水猛兽。"②康有为在这部书中所憧憬的"大同"世界是一个无家族、无阶级、无私产、无国家、"天下为公"、"一切平等"的极乐的大同社会。这个大同社会是通过"去九界",即"去国界合大地""去级界平民族""去种界平人类""去形界保独立""去家界为天民""去产界公生业""去乱界治太平""去类界爱众生""去苦界至极乐"而达成的。在这个大同社会里,以"开人智为主,最重学校",能用公养、公育、公恤的办法,使所有人的下一代受到自生至长的20年相同的学校教育,即用"无家而全归学校以育人"的制度,使得"人人为有用之美才,人人为有德之成人"。他在《大同书·去家界为天民》一章里,为他想象的大同世界设计了一个自育婴院到小学院、中学院、大学院的完整的教育体系。③

育婴院:康有为的大同世界是"去家界为天民"的,既然"去家界",当然也就无所谓婚姻,无婚姻则男女便可自由同居。不过,男女"情志相合,乃立合约,名曰交好之约,不得有夫妇旧名"。

---

① 康有为:《请广译日本书派游学折》,引自璩鑫圭、童富勇编:《中国近代教育史资料汇编(教育思想)》,上海教育出版社2007年版,第158-159页。
② 梁启超:《清代学术概论》,载《梁启超论清学史二种》,朱维铮校注,复旦大学出版社1985年版,第67页。
③ 以下引文参见康有为:《大同书·去家界为天民》,引自璩鑫圭、童富勇编:《中国近代教育史资料汇编(教育思想)》,第159-168页。

但他又强调"男女合约,当有期限,不得立为终身之约","久者不许过一年,短者必满一月,欢好者许其续约"。在大同社会里,既然无家庭,那么家庭养育和教育子女的功能,便全由社会的"公政府"来承担,这便是所谓的儿童"公养""公育"制度。儿童公养、公育由"人本院"和"育婴院"负责实施。人本院是"凡妇女怀妊之后皆入焉,以端生人之本,胎教之院"。可见,设"人本院"是为教育孕妇和实施胎教。"凡妇女生育之后,婴儿即拨入育婴院以育之。不必其母抚育"。婴儿入育婴院,由"女保"看护。凡婴儿三岁之后,移入"怀幼院","不必其父母怀抱"。育婴院与怀幼院也可合设,"总归于育婴院可也"。康有为强调:育婴院的地址选择应慎重,要远离市场、工厂、戏院、火葬场等地;建筑应多植草地花木,多蓄鱼鸟,有水池,"用仁爱慈祥之事以养婴儿之仁心";对婴儿要注意他们的身体健康,要设玩具以"养儿体、乐儿魂,开儿知识";小孩能言时,不仅要教以言,还要教他们唱歌、识图,"俾其知识日增";待小孩"知识稍开时,将世界有形各物,自国家至农工商务,皆为雏形,教之制作"。应慎选"女保"即婴幼儿教师,以"德性慈祥,身体强健,资禀敏慧,有恒性而无倦心,有弄性而非方品者,乃许充选"。

小学院:儿童6~10岁在此学习,由"女傅"管教。康有为主张,小学院应设在"山水佳处,爽垲广原之地",应远离戏馆、声伎、酒宴之地、坟墓葬所、工厂、车场、市场等喧哗之地;教室应窗明通风,多植桦木;学校还应建有体操场、游步场,配备秋千、跳木、沿竿等体育用具,以配合教育学生锻炼身体;还应设有金工、木工、范器、筑场等,以配合儿童进行手工操作,锻炼其习工艺之能;学习的科目除修身、习算、地理、历史外,"所有人自普通之学皆当学习",并注重娱乐活动,"有安息、纪念、嘉时、吉日,可肆其游览跳舞,沿树水嬉","以养身健乐"。这时的教育应以德育为先，以使其从小养成好的品德。对于小学院的"女傅"，应慎选，标准是"德性仁慈、威仪端正，学问通达，诲诱不倦"。她的职责"非止教诲也，实兼慈母之任"。

中学院：儿童11~15岁在此学习。康有为认为，中学是打好"一生之学根本"的阶段："人生学问之通否，德性之成否，皆视此学龄。中学不通，则无由上达于上学及为专门之学，而终生受其害矣；德性不习定，至长大后气质坚强，习行惯熟，终身不能化矣"。中学院除"养体开智以外，又以育德为重，可以学礼习乐"。学习的科目是专门之学，"自农、工、商、矿凡百验之事，莫不备具"，并"杂列各学，延群师以资讲习"。中学院的教师，"尤当妙选贤达之士，行宜方正，德性仁明，文学广博，思悟通妙，而又诲人不倦，慈幼有恒"。教师在教育学生的过程中，应"导之以正义，广之以通学，绳之以礼法"，积极进行说理教育。

大学院：学生16~20岁在此学习。康有为认为，凡"大学皆专门之学，实验之学"。因此，这一阶段的学习，"于育德强体之后，专以开智为主，人人各从其志，各认专门之学以就专科之师"。学习政治、法律的可以"为君、为长"；学教育、哲理的可以"为傅、为师"；学贸易、种植的则"为农、为商"；学一技一能则"为工、为匠"。至于学习什么，全由学生"各禀天赋，各极人官，各听自由，各从所好"。康有为强调，在大学阶段实验课很重要，理论与实际相结合是大学阶段学习的内容和方法。他指出："学农必从事于田野，学工必从事于作物，学商必入于市肆，学矿必入于矿山，学律则讲于审判之所，学医则讲于医病之室。故虽讲极虚之文字，亦寄之于实验场、试于经用而后可信，百科皆然。"为此，他提出，"大学校舍，不能统一并置一地"，而应与实验地统筹建立，即"农学设于田野，商学设于市肆，工学设于工厂，矿学设于山巅，渔学设于水滨，政学设于官府，医学设于病院，植物学设于植物院，动物学设于动物院，文学设于藏书楼，乃至冰海学设于近冰海之地，热带学设于热带之地"。这些见解，虽不免有些偏颇，但强调实践，强调学用结合，是可贵且值得肯定的。

康有为所设想的这套大同社会的教育制度，的确令人耳目一新、眼界大开。他强调人人平等，都有平等受教育的权利；提倡实用学科，注重自然科学的实验，注重校舍建设和教师选择，注重儿童学习的年龄分期，等等。这些思想是具有启迪意义的，对清末学制体系的产生不无直接影响，推进了我国教育的近代化步伐。康有为试图把现实与远大的乌托邦美景联系起来，建立一个全新的美好的教育体系，一时的确使人满怀憧憬。然而，在当时的社会历史条件下，这幅美好的教育蓝图不免流于空想，希望自然也是渺茫无着。有如梁启超在《康有为传》所言："吾以为谓之政治家，不如谓之教育家；谓之实行者，不如谓之理想者。一言蔽之，则先生者，先时之人物也。如鸡之鸣，先于群动，如长庚之出，先于群星，故人多不闻之不见之，……无他，出世太早而已。"[①] 这一评说不特适用于变法领袖康有为，其实也可以用来观照整个维新派，这是一个时代的悲哀！

五、京师大学堂在悲怆中诞生

一般认为，中国政府自设的高等教育机构始于1895年10月清政府批准创设的天津中西学堂。1895年9月19日，津海关道盛宣怀上呈直隶总督王文韶，提请设天津中西学堂。盛宣怀在呈文中称，"自强之道，以作育人才为本；求才之道，尤宜以设立学堂为先"。日本维新以来"援照西法，广开学堂书院，不特陆军、海军将弁皆取材于学堂，即今之外部出使诸员，亦皆取材于律例科矣，

[①] 梁启超：《康有为传》，引自璩鑫圭、童富勇编：《中国近代教育史资料汇编（教育思想）》，上海教育出版社2007年版，第194-195页。

制造枪炮、开矿、造路诸工,亦皆取材于机器工程科、地学化学科矣。仅十余年,粲然大备。中国智能之士何地蔑有,但选将材于侪人广众之中,拔使材于诗文帖括之内,至于制造工艺,皆取材于不通文理、不解测算之匠徒"。为此,他建议:效法日本"赶紧设立头等、二等学堂各一所,为维起者规式"①。同年9月30日王文韶据呈上奏,10月2日清廷准奏,是日便为中西学堂创办日。盛宣怀兼任该校第一任督办,第一任总办为王修植,头等学堂总理为伍廷芳,二等学堂总理为蔡绍基。聘曾任美国驻天津领事馆副领事、美国传教士、教育家丁家立为总教习。中西学堂的学制分为头等学堂和二等学堂两级,修业年限各为4年,每堂分列4班,各招学生120名。二等学堂课程内容大体相当于高等小学或初级中学,4年毕业后升入头等学堂。头等学堂学制亦为4年,其课程设置如下。第一年:几何学、三角勾股学、格物学、笔绘图、各国史鉴;第二年:驾驶并量地法、重学、微分学、格物学、化学、笔绘图并机器绘图;第三年:天文工程初学、化学、花草学、笔绘图并机器绘图;第四年:金石学、地学、考究禽兽学、万国公法、理财富国学。而作英文论、翻译英文两门课程则为4年必修课。"头等学堂功课,必须四年,方能选入专门之学,不能躐等"②。由此可见,头等学堂并非专门之学,其学历程度大体相当于现在的高中,或者说可视为专门之学的预科。中西学堂的专门之学以工程类为主,人文社科类仅有一门律例学。当时中西学堂的专门学共有五类,即工程学、电学、矿务学、机器学和律例学。尽管在中西学堂学生既可选择学习头等学堂的4年制课程,亦可选修一门专科,但学堂更倾向于鼓励学生日后选修专门之学,以便快速成材,适应时势和社会的需要。

---

① 《盛宣怀拟设天津中西学堂禀(附章程、功课)》,引自朱有瓛主编:《中国近代学制史料》(第一辑,下册),华东师范大学出版社1983年版,第490页。

② 同上。

据盛宣怀与丁家立制定的《头等学堂章程》云："头等学堂第一年功课告竣后，或欲将四年所定功课全行学习，或欲专习一门，均由总办、总教习察看学生资质再行酌定。然一人之精力聪明只有此数，全学不如专学，方能精进而免泛骛。如学专门者，则次年所学功课与原定功课稍有不同；至第三、四年所学功课，与原定功课又相径庭，应俟届时再行酌定。"① 当然，天津中西学堂的课程也设有经史之学、讲读"圣谕广训"、教授策论等，但《头等学堂章程》关于"汉文不做八股试帖，专做策论，以备考试实在学问经济"的规定，及它在课程中侧重西方自然科学、国际公法和英语等有用之学的特点，的确具有现实意义。这种中西并重、西学为主的课程设置，为各省日后兴办的学堂所仿效，一时间，"中西学堂"几乎成了新式学堂的别名。庚子事变中，天津中西学堂一度停办，1902年恢复后遂于1903改称"北洋大学堂"（今天津大学的前身）。但严格地说，在1905年以前，它还不是近代中国第一所具有独立建制的大学，充其量只能说在近代中国为中国自办新式高等教育开了个头。对此，当时的《北洋周刊》有这样的记述："爰招集北洋大学堂及前天津水师学堂旧学生数十人，作为备斋学生，补习普通科目，肄习二年，以备专门之选。至三十一年暑假后，分为第三（第二年级）、第四（第一年级）两班，分入法律、土木工程及采矿冶金三学门肄业。本院至是始复有正科生。"② 从中西学堂1903年复办并改称北洋大学堂后的招生和办学实情来看，该校到光绪三十一年（1905）方才办成真正意义上的大学。

在近代，第一所由中国政府正式创办的大学，是建于1898年的

---

① 朱有瓛主编：《中国近代学制史料》（第一辑，下册），华东师范大学出版社1983年版，第493页。

② 《记北洋大学堂》，引自朱有瓛主编：《中国近代学制史料》（第一辑，下册），第502页。

京师大学堂。作为戊戌变法的产儿,京师大学堂的诞生可谓一波三折,并不顺利。1896年6月12日,刑部左侍郎李端棻在《请推广学校折》(据说该折为梁启超所拟)中,第一次正式提出了设立"京师大学"的设想。李在该折中历数洋务教育的弊端,建议"自京师以及各省府、州、县皆设学堂",吁请"设藏书楼"、"创仪器院"、"开译书局"、"广立报馆"和"选派游历"。其中特别强调设京师大学,"选举贡监年三十以下者入学,其京官愿学者听之。学中课程一如省学,惟益加专精,各执一门,不迁其业,以三年为期"[①]。这个奏折在当时流传甚广,影响很大。光绪帝御览此折后,迅即批传总理衙门议复。总理衙门转孙家鼐办理。同年8月,孙家鼐向清廷奏陈《议覆开办京师大学堂折》,提出了开办京师大学堂的六条意见:"一曰宗旨宜先定也""二曰学堂宜造也""三曰学问宜分科也""四曰教习宜访求也""五曰生徒宜慎选也""六曰出身宜推广也"。他同时建议京师大学立学宗旨"应以中学为主,西学为辅;中学为体,西学为用;中学有未备者,以西学补之;中学有失传者,以西学还之;以中学包罗西学,不能以西学凌驾中学"。他还建议在京师大学分立十科,"一曰天学科,算学附焉;二曰地学科,矿学附焉;三曰道学科,各教源流附焉;四曰政学科,西国政治及律例附焉;五曰文学科,各国语言文字附焉;六曰武学科,水师附焉;七曰农学科,种植水利附焉;八曰工学科,制造格致各学附焉;九曰商学科,轮舟铁路电报附焉;十曰医学科,地产植物各化学附焉"。此外,他还提出大学堂内应延聘中西总教习各2人。对于大学堂招收什么样的学生,他亦提出:"年以二十五岁为度,以中学西学一律贼通者为上等,中学通而略通西学者次之,西文通而精通中学者又次之,仍

[①] 李端棻:《请推广学校折》(光绪二十二年五月初二日),引自陈学恂主编:《中国近代教育史教学参考资料》(上册),人民教育出版社1987年版,第426—429页。

分三班，给发薪水"①，且每班薪水不同。这些意见虽然都得到了光绪帝的赞同，但守旧派以经费困难等为由，主张缓办，建立京师大学一事就此搁置。

1898年初，随着变法维新运动日益高涨，康有为在《应诏统筹全局折》中再次提出："设学校局，自京师立大学，各省立高等中学，府县立小学及专门学。若海陆医律师范各学，编译西书，分定课级，非礼部所能办，宜立局而责成焉。"②总理衙门以"事属创举实非易事"予以搪塞。1898年6月11日，光绪帝下诏强调："京师大学堂为各行省之倡，尤应首先举办，……以期人才辈出，共济时艰，不得敷衍因循，徇私援引，致负朝廷谆谆告诫之至意，将此通谕知之。"③但守旧派继续敷衍拖延，不予执行。康有为十分焦急，上奏光绪帝说："京师议立大学数年矣，宜督促早成之，以建首善而观万国。夫养人才，犹种树也，筑室可不月而就，种树非数年不荫，今变法百事可急就，而兴学养才，不可以一日致也，故臣请立学亟亟也。"④于是，光绪皇帝在6月27日再次发出上谕，严令军机处和总理衙门"首戒因循"，"迅速覆奏，毋稍迟延"。诸大臣奉此严旨，仓皇不知所出，只好请梁启超起草了一份《京师大学堂章程》。这个草定的章程分8章52条。章程规定，京师大学堂的办学方针"一曰中西并用，观其会通，无得偏废；二曰以西文为学堂之一门，不以西文为学堂之全体；以西文为西学发凡，不以西文为西学究竟"。章程还提出，"本学堂以实事求是为主，固不得如各省书院之虚应故

---

① 孙家鼐：《议覆开办京师大学堂折》（光绪二十二年七月），引自陈学恂主编：《中国近代教育史教学参考资料》（上册），人民教育出版社1987年版，第431–432页。
② 康有为：《上清帝第六书（应诏统筹全局折）》，引自中国史学会主编：《中国近代史资料丛刊·戊戌变法》（二），上海人民出版社1957年版，第201页。
③ 引自中国史学会主编：《中国近代史资料丛刊·戊戌变法》（二），第17页。
④ 康有为：《请开学校折》，引自中国史学会主编：《中国近代史资料丛刊·戊戌变法》（二），第219页。

事，亦非如前者学堂之仅袭皮毛。所定功课，必当严密切实，乃能收效"。京师大学堂的课程则"略依泰西日本通行学校功课之种类"分为两大类：一为"溥通学"，一为"专门学"。"溥通学"课程包括经学、理学、中外掌故、诸子学、初级算学、初级格致学、初级政治学、初级地理学、文学、体操学，并且规定所读之书必须是由上海编译局编纂的功课书。同时，还要在英语、法语、俄语、德语、日语五种语言文字中，认选一门同时并习。"专门学"课程包括高等算学、高等格致学、高等政治学（法律学归此）、高等地理学（测绘归此）、农学、矿学、工程学、商学、兵学、卫生学（医学归此）。以上十种专门学，俟"溥通学"卒业后，每位学生各成一门或两门。另设师范斋，并附设中小学。章程还规定：大学堂设管学大臣一员，统率全学；设总教习一员，总管教学工作；附设师范斋、藏书楼和仪器院等设施。章程还特别指出，各省学堂都归大学堂统辖，这样，京师大学堂不仅是全国最高学府，而且是全国最高教育行政机关。京师大学堂的创立，可以说是清政府在教育上仿效日本的最初尝试，从学堂章程的制定到校舍的勘察建筑，乃至学堂的科目设置与日常管理办法，都取法于日本。章程的代拟者梁启超也承认，章程体例是"略取日本学规，参以本国情形草定"[①]。

1898年7月4日，京师大学堂正式筹备开办。京师大学堂开办后任命孙家鼐为管理大学堂事务大臣。孙上任后，向光绪皇帝提出了筹办大学堂的八条补充建议，主要内容有：（1）增设"仕学院"，收容科甲出身者专习西学，"以期经济博通"；（2）中西学分门宜变通，裁并普通学学门，将理学并入经学，将诸子学和文学裁撤，将专门学内的兵学裁撤，另设武备学堂；（3）译书宜慎，编译局主要

[①] 《军机大臣、总理衙门：遵筹开办京师大学折（附章程清单）》（光绪二十四年五月十五日），引自陈学恂主编：《中国近代教育史教学参考资料》（上册），人民教育出版社1987年版，第436—445页。

编译西学各书，对圣贤经书不能随意删节；（4）中西学都应设总教习各一人；（5）对于学生应酌量发给膏火助学，凡毕业生均由掌学大臣出具考语，各依所长录用。①经孙家鼐推荐，清政府任命许景澄为中文总教习，刘可毅、骆成骧等为教习。传教士丁韪良为西文总教习，李提摩太、林乐知、李佳白等传教士为教习。梁启超主理译书局事务，刑部主事张元济为大学堂总办，后因张竭力推辞，改由黄绍箕任总办，黄不久也调职，由余诚格继任总办，朱祖谋、李家驹为提调。大学堂校址选定在北京景山东街马神庙路北原来的和嘉公主府。

就在京师大学堂即将诞生的时候，1898年9月21日，慈禧太后发动政变，维新派的改革措施几乎全被砍杀，唯独京师大学堂"以萌芽早，得不废"，命孙家鼐继续负责筹办。但教学方针和教学内容却发生了很大变化，学堂规模也较原计划大为缩小，仅设仕学馆，让举人、进士出身之京曹入馆学习。实际就学的情况是："京曹守旧耻入学，赴者绝鲜；其至者图居饮食之便而已。"②大学堂原定招生500人，但到1898年12月开学时，实际报到的学生不到100人，教室不足100间，课程仅设《诗》《书》《易》《礼》《春秋》等。后因御史吴鸿甲劾奏，称京师大学堂"靡费过甚"，效果未彰，朝廷谕令整顿京师大学堂。遵旨整顿后，京师大学堂稍有改观。据《京师大学堂沿革略》云："己亥（1899年）秋，学生招徕渐多，将近二百人。乃拔其尤者，另立史学、地理、政治三堂，其余改名曰立本、曰求志、曰敦行、曰守约。……其初学生分三类，曰仕学院、曰中学、曰小学。……己亥改堂后，中、小合并，惟仕学院名尚存，

---

① 参见孙家鼐：《奏陈筹办大学堂大概情形疏》（光绪二十四年六月二十二日），引自陈学恂主编：《中国近代教育史教学参考资料》（上册），人民教育出版社1987年版，第447–448页。

② 《京师大学堂成立记》，引自朱有瓛主编：《中国近代学制史料》（第一辑，下册），华东师范大学出版社1983年版，第685页。

分隶史学、地理、政治三堂。"① 可见，这次改革亦未触及实质，收效甚微。1900年，孙家鼐称病辞职，命许景澄兼代管学大臣。许景澄曾任驻法、德、意、荷、奥、俄六国公使，是一位杰出的外交官兼具世界眼光的学者，对大学堂偏重儒学的倾向深为不满。许景澄接任后欲对大学堂进行整顿，不料义和团运动爆发。守旧派主张停办大学堂，许坚决反对，同时他还认为不能轻信义和团刀枪不入，不能轻率地对八国联军宣战。此举触怒了慈禧太后。1900年7月28日，许景澄被斩，暴尸街头。1900年8月14日，八国联军攻入北京，大学堂的学生、教习逃散。讲堂斋舍被联军占为营房，沦为马厩，图书仪器荡然无存。尚在摇篮中的京师大学堂遭此劫难，已是奄奄一息了。1902年，光绪帝再次下旨，"兴学育才，实为当今急务。京师首善之区，尤宜加意作育，以树风声，从前所建大学堂，应即切实举办。着派张百熙为管学大臣，将学堂一切事宜，责成经理，务期端正趋向，造就通才，明体达用，庶收得人之效"②。张百熙充任后，即锐意革新，免去丁韪良，聘请德望高的吴汝纶为总教习、张鹤龄为副总教习；又设编译书局，以李希圣为编局总纂，严复为译局总办；修复扩充校舍，广购图书仪器，敦促原有学生返校复学；又于1902年10月、11月，两次招录新生180名。1902年12月17日，京师大学堂复办开学并举行了隆重的新生开学典礼。根据张百熙拟定并经清廷批准颁行的《钦定京师大学堂章程》（实际上是我国第一部完整的学制成文法规，包括了从小学到大学的各级学堂规则）规定："京师大学堂之设，所以激发忠爱，开通智慧，振兴实业"，及"端正趋向，造就通才，为全学之纲领"。京师大学堂分"大学院"

---

① 《京师大学堂沿革略》，引自朱有瓛主编：《中国近代学制史料》（第一辑，下册），华东师范大学出版社1983年版，第683页。

② 《光绪二十七年十二月初一日谕切实举办京师大学堂并派张百熙为管学大臣》，引自璩鑫圭、唐良炎编：《中国近代教育史资料汇编（学制演变）》，上海教育出版社2007年版，第8页。

（即为研究院，旨在"学问极则，主研究不主讲授，不立课程"）、"大学专门分科"（即大学本科）、"大学预科"共三级。预科分政、艺（即文、理）两科，预科考试及格者升入大学专门分科。专门分科有政治、文学、格致、农业、工艺、商务、医术七科。此外，大学堂还附设仕学馆（招考已入仕途之人入馆肄业，课程侧重政法，主要科目为算学、博物、物理、外国文、舆地、史学、掌故、理财学、交涉学、法律学、政治学及外语等，学习期限为3年）、师范馆（招考举贡生监入学肄业，其课程主要为普通学，如伦理、经学、习字、作文、算学、中外史学、中外舆地、博物、物理、化学、外国文、体操等，但特别增加了一门教育学，学习期限为4年）、译学馆。① 经此一番整顿，京师大学堂粗具大学规模，办学体制、课程设置焕然一新，学风亦因之大变，呈现出前所未有的新气象，开始向近代化大学转变发展，成为名副其实的国家最高学府，其后在仿效欧美和日本大学办学模式的进程中，经过艰难曲折的变革发展成为今天的北京大学。

值得一提的是，中国教育传统主流倡导的是所谓的"两耳不闻窗外事，一心只读圣贤书"，可以说与西方重视实证实验的科学教育方法及理论与实践相结合的教育精神是相悖的。京师大学堂在创办过程中，借鉴西方的教育方法和精神，突破中国传统学堂闭门读书的旧习，开展了外出考察、实地教学的有益尝试，开中国学校教学与社会实际相结合之先风。如1905年5月，鉴于"每次购买东洋各种标本需费既巨，且于吾国学业之进步有所阻碍"，京师大学堂组织师范馆主修博物农学科的第四类学生，在日本教习桑野久任、矢部吉贞等的指导下，历时两星期，赴烟台"搜罗鱼类及海草等，以指

---

① 《钦定京师大学堂章程》，引自璩鑫圭、唐良炎编：《中国近代教育史资料汇编（学制演变）》，上海教育出版社2007年版，第243页。

示学生",并"自制各种动物标本"[①]。京师大学堂此举实属罕见,在当时被视为"吾国之创举","我国前此学界所未有",因而广受中外人士注目。据当时的《大公报》云:"此行也,为本学堂之创始,即为中国学界之先导。就狭义言之,以其理论证诸事实,以所见闻印入脑筋,裨益于学生者良多;就其广义言之,区区二十六人耳,遂衰然为二十一省倡风气,为实业家辟新历史,且影响于国家者尤大……天下事所最难者,莫如创始。非常之原,黎民惧焉;一行之失,苟及毫末。况学堂成立之难,学生修名之不易,我同人兢兢自矢,尚恐辜负此行,其敢荒嬉以自堕于咎戾耶?"[②]受此次赴外实地教学成功的鼓舞,1906年夏,京师大学堂又组织即将赴德国学习机械制造的德文班学生赴湖北考察煤铁工业。参加考察者自订《湖北旅行自治规则》,称"此次旅行,专为实验矿理,研究汽机起见,其有关涉此项学业,凡矿业、工厂、学校等处……固宜悉心考察,即其他耳目所经,亦须随地体认,务使恢广见闻,裨益知识为主";同时还要求参加考察的学生做好记录,"纪行之作,古今不废;铅椠所录,足备遗忘。今自京师启行之日为始,迄于返校,皆宜各书一册,载明逐日所到之地,所考察者何项,但取详实,无尚文辞"[③]。受京师大学堂的启发和影响,其他学堂也渐兴赴外考察、实地教学研究学术之风,一改中国传统教育闭门读书、不征实事之积习。

[①] 参见朱有瓛主编:《中国近代学制史料》(第二辑,上册),华东师范大学出版社1987年版,第931页。
[②] 《大公报》1905年4月30日《北京师范馆第四类学生旅行实验自治条规》,转引自刘志琴主编,闵杰撰:《近代中国社会文化变迁录》(第二卷),浙江人民出版社1998年版第411页。
[③] 《大公报》1906年7月11日、13日《大学堂丙午夏季预科德文班同人湖北旅行自治规则》,转引自刘志琴主编,闵杰撰:《近代中国社会文化变迁录》(第二卷),第412页。

第五章

突破自家围城走向新世界

当回首明末清初那一段中西文化交流的历史时，我们会惊诧地看到，尽管士大夫们对西学倍加推崇，却没有一个人想到去西学的发源地看一看，没有一个人像玄奘那样赴"西天"取经，就是睁眼看世界的林则徐、魏源也只是喊出了"师夷制夷"的口号。国人的双脚似乎被牢牢地钉在了自家的"围城"里，这根钉子直到1847年美国传教士布朗带容闳赴美留学才开始动摇，但中国政府主动拔除这根钉子又足足等了25年。1872年8月11日，上海码头30名拖着辫子的幼童，在一种"复杂茫然"的心情下，向岸上挥泪的亲友告别，依次登上轮船，去往不知定数的大洋彼岸——美利坚合众国。近代中国官派留学海外的帷幕就这样静静地开启了，步履艰难的古老中华帝国终于找到了她走向世界的拐杖。

正是这次"固属中华创始之举，抑亦古来未有之事"（曾国藩语），掀开了中国近代科学文化教育交流史上崭新的一页。封闭的国门一旦开启，国人的足迹一旦踏出，走向世界的步伐就再也无法遏止。从1872年至20世纪20年代的半个世纪里，我国出现了三次留学高潮。第一次是从19世纪70年代初至甲午战争前后，以清廷官费派遣幼童留学美国与福建船政学堂派遣学生留学欧洲为主；第二次是从戊戌变法至 1908 年前后，以官费、自费留学日本为主流；第三次从 1909 年至 20 世纪 20 年代末，以"庚款"留学为代表，留学生涌向美国和欧洲。这其中，还有 1919 年以后异军突起的留法勤工俭学运动。留法勤工俭学的学生中不乏有人日后走上了科学研究的道路，但这些留学生中的绝大多数则是把马克思主义带到中国的革命者，基于本书的主题与此无涉，在此便不再论及。从整体上考察，中国近代留学运动是在"西学"与"中学"之间错综复杂的碰撞冲突中展开的，留学运动是中西方科学文化之汪洋大海间的"过渡舟楫"，而留学生则是融合中西新旧两种文化的"篙师""舵工"。尽管在某些时期，帝国主义列强利用一些"优惠"之举吸引中国留学生，施展其文化侵略的行径，但"远适肄业"——留学生派遣，与"开馆教习"——创办新式学堂，始终如车之两轮、鸟之两翼，共同驱动着中国传统文化教育的推陈出新及西方近代科学在中国的融合会通。

第一节　初沐欧风美雨

一、千古创辟：容闳与近代第一次官派留学

中国近代官费留学教育始于 1872 年，至 1875 年共派遣 120 名学生赴美留学。此次留学美国热潮的形成，是容闳"留学救国"与洋务派"师夷制夷"相结合的产物，而其中起至关重要推动作用的是曾留学美国归来的容闳。容闳（1828—1912 年），原名光照，号纯甫，出生在澳门附近的南屏镇。容闳虽然聪明伶俐但幼年家贫，他之所以能入学并于早年留学他国，本身就是西学东渐的结果。众所周知，澳门是西方传教士最早在中国传教和办学的地方。1834 年，

古特拉富夫人（Mrs. Gutzlaff，德籍传教士郭士立的夫人）在澳门设立女塾。1835 年，马礼逊教育会筹备开办一所学校，纪念已故的、最早来华的基督教新教传教士马礼逊。学校拟招收若干中国男童，先在郭士立夫人塾中寄读，容闳父母便托人把七岁的容闳送到这里读书。

当时风气未开，民间对传教士创办的"西塾"心存敌意；加之在这样的学堂读书，不能参加科考，不能仕途显达。所以，士绅之家一般是不愿意把子弟送到这种西塾来读书的。但澳门是华洋杂处通西风最早的开放之地，外国人有钱，从事洋务可以赚钱，同时读这样的教会学堂还不收学费，这就对容闳这样的家庭有了很大吸引力。1841 年，容闳正式进入马礼逊学堂学习。在这所学堂里容闳得到了校长、美国传教士布朗（S. R. Brown）的赏识。1846 年 9 月，布朗将回美国休假，临行时表示愿意带"三五旧徒，同赴新大陆，俾受完全之教育"[①]。他让学生们自愿报名，然而愿意随布朗前往的只有容闳、黄宽、黄胜三人。1847 年 1 月 4 日，布朗一行人搭乘美国阿立芬特兄弟公司来华运茶的"亨特利思号"商船，扬帆赴美，历时 98 天，于 4 月 12 日到达美国纽约，由此开启了近代中国人留学美国的先河。

容闳等人到美国后，进入马萨诸塞州的孟松学校学习。当时美国尚无高等中学，仅有预备学校，孟松学校是美国当时最好的预备学校，整个新英格兰区的优秀学生都集中到这所学校，为考入大学预备功课。该校自开办以来，一直由"名誉特著"、品学兼优之士担任校长。容宏入校时，担任校长一职的便是毕业于耶鲁大学的海门先生。容闳对海门的评价是："夙好古文，兼嗜英国文艺，故胸怀超逸，气宇宽宏。当时在新英国省，殆无人不知其为大教育家。且

---

① 容闳：《西学东渐记》，见钟叔河主编：《走向世界丛书》（第 2 册），岳麓书社 2008 年修订版，第 49 页。

其为人富自立性，生平主张俭德，提倡戒酒，总其言行，无可訾议，不愧为新英国省师表。以校长道德文章之高尚，而学校名誉亦顿增。自海门来长此校，日益发达，气象蓬勃，为前此未有云。"①这位海门校长对中国素抱好感，加之当时中国人入该校者仅容闳、黄胜、黄宽三人（1848年秋，黄胜因病回国），所以他对容闳等中国留学生也优待有加，希望他们学成归国有所作为。1849年，容闳与黄宽于孟松学校毕业，此时香港的赞助者表示，如果他们愿意到英国爱丁堡大学学习，将乐意继续资助。黄宽接受了此建议，转赴英国，后来他以优异的成绩获爱丁堡大学医学博士学位，1857年回国后长期在广州悬壶济世，成为近代中国第一位西医。容闳则决定留在美国报考耶鲁大学。当时有人意欲帮助容闳申请孟松学校董事会为贫苦学生升学而设置的奖学金，但条件是必须签字保证毕业后充当传教士。容闳以一种出乎常人的刚毅之气，拒绝签字。他说："予虽贫，自由所固有。他日竟学，无论何业，将择其最有益于中国者为之。纵政府不录用，不必遂大有为，要亦不难造一新时势，以竟吾素志。若限于一业，则范围甚狭，有用之身，必致无用。且传道固佳，未必即为造福中国独一无二之事业。……志愿书一经签字，即动受拘束，将来虽有良好机会，可为中国谋福利者，亦必形格势禁，坐视失之乎？……盖人类有应尽之天职，决不能以食贫故，遽变宗旨也。"②1850年，容闳终于获得一个妇女团体——乔治亚州萨伐那妇女会——的资助，考进了世界一流的耶鲁大学，并获学士学位，成为中国近代第一个获得美国学士学位的人。1854年，他以赤诚的爱国之心拒绝了在美国工作的诱惑，从纽约登船回到了祖国。

---

① 容闳：《西学东渐记》，见钟叔河主编：《走向世界丛书》（第2册），岳麓书社2008年修订版，第54页。

② 同上书，第58—59页。

容闳在美七年的留学生活,对西方先进的科学技术和发达的科学教育给美国社会带来的文明与强盛耳濡目染,相形之下更感到中国这一古老封建帝国的衰败与落后。强烈的社会反差加剧了他振兴中国的责任感和使命感,用他自己的话来说,在耶鲁所受的教育向他展示了"被愚昧蒙上眼睛的人绝不可能看到的责任"。他在《西学东渐记》中曾这样回忆道:"予当修业期内,中国之腐败情形,时触予怀,迨末年而尤甚。每一念及,辄为之怏怏不乐,转愿不受此良好教育之为愈。盖既受教育,则予心中之理想既高,而道德之范围亦广,遂觉此身负荷极重。若在毫无知识时代,转不之觉也。更念中国国民,身受无限痛苦,无限压制。……予无时不耿耿于心,……予意以为,予之一身既受此文明之教育,则当使后予之人,亦享此同等之利益,以西方之学术,灌输于中国,使中国日趋于文明富强之境。"①归国以后,这位刚刚接受了《人权宣言》和黑奴解放观点的耶鲁毕业生,目睹中国之情状特别是清廷镇压太平天国的惨烈景况,"神志懊丧,胸中烦闷万状,食不下咽,寝不安枕"②。他决心做些事情,来求得心灵上的安宁。但他的身份(在美留学时已入美国籍)在时人眼中无异于买办和假洋鬼子,是无缘与政府官员发生联系的。所以,他只好在西人的事业中辗转栖身,以待时机。他先后在香港当过律师,在上海税务司做过翻译,还在江苏、浙江、湖南、湖北等地贩过茶叶和生丝。1860年,有两位美国传教士邀其游金陵,刺探太平军内幕,容闳欣然前往。在金陵,他受到了太平天国"干王"洪仁玕的接见。他向洪仁玕进言,提出改良的七点建议:"依正当之军事制度,组织一良好军队;设立武备学校,以养成多数有学识之军官;建设海军学校;建设善良政府,聘用富有

---

① 容闳:《西学东渐记》,见钟叔河主编:《走向世界丛书》(第2册),岳麓书社2008年修订版,第61-62页。

② 同上书,第70页。

经验之人才，为各部行政顾问；创立银行制度，及厘订度量衡标准；颁定各级学校教育制度，以耶稣圣经列为主课；设立各种实业学校。"容闳的建议核心是科技教育，但涉及政治、军事、经济、宗教及教育各方面（除了议会制度未叙及外），因此几乎可以说是一个充满资本主义气息的近代化纲领。然而，"每见太平军领袖人物，其行为品格与所筹划，实未敢言其必成"，于是，容闳"乃商之同伴诸人，决计返璧"[①]。事实上，后来的结果证实了他的怀疑，他的这一计划落空了。事后容闳对太平天国革命有一段至为深刻的评述："此次革命，虽经十五年剧烈之战争，乃不久而雾散烟消，于历史上曾未留一足为纪念之盛迹。……亦不过以为一时狂热，徒令耶教中人为之失望，于宗教上毫无裨补。……至若于中国政治上，则更绝无革新之影响。……其可称为良好结果者惟有一事，即天假此役，以破中国顽固之积习，使全国人民皆由梦中警觉，而有新国家之思想。"[②]

1863年，容闳经张世贵、李善兰等人推荐，得两江总督曾国藩召见，自此得以与洋务派官僚结识。曾国藩委其筹建"江南制造局"。1865年，容闳建议"于厂旁设立一兵工学校，招中国学生肄业其中，授以机器工程之理论与实验，以期中国将来不必需用外国机械及外国工程师"[③]。他的这一建议后被曾国藩采纳，江南制造总局兵工学校事实上成了我国第一所技工学校，为近代中国造就了一批机械工程技术人才。但他最希望做成的一件事，是让晚辈少年们也有机会出国，一睹西洋文明的风采，接受西方近代科学教育，以为国家储蓄人才。他深信，这个愿望"果得实行，借西方文明之

[①] 容闳：《西学东渐记》，见钟叔河主编：《走向世界丛书》（第2册），岳麓书社2008年修订版，第94-95页。

[②] 同上书，第99页。

[③] 同上书，第120页。

学术以改良东方之文化，必可使此老大帝国，一变而为少年新中国"①。容闳把实现这个"西学东渐"理想的希望寄托在他十分钦佩的洋务派首领曾国藩身上。他称崇曾国藩"正直廉洁忠诚诸德，皆足为后人模范。故其身虽逝，而名足千古。其才大而谦，气宏而疑，可称完全之真君子，而为清代第一流人物，亦旧教育中之特产人物"②；"文正一生之政绩、忠心、人格，皆远过于侪辈，殆如埃浮立司脱（Mt.Everest）高峰，独耸于喜马拉雅诸峰之上，令人望而生景仰之思。"③

1870年，机会终于来了。这一年发生了中国近代史上著名的"天津教案"，曾国藩、丁日昌等奉命前往处理，电召容闳担任译员。容闳通过丁日昌正式向曾国藩提出派遣学生赴美国留学的计划。他说："政府宜选派颖秀青年，送之出洋留学，以为国家储蓄人才。派遣之法，初次可先定一百二十名学额以试行之。此百二十人中，又分为四批，按年递派，每年派送三十人。留学期限定为十五年。学生年龄，须以十二岁至十四岁为度。视第一、第二批学生出洋留学著有成效，则以后即永定为例，每年派出此数。"④众所周知，容闳的留美计划提出之际，正是洋务派呼唤洋务人才之时。新式洋务人才的匮乏始终是洋务事业所面临的难题，为救一时之急，洋务官僚不得不大量聘用洋顾问、洋技师、洋工匠、洋教习等。聘用洋人，需要高薪优待，清政府仅为这些洋人支付的高额报酬，每年就需数万乃至数十万银两的巨资。这项支出对原已国库空亏的清政府来说，是一项沉重的财政负担。况且，聘用洋人除了耗资甚巨外，还有许多弊端：其一，洋人难以管理；其二，洋人常常对洋务

---

① 容闳：《西学东渐记》，见钟叔河主编：《走向世界丛书》（第2册），岳麓书社2008年修订版，第124页。
② 同上书，第107–108页。
③ 同上书，第128页。
④ 同上书，第122页。

官僚蒙骗愚弄；其三，大量聘用洋人往往成为顽固派攻击洋务派"媚洋""降夷"的口实。因此，洋务官僚深感只靠雇用洋人并非上策，还需有自己的见过世面的人才，于是便产生了与其由外国派员前来教习，"诚不若派员分往外国学习方便"①的想法。容闳与曾国藩相识后，深得曾氏赏识。容闳提出的留美计划周密详尽，使长期以来一直为洋务事业缺乏人才而苦恼的曾国藩大受启发。而且容闳自愿带队出国，正好解决"此项人员，急切实难其选"（奕䜣语）的问题。曾国藩立即表示同意，与丁日昌等联名上奏清廷并很快获准。容闳闻此讯，一时几乎"乐不可支，废寝忘食，飘飘然如凌虚御风，顶礼上帝"②。因为这项事业是他回国16年、立愿20年后才得如愿以偿，而且他坚信这将"于中国二千年历史中，特开新纪元矣"③。

1870年冬，根据丁日昌的推荐，曾国藩奏派四品衔刑部主事陈兰彬为留美学生委员（监督），容闳为副委员（副监督）。之后，曾国藩与李鸿章多次函电商讨，拟就《奏选派幼童赴美肄业办理章程折》。这个折子除反复申述派遣学生出国留学的紧迫性和深远意义外，还拟就章程12条，主要内容有：（1）每年选送幼童30名到美国学堂学习，4年共派遣120名；（2）幼童从上海、宁波、福建、广东等地挑选，年龄为13岁到20岁为止；（3）肄业年限为15年，毕业后，回国听候派用，不准在外洋籍逗留或私自先回国另谋职业；（4）赴洋幼童学习1年后，如"气性顽劣"或"不服水土"，应由驻洋委员随时撤回，准在旧金山地方15岁左右华侨子弟中募补；

---

① 中华书局编辑部，李书源整理：《筹办夷务始末（同治朝）》（卷十五），中华书局2008年版。

② 容闳：《西学东渐记》，见钟叔河主编：《走向世界丛书》（第2册），岳麓书社2008年修订版，第172页。

③ 同上书，第126页。

（5）出国留学的经费预算，等等。①

如前所述，至 19 世纪 70 年代，派遣学生走出国门学习西方科技、培养新式人才的举措，至少在洋务派和开明知识分子那里获得了较为一致的认同，可见条件已大致成熟。但是，当这些举措一旦付诸实施，事情就要复杂得多。当时社会风气十分闭塞，在几乎无人知晓欧美教育价值的情况下，招生工作碰到极大困难。大家子弟不肯远适异国，应募者多为衣食生计而来，被社会视为"漂泊无赖，荒陋不学之人"；不仅如此，幼童家长还被要求出具亲笔画押的"具结"书，向政府保证"生死各安天命"。可见，在当时，出国留学、漂洋过海远不是一件令人羡慕的事。由于报名者不踊跃，只好将招生年龄从 12 岁放宽到 10 岁，且历时 1 年之久，才招集到 30 名学生。第一批招选到的 30 名幼童在上海预备学校经过半年的培训后，于 1872 年 8 月 11 日赴美留学。1873 年、1874 年、1875 年，第二、三、四批各 30 人相继成行。至此，120 名幼童按计划赴美留学。幼童赴美留学一事，在当时并没有被人看作是什么了不起的大事，但毕竟事属创举，也引起了舆论的关注，特别是在出洋预备局所在地的上海，一度成为人们议论的一件新鲜事。不少人对这前所未有的创新之举心存疑虑，"或以为未必果行也，或以为不久即废也"。但是，由于上海得风气开放之先，所以多数舆论表示了赞同的态度。如上海《申报》在首批幼童出洋时，即以"上海西学局学生赴美国"为题进行报道："其路费皆由局给，又以数千金为之制衣。其第二起往者，拟明年即遴选再往。从此源源而往，中国之聪颖子弟，可兼尽西人之长矣"。随后，该报又连续就此事发表评论，认为这是"诚复古以来所未有之盛举也"，"庶几童而习之，自当能竭尽西人之能

---

① 曾国藩、李鸿章：《奏选派幼童赴美肄业办理章程折（附章程）》（同治十年七月初三日），引自陈学恂主编：《中国近代教育史教学参考资料》（上册），人民教育出版社 1987 年版，第 112–115 页。

事矣";"至于归来之后,则进通商衙门当差,奖叙得官,恩荣无比,岂不美哉!况又熟悉洋务,深知底蕴,并于技艺器具之间,无不知其所以然而有以制之,则其将来诚有不可限量者,……此举非但有利国,亦且有益于家"[①]。

幼童们到美国后,"容闳先生分配他们给来自各地的美国老师,老师带他们回去。在以后留美的岁月中,这些美国老师负起教养监护的责任。每一个美国老师家庭负责两个或四个幼童。英文合格的幼童,直接进入美国学校,不合格的在老师家接受个别补习,做入学准备。最初,幼童均穿长袍马褂,并且结着辫子,使美国人当他们是女孩。每当幼童外出,后面总跟着一群人高叫:'中国女孩子!'使他们颇感尴尬。"[②] 1876年,宁波海关案牍李圭去美国参加美国举办的独立100周年博览会时,专门看望了留美的幼童。他见到这些出国才三四年的幼童"装束若西人","于千万人中言动自如,无畏怯态","言皆简捷有理","吐属有外洋风派","进馆方年余者,西语亦精熟",深深地感受到了西方教育的优越性,那就是"不尚虚文,专务实效。是以课程简而严,教法详而挚,师弟间情恰如骨肉。尤善在默识心通,不尚诵读,则食而不化之患除;宁静舒畅,不尚拘束,则郁而不通之病去……且其不赏而劝,不怒而惩,则又巧捷顽钝之弊亦无由以生"。他进而慨叹道:"西学所造,正未可量。"[③] 然而,由于种种原因,幼童们终究没能按计划完成学业而被提前撤回。

近百年来,中外学者们反复探究留美幼童的命运,认为说到底

---

① 参见刘志琴主编,李长莉撰:《近代中国社会文化变迁录》(第1卷),浙江人民出版社1998年版,第297-299页。

② 温秉忠:《一个留美幼童的回忆》,引自陈学恂主编:《中国近代教育史教学参考资料》(上册),人民教育出版社1987年版,第146-147页。

③ 李圭:《环游地球新录·书幼童观会事》,见钟叔河主编:《走向世界丛书》(第6册),岳麓书社2008年修订版,第298-299页。

是中国强大的封建守旧势力和洋务派"中体西用"思想之间的较量贯穿于留美活动始终。事实上，从容闳向曾国藩提出留学生派遣计划到留学监督人选的任命，从幼童研习功课的安排到生活起居服饰的管理等，到处都受到封建守旧势力的顽固抵制。作为幼童留美的首倡者，当时中国对西方文化认识和理解最为深刻的容闳，并没有被授权全面负责留学生工作，只是任副监督一职；而从未出过国门的陈兰彬、区谔良、吴子登却先后被任命为正监督。其中原因，据丁日昌对容闳的解释是："君所主张，与中国旧学说显然反对。时政府又甚守旧，以个人身当其冲，恐不足以抵抗反动力，或竟事败于垂成。故欲利用陈之翰林资格，得旧学派人共事，可以稍杀阻力也。"[①]可见，在留美管理人员的配备上，便是一种"新学"与"旧学"的搭配。在留美幼童的管理上，更是严格贯彻以"中学为体"的思想。据《纽约星报·论华人留学美洲之今昔》云："诸生在美受监督极严，须穿华服，保存辫发，守祀孔之古礼"，学生中如有"违背古训、效法美俗、就近外人者"，尤其是"接近美国女子、信仰耶教"者，"遂一概命之归国"[②]。甚至连幼童们跳掷驰骋，参加棒球、足球等体育活动，走路不再踱方步，也被视为有失学子身份，至于个别幼童出入教堂、剪掉辫子，更被视为大逆不道而获罪。因此，早在1876年前后，就有9名幼童以各种理由被撤回国内。曾国藩、李鸿章意识到，派遣幼童赴美留学是"中华创始之举，古来未有之事"。但他们的主观意图是，留学生们既要学好泰西各国的技艺，又不能囿于"异学"而忘中国传统的纲常名教、"尊君亲上之义"。这种设想，显然包含着难以克服的矛盾。因为赴美幼童"离去故国"日久，"终日饱吸自由空气，其平昔性灵上所受极重之压力，一旦排

---

① 容闳：《西学东渐记》，见钟叔河主编：《走向世界丛书》（第2册），岳麓书社2008年修订版，第126页。

② 参见柳诒徵：《中国文化史》（下卷），东方出版中心1996年版，第805页。

空飞去,言论思想悉与旧教育不侔"①。

正是由于环境蜕变之速,留美幼童深受西方"自由独立空气"的熏染,大有"美化"的趋势,引起了陈兰彬、吴子登之流的"深怪"和"斥责",对容闳也横加挑剔。他们认为,如果这批学生"久居美国,必致全失其爱国之心,他日纵能学成回国,非特无益于国家,亦且有害于社会;欲为中国国家谋幸福计,当从速解散留学事务所,撤回留美学生,能早一日施行,即国家早获一日之福"②。于是,在是否裁撤留学事务所、中辍留美活动的问题上,以陈兰彬、吴子登为代表的"旧学"派和以容闳为代表的"新学"派之间展开了激烈的争论。1876年,陈兰彬升任驻美公使,荐吴子登代管留学生事务。吴子登性情怪僻,为人好示威,一如中国往日之学司。吴接任后,即招留学生至署中训诫。留学生谒见时,均不行跪拜之礼。吴及其同僚认为,留学生已适异忘本,目无师长,固无论其学如何,难期成才,即使学业有成亦不能为中国所用。1881年,陈兰彬在奏折中转述吴子登的话攻击留学生道:"外洋风俗,流弊多端,各学生腹少儒书,德性未坚,尚未究彼技能,实易沾其恶习,即使竭力整顿,亦觉防范难周,亟应将该局裁撤。"③陈兰彬、吴子登对留美事业的发难,与国内顽固派的攻击遥相呼应。当时国内对留美教育的"非议"震荡朝野,为了防止赴美留学生成为"洋鬼"(Foreign Devils),"不复为卑恭之大清顺民",清政府终于在1881年裁撤驻美中国留学局。其裁撤理由是:"查该学生以童稚之年,远适异国,路歧丝染,未免见异思迁。……如陈兰彬所称,是外洋之长技尚未

---

① 容闳:《西学东渐记》,见钟叔河主编:《走向世界丛书》(第2册),岳麓书社2008年修订版,第137页。

② 同上书,第138页。

③ 陈学恂、田正平编:《中国近代教育史资料汇编》,上海教育出版社1991年版,第151页。

周知，彼族之浇风早经习染，已大失该局之初心。"① 对此，当时许多人都深为惋惜，发出了功亏一篑的感慨。耶鲁大学校长朴德得知中国将解散留学事务所召回留美学生，亲笔写信上书中国总理衙门："贵国派遣之青年学生，自抵美以来，人人能善用其光阴，以研究学术。以故于各种科学之进步，成绩极佳。即文学、品行、技术，以及平日与美人往来一切之交际，亦咸能令人满意，无闲言。论其道德，尤无一人不优美高尚。其礼貌之周至，持躬之谦抑，尤为外人所乐道。职是之故，贵国学生无论在校内肄业，或赴乡村游历，所至之处，咸受美人之欢迎，而引为良友。凡此诸生言行之尽善尽美，实不愧为大国国民之代表，足为贵国增荣誉也。盖诸生年虽幼稚，然已能知彼等在美国之一举一动，皆与祖国国家之名誉极有关系，故能谨言慎行，过于成人。学生既有此良好之行为，遂亦收良好之效果。美国少数无识之人，其平日对于贵国人之偏见，至此逐渐消灭。而美国国人对华之感情，已日趋于欢洽之地位。今乃忽有召令回国之举，不亦重可惜耶？夫在学生方面，今日正为最关重要时期。曩之所受者，犹不过为预备教育，今则将进而求学问之精华矣。譬之于物，学生犹树也，教育学生之人犹农也。农人之辛勤灌溉，胼手胝足，固将以求后日之收获。今学生如树木之久受灌溉培养，发芽滋长，行且开花结果矣，顾欲摧残于一旦而尽弃前功耶？……贵衙门须知此等学生，乃当日由贵国政府请求美国国务卿，特别咨送至予等学校中，欲其学习美国之语言、文字、学术、技艺，以及善良之礼俗，以冀将来有益于祖国。今学生于科学、文艺等，皆未受有完全教育，是所学未成，予等对于贵国之责任，犹未尽也。乃贵政府不加详细调查，亦无正式照会，遽由予等校中召之返国。此等

---

① 陈学恂、田正平编：《中国近代教育史资料汇编》，上海教育出版社1991年版，第151页。

举动，于贵国国体，无乃有亏乎？"[①] 美国大文学家马克·吐温得知留学生要撤回的消息后，甚至亲自找美国前任总统格兰德商讨，格兰德亦立即致函李鸿章。格兰德云："幼童在美颇有进益，如修路、开矿、筑炮台、制机器各艺，可期学成，若裁撤极为可惜。"[②] 启蒙思想家黄遵宪在《罢美国留学生感赋》中称，裁撤留美学生实为"蹉跎一失足"之举。而在关键的时刻，曾热心留学之举的实力派人物李鸿章，为了固守所谓的"中体"，免遭守旧派的口舌，也"不愿为学生援手，即顺反对党之意而赞成其议"[③]。第一次大规模的中国留学生计划，就这样在新旧中西的碰撞交锋中流产了。

此时，全体留美幼童中仅詹天佑、欧阳赓二人大学毕业，另有约60人大学在读，其余的还是中学生，但却不得不于1881年9月被迫离美返华。幼童回国后，"并没有受到中国政府热烈的欢迎。相反地，当他们一抵上海，立刻被送往上海城内一个大楼中，禁闭起来不许他们外出。从新自由之邦回来的幼童，对莫明其妙的失去行动自由，是深恶痛绝的。……不久全体幼童被分发到全国各地，开始了他们终生的奋斗。幼童待遇不佳，大多数每月四两银子，使他们生活困难。另外，再受到中国士大夫的杯葛和歧视，他们被视为是'洋鬼子'和'无益于国家'的人。"[④] 对于这次留学生的成绩，后人毁誉不一，大抵是毁之者多，誉之者少。其原因，或如历史学家张星烺所言，这些中国留学生久居美国，"习于美国人之生活。骤然回国，见本国各事简陋，辄生鄙弃。小事不屑为，大事不能得。欲

---

① 容闳：《西学东渐记》，见钟叔河主编：《走向世界丛书》(第2册)，岳麓书社2008年修订版，第142–143页。
② 李鸿章：《李文忠公全书·寄陈使》(电稿卷1)，引自中国史学会主编：《中国近代史资料丛刊·洋务运动》(二)，上海人民出版社1961年版，第181页。
③ 容闳：《西学东渐记》，见钟叔河主编：《走向世界丛书》(第2册)，岳麓书社2008年修订版，第141页。
④ 温秉忠：《一个留美幼童的回忆》，引自陈学恂主编：《中国近代教育史教学参考资料》(上册)，人民教育出版社1987年版，第148页。

望不遂，而生愤恨。爱国之心，职任观念，随之削减。甚至诋本国为半开化者有之矣"；"要其成绩无多之故，则学生年龄太轻，本国情形不熟，国学全无，在外国亦仅在高等学校修业，并未得进大学，学有专长也。其中数人以后成专家者，盖于调回后，第二次自费往美，毕其所业也。又约有十人，终身留美不归。人人皆有一西妇。无怪监督吴子登谓其即学成，亦不能为中国用也。然政界上以后多一批翻译官，办洋务人员，未尝不无功绩可述也"[①]。尽管这批留学生没能产生出像容闳、严复这样有独立思想的知识分子，没能在思想观念和学理研究上对中国社会和传统文化教育产生具有冲击力的影响。但他们还是带回了不少西方先进的科技，而且他们也大都被分派在当时政府的外交部门及在当时堪称先进的洋务派所办的军事和民用工业企业中工作，在各行各业中亦不无成就。据高宗鲁统计，留美幼童返国后，日后发展的职业或职务有：国务总理1人、外交部部长2人、公使2人、外交官员12人、海军元帅2人、海军军官14人、军医4人、税务司1人、海关官员2人、教师3人、铁路局长3人、铁路官员5人、铁路工程师6人、冶矿技师9人、电报局官员16人、经营商业8人、政界3人、医生3人、律师1人、报界2人，4人不详。[②] 其中，在近代中国列身显要、名重一时的人物有：詹天佑（1872年留美），京张铁路总设计师兼"会办"，1894被选为英国土木工程师学会会员（这是中国人第一次参加具有较大代表性的外国学术团体），第一次不假外力于1909年设计并领导修成了全长200公里的京张铁路，而且比预定时间提前两年完成，节约经费28万两银子，京张铁路建成当年，詹天佑被美国工程师学会接纳为会员；吴应科（1873年留美），在甲午中日海战中表现英勇，

[①] 张星烺：《欧化东渐史》，商务印书馆2000年版，第49页；第44页。
[②] 高宗鲁译注：《中国幼童留美史》，引自陈学恂主编：《中国近代教育史教学参考资料》（下册），人民教育出版社1987年版，第371页。

得到了"巴图鲁"的荣誉称号;蔡廷干(1873年留美),曾任海军元帅和袁世凯顾问等职,其《唐诗英韵》(*Chinese Poems in English Rhyme*)一书,至今仍为唐诗英译之佳作;吴仰曾(1872年留美),为中国第一位著名矿冶工作师;蔡绍基(1872年留美),曾为天津北洋大学校长;梁敦彦(1872年留美),曾为天津、汉口海关道台,清末外务部尚书,民国初年交通总长;唐绍仪(1874年留美),清末"税务处"的创办人及首任"会办",民国第一任国务院总理,曾作为全权大使挫败了英国企图分裂西藏的阴谋;朱宝奎(1874年留美),曾任上海电报局局长,交通部副部长;唐无湛、周万鹏分别于1873年、1874年留美,回国后曾先后任电报总局局长。[①]尤其值得提及的是,或如容闳所言,这批学生"人人心中咸谓东西文化,判若天渊;而于中国根本上之改革,认为不容稍缓之争。此种观念,深入脑筋,无论身经若何变迁,皆不能或忘也"[②]。

容闳倡导的第一次幼童留美,虽然以失望和沮丧告终,但是容闳的精神和贡献却为"西学东渐"铺下了路基,同时也为中国和中国人在海外树立了不朽名誉。1881年,英国人寿尔(H.N.Shore)在叙述容闳的事迹时这样写道:"一个能够产生这样人物的国家,就能够成就伟大的事业。这个国家的前途不会是卑贱的,虽然从事物的表面上去看,这个国家也许有一些困惫与后退的迹象。和西方的国家以及人们在过去半世纪内的巨大进步相比较,中国的景象是不能令人鼓舞的;但是我们应该记住,我们今天所看到的中国文化是许多世纪以前的文化,而那时英国和欧洲还在野蛮的状态之中。至于中国是否退步,它的人民是否在腐化之中,它的才能是否已经发展

---

① 参见温秉忠:《一个留美幼童的回忆》,引自陈学恂主编:《中国近代教育史教学参考资料》(上册),人民教育出版社1987年版,第148-150页;丁晓禾主编:《中国百年留学全纪录》(壹),珠海出版社1998年版。

② 容闳:《西学东渐记》,见钟叔河主编:《走向世界丛书》(第2册),岳麓书社2008年修订版,第144-145页。

到了极限,这些问题都还需要证实。从这些例子又可以看到,中国自己拥有力量,可以在真正完全摆脱迷信的重担和对过去的崇拜时,迅速给自己以新生,把自己建成一个真正伟大的国家。"①

二、福建船政局派出的留欧学生

几乎就在幼童们被陆续派赴美国留学的同时,福建船政局也在考虑派遣毕业生赴欧洲留学的问题。如果说幼童留美活动的展开主要是与容闳个人的多方奔走、百折不挠的努力直接相关的话,②那么留欧教育的展开则是以洋务派的海防忧患意识的空前提高为契机的。

自鸦片战争以来,尤其是19世纪60年代以来,来自海上的外患频频袭扰大清帝国。1866年左宗棠在一份奏折中指出:"窃维东南大利,在水不在陆。……自海上用兵以来,泰西各国火轮兵船直达天津,藩篱竟成虚设,星驰飙举,无足当之。……欲防海之害而收其利,非整理水师不可。欲整理水师,非设局监造轮船不可。泰西巧而中国不必安于拙也,泰西有而中国不能傲以无也。……彼此同以大海为利,彼有所挟,我独无之,譬犹渡河,人操舟而我结筏;譬如使马,人跨骏而我骑驴,可乎?……谓我之长不如外国,借外国导其先可也;谓我之长不如外国,让外国擅其能不可也。"③李鸿章在《筹议海防折》中也言及海防危机,实为中国数千年来"未有之变局""未有之强敌"。他说:"今东南海疆万余里,各国通商传教,往来自如,麇集京师及各省腹地,阳托和好之名,阴怀吞噬之计,一国生事,诸国构煽,实为数千年来未有之变局。轮船电报之速,瞬息千里,军器机事之精,工力百倍,炮弹所到,无坚不摧,水陆

---

① 参见钟叔河主编:《走向世界丛书》(第2册),岳麓书社2008年修订版,第32页。
② 近代著名学者舒新城先生在《近代中国留学史》中曾有过这样一说:"无容闳,虽不能一定说中国无留学生,即有也不会如斯之早,而且派遣的方式也许是另一个样子。"
③ 引自朱有瓛主编:《中国近代学制史料》(第1辑,上册),华东师范大学出版社1983年版,第330页。

关隘，不足限制，又为数千年来未有之强敌。"①可见，洋务派是以一种前所未有的崭新姿态和世界观念来面对西方挑战的，他们把西方列强来自海上的军事威胁提到了极其严峻的、前所未有的高度。他们认为，要应对西方列强的海上入侵，防中国海上之患，就必须建立一支能与西方列强匹敌的海军及有足够威慑力的舰队。李鸿章指出，建立近代化的海军，其船舰、基地等物质条件固然很重要，但"有器尤须有人"，"用人最是急务，储才尤为远图"。因而，他一手抓器，一手抓人。1866年7月，李鸿章授权江南制造局开始制造一种小炮舰以为巡逻海港之用，同时又与法国人签订合同，在福州建立大型造船厂，并附设求是堂艺局（即福州船政学堂），以期"督造有人，管驾有人"，即一为福州船政局培养造船的工程技术人才，一为中国海军培养军事人才。

如本书前章所述，福州船政求是堂艺局前、后学堂开办五六年后，收效显著，但是仍然满足不了创办新式海军的需求。当时面临的最直接困难是，1873年，福建船政局的初期建设大致完成，根据合同聘请的欧洲工程技术人员（约50名左右）和船政学堂教习即将遣散。为了使船政局继续办下去及提高船厂的造船技术与工艺水平以应海防之需，如何进一步提高船政学堂毕业生的业务水平，使他们能够替代外国技术人员以求自立，成为船政、海防事业的一个关键。1867年，沈葆桢出任总理船政大臣，接办左宗棠创设的福州船政局及其学堂，在他的治理下，工厂和学校均取得了很好的绩效。1872年，第一批幼童留美成行，受此启发和鼓舞，他开始筹划选派船政学堂的学生留学英、法。1873年12月，他首次上折提议派遣天资颖异、学有根柢的学生留学法、英。他说："赴法国深究其造船之方，及其推陈出新之理"；"赴英国深究其驶船之方，及其练兵制

---

① 李鸿章：《筹议海防折》，引自中国史学会主编：《中国近代史资料丛刊·洋务运动》（一），上海人民出版社1961年版，第41—42页。

胜之理"。他认为："速则三年，迟则五年，必事半而功倍。盖以升堂者求其入室，异于不得其门者矣。"①清廷很快将沈葆桢的建议批转总理衙门"速议具奏"。总理衙门组织南、北洋通商大臣及左宗棠等，就派遣船政学堂学生赴欧留学一事进行讨论。李鸿章认为："查制造各厂，法为最盛；而水师操练，英为最精。闽厂前堂学生本习法国语言文字，应即令赴法国官厂学习制造，……后堂学生本习英国语言文字，应即令赴英国水师大学堂及铁甲兵船学习驾驶。"②左宗棠在回函中，不仅积极支持派遣学生赴英、法学习，而且建议留学国别还可以是德国。总理衙门在征求上述意见后，对于福建船政学堂派遣留学人员一事表示原则同意。1874年4月，沈葆桢组织船政局正监督、法国工程师日意格及有关人员拟订了一份十分详细的赴欧学生学习计划③：

1. 留法学生：第一年，学习重学统论、画影勾股、水力重学、汽学、化学、轮机制造法、法国语言、画图；第二年，学习轮机重学、材料配力之学、轮机制造法、水力重学、化学、房屋制造、法国语言、画图；第三年，学习轮机重学、轮机制造法、挖铁、煤学、船上轮机学、铁路学、法国语言、画图。学生按合同学习3年后，拟派赴造船厂、轮机水缸厂、枪炮厂等实地练习厂艺。

2. 留法艺徒：第一年，学习画影勾股、算学、代数、勾股、画学、法国语言；第二年，学习画影勾股、重学统论、汽学、画图、法国语言；第三年，学习重学统论、制造轮机学、水力重学、轮机重学、汽学、化学、画图、法国语言。以后第四至第五年，与留法学生一样分赴各厂学习工艺。

---

① 引自朱有瓛主编：《中国近代学制史料》（第1辑，上册），华东师范大学出版社1983年版，第390页。
② 同上书，第400页。
③ 参见朱有瓛主编：《中国近代学制史料》（第1辑，上册），第394—395页。

3. 留英学生：驾驶学生赴英学习，期拟 2 年。头 9 个月在英国期犁呢士学堂，学习天文、画海图学、汽学、水师战法、英国语言；之后赴英国博士程德操炮船，学习各种枪炮使用方法，约 6 个月；再在该处学 3 个月画海图之学；最后赴英国水师营，到各兵船上实习 4 个月。

这是一个针对性很强且颇具特色的留学生培养计划，但由于日本侵略台湾，沈葆桢受命赴台筹划防务，计划被搁置下来。1875 年初，沈葆桢委派日意格回法国为船政局采购设备，奏请清廷准予乘日意格回国之便，带领几名学生"游历英吉利、法兰西等处"，以"开扩耳目"。清廷同意，于是派驾驶学堂学生刘步蟾、林泰曾，制造学堂学生魏瀚、陈兆翱、陈季同五人同往。前二人被安排在英国高士堡学堂学习，并在英国大兵舰上历练；后三人在法国马赛、蜡孙两处船厂学习制造。这五名学生实际上成为日后大批派赴欧留学生的嚆矢。刘步蟾、林泰曾、陈季同于 1876 年随日意格回国，魏瀚、陈兆翱仍留在法国学习。同年 4 月 15 日，李鸿章派遣武弁卞长胜、王得胜等七人随德国军官李劢协赴德学习军事，是为最早的陆军留欧学生。从此"中国端绪渐引，风气渐开，虽未必人人能成，亦可拔十得五，实于海防自强之计不无裨益"[①]。

1875 年底，沈葆桢因调任两江总督兼南洋通商大臣，由丁日昌接任船政大臣。丁日昌原为幼童留美的发起人之一，热心留学事务。他接任后又极力推动留欧教育，并保荐李凤苞、日意格筹备留学欧洲事务。1876 年，筹议留洋工作加紧进行。1877 年 1 月，李鸿章令李凤苞、日意格赴津拟定留洋章程："学生员数以三十名为度，肄习年限以三年为度，责以成效，严定赏罚，出洋经费分年汇

[①]《光绪二年十一月二十九日钦差北洋大臣直隶总督李鸿章等奏》，引自中国史学会主编：《中国近代史资料丛刊·洋务运动》（五），上海人民出版社 1961 年版，第 189 页。

解，约共需银二十万两。"① 日意格拟定章程初稿后，经李鸿章、李凤苞再三审改定稿。这份定稿后的章程规定：华洋监督分别由李凤苞与日意格担任，不分正副，会办出洋肄业事务；规定学生名额、学习年限和培养目标。制造专业学生14名、艺徒4名留学法国，学期为3年；除学理论外，还要到工厂学习技艺并于第二年起赴各处参观学习60天。驾驶专业学生12人到英国学习，先到英国海军学校学习英语及枪炮水雷等法，后送到格林威治皇家海军学院、抱士穆德大学院学习；学期为2年，一年在校上课及参观，一年在舰见习。②1877年1月，由李鸿章领衔，沈葆桢及继任船政大臣丁日昌、吴赞诚等将反复讨论议定的《奏闽厂学生出洋学习折》上奏清廷，很快获准。这份奏折不仅详细说明了选派学生出国留学的必要性，即"西洋制造之精，实源本于测算、格致之学，奇才迭出，月异日新。即如造船一事，近时轮机铁胁一变前模，船身愈坚，用煤愈省，而行驶愈速。中国仿造皆其初时旧式，良由师资不广，见闻不多，官厂艺徒虽已放手自制，止能循规蹈矩，不能继长增高。即使访询新式，孜孜效法，数年而后，西人别出新奇，中国又成故步，所谓随人作计终后人也。若不前赴西厂观摩考索，终难探制作之源。至如驾驶之法，近日华员亦能自行管驾，涉历风涛；惟测量天文、沙线，遇风保险等事，仍未得其深际。其驾驶铁甲兵船于大洋狂风巨浪之中，布阵应敌，离合变化之奇，华员皆未经见。自非目接身亲，断难窥其秘钥"。而且，还明确指出了出洋留学的目标：赴法国学习制造者"务令通船新式轮机、器具无一不能自制，方为成效"；赴英国学习驾驶者"务令精通该国水师兵法，能自驾

---

① 《光绪二年十一月二十九日钦差北洋大臣直隶总督李鸿章等奏》，引自中国史学会主编：《中国近代史资料丛刊·洋务运动》（五），上海人民出版社1961年版，第188页。
② 参见《选派船政生徒出洋肄业章程》，引自中国史学会主编：《中国近代史资料丛刊·洋务运动》（五），第189-190页。

铁甲船于大洋操战，方为成效"。该奏折还第一次提到了学习西方社会科学问题："至学生中有天资杰出能习矿学、化学及交涉、公法等事，均可随宜肄业。"[①]1877年3月，在华监督李凤苞、洋监督日意格等人带领下，船政前后学堂首批30名制造与驾驶专业的学生从福州出发经香港，开始了留学欧洲之行（同年12月又派出5名艺徒赴法），他们分别在英国皇家格林威治学院学习行船理法、在法国消浦官学与白海士登官学学习制造船身轮机、在巴黎矿务学校学习矿务及在英法两国的兵舰、工厂实习。艺徒则入工厂习工业手艺。

福建船政局首批留欧学生无论是在学校研读、工厂实习或是在兵船上历练，不仅表现出强烈的探求新知的愿望和刻苦学习的精神，而且大都学业有成。薛福成在《出使英法义比四国日记》中曾这样描述："查闽厂初次续次出洋学生，除改充出使差事者陈季同、马建忠、罗丰禄三名不计外，实有学生四十五名。内能造船者九名，能开矿者五名，能造火药者一名，通晓军务工程者二名，能造炮者一名，能充水师教习者一名，能充驾驶者十三名，能充匠首者九名，调往德国肄业无从考察者二名，病故者二名。"学习驾驶的学生，分别获得的综合性评语是："刘步蟾、林泰曾、严宗光（即严复）、蒋超英最为出色，……刘步蟾、林泰曾，知水师兵船紧要关键，足与西洋水师管驾官相等，均堪重任；不但能管驾大小兵船，更能测绘海图，防守港口，布置水雷。严宗光于管驾官应知学问以外，更能探本溯源，以为传授生徒之资，足胜水师学堂教习之任。萨镇冰、叶祖珪、林永升，勤敏颖悟，历练甚精，均胜管驾官之任。方伯廉可谓水师中聪明谙练之员。……蒋超英、林颖启、江懋祉、黄建勋，堪胜水师管驾之任。"14名留法学习制造的学生中，有5名改学矿

[①]《光绪二年十一月二十九日钦差北洋大臣直隶总督李鸿章等奏》，引自中国史学会主编：《中国近代史资料丛刊·洋务运动》（五），上海人民出版社1961年版，第187页。

务、化学。除1名病故外,其余13名学生均获得"堪任总监工之任"的考评,其中"以陈兆翱、魏瀚为最出色,可与法国水师制造监工并驾齐驱"。9名留法艺徒也都出色地完成了学习任务,或可充"铸铁局匠首",或"汽锅局匠首",或"制造战船匠首",或"机器局襄助"①。留学生们在努力完成学业的同时,还深入所在国的社会生活,以期加深对西方社会和文化的理解。严复便是其中最突出的一个,他的才学见识深受当时中国首任驻英、法公使郭嵩焘的赏识。翻阅郭嵩焘的出使日记,我们可以随处看到这样的记载:"严又陵议论纵横"②;"严又陵语西洋学术之精深,而苦穷年莫殚其业。……予极赏其言,属其以所见闻日记之"③;"又陵才分,吾甚爱之,而气性太涉狂易"④,等等。据法国知名学者巴斯蒂说:"1880年,李鸿章向德国订购装甲舰二艘,司令塔一座,他派遣四名技术人员和十名工人赴欧实地参加制造工作,这四名技术人员都曾是首批赴欧的留学生。"⑤随同留学生们一起出国的工作人员,也在完成本身职责之外抓紧时间吸收新知。如马建忠入巴黎政治学堂专习公法,学习的课程有21种,他在巴黎顺利通过"律例举人"(相当于法学硕士)和"文词秀才"(相当于文学学士)的考试;随行的文秘陈季同(1882年以后在巴黎中国驻法公使馆奉职),曾"巧妙地辅佐中国公使曾纪泽在法国掀起一场反对舒埃·卢·富尔利的通卡政策的舆论,他也是巴黎文艺沙龙受欢迎的人,他用法语把许多富有魅力的中国民

---

① 薛福成:《出使英法意比四国日记》,见钟叔河主编:《走向世界丛书》(第8册),岳麓书社2008年修订版,第204-205页。
② 郭嵩焘:《伦敦与巴黎日记》,见钟叔河主编:《走向世界丛书》(第4册),岳麓书社2008年修订版,第533页。
③ 同上书,第588-589页。
④ 同上书,第654页。
⑤ 〔法〕巴斯蒂:《清末留欧学生——福州船政局对近代技术的输入》,引自陈学恂主编:《中国近代教育史教学参考资料》(上册),人民教育出版社1987年版,第176页。

间风俗和文学作品介绍给法国人"[1]。

福建船政局的首届留欧学生在1878—1880年间陆续回国,很快成为该局和北洋水师的重要骨干力量。受首届留学生显著成效的鼓舞,福建船政局于1881年底又选派黄廷等10名学生分赴英、法、德三国,学习营造、枪炮、火药、轮机、驾驶、鱼雷等专业,学习期限为3年,是为第二届留欧学生。这届留欧学生的专业化程度超过第一届,所掌握的技术也超出造船与驾驶专业,涉及其他方面的军工技术,"若营造、若枪炮、若硝药、若制造、若鱼雷、若驾驶莫不各具专长,或为前届学生所未备习"[2]。1886年,福建船政局再派出第三届学生34人(其中包括由北洋水师学堂派出的10人,1人因故未能成行,实际派出33名)赴英、法学习驾驶、制造。这届留学生驾驶专业学习期仍为3年,但制造专业的学习期限则延长至6年。第三批派出的留学生所学专业范围更广,既有驾驶铁甲舰、轮机船身制造及修理、水师兵船算学、炮法雷学、物理、水气学、测绘海图、海军公法、国际公法、铁路建筑、桥梁建造、开河等专业,还有法语、英语、拉丁语专业,更有个别学生到法国高等学校专习万国公法。学习的单位既有英国格林威治皇家海军学院、英国高博士呢学堂、英国海军部制造大书院、法国学部律例大书院、法国工部制造大书院、法国海军部制造大书院等学校,还有诸如英法的舰船、军部衙门、造船厂等。1897年,福建船政局又派出第四届学生6人赴法学习制造,因受经费影响,这届学生未能全部完成学习计划。

从整体上考察,以福建船政局为主派出的留欧学生,为中国的新式海军提供了第一批军官和技术人员,为19世末在中国逐步发展

---

[1] 〔法〕巴斯蒂:《清末留欧学生——福州船政局对近代技术的输入》,引自陈学恂主编:《中国近代教育史教学参考资料》(上册),人民教育出版社1987年版,第175页。

[2] 参见林庆元编:《福建船政局史稿》,福建人民出版社1986年版,第153页。

起来的矿山采掘、工业、土木工程等新式企业培养了一批技术骨干。他们一回国,就被各省机器、船坞、开矿、铁路、电报等局争相罗致。1880年4月,回国不久的罗丰禄即被委任为大沽船坞总办。到1886年,魏瀚、陈兆翱、郑清濂、吴德章、杨廉臣、李寿田等已为福建船政局监造了镜清、寰泰、广甲、平远、龙威、广乙、广庚、广丙等多艘兵商轮船及铁甲舰。至1892年前,归国留欧学生中已有多人晋升为海军总兵、副将、参将等各级军官。留欧学生除在造船和海军系统发挥重大作用、取得令人瞩目的成就外,在福建、广东、湖北、直隶、江苏、浙江、台湾等省的新式事业和清政府的驻外使团中也崭露头角,取得了一定的社会地位。这一切,距离他们回国的时间大约十年。

综观甲午战争以前的留学生派遣,幼童赴美和福建船政局的留欧学生,构成了这一时期留学生队伍的主体。此外,在这一时期到海外求学还有两条途径,一为教会的资助,二为自费出国。据田正平先生考证,通过这两种途径出国留学的总人数不会超过30人。[①]所以,在甲午战争以前,留学生派遣总的特点是人数少、规模小、时断时续,尚处于中国近代留学教育的起步阶段。但归国留学生们短期内在事业上取得的成就和他们社会地位的迅速升迁,充分显示出了新式留学教育的无穷魅力和科学技术的潜在力量。尽管这一时期科举出仕仍然是绝大多数士子梦寐以求的"正途",但是现实生活中的榜样却在人们面前展现了一条新的道路,提供了一种新的机遇:接受新式教育,肄习西方的声、光、化、电同样可以出人头地。这种心理上的影响,从更广泛、更深刻的层面上改变着人们的价值取向和人生道路的选择,其开风气之先的作用是不可低估的。就中国近代科学文化教育的发展进程而言,这种作用,不仅表现在西学

[①] 参见田正平:《留学生与中国教育的近代化》,广东教育出版社1996年版,第65页。

课程的引进、教学内容的嬗变、西方师资的提供等具体的微观效果方面;而且,正是通过它展示了西方科技和教育的巨大魅力,初步解决了洋务派急需洋务人才的现实问题,冲击和改变着传统的文化教育观念和民族心理、风俗时尚,从侧面上为中国传统文化教育和科技的近代化扫除了观念和心理上的障碍,推进了中国科学技术和文化教育近代化的历史进程。

但客观地讲,有如刘大椿先生所言,这一时期的留学生虽然在学习西方科学知识方面成绩斐然,但在这几百人中除严复外,几乎没有产生能与容闳相比的、有独立思想的知识分子,他们没有能从思想层面上对已有的中国文明产生冲击。[①] 对此,梁启超亦曾有这样的评说:"晚清西洋思想之运动,最大不幸者一事焉,盖西洋留学生殆全体未尝参加于此运动。运动之原动力及其中坚,乃在不通西洋语言文字之人。坐此为能力所限,而稗贩、破碎、笼统、肤浅、错误诸弊,皆不能免。故运动垂二十年,卒不能得一健实之基础,旋起旋落,为社会所轻。就此点论,则畴昔之西洋留学生,深有负于国家也。"[②] 这一时期,真正使国人在文化思想观念和行为选择取向引起震动和发生影响的,是那些被清政府派遣出国的使臣及随从人员和游历海外的商人们。他们将海外的所见所闻以笔记或日记形式记录在案,汇编成册,刊发散布,第一次把一个真实的西方展现在国人面前,为国人了解真实的西方提供了第一手资料,当时这些资料在朝野上下广为流传,风行一时,引发了强烈的反响。从钟叔河先生编辑的《走向世界丛书》来看,这一时期游历海外的官员和商人们以笔记或日记形式撰成的海外见闻录,影响较大的主要有:(1)

---

① 参见刘大椿、吴向红:《新学苦旅——科学·社会·文化的大撞击》,江西高校出版社1995年版,第159页。

② 梁启超:《清代学术概论》,载《梁启超论清学史二种》,朱维铮校注,复旦大学出版社1985年版,第80页。

《西海记游草》。1847年春,在厦门洋商里靠担任"通事"、教授中文和经理通商事务为生的林鍼,在美国游历工作一年多,将在美国的所见所闻撰成《西海记游草》一书。钟叔河先生说,该著开1840年以来"走向世界"的报道之始,亦为"近代中国人用来测量世界海洋的第一块贝壳"[①]。(2)《乘槎笔记》。第二鸦片战争后,随着洋务运动的开启,清政府出于"惟近来中国之虚实,外国无不洞悉;外国之情伪,中国一概茫然。其中隔阂之由,总因彼有使来,我无使往"[②],于是有了派员游历欧美之意愿。同治五年(1866),在总税务司赫德的协调下,清政府第一次派遣官员赴泰西游历。时年已63岁的斌椿率其子与京师同文馆学生一行五人赴法国、英国、荷兰、德国、丹麦、瑞典、芬兰、俄国、普鲁士、汉诺威、比利时十一国游历近四个月,他们将所见所闻撰成《乘槎笔记》及两本纪行诗集《海国胜游草》和《天外归帆草》。这是近代中国知识分子最早亲历欧洲的记述,也是中国传统知识分子"知海外有此胜境"之始。(3)《初使泰西记》。斌椿的率团出使还只能算是一次游历,此后,清政府正式派遣的第一个外交使团于同治七年七月初一(1868年8月18日)出使美国。这个使团由三位"办理中外交涉事务大臣"组成,他们是前任美国驻华公使、受聘为中国服务的美国人蒲安臣及总理各国事务衙门章京志刚与孙家谷。使团从1868至1870年间,历访美、英、法、普、俄及其他一些欧洲国家,中国国旗(当时是"黄龙旗")第一次在欧美国家升起,这是近代中国对外关系史上一个相当重要的转折点,此次出使的志刚撰有《初使泰西记》。(4)《使西纪程》。光绪二年(1876),英国传教士马嘉理在云南被当地绅民杀死,引发英国抗议。清廷派郭嵩焘、刘锡鸿出使英

[①] 钟叔河主编:《走向世界丛书》(第1册),岳麓书社2008年修订版,第11—12页。
[②] 《恭亲王等奏请派蒲安臣权充办理中外交涉事务大臣折》(同治六年十一月初二日),引自钟叔河主编:《走向世界丛书》(第1册),岳麓书社2008年修订版,第384页。

国。这次出使的郭嵩焘撰有《使西纪程》(现编入郭嵩焘的《伦敦与巴黎日记》),是郭出使英国的日记,郭归国后整理抄寄给总理衙门并以此书名刻板印行。书中所记所感在朝廷激起轩然大波,引发"满朝士大夫的公愤",人人唾骂。有人甚至疏劾郭"有二心于英国,欲中国臣事之",皇帝亦下诏申斥郭嵩焘,毁其书版,并将其从公使任上撤回,永不起用。郭嵩焘在讥笑怒骂、"谤毁遍天下"中度过了他的一生。钟叔河先生说:"作为一位杰出的历史人物,郭嵩焘的真正价值,就在于他不仅超越了'天朝帝国'朝廷交给他的使命,而且还能够超越几千年封建专制主义形成的观念和教条,能够比较客观和实事求是地去考察和发现这个陌生的'地上的世界'里的新事物和新道理,从而做出了西方不仅有'坚船利炮',而且在'政教''文物'等方面都已经优于当时的中华,中国若要自强,就必须向西方学习的这样一个极为重要的结论。"[①](5)《英轺私记》。刘锡鸿作为牵制郭嵩焘的副使,亦撰有《英轺私记》。尽管守旧顽固的刘锡鸿在出使过程中总是戴着一副有色眼镜看待甚至贬斥西洋的新奇事物,力图证明中国的礼教风俗比英国好。但他亦记录了英国许多有别于中国的政制民情且不乏赞誉之词。如论英国的上下议政院,他说:"英国制禄虽厚,然其用浩繁,宰相而下皆不足以给,故以富人之有才识者为之。商贾既富,亦可授官,惟既官则不得复事商贾,盖防其凭借官势以侵民利,且体统尤不可亵也";"下议院绅士,为英国最要之选。号令政事,每由此起,而后上议院核定之。亦有倡议自上,而交议于下者。然必下情胥协,乃可见诸施行。绅主之,官成之,国主膺其虚名而已"[②]。如论议政院

---

① 郭嵩焘:《伦敦与巴黎日记·引言》,见钟叔河主编:《走向世界丛书》(第4册),岳麓书社2008年修订版,第2页。
② 刘锡鸿:《英轺私记》,见钟叔河主编:《走向世界丛书》(第7册),岳麓书社2008年修订版,第102页。

"开会堂"情形,他说:"每新岁后,国主诹吉亲临议政院,集臣工士庶,询问政事得失,谕众公议;并刊示上年度支出入之数,俾共核算,名曰开会堂。……凡开会堂,官绅士庶各出所见,以议时政。辩论之久,常自昼达夜,自夜达旦,务适于理、当于事而后已。官政乖错,则舍之以从绅民,故其处事恒力据上游,不稍假人以践踏。而举办一切,莫不上下同心,以善成之。盖合众论以择其长,斯美无不备;顺众志以行其令,斯力无不殚也。……英国宰相之进退,视乎百姓之否臧。而众官之进退,又视乎宰相之进退。持其失者多,则当国谢去,公举贤能,告诸君而代之。"[①] 如论英国制造,他说:"人知英人制造之巧,而不知其有所奖而成也";"英国之富,以制造之多也。其制造之所以多,则官为经理以归利,人人咸乐图谋。他国之人之不肯用心者,则反是也"[②]。刘锡鸿在英国伦敦两个月留下的总体印象是:"细察其政俗,惟父子之亲、男女之别全未之讲,自贵至贱皆然。此外则无闲官,无游民,无上下隔阂之情,无残暴不仁之政,无虚文相应之事。……士农工商各出心计,以殚力于所业。贫而无业者驱之以就苦工。通国无赌馆、烟寮,暇则赛船、赛马、赌拳、赌跳,以寓练兵之意。……街市往来,从未闻有人语喧嚣,亦未见有形状愁苦者。地方整齐肃穆,人民鼓舞欢欣,不徒以富强为能事,诚未可以匈奴、回纥待之矣。……英之政治,无一不殚力讲求。其于教民、养民、整军、经武,尤能不惜重费。"[③] 可见,即使是像刘锡鸿这样的顽固守旧者,一旦走出国门,亲历西洋,其思想观念也会随之发生深刻的变化。他不得不承认英国的政制、经济、民俗确有值得称道之处,认为现在的夷狄和

---

① 刘锡鸿:《英轺私记》,见钟叔河主编:《走向世界丛书》(第7册),岳麓书社2008年修订版,第79-84页。
② 同上书,第104-105页。
③ 同上书,第109-111页。

从前不同了,他们也有自己的文明,所以的确不能以老眼光来看它,更不可以匈奴、回纥待之。(6)《出使英法俄国日记》。光绪四年(1878),出使英法的郭嵩焘被撤回国后,接任的是曾国藩的儿子曾纪泽。曾纪泽自1878年出使英法,期间还出使俄国,使期长达八年多。在出使期间他著有《出使英法俄国日记》,在清朝外交史上产生过重大影响。钟叔河先生说:"在清季外交史上,曾纪泽可以说是没有给中国带来更多的失败和屈辱的少有的代表。"[1](7)《日本杂事诗》《日本国志》。光绪三年(1877),黄遵宪随何如璋等出使日本,在日本四年,黄著有《日本杂事诗》《日本国志》。在《日本国志·凡例》中,黄遵宪说,日本"变法以来,革故鼎新,旧日政令,百不存一;今所撰录,皆详今略古,详近略远,凡牵涉西法,尤加详备,期适用也"。钟叔河先生说:"黄遵宪第一个把明治维新时期日本人学西方的情况和经验教训介绍到中国。后来的事实证明,这在中国近代史上发生了很大的影响。"[2](8)《出使英法义比四国日记》。光绪十六年(1890)至光绪二十年(1894),薛福成出使英法意比四国,在出使期间他撰有《出使英法义比四国日记》。此外,光绪二十二年(1896),李鸿章出使德、俄、荷兰、比利时、英、法、美等国,随行的蔡尔康等撰有《李鸿章历聘欧美记》。值得一提的是张德彝,此人系京师同文馆毕业生,曾多次随使出访欧美,一生撰有七部海外"述奇":同治五年(1866),他还是京师同文馆学生时,便随清政府第一次派遣官员斌椿游历欧洲十一国,撰有《航海述奇》;同治七年至八年(1868—1869),他随蒲安臣使团访问欧美,撰有《欧美环游记》(即《再述奇》);同

---

[1] 钟叔河:《曾纪泽在外交上的贡献》,载钟叔河主编:《走向世界丛书》(第5册),岳麓书社2008年修订版,第12页。

[2] 钟叔河:《黄遵宪及其日本研究》,载钟叔河主编:《走向世界丛书》(第3册),岳麓书社2008年修订版,第542、546页。

治九年至十一年（1870—1872），随清廷专使崇厚为结"天津教案"事赴法国，撰有《随使法国记》（即《三述奇》）；光绪二年至光绪四年底（1876—1879），先后随郭嵩焘、崇厚出使英俄，撰有《随使英俄记》（即《四述奇》）；光绪十三至十六年（1887—1890），随洪钧出使德国，他撰有《随使德国记》（即《五述奇》）；光绪二十二年至二十六年（1896—1900），随罗丰禄出使英国，撰有《参使英国记》（即《六述奇》）；光绪二十七年（1901），随那桐赴日本，撰《七述奇》，但未成稿，因自称"使命有辱国体，辍而不述"；光绪二十八年至三十二年（1902—1906），他任出使英国大臣，撰有《使英日记》（即《八述奇》）。他的这些记述曾以《八述奇》书名一起印行。[1] 钟叔河先生说，张德彝与其他出使人员不同，"他懂得外语，又曾多次出国，比较了解西方的政情和社会。因此，当他有心观察和记录外国的情况时，他就能够找得到门径和方法"。所以他的这些"述奇"，在当时朝野亦产生了巨大的反响。如他撰写的《随使法国记》（即《三述奇》），书中有五卷记述了有关法兰西内战和普法战争的情况，具有重要的史料价值。钟叔河先生说："这是现在所知唯一的东方人所写的巴黎公社目击记，否定了'中国人没有直接观察并记述过巴黎公社'的说法"；"张德彝追述了普法战争的经过和法国政局的变化，写得井井有条，而且十分具体，比起《中国教会新报》那些转抄改写的报道来，生动具体得多"。[2]

---

[1] 钟叔河：《航海述奇的同文馆学生》，载钟叔河主编：《走向世界丛书》（第1册），岳麓书社2008年修订版，第408页。

[2] 钟叔河：《一部巴黎公社目击记》，载钟叔河主编：《走向世界丛书》（第2册），岳麓书社2008年修订版，第291页。

第二节　浮槎东渡：近师日本

梁启超在回顾近代以来中华民族"觉醒"的悲壮历程时曾说："自甲午以前，吾国民不自知国之危也；不知国危，则方且岸然自大，偃然高卧，故于时无所谓保全之说"；"唤起吾国四千年之大梦，实自甲午一役始也"[①]。如果说，鸦片战争以来，中国因外患而遭受的每一次屈辱、痛苦都曾唤醒一些警悟的先觉者，那么，一纸丧权辱国的《马关条约》所激起的就不再只是几位开明士大夫和少数忧国之士的孤独呐喊，而是整个民族，特别是广大知识分子的觉醒。正是甲午一战，使中国人对日本的态度发生了根本性的改变，使中国人对日本明治维新以来学习西方所取得的成就刮目相看和深刻反思。日本在明治维新前，和中国一样，长期实行封建的闭关自守政策。亨廷顿指出："日本从1542年第一次同西方交往到19世纪中叶，实际上遵循了拒绝主义的路线。它只允许有限的现代化形式，如获得火器，但严格禁止引进西方文化，包括最引人注目的基督教。西方人在17世纪中叶全部被驱逐。这一拒绝主义立场由于日本1854年在美国海军准将柏利的压力下被迫开放门户和1868年明治维新之后全力学习西方而告终。"[②]日本曾经的闭关自守和对西方文明的抗拒政策，直接导致了日本封建政权德川幕府的瓦解。1867年，执政两百多年的德川家族最后一位将军德川庆喜，不得不把"大政"奉还给被日本维新派视为偶像的明治天皇。1868年，一批曾经留学欧美、有新思想和新创见的中青年政治家（著名的伊藤博文刚刚30岁，而年纪最大的岩仓具视也只有46岁）掌握了中央政权，以明治天皇的

[①] 梁启超：《戊戌政变记》，引自中国史学会主编：《中国近代史资料丛刊·戊戌变法》（一），上海人民出版社1957年版，第292页；第296页。

[②] 〔美〕塞缪尔·亨廷顿：《文明的冲突与世界秩序的重建》，周琪、刘绯、张立平、王圆译，新华出版社1999年版，第63—64页。

名义宣布了"五誓"(五条誓言),其中重要的有:"广兴会议,决万机于公论";"打破从来之陋习";"求知识于世界,大张皇基"[①]。这就是日本有名的"明治维新"。自此,日本开始把学习西方、走向世界定为基本国策。1871年,维新政府派出了一个由48名高级官员组成的庞大使团,走访欧美12国,历时达一年又十个月。该使团在欧美国家的所见所闻,使日本决策层更加坚定地树立了一个信念,即把西方资本主义的现实作为日本今后追求的理想,自上而下地在日本全面推行以西方资本主义为标本和发展模式的现代化建设。这样做的效果,果然"立竿见影"。在明治维新之前14年,罗森随柏利舰队到日本,看到的情形是"百姓卑躬,敬畏官长;人民肃静,膝跪路旁。不见一妇人面,铺户多闭;因亚(美)国船初至此,人民不知何故,是先逃于远乡者过半"。美国人特地带去给日本人开眼界的模型火车,日本人见所未见,"人多称奇"。但在明治维新后不到十年,何如璋一行乘中国的江南第五号"海安"兵轮到日本时,却只见:"日本'春日'舰海军少佐矶边包义来谒。……登其舟,军练而法严,船坚而炮利……。东京距横滨七十里,有铁道,往返殊捷"[②]。

中日两国同样是出于民族危机的巨大压力转而变革自强学习西方。然而,"与日本不同,中国的拒绝主义政策在很大程度上植根于中国作为中央帝国的自我形象和坚信中国的文化优越于所有其他文化的信念"[③]。由此,中国当时掌权者的变革,无论是其制定的目标策略,还是向西方学习的内容和方法,与日本选择的全面学习西方都有着本质上的差异,从而使得中日两国学习西方的结果大相径庭。

---

① 〔加〕诺曼:《日本维新史》,姚曾廙译,商务印书馆1962年版,第93页。
② 钟叔河:《走向世界——近代中国知识分子考察西方的历史》,中华书局1993年版,第367页。
③ 〔美〕塞缪尔·亨廷顿:《文明的冲突与世界秩序的重建》,周琪、刘绯、张立平、王圆译,新华出版社1999年版,第64页。

不到三十年，中日甲午一战，"蕞尔小国"竟然打败了"天朝大国"，清朝短暂的"同治中兴"遂归幻灭。"人莫哀于心死，事莫痛于亡国"。在这种"山河已割国抢攘"的形势下，显然单学"船坚炮利"行不通，中国必须重新寻找出路，改变选择性学习西方的策略。人们看到，三十年的洋务运动仅限于学习西方的"船坚炮利"，这只不过是"袭西学之皮毛"，而没有撷取近代文明的精髓。战场上的胜败，看起来是军事实力的比较，实际上是社会政治制度及经济文化与教育实力的较量。就教育而言，当时日本全国已有大中小学校三万一千余所，"力行西法，遂启维新，有实学即有真材，故能勃然以兴，屡耀其武"①。由是，国人的目光转向了邻近的日本，中国向西方学习也进入了一个更深的层面，不再仅仅是"器物"层面——坚船利炮、声光化电——的追求，而是开始了"制度"层面——治国之本、富强之源——的探索。由此，留学日本也以前所未有的迅猛势态全面展开，成为清末政治、经济、文化教育中举国瞩目的一道亮丽风景。

《马关条约》签订后，侍读学士裕庚受命为驻日公使，他深感日本的强盛与学习西方重教兴学密切相关，于是在光绪二十二年（1896）派理事官吕贤笙归国，在上海、苏州一带招募13名中国学生于6月15日抵达日本，并于6月30日正式办妥入学手续，委托东京高师校长嘉纳治五郎代为培育。此为中国最早的留日学生。②尽管这批学生并非清政府正式派遣，但也由此拉开了中国人留学日本的序幕。1898年，随着变法维新运动紧锣密鼓地展开，派遣学生赴日留学，逐渐成为人们关注的热点。1898年1月，康有为向光绪皇

---

① 《湘乡东山精舍章程》，引自舒新城编：《近代中国教育史料》（第一册），中华书局1933年版，第17页。

② 参见陈学恂主编：《中国近代教育史教学参考资料》（上册），人民教育出版社1987年版，第701页。

帝进呈《日本变制考》。在该书的序中,他指出,日本"以蕞尔三岛之地,治定功成,豹变龙腾,化为霸国……若以中国之广土众民,近采日本,三年而宏规成,五年而条理备,八年而成效举,十年而霸图定矣"①,勾勒了一幅以日本为师、变法图强的蓝图,进而提出"近采日本"的主张。1898 年 6 月,仅康有为撰写或代人草拟的重要奏折中,提及派遣学生赴日留学的就有:《请派游学日本折》(代杨深秀拟)、《请开局译日本书折》(代杨深秀拟)、《请广译日本书派游学折》、《请开学校折》等。在这些奏折中,他反复强调,"日本变法立学,确有成效,中华欲游学易成,必自日本始"②。同月,经总理衙门议定,准备挑选 64 名学生赴日留学。同年 7 月,张之洞撰写的《劝学篇》内专设《游学》一章,以游学日本为议论中心。1898 年 8 月 2 日,光绪帝谕军机大臣:"现在讲求新学,风气大开,惟百闻不如一见,自以派人出洋游学为要。至游学之国,西洋不如东洋,诚以路近费省,文字相近,易于通晓。且一切西书,均经日本择要翻译,刊有定本,何患不事半功倍,或由日本再赴西洋游学,以期考证精确,益臻美备。"③至此,优先向日本派遣留学人员作为一种国策被正式确定下来。同年 9 月,戊戌变法破产,但留学日本的呼声和政策并未中断。1899 年,总理各国事务衙门上奏《遵议遴选生徒游学日本事宜片》④云:"泰西各学,自政治、律例、理财、交涉、武备、农工、商务、矿务莫不有学,日本变新之始,遣聪明学生出洋学习,于泰西诸学灿然美备,中华欲游学易成必自日本始。"⑤进入

---

① 汤志钧编:《康有为政论集》(上册),中华书局 1981 年版,第 223-224 页。
② 引自汤志钧编:《康有为政论集》(上册),第 250 页。
③ 引自中国史学会主编:《中国近代史资料丛刊·戊戌变法》(二),上海人民出版社 1957 年版,第 49 页。
④ 此折为清政府正式派学生赴日留学的第一份政府文件。
⑤ 总理各国事务衙门:《遵议遴选生徒游学日本事宜片》(光绪二十五年),引自陈学恂主编:《中国近代教育史教学参考资料》(上册),人民教育出版社 1987 年版,第 701 页。

20世纪，随着清政府各项新政的次第举办，清廷迭令各省督抚，遴选在职官员和学生咨送日本游历留学。在清政府下达兴办学堂谕令三天后，1901年9月17日又命各省督抚、学政，认真考察留学生，对优秀者可以给以进士、举人出身。1903年10月，张之洞奉旨拟定了详细的奖励出洋游学、留学生章程——《约束鼓励出洋游学办法章程》和《鼓励毕业生章程》。《鼓励毕业生章程》规定："中国游学生有日各学堂毕业者，视所学等差，给以奖励"；"在普通中学堂五年毕业，得有优等文凭者，给以拔贡出身，分别录用"；"在文部省直辖高等各学堂暨程度相等之各项实业学堂三年毕业得优等文凭者（在学前后通计八年），给以举人出身，今别录用"；"在大学堂专学某一科或数科，毕业后得有选科及变通选科毕业文凭者（在学前后通计十一年或十年），给以进士出身，分别录用。其由中学堂毕业径入大学堂学习选科，未经高等学堂毕业者（在学前后通计或八年或七年），其奖励应比照高军学堂毕业生办理"；"在日本国家大学堂暨程度相当之官设学堂，三年毕业得有学士文凭者（在学前后通计十一年，较选科学问尤为全备），给以翰林出身"；"在日本国家大学院五年毕业，得有博士文凭者（在学前后通计十六年），除给以翰林出身外，并予以翰林升阶"；"以上所列之外，在文部大臣所指准之私立学堂毕业者，视其所学程度，一体酌给举人出身，或拔贡出身"；"游学生原有翰林、进士、举人、拔贡出身者，各视所学程度，给以相当官职"[①]。为了吸引留学生毕业回国服务，1905年6月4日，清政府第一次正式举行了归国留学生的任用考试。这次考试分两场进行，第一场由学务处主持，主要考察留学生的学业，所考范围共五类试题，即国际公法类、法律诉讼类、商业财政类、

---

① 张之洞：《奏请约束鼓励出洋游学办法章程折（附章程）》（光绪二十九年八月十六日），引自陈学恂主编：《中国近代教育史教学参考资料》（上册），人民教育出版社1987年版，第705页。

机械学、化学；第二场为同年 7 月 4 日在保和殿举行的殿试，题目为"钦命"，内容为中国传统的经史之类学问。参加考试的 14 名学生全为留日归国毕业生。考毕，清廷对这 14 名考生均择优给予进士出身，赏给翰林院检讨、主事分部学习行走等职位；或给予举人出身，赏以内阁中书用、以知县分省补用。自此以后，考试、任用留学生便形成惯例。据有关学者统计，截至 1911 年，清政府共举行这类考试 7 次，共录用合格者 1388 人，其中留日学生 1252 人，留欧美学生 136 人。① 尽管清政府这种通过考试授予留学生出身和官职的做法，有违教育的根本宗旨，但也正是因为有了这么实在的奖励与任用，留学不但对一个人在官场的晋升有好处，而且还成了晋升的关键性因素，自然对年轻人有着无比巨大的诱惑力。由此，在中国历史上掀起了第一次最大规模的留学日本热潮，上演了一出中外文化交流史上空前壮观的一幕。据专门研究这一问题的日本权威学者实藤惠秀的保守估计，在日本的中国留学生 1901 年为 280 人，1903 年为 1000 人，1904 年为 1300 人，1905 年为 8000 人，1906 年为 8000 人，1907 年为 7000 人，1908 年 4000 人，1909 年为 4000 人，1912 年为 4400 人，1913 年为 2000 人，1914 年为 5000 人。② 一位亲身感受过留日热潮的日本学者青柳笃恒曾做过这样的描述："学子互相约集，一声'向右转'，齐步辞别国内学堂，买舟东去，不远千里，北自天津，南自上海，如潮涌来。每遇赴日便船，必制先机抢搭，船船满座……总之分秒必争，务求早日抵达东京，此乃热中留学之实情也。"③

---

① 刘志琴主编，闵杰撰：《近代中国社会文化变迁录》（第二卷），浙江人民出版社 1998 年版，第 418 页。

② 参见〔美〕费正清、刘广京编：《剑桥中国晚清史》（下卷），中国社会科学出版社 1993 年版，第 407 页。

③ 转引自田正平：《留学生与中国教育的近代化》，广东教育出版社 1996 年版，第 69–70 页。

在鼓励留学的同时，总理衙门又上奏《遵议特设商务大臣及特派近支宗室游历外国事宜折》，主张"派王公贝勒等出洋游历，以联外交而练才识，亦系因时制宜之要"①。由是，除青年学生外，一大批职官——从宗室亲王贝子、朝廷近臣到知府、知州、县令、幕僚，甚至实业界、商界巨子，亦往来不绝于东渡考察途中，向日本学习强国富民之道。几乎所有的考察、游历均涉及教育。由于这个群体既具有深厚的传统文化教育背景，又有独特的社会身份和人生历练，他们的所思所想、所言所行，对中国传统教育的近代转型起到了其他群体不可替代的作用。如1897年末，姚锡光受张之洞派遣赴日本考察。姚锡光在日本对陆军省和文部省各种学校进行了全面考察，撰成《东瀛学校举概》，介绍了日本的军事教育、实业教育、女子教育，更对日本工业学校、技术学校、高等商业学校的入学资格、修业年限、所设科目等内容做了详细的述评。光绪二十七年（1901）十一月，罗振玉（1866—1940年）受湖广总督张之洞、两江总督刘坤一委托，以湖北农务局总理兼农务学堂总监督身份，携两湖书院监院刘洪烈、自强学堂总教习陈毅等赴日考察学务。他在《扶桑两月记》中，详细记述了东京高等工业学校和私立女子职业学校的情况，归国后极力建议急设包括实业教育在内的各类学堂，并撰写《论中国极宜兴实业教育》一文专论实业教育的开办。罗振玉考察日本回来后，还在当时的《教育世界》发表了大量有关中国教育改革的研究文章，并介绍国外（主要是日本）的各种学制章程、教育法规、法令及世界著名教育家的思想学说，等等。可以说，姚锡光、罗振玉等对张之洞以日本学制为蓝本编制的近代学制——"癸卯学制"，起了重要的推动作用。光绪二十八年（1902）五月，有"文章甲天下，冠盖满京华"的"桐城派"最后宗师吴汝纶（1840—

---

① 《总理衙门：遵议特设商务大臣及特派近支宗室游历外国事宜折》，引自中国史学会主编：《中国近代史资料丛刊·戊戌变法》（二），上海人民出版社1957年版，第409页。

1903年），也以62岁高龄率团东渡。吴汝纶后来将他在日本考察期间的所见所闻、所思所想进行分类整理，汇编成了一部十余万字的《东游丛录》。在该书中，他对日本的教育行政、文部职掌及有关实业教育的情况做了具体介绍，并向时任管学大臣的张百熙做了详细汇报。吴汝伦认为，借鉴日本经验，中国教育所要解决的问题是："造就办事人才为要，政法一也，实业二也；其次则义务教育。"[1] 光绪二十九年（1903），张謇也赴日本考察教育、实业。据不完全统计，张謇在70天时间里，共考察日本教育机关35处，农工商各机关30处。回国以后，他把日本的成功模式总结为"圣王之道"加"机器之学"，并且在这个思路的指导下，开始推进他在南通庞大的实业与教育事业。费正清等在其所编的《东亚的近代化改革》中指出："从1898年到1914年这段时期，人们可以看到日本在中国的历史进程中的重大影响。"[2]

在近代中国，学习西学的过程中为什么会这样峰回路转——舍欧美而取日本呢？主要的原因当然是清政府在政策上支持鼓励留学日本。此外，张之洞在《劝学篇》中还列举了如下数条理由：一是"路近费省，可多遣"；二是"东文近于中文，易通晓"；三是当时国内流行的许多西方著作都是从日本转译过来的，一些名词术语如"科学""经济"也都来自日文，尤为重要的是"西书甚繁，凡西学不切要者，东人已删节而酌改之"；四是"中东情势，风俗相近，易仿行，事半功倍"。所以在他看来，出东洋一年，"胜于读西书五年"[3]。特别是"路近费省"，更成为一条极富诱惑力的理由，因为在

---

[1] 吴汝伦：《桐城吴先生（汝伦）尺牍》（第四），沈云龙编，文海出版社1974年版，第55页。

[2] 〔美〕费正清、刘广京编：《剑桥中国晚清史》（下卷），中国社会科学出版社1993年版，第404页。

[3] 璩鑫圭、童富勇编：《中国近代教育史资料汇编（教育思想）》，上海教育出版社2007年版，第103页。

废除科举前后，大批家境并不殷实的青年学生想实现自费出洋留学的梦想，无疑首选毗邻的日本。

除上述原因外，我们认为还有三个方面的重要因素，造就了这次蔚为壮观的留学日本风潮。

第一，中国各阶层人士在甲午中国惨败的背后，看出了一个"蕞尔小国"打败泱泱"天朝大国"的玄妙之处在于重视教育，认识到任何改革都不能像教育改革产生这么长久深远的影响，因而要像日本那样全方位向西洋学习。1899年，总理各国事务衙门在奏折中指出："日本在同治初年，锁港拒敌，旋为美英兵船所乘，发愤求自强之策，历遣榎本武扬、山县有朋、陆奥宗光、伊藤博文等，率其徒百余人游学欧洲各厂，或肄政治工商，或究水陆兵法，学成而归，渐加擢用，损益西法而用之，国势遂日强一日。此遴派亲贵贤能，重出洋之选，其明效大验也。"[1] 张之洞在《劝学篇》中亦写道："日本，小国耳，何兴之暴也。伊藤、山县、榎本、陆奥诸人，皆二十年前出洋之学生也，愤其国为西洋所胁，率其徒百余人，分诣德、法、英诸国，或学政治工商，或学水陆兵法，学成而归，用为将相，政事一变，雄视东方。"[2] 日本曾同中国一样，在被迫门户开放后，面临着西方列强的侵略和威胁，但它却通过明治维新，以教育为最有效的途径，派人赴西洋诸国留学，输入西学，培养维新人才，开启民智，终于反败为胜，跻身列强，雄踞东亚。而中国墨守以猎取科举功名为目的、以空疏无用的八股制艺为内容的传统教育，使士子"俾之究年，不暇为经世之学"，湮没于科名利禄之中，患得患失，

---

[1]《总理各国事务衙门：奏遵议出洋学生肄业实学章程折》（光绪二十五年七月），引自陈学恂主编：《中国近代教育史教学参考资料》（上册），人民教育出版社1987年版，第689–690页。

[2] 转引自璩鑫圭、童富勇编：《中国近代教育史资料汇编（教育思想）》，上海教育出版社2007年版，第103页。

"柔静愚鲁,不敢有议政著书之举"①。民智被禁锢,思想自由被扼杀,从而导致国运衰微,一蹶不振。既然日本学习西方,改革维新,摆脱了半殖民地的厄运,崛起于东方,而且离中国路近省费,与中国"同文同种",加之日本学习西方已进行了一番去粗取精、去繁取简的选择、吸收、消化、融合的过程,因此,中国向日本学习可以减少摸索、尝试之苦,收事半功倍之效。由是观之,要救中国,只有变法维新;要维新,就要学习西方;既然日本学习西方饶有成效,那么,中国学习日本就是改变屈辱地位、实现民族复兴的最好途径。

第二,日本政府推行吸引中国留学生的政策。甲午战争之后,日本割占中国东北辽东半岛的要求受到俄、德、法三国的联合干涉,未能实现。"三国干涉还辽",当然不是为了维护中国的主权。但在这场闹剧中充当主角的俄国,却一度迷惑了清政府中的部分官僚和知识分子,他们甚至产生了依赖俄国这个"保护伞"来牵制日本的幻想。如自命"洋务涉历颇久,闻见稍广"的李鸿章,忘记了林则徐在鸦片战争后谪戍新疆时发出:"百年后,为中国患者,其惟俄罗斯乎"的谆谆告诫,也无视严复在三国干涉还辽、"联俄"之说盛行时关于"以远近形势言之,俄于支那,其情亦与各国异,中国之大患终在俄"的判断。在甲午战后,李鸿章不仅力主联俄,还于1896年5月以"钦差头等出使大臣"的名义,借祝贺尼古拉二世加冕之机会,赴俄国签订了以"联络西洋(俄),牵制东洋(日)"为主旨的"中俄密约",使"联俄"的主张成为事实。②但日本在《马关条约》签订以后,很快把俄国作为争夺远东霸权的主要对手,于是笼络清政府、消除中国人的仇日情绪,不仅是日本与沙俄争霸远

---

① 邹容:《革命军》,引自石峻等编:《中国近代思想史参考资料简编》,生活·读书·新知三联书店1957年版,第634页。
② 参见蔡尔康等:《李鸿章和中俄密约》,见钟叔河主编:《走向世界丛书》(第9册),岳麓书社2008年修订版,第13页。

东的利益所在，而且关系到它在中国的长远利益。所以，日本政府一方面采取各种优惠政策和创造各种便利条件，吸引中国留学生和考察访问学者；另一方面又积极派遣或支持日本各界人士访问中国和到中国各地新式学堂任教。1898年5月，日本驻华公使矢野文雄在给外务大臣西德二朗的函件中强调吸引中国留学生的重要性。他说："如果将在日本受感化的中国新人才散布于古老帝国，是为日后树立日本势力于东亚大陆的最佳策略。其习武备者，日后不仅将仿效日本兵制，军用器材等亦必仰赖日本，清国之军事，将成为日本化。又因培养理科学生之结果，因其职务上之关系，定将与日本发生密切关系，此系扩张日本工商业于中国的阶梯。至于专攻法政等学生，定以日本为楷模，为中国将来改革的准则。果真如此，不仅中国官民信赖日本之情，将较往昔增加20倍，且可无限量地扩张势力于大陆。"①这一段赤裸裸的陈说，明确地道出了当时日本政府吸纳中国留学生的真实目的。19世纪末20世纪初，日本各界要人联袂访华，到处游说中国当权人物派遣学生赴日留学。当时日本教育界也十分重视中国留学生的教育工作，许多著名教育家多次来华，考察中国教育状况，回国后积极改进留学生的教育设施。如日本上田万年等教育家就强烈呼吁，要"采取行动，专门为中国学生准备教育计划；设立专门的语言学校，以便使他们在到达后两三年内可以为攻读大学水平的课程做好准备"。他甚至意识到，日本"民众的爱憎心理以及可能对中国人进行侮辱"，主张拨专款为中国留学生"兴建足够的宿舍"。对假期到日本重要地方旅行的中国留学生也应做好安排，以便使中国"学生熟悉日本人生活的各个方面"②。为了应

---

① 转引自田正平：《留学生与中国教育近代化》，广东教育出版社1996年版，第73—74页。
② 参见〔美〕费正清、刘广京编：《剑桥中国晚清史（下卷）》，中国社会科学出版社1993年版，第406页。

对中国学生的涌入，日本教育界还特地为中国留学生开办专门学堂，如1898年建有日华学堂，1899年建有高等大同学校，1901年建有东亚商业学校，1902年建有弘文学院（该校先后招收中国学生7192名，黄兴、鲁迅、陈独秀都毕业于该校）。此外，许多私立学校如早稻田等还专门新辟外国学生区，为新收的留日学生供应伙食；为培养未来的现代女性，还为留日学生开办了女子学校。应该说，日本各界的努力为留日热潮的形成提供了客观条件。

第三，还有一个秘而不宣的理由，就是清政府担心欧美自由民主的气氛"影响"了年轻一代。在清朝大臣们的眼里，日本不同于欧美。日本是个既推行了军事和工业的现代化，又保留了传统价值观——其中不少接近于儒家伦理纲纪——的国家，因此去那里留学比较安全保险。可惜的是，事态的发展很快证明他们打错了算盘。1900年，兴中会在汉口多次密谋推翻清政府，参与的人当中就有二十多个是留学日本的学生。1902年4月，由章太炎等发起、在东京举行的"明永历帝覆亡二百四十二周年纪念会"上，留日学生组织励志会公开反对清政府。用孙中山的话说，留学生中的革命风暴"转瞬成为风气，故其时东京留学界之思想言论，皆集中于革命问题"①。许多知名的革命者，如黄兴、宋教仁、秋瑾、邹容、陈天华、章太炎、陶成章、廖仲恺、何香凝、胡汉民、吴稚晖等，都是留日学生。清政府恐怕做梦也没有想到，日本会成为反政府运动的大本营，留学生竟会成为他们的掘墓人。对此，他们手忙脚乱地改变了留日政策。1903年，张之洞鉴于"出洋学生流弊甚多"，尤其是"游学日本学生，年少无知，惑于邪说，言动嚣张者固属不少"，因而"自应明定章程，分别惩劝"。在他起草经慈禧太后批准颁布的《约束鼓励出洋游学办法章程》中规定："以后续往日本游学学

---

① 孙中山：《有志竟成》，载《孙中山选集》（上卷），人民出版社1957年版，第175页。

生，无论官费生、私费生，并无论日本官设学堂、私设学堂，均非出使大臣、总监督公文保送，不准收学"；游学生中如发现有"不安本分品行不端"，"办事有紊纲纪害治安若不安分之事者"，"言动举止如有不轨于正"，"妄发议论，刊布干预政治之报章"，"无论何等著作，但有妄为矫激之说，紊纲纪害治安之字句者"，等等，轻者"减其品行分数""不给以奖励"，重者"斥退""惩办""严加制裁"①。

1906年，也就是留日学生人数最多的那一年，清政府学部通电各省对留日学生采取"资格宜限定"的办法，由从前的积极鼓励转而实施严格的限定办法。同时提出，无论官费生、自费生，一定要经过考试，经过出使大臣批准，才可进入日本各学校学习。同年8月7日，学部又发布《通行各省限制游学并推广各项学堂电》，明令各省无论官费私费、师范政法一律停止派遣赴日选习速成科的学生。此令一出，留日人数锐减，留日高潮渐趋平静。

与前期的留学欧美潮相比，这一时期的留学日本热潮，不仅在数量上增加了数十倍，学生们还因在日本广泛接触西方各种资产阶级政治学说，而表现出前所未有的投身政治活动的热情。同时，前期留学欧美的学生所学多为外国语言文字、数理化学等科目及与轮船制造、驾驶有关的军事技术。诚如总理衙门所奏："向来出洋生学习水陆武备外，大抵专意语言文字，其余各种学问，均未能涉及。"②而这一时期的留日学生则是真正广泛涉猎了西方的自然科学和社会科学。据田正平先生考证，1903年，由京师大学堂派赴日本留学的31名学生分习26个专业，按大的类别划分，习人文、社

---

① 张之洞：《奏请约束鼓励出洋游学办法章程折》（附章程），引自陈学恂主编：《中国近代教育史教学参考资料》（上册），人民教育出版社1987年版，第702—705页。
② 《总理各国事务衙门：奏遵议出洋学生肄业实学章程折》，引自陈学恂主编：《中国近代教育史教学参考资料》（上册），第686页。

会科学14名,习理工农医17名;以单科而论,习法科者9名,居第一位。1907年,在东京帝国大学学习的35名中国留学生中,习法科者18名,习农科者10名,习文科者3名,习理科者2名,习工科与医科者各1名。再以1907年为例,留日学生所习专业非常广泛,不仅有政法、外语、师范、文史、理工、农医、军事、商业等,甚至有音乐、美术、体育。就整个留日学生而言,习文科者约占60%以上。① 留日学生专业选择的广泛性、多样性,一方面反映了社会变革时期对人才多方面的需求,同时也说明人们对西方学术文化理解和认识的加深。在笔者看来,张星烺在1934年出版的《欧化东渐史》一书中对这一时期留学成绩的评价较为客观。张星烺认为,中日两国比邻,时有冲突,在日中国留学生无日不受日人之轻视刺激,所以爱国心较留学欧美者为切,言论举动亦较为激烈。"清末革命之演成,几全为留东学生之功绩。今日国中所用之新名辞,全自日本输入。每年出版书籍,多自日文翻译。三十年来,中国文体变迁,当导源于日本。大小工厂中技师,亦多留日毕业学生。法庭中判官,多为归自日本法政学生。中国每年所受精神上之刺激与兴奋,悉来自日本。殷忧所以启圣。彼所给吾人之刺激,或为起死回生之针灸也。……各科学生中,尤以日本士官学校毕业者,影响于中国近二十余年之历史为巨。辛亥革命,推翻清室,造成共和。士官学校毕业生率领新军响应之功,当推为首。而二十年来,分崩割据,日事阋墙,置国事于不顾,使生民涂炭,如水益深,如火益热,求生不能,求死不得者,亦士官学校毕业武人之赐也。"②

---

① 参见田正平:《留学生与中国教育近代化》,广东教育出版社1996年版,第81—84页。

② 张星烺:《欧化东渐史》,商务印书馆2000年版,第45—47页。

第三节　庚子赔款：引发留学欧美潮

在留学日本高潮消退之际，一名曾在中国内地传教30年的美国公理会牧师施密士（A. H. Smith）面谒美国总统西奥多·罗斯福（T. Roosevelt），力劝其退还中国的"庚子赔款"，让中国政府用这笔钱来资助学生留美。施密士牧师由于长期在中国传教，对中国的社会与文化教育极有研究，曾著有《中国人之品性》（*Chinese Characteristic*）、《中国乡人生活》（*Village Life in China*）、《中国暴痫》（*China in Convulsion*）等书。1906年，施牧师有感于其初至中国传教时，"凡通商大港无不美旗飞飏"，而"今日则寥落若晨星"。于是，他向罗斯福总统提出退款兴学之议："请政府还赠二千五百万元，以此款或息金岁派中国高才生就学美国，又拨有志之士入中国美立学堂广受教育。"施密士认为，此举会使"中国人明我美之法而感我美之情者，自必成一大团，而两国之经济政治亦必日益亲密，同受其利"。罗斯福总统认为，"考其所陈，非复传道人之意见，而实政治家之策略矣"[①]。正是由于施密士的这一建议，才有了人们熟知的"庚款生"及由此引发的留学欧美潮。

"庚子赔款"是当初八国联军与清政府签订的《辛丑条约》中规定的战争赔款，因是年为旧历庚子年，故名"庚子赔款"。美国虽然不是入侵中国的排头兵，但它已是当时新兴的世界头号资本主义强国。不仅工业生产打破了英国的垄断地位而跃居世界第一，农业也逐渐成为世界上最早实现机械化的国家；而且在交通运输、科学技术、文化教育等方面也获得了空前的发展。因此，在

[①] 参见〔美〕宾德：《美国退还赔款记详（1918年）》，引自舒新城编：《中国近代教育史资料》，人民教育出版社1981年版，第1101—1102页。

分赃方面美国也毫不谦虚，一口气要了2400万美元的赃款。19世纪末，大批华工涌入美国，这些特别能吃苦耐劳的黄种人令美国土居大为恐慌，生怕中国人抢了自己手中的饭碗，于是惊呼"黄祸"来了，制定了一系列排华法案。美国的不友好自然激起了中国人民的反击，于是在1905年前后爆发了全国性的反美运动，上海等许多通商城市纷纷抵制美货。美国产品在中国卖不出去，一个广大的市场眼睁睁看着即将易手。美国意识到，要在亚洲太平洋地区获得更大、更长远的利润，就必须改善自己在中国人心目中的形象。

1907年，在美国在华传教士施密士的游说下，罗斯福总统向国会提议退还"庚子赔款"之半用于中国教育。1908年5月，美国参、众两院通过了一项《豁免中国部分赔款》的法案。同年7月，美国驻华公使柔克义正式通告清政府外务部，声称美国政府决定将美国所得庚子赔款中除去所谓"实应赔偿"的1300多万美元外，剩下的1000多万美元，从1909年起至1940年止，逐年按月"退还"给中国。但这笔"退还"款必须在美国的监督下，专门用来支付中国留学生的费用。同年10月，清政府外务部初步提出派遣学生赴美留学办法，经与美国公使商定修改后，确定为：自赔款开始退还之年起，清政府在最初4年里，每年遣送100名学生赴美留学；自第5年起，每年派遣50名赴美留学，直至该项退款用完为止。[①]1909年7月，外务部、学部拟定《会奏为收还美国赔款遣派学生赴美留学办法折》，详细规定了具体的派遣办法。主要的有：派往美国的留学生，"以十分之八习农、工、商、矿等科，以十分之二习法政、理财、师范诸学"；设立"游美学务处"，"专司考选学生、管理肄业

[①] 参见清华大学校史研究室:《清华大学史料选编》(一)，清华大学出版社1991年版，第100–102页。

馆、遣送学生"等事；筹设游美"肄业馆"①，"延用美国高等初级各科教习"，招收学生300名，"所有办法，均照美国学堂，以便学生熟悉课程，到美入学，可无扞格"；制定"招考学生各条""津贴在美自费生""专设驻美监督"等。②

1909年10月，第一批庚款生程义法、金涛、梅贻琦、胡刚复、王士杰、金邦正、何杰、秉志、张准等47人赴美。这是继1872年首批幼童赴美之后，又一次有计划、较大规模的留学生派遣，标志着留学美国高潮的复兴。1910年8月，又招录赵元任、张彭春、钱崇澍、竺可桢、胡适、庄俊、易鼎新、周仁等70人赴美留学。1911年7月，又招录了第三批留美学生姜立夫、陆懋德、场光弼、卫挺生、吴康等63人赴美留学。这三批直接留美学生共180人，都是20岁以下的青年男生，大都来自国内各教会学校及省立高等学堂，而且都是经过游美学务处严格的品学甄别考试后招录的天俊英才。此外，1911年还挑选了一批十一二岁的幼童于1914年赴美读中学，以期收"蒙以养正之效"③。这次庚款留学与容闳领班的那次幼童留美是有很大不同的，容闳当年招生都很困难，但这次竞争却异常激烈。据《纽约星期报·论华人留学美洲之今昔》云："是年（1908年）招考此邦（即中国）学生，投考者六百余人，录取四十七人。翌年派送来美，先入中学，旋升入著名各大学，如哈佛、耶鲁、康耐尔、

---

① 游美"肄业馆"于1909年10月筹设于北京西郊清华园。1910年11月，改名为"清华学堂"，分设高等科和中等科，修业年限各4年，学校规模定为500人。首任监督周自齐（颜惠庆暂代）、副监督唐国安（范源濂暂代），教务长先后由胡敦复、张伯苓担任。1911年4月29日，游美"肄业馆"正式开学，计有学生468人，其中94人被编入中等科。同年11月9日，因辛亥革命爆发而停课。清华学堂虽然开办时间不长，但在民国复办后，对中国后续的留美教育发生了深远的影响。

② 《外务部、学部：会奏为收还美国赔款遣派学生赴美留学办法折》（宣统元年五月二十三日），引自陈学恂主编：《中国近代教育史教学参考资料》（上册），人民教育出版社1987年版，第721—722页。

③ 《游美学务处考选庚子赔款留学美国学生的情况》，引自陈学恂主编：《中国近代教育史教学参考资料》（上册），第723—724页。

里海、波杜及麦塞邱塞工业学校。诸生学业皆优良。"① 据当年参加庚款留美考试的学生回忆，1910年，招录第二批庚款留美初次考试的题目，中文题为"不以规矩不能成方圆说"，英文题为"借外债兴建国内铁路之利弊说"。通过初试后还经过一次复试，复试考试科目涉及数、理、化、西洋史及德文或法文、拉丁文等科。结果在四百余位考生中只招录了70人。据胡适回忆，留美考试分两场，第一场考国文、英文，及格者才许考第二场的各种科目。第一场，他国文考了100分，英文考了60分，取为第十名；第二场考各种科学，如西洋史、动物学、物理学，由于这些科目他都是临时抱佛脚预备起来的，所以考得很不满意，为第五十五名。在取送出去的70名留美生中，他"很挨近榜尾了"②。

如果认为美国利用庚子赔款退款的办法来鼓励中国学生赴美留学是一种善意的友好之举，那就真是大错特错了。美国这一举动的真正用意，美国伊利诺伊大学校长詹姆士（Edmund J. James）在1906年给罗斯福总统的备忘录中，做了很好的注释："中国正临近一次革命……哪一个国家能够做到教育这一代青年中国人，哪一个国家就能由于这方面所支付的努力而在精神和商业的影响上取回最大的收获。如果美国在三十年前已做到把中国学生的潮流引向这一国家来，并能使这个潮流继续扩大，那么我们现在一定能够使用最圆满和巧妙的方式，控制中国的发展。——这就是说，使用从知识上与精神上支配中国的领袖的方式"。因此，"为了扩展精神上的影响而花一些钱，即使从物质意义上说，也能够比用别的方法获得更多。商业追随精神上的支配，是比追随军旗更为可靠的"③。从詹姆士的

---

① 柳诒徵：《中国文化史》（下卷），东方出版中心1996年版，第805页。
② 参见陈学恂主编：《中国近代教育史教学参考资料》（上册），人民教育出版社1987年版，第723、733页。
③ 清华大学校史编写组整理：《清华大学的前身——清华学校》，引自陈学恂主编：《中国近代教育史教学参考资料》（下册），人民教育出版社1987年版，第283-284页。

这份备忘录中,我们可以清晰地看到,美国政府决定退还部分庚款资助中国学生留学美国,用田正平先生的话来说,是美国对华资本输出的一种特殊形式,它的直接目的不是金钱上的利润,而是中国人的精神和思想的回报,是中国人对美国的好感,是美国未来的长久利益。①事实上,当时的报刊亦有类似的评说:"至1908年,始复派学生来美,盖从当日美国国务卿海约翰之建议。美国以中国应付之庚子赔款给还一半,即作为中国学生来美留学之经费焉";"综而论之,海约翰氏之主张,其识见之远,关系之大,不止一端:第一,此法拯救中国,不至破产;第二,以中国之款,供给一种新用途,有裨于中国政府与人民进步。夫美国退还中国之款,固仍以补助美国学校,然此区区利益,与中美二国将来之亲密联结较之,又何足比数耶?学成归国之中国少年,一日在中国教育商政诸界具有势力,即美国之势力一日将在中国历史上为操纵一切之元素,此在今日尤有特别意味。盖日本目前正执亚洲之牛耳,然不得谓日本将永执此牛耳也。就近事观之,中国终非容易受人指挥者,真正之指挥,或有一日转操之于中国,诚未可知。而此中国,乃一部分受训练于美国之中国也"。②当时日本《帝国教育杂志》亦刊发有类似文章,说"近来美国人对中国之教育施设,其计划最有系统,亦最有生气,中国上下人士均甚信赖之,其所立学校之毕业生前途亦最有望。……美国何故亲近中国人乎?不外欲掌握经济之权利,而拓其出品之贩路于中国耳"③。美国利用庚子赔款退款来鼓励中国学生赴美留学,其用心由此可见一斑。

当然,对急欲兴学育才而又苦于经费短绌的清政府来说,利

---

① 田正平:《留学生与中国教育近代化》,广东教育出版社1996年版,第100页。
② 柳诒徵:《中国文化史》(下卷),东方出版中心1996年版,第805页。
③ 《欧美人在中国之教育设施(节录)》,引自陈学恂主编:《中国近代教育史教学参考资料》(下册),人民教育出版社1987年版,第235页。

用这笔退还的庚款培养留学生自然也是一件何乐而不为的好事。从当时中国教育发展的实际情况看，随着清末教育改革的大致完成，1908年前后普通教育得到迅速发展，相对而言，各类实业、专门学堂的发展显得滞后。据田正平先生整理统计，以京师督学局所属各处学务情况为例，1908年共有各类学堂256所，学生13562人，而实业学堂仅3所，学生162人，显得极不协调。① 所以，从1908年前后开始，清政府颁布了一系列鼓励留学生选习专门之学的规章制度，不仅从留学生考选，而且在经费资助方面均给选习专门之学者以种种优惠和便利。而东邻日本的留学生教育，更偏重于普通速成教育，要培养专门人才、研究高深学问，解决发展实业教育、高等专门教育所缺乏的师资问题，就要多派学生赴欧美各国留学。一方面是清政府急于兴学育才，以图自强；一方面是经济拮据，苦于难以实现。所以，接受美国"退款"派学生赴美留学，也不失为一种可取的方略。对此，英国哲学家、思想家罗素曾有一段至为客观的评说。他说，"美国人得到的赔款，除了补偿损失外还有富余，就退还中国作为高等教育经费。其中一部分在中国开设由美国人管理的大学，一部分资助出类拔萃的中国学生留美求学。中国由此受益匪浅，而美国则得到了中国人尤其是受过高等教育者的友谊，美国由此取得的利益更是无法计算。"②

以"庚款"留美学生的派遣为肇始，20世纪初掀起了一场以习农、工、商、矿为主，兼习纺织、化学、机械、土木、飞机、汽车、电气等工程专业及市政、戏剧、美术、音乐、教育、人类学等数十个专业的留学欧美的热潮，中国留学生遍布美国、法国、德国、英国、比利时、意大利、瑞典、丹麦、荷兰、瑞士、奥地利、

---

① 参见田正平：《留学生与中国教育近代化》，广东教育出版社1996年版，第101页。
② 〔英〕罗素：《中国问题》，秦悦译，学林出版社1996年版，第41页。

加拿大、波兰等近二十个欧美国家。这场声势浩大的留学欧美潮流，除了美英等国对中国的所谓"善意"和"友好"外，还有一个最重要的原因是，欧美等国先进的政治经济制度、民主自由的风气、发达的文化教育事业、日新月异的科学技术，对中国留学生具有很大的吸引力。当然，除上述原因外，还有两个至关重要的因素：

第一，民国以后，日本连续发动的侵华战争，加剧了中国人对日本的仇视。19世纪70年代以来，随着中日两国在近代化程度上差距的拉大和两国关系的错综复杂，中国人的对日观经历了一个痛苦的演变过程。在19世纪末20世纪初勃兴的留学日本热潮，从一定意义上可以说是中国人捐弃前嫌、"以敌为师"的对日观的体现。但是，以后的事实却是，"先生"一刻也没有放松对"学生"的侵略，特别是1915年，日本侵略者迫使袁世凯接受旨在灭亡中国的"二十一条"，日本军国主义的贪得无厌，严重伤害了中国人民的感情。因此，在1915年以后，中国开始出现大规模的抵制日货和反日运动，而站在这一运动前列的，恰恰是留日学生。正如陈独秀（为留日学生）所言，日本的侵略行径"正是逼迫中国人仇恨日本接近欧、美的原因"[①]。而在同一个时期，美国的形象在中国人的心目中明显得到改善。辛亥革命后，民主共和观念逐步深入人心，君主立宪政体的日本较之以民主自由标榜的美国自然失去了吸引力。1918年1月，美国总统威尔逊发表了著名的十四条宣言，对第一次世界大战后的国际关系总则提出了一系列新的规定，并倡议设立国际联盟，以维护各国的政治独立和领土完整。在同年9月的一次讲演中，他为战后议和提出五条大纲，第一条便是"各国人民权利平等，待

---

① 陈独秀：《为山东问题敬告各方面》，载《独秀文存》，安徽人民出版社1987年版，第420页。

遇毫无轩轾"①。威尔逊的上述言论给沉浸于"公理战胜强权"喜悦中的中国人带来新的希望，引起了中国各阶层人士的热烈反响，甚至连中国当时思想界最先进的人士也被迷惑，如陈独秀就公开把威尔逊称为世界上第一个好人。在这样一种社会政治和民族心理背景下，留学潮流转向欧美也是情理中的事了。

第二，欧美各国教会组织在中国创办的大量教会学校，也是促成留学潮流转向欧美的重要因素。欧美传教士在鸦片战争前后就在中国陆续创办教会学校，到19世纪90年代，教会学校总数增至两千所左右，学生增至四万人以上，中学约占10%，大学也在形成之中。②教会学校毕业生所具有的英语优势和相对来说所接受的较为完整的新式教育，使他们成为出国留学考试的有力竞争者；而教会学校的文化氛围，又往往在潜移默化之中使他们养成一种以留学欧美为理想目标的普遍心态。据统计，第一批庚款留美学生中，绝大部分人有在教会学校学习的经历。1910年，在上海举行的庚款留学第二次考试共录取31名考生，其中26名是圣约翰大学的学生。同年在广州举行的考试，在260名考生中录取了6名，而其中的5名来自广州的教会学校，5名候补者中的3名也来自广州的教会大学。这种状况在民国时期更加明显，至20世纪20年代中期，教会学校学生达34万人，教会大学有16所。1917年清华学校出版的《留美归国学生人名录》一书，列举了401名学生，其中132人曾在教会大学受过全部或部分的高等教育，24人以上在教会中学学习过。③与其他欧洲国家相比，美国长期以来更注重在华发展教会高等教育，上述16所教会大学中，有13所属于美国的基督教教会系统。因此，

---

① 中国社会科学院近代史研究所《近代史资料》编辑室编：《秘笈录存》，中国社会科学出版社1984年版，第30页。

② 参见顾长声：《传教士与近代中国》，上海人民出版社1995年版，第228页。

③ 参见〔美〕杰西·格·卢茨：《中国教会大学史（1850—1950）》，曾钜生译，浙江教育出版社1987年版，第471页；第506-509页。

教会学校毕业生出国留学，其去向主要是美国。

这一时期的留学生虽然比前期的留日学生数量少，但整体而言素质较高，特别是庚款生大都是千里挑一的既聪明又有科学根基且专心于学术的学生。他们在美国接受的是最正规、最先进的科学训练，不少人进入哈佛、麻省之类的名牌大学，有的甚至直接受业于当时顶尖的科学家，从事当时前沿的科技事业。如叶企孙，1918年庚款生，1921年他测定的普朗克常数值是当时最精确的值；吴有训，1920年庚款生，1926年在芝加哥大学以实验验证的"康普顿效应"使康普顿在1927年获诺贝尔物理奖。就总体而言，这一时期的留学生在国外的学习时间至少2年以上，大多在4~6年之间。通过刻苦学习，他们大都学有所成，取得了较高学位。据田正平先生统计，以留美学生为例，在1909—1929年的20年间，进入美国各高等学校学习的中国留学生共5013人，取得学士以上学位者4364人，占总数的87%以上。其中包含538名女留学生，取得学位者323人，亦占女留学生总数的60%。[1] 可见，这一时期的留学生整体素质是比较高的。

这一时期留学教育的成效如何？时人马素在《论留学生》一文中有一段这样的评说："归国留学生，往往妄自高大，不屑以硕士、学士之资格，与未出国门者同列。未先尝试，即求大用，宁为高等游民，不肯屈就卑职微俸。……多数好高夸大，岂非误于虚浮？……官费学生，多数来自清华；自费学生，大半出身教会学校。清华与教会学校向来偏重英文，对于中国学术漠不关心，故留美学生，大半国文不通，国情不懂，不作中国文章，不看中国报纸。见有新从中国来者，辄向探听消息，偶闻一二，则转相转述，正误不辨，新旧不分。……此等丧失民族固有文明之怪象，实不能全归咎

---

[1] 参见田正平：《留学生与中国教育近代化》，广东教育出版社1996年版，第119页。

于留学生,盖中国教育当局,于选派毫无根蒂之青年出洋时,即种恶因也。……留美学生因犯虚浮与蔑视国学之病,当然缺乏深沉的思虑与独立的精神,模拟而不创造,依人而不自主。故治国则主亲美,经商则为买办。服务社会,则投降教会机关;办理教育,则传播拜金主义。怠惰苟且,甚少建白。辛亥革命,无留美学生之流血;五四运动,无留美学生之牺牲。人家吃尽辛苦,而留美学生安享其成。彼不明白华事之美国人,动辄称许留美学生为改造中国之发动机,其实此等浮夸之谀词,适足消磨留美学生之志气而已。"[1]马素之言,虽过于偏执,但亦不乏可取之处。可见,美国人在庚子退款这桩事上打的小算盘的确得到了回报。庚款留学生中确有一部分人被"美化"了,也确有一部分有不可掩塞的"败德",甚至有一部分在美国的文明面前显示出极度的民族自卑感。然而,平心而说,由庚子退款引发的留学欧美潮,对中国科技与文化教育事业的影响却是深刻而久远的。在此后几乎半个世纪中,中国科技界每个领域差不多都有这一时期的留学生扮演着学科带头人甚至奠基人的角色。如中国现代物理学先驱人物胡刚复,中国第一个数学博士、中国科学社发起人胡明复(二人为兄弟,且同为中国科学社发起人),中国著名动物学家、动物学会创始人秉志,曾任两广地质调查所所长何杰,曾任清华大学校长梅贻琦,中国植物学奠基者钱崇澍,中国地理学、气象学奠基者竺可桢,中国电炉炼钢创始人之一周仁,中国"桥梁之父"茅以升,中国"科普之父"高士其,著名数学家何鲁,著名化学家侯德榜,新文化运动的领袖人物胡适,中国科协主席周培源等,都是庚款留美生。而由这些人回国培养的第二代科技精英,就很难精确统计了。这一时期的留学生除了为中国科技事业做出筚路蓝缕的贡献外,他们还积极参与并推动了辛亥革命后和20

---

[1] 马素:《论留学生》,引自柳诒徵:《中国文化史》(下卷),东方出版中心1996年版,第806页。

世纪 20 年代初的两次教育改革；在建立中国近代高等教育体系、专门教育体系、艺术教育体系方面做出了重大贡献；他们宣传的以杜威实用主义教育理论为主流的西方教育理论、教育学说，促进了中国教育的平民化、实用化和科学化；他们之中涌现出的一大批著名教育家如蔡元培、陶行知、胡适、蒋梦麟、郭秉文、陈鹤琴、廖世承、梅贻琦、俞庆棠、竺可桢、肖友梅、吴贻芳、徐悲鸿、邹秉文等，不仅为中国传统文化教育的新陈代谢发挥了创榛辟莽的历史作用，而且他们中的许多人也为社会主义中国的科学文化教育事业做出了不可磨灭的贡献。值得指出的是，正是留学生们的努力和成就，向世人展示了中国人在科学技术和文化教育领域同样具有非凡的才智和创新能力，他们在科技发明和学理研究上并不比西方人差，中国人不仅在古代而且在近现代都同样可以为世界文明做出杰出的卓有成效的贡献。

第四节　严复：中国西学第一人

严复（1854—1921 年），福建侯官（福州）人，初名传初，曾改名宗光，字又陵，又字几道，少年时从塾师学习，后入福建船政局附设的船政学堂，1877 年被船政学堂派赴英国留学，入格林尼茨海军大学留学 3 年，既学习海军知识和驾驶技术，又涉猎西方社会制度和科学文化。1879 年，学成归国后回母校船政学堂任教习 1 年，次年被李鸿章调到新创办的天津北洋水师学堂任职 20 年，自总教习（教务长）、会办（副校长）升至总办（校长）。1890 年，在上海参与唐才常组织的中国国会，任副会长。甲午战争后至戊戌变法前，严复一度非常醉心于西方资产阶级的民主政治，并以思想家和宣传家的身份为蓬勃发展的维新运动摇旗呐喊。他不仅相继发表《论世变之亟》《原强》《辟韩》《救亡决论》等振聋发聩、令人耳目一新的阐述文化教育改革和民权政治的政论文章;而且在天津创办《国闻报》(日报),并作为主笔发表了大量尖锐辛辣的抨击封建专制与科举、鼓吹西学的社论,其主旨均在尊民叛君、尊今抑古,"于近今更新从旧二派,常下对症之方"①。后"仰观天时,俯察人事","终谓民智不开,则守旧、维新两无一可"②;"以今日民智未开之中国,而欲效泰西君民并主之美治,是大乱之道也"③。于是,转而对维新派的激进主义变法持消极与悲观的态度,由此"屏弃万缘,惟以译书自课"④。他陆续翻译了《天演论》《原富》《法意》《名学》《群学肄言》《群己权界论》《社会通诠》《名学浅说》等介绍西方进化论哲学、政治经济学、法学、社会学、伦理学与逻辑学的名著,于1898年后陆续出版。严复对西方哲学社会科学创造性的介绍,为中国学术界和思想界展现了一片崭新的天空,对世纪之交的清末影响深巨,具有划时代的意义。在此期间,他还参与创办了天津俄文馆(1896年)、北京通艺学堂(1897年)、上海经正女学(1898年)。1902年,受聘担任京师大学堂编译局总办;1905年,协助马相伯创设复旦公学并一度出任校长;1906年,又应安徽巡抚恩铭之聘,出任安徽师范学堂监督;1908年,受聘为"审定名词馆"总纂;民国成立后的1912年,一度出任京师大学堂(后改名北京大学)总监(校长),主持该校的改制工作;1915年,被列名"筹安会",领衔发起成立"孔教会",公开主张复古,支持袁世凯称帝和张勋拥溥仪复辟;

---

① 西江欧化社:《国闻报汇编》(序),载王栻主编:《严复集》(五),中华书局1986年版,第1557页。
② 严复:《与张元济书》,载王栻主编:《严复集》(三),中华书局1986年版,第525页。
③ 严复:《中俄交谊论》,载王栻主编:《严复集》(二),中华书局1986年版,第475页。
④ 严复:《与张元济书》,载王栻主编:《严复集》(三),第525页。

1921年，病逝于福建老家。

　　作为中国近代倡行教育改良的先驱人物，严复在中国教育史上是占有重要地位的，但他在教育上的成就稍逊于他所译介的西学对近代中国所产生的巨大而深远的影响。康有为称他翻译的《天演论》是"中国西学第一者"。梁启超说："晚清西洋思想之运动，最大不幸者一事焉，盖西洋留学生殆全体未尝参加于此运动"，"西洋留学生与本国思想界发生影响者，复其首也"①。蔡元培说："五十年来，介绍西洋哲学的，要推侯官严复为第一。"②毛泽东在《论人民民主专政》一文中称他是"在中国共产党出世以前向西方寻求真理"的四大代表人物之一。③作为一代西学先驱、启蒙思想家和教育家，严复代表了中国向西方资本主义寻找真理的一个崭新阶段，他带给中国人一种全新的资产阶级世界观、人生观和教育观，他致力于在近代中国真正树立科学精神及科学理性的思维方法和学术规范。基于本书的主题，笔者关注的是他在传播西学中的贡献及他所倡导的科学教育观。

一、严译八大名著与思想启蒙

　　中国与西方近代科学的接触可以追溯到利玛窦时代，中间虽有停滞，但鸦片战争后，中国的大门又再度被开启，新教传教士们携宗教、科学疯狂而入，大办学校、翻译出版西书，洋务派、维新派也一度掀起了一股主动学习西学的热潮，他们创办新式学堂，翻译出版西方科学书籍。然而，第一次较为系统地向国人介绍了西方的科学概念、科学精神及哲学、政治、经济、法律方面

---

① 梁启超：《清代学术概论》，载《梁启超论清学史二种》，朱维铮校注，复旦大学出版社1985年版，第80页。
② 蔡元培：《五十年来中国之哲学》，载高平叔编：《蔡元培全集》（第四卷），中华书局1984年版，第351页。
③ 《毛泽东选集》（第4卷），人民出版社1966年版，第1406页。

的学术思想，当推19世纪90年代严复翻译引进的西学。严复的译著，揭示了中西两种文明的根本不同之处——西方文化"于学术则黜伪而崇真，于刑政则屈私以为公"，从而为此后的思想家和知识分子把西方科学作为另一种不同文明和不同价值体系来接受奠定了基础。自此以后，中国知识分子对传统儒学的怀疑与否定，对西方科学的深层次认识和热情渴望，进入了一个前所未有的新时代。

严复一生事业以翻译《天演论》等西书最为著名。《天演论》（原名 Evolution and Ethics，直译为"进化与伦理"）为英国生物学家赫胥黎（1825—1895年）所著。英国著名学者丹皮尔说，19世纪达尔文"自然选择式的进化论，被人当作确定不移的科学原理加以接受，甚至可以说是成了科学信条"[①]。赫胥黎是达尔文的朋友，也是达尔文学说的忠实拥护者。严复为什么要选择翻译此书？1897年3月，其亦师亦友的桐城派大师吴汝纶（严复留学归国后曾向吴汝纶学古文）在致严复的信中有一段这样的评说："抑执事（即严复）之译此书，盖伤吾士之不竞，惧炎黄数千年之种族，将遂无以自存，而惕惕焉欲进之以人治也。本执事忠愤所发，特借赫胥黎之书，用为主文谲谏之资而已。"[②]《天演论》的基本观点是：自然界的生物不是万古不变，而是不断进化的；进化的原因在于"物竞"与"天择"。所谓"物竞"，就是"物争自存"的生存竞争，"以一物与物物争，或存或亡，而其效则归于天择"；所谓"天择"，就是"物争焉而独存"，亦即自然选择，自然淘汰。严复说："则其存也，必有其所以存，必其所得于天之分，自致一己之能，

[①] 〔英〕W.C.丹皮尔：《科学史及其与哲学和宗教的关系》（下册），李珩译，张今校，商务印书馆1997年版，第429页。

[②] 严复：《吴汝纶致严复书》，载王栻主编：《严复集》（五），中华书局1986年版，第1560页。

与其所遭值之时与地,及凡周身以外之物力,有其相谋相剂者焉。夫而后独免于亡,而足以自立也。而自其效观之,若是物特为天之所厚而择焉以存也者,夫是之谓天择。天择者,择于自然,虽择而莫之择,犹物竞之无所争,而实天下之至争也。斯宾塞尔曰:'天择者,存其最宜者也'。夫物既争存矣,而天又从其争之后而择之,一争一择,而变化之事出矣。"这一原理同样可以用来解释一切自然现象和社会现象:"此万物莫不然,而于有生之类为尤著"。[①] 进化论学说的基础是达尔文在《物种起源》一书中奠定的,英国社会学家斯宾塞把进化论应用到人类社会,提出"优胜劣败"同样适用于人类社会(但赫胥黎著《天演论》反对斯宾塞将进化论的原理直接用于人类社会。)严复为了表示自己对斯宾塞观点的赞成,在翻译过程中,并不采用纯粹直译的方法,而是融评论、阐发于一体。他说:"今是书所言,本五十年来西人新得之学,又为作者晚出之书。译文取明深义,故词句之间,时有所颠到附益,不斤斤于字比句次,而意义则不倍本文。题曰达恉,不云笔译,取便发挥,实非正法。"[②] 严复选取了赫胥黎全集(共12册)第9册《进化与伦理》中的序论和本论两篇,译之为《天演论》,并将其分为导言和正文两部分。其中,导言分为18篇:即"察变""广义""趋异""人为""互争""人择""善败""乌托邦""汰蕃""择难""蜂群""人群""制私""恕败""最旨""进微""善群""新反";正文分为17篇:即"能实""忧患""教源""严意""天刑""佛释""种业""冥往""真幻""佛法""学派""天难""论性""矫性""演恶""群治""进化";严复还对其中28篇加了按语,有些按语比原文还长。在这些按语中,严复简介了进化论学说的源流、达尔文

[①] 严复:《天演论上·导言一·察变》,载王栻主编:《严复集》(五),中华书局1986年版,第1324页。

[②] 严复:《天演论·译例言》,载王栻主编:《严复集》(五),第1321页。

和赫胥黎等人的生平及其学术概要，比较了一些西学与中国传统学术的异同，品评了赫胥黎学说与当时英国社会学家斯宾塞学说的短长。他在阐述进化论的同时，还试图联系中国的实际，借用进化论"物竞天择"的规律，去阐明一个中心问题，即中国只能顺应天演规律，实行变法维新，才能由弱变强，否则将要沦于亡国灭种而被淘汰。严复一方面认为，自然界一切物质及其变化都有因果可寻，都遵循着一定的规律，不以人的意志为转移，更不为所谓的上帝的意志所操纵。他在《天演论》自序中指出："大宇之内，质力相推，非质无以见力，非力无以呈质。凡力皆乾也，凡质皆坤也。……有斯宾塞尔者，以天演自然言化，著书造论，贯天地人而一理之。此亦晚近之绝作也。其为天演界说曰：'翕以合质，辟以出力，始简易而终杂糅'。"[1] 另一方面，他在《天演论》按语中指出，植物、动物中都不乏生存竞争、适者生存、不适者淘汰的例子，人类亦然。人类竞争，其胜负不在人数之多寡，而在其种、其力之强弱。他指出："物竞、天择二义，发于英人达尔文。达著《物种由来》，以考论世间动植种类所以繁殖之故。先是言生理者，皆主异物分造之说。……自达尔文出，知人为天演中一境，且演且进，来者方将，而教宗抟土之说，必不可信。"[2] 又云："今如物竞之烈，士非抱深思独见之明，则不能窥其万一者也"[3]；"物类之生乳者至多，存者至寡，存亡之间，间不容发，其种愈下，其存弥难。……资生之物所加多者有限，有术者既多取之而丰，无具者自少取焉而啬；丰者近昌，啬者邻灭。此洞识知微之士，所为惊心动魄，于保群进化

---

[1] 严复:《天演论·自序》，载王栻主编:《严复集》（五），中华书局1986年版，第1319页。
[2] 同上书，第1325页。
[3] 同上书，第1329页。

之图,而知徒高睨大谈于夷夏轩轾之间者,为深无益于事实也"[①];"人欲图存,必用其才力心思,以与是妨生者为斗。负者日退,而胜者日昌。胜者非他,智德力三者皆大是耳"[②]。这些论调在当时中国若石破惊天、当头棒喝,以一种全新的观念和理论、全新的思维方式及全新的观察世界、社会和民族的视野,冲破了传统儒学的狭隘范围和"夷夏大防"的天下国家观,反击了传统"天不变,道亦不变"的静态哲学观和历史观,推翻了以"三代"为理想状态的传统复古史观,传统的变易观、循环论以及直观的经验方法被新的进化论哲学观和科学方法论所取代,导致了传统文化结构的变革及近代民族国家与世界观念的确立,影响了从维新变法到"五四"新文化运动、从康有为到青年毛泽东等无数志士仁人的思想观念和心路历程,在科学社会主义传入中国以前,进化论成了中华民族奋起救亡复兴和追求新型民族国家的思想利器。日本学者稻叶君山说:"此时(指清革新时代)重要之著作,如康有为之孔教论,严复所译之《天演论》,当首屈一指。自曾国藩时代所创始之译书事业,虽有化学、物理、法律各种类,然不足以唤起当时之人心。至此二书出而思想界一变。《天演论》发挥适种生存、弱肉强食之说,四方读书之子,争购此新著。却当1896年中日战争之后,人人胸中,抱一眇者不忘视,跛者不忘履之观念。若以近代之革新,为起端于1895之候,则《天演论》者,正溯此思潮之源头,而注以活水者。"[③]

《天演论》从翻译到正式出版,历时三年(1895—1898年)。这三年,正是中国近代史上民族危机空前深重、维新运动持续高涨

---

① 严复著:《天演论·按语》,载王栻主编:《严复集》(五),中华书局1986年版,第1331页。
② 同上书,第1351–1352页。
③ 转引自贺麟:《严复的翻译》,载商务印书馆编辑部编:《论严复与严译名著》,商务印书馆1982年版,第41–42页。

的时期。这时候,"天演"之说出来了,"物竞天择"出来了,自然引起思想界强烈的震动。以文名世的吴汝纶看到《天演论》译稿后,不仅为之作序,而且赞不绝口,认为此书"骎骎与晚周诸子相上下"。他说:"自吾国之译西书,未有能及严子者也。……抑严子之译是书,不惟自传其文而已,盖谓赫胥黎氏以人持天,以人治之日新,卫其种族之说,其义富,其辞危,使读焉者怵焉知变,于国论殆有助乎?是旨也,予又惑焉。"① 1897年,他在致严复的信中又说:"盖自中土翻译西书以来,无此宏制。匪直天演之学,在中国为初凿鸿濛,亦缘自来译手,无似此高文雄笔也。钦佩何极!"② 这位老先生在激赏之余,竟亲笔细字,把《天演论》全文一字不漏地抄录下来,秘之枕中。梁启超读到《天演论》译稿,未待其出版,便已对之加以宣传,并根据其思想做文章了。向来目空一切的康有为,看了《天演论》译稿以后,在《与张之洞书》中也不得不承认从未见过如此之人,称此书"为中国西学第一者也"。于是,他根据严译《天演论》进一步增补了他的《孔子改制考》,并匠心独运地把进化论注入中国传统的"公羊三世"说,对历史倒退论和历史循环论做了改造,论证社会是由低级向高级不断发展的,祖宗之法亦必须随时代不断变革,这是历史的必然。因而,在他多次上皇帝书中都始终贯穿着一条竞争、进化和变革的思路来推动救亡图存。青年鲁迅初读《天演论》,也爱不释手。他后来回忆说,在南京读书时,知道有一部新书叫《天演论》,便在星期日跑到城南,花五百文钱买了一本,"翻开一看,开首便道:'赫胥黎独处一室之中,在英伦之南,背山而面野,槛外诸境,历历如在几下,乃悬想二千年前……'"。他越读越有味,"哦!原来世界上竟还有一个赫胥黎坐

---

① 吴汝纶:《天演论序》,载王栻主编:《严复集》(五),中华书局1986年版,第1317–1318页。

② 吴汝纶:《致严复书》,载王栻主编:《严复集》(五),第1560页。

在书房里那么想，而且想得那么新鲜！一口气读下去，物竞、天择也出来了，苏格拉第、柏拉图也出来了，斯多噶也出来了"。一位本家长辈反对鲁迅看这种新书，鲁迅不理睬他，仍然是"一有闲空，就照例地吃侉饼、花生米、辣椒，看《天演论》"①。

《天演论》问世以后，"天演""物竞""天择""适者生存"等新名词很快充斥报纸刊物，成为最活跃最鲜活的字眼。当时《民铎》杂志的《进化论专号》中有一篇文章这样写道："自从严又陵介绍了一册《天演论》以后，我们时常在报章杂志上，看见一大堆'物竞天择''优胜劣败'的话。这个十九世纪后半叶新起的学说，居然在半死不活的中国，成了日常习用的话。……现在的进化论，已经有了左右思想的能力，无论什么哲学、伦理、教育，以及社会之组织，宗教之精神，政治之设施，没有一种不受它的影响。"②《天演论》出版之后，有的学校以《天演论》作为教材，有的教师以"物竞""天择"为作文题目，有些青年干脆以"竞存""适之"等作为自己的字号。胡适在《四十自述》中回忆道："《天演论》出版之后，不上几年，便风行到全国，竟做了中学生的读物了。读这书的人，很少能了解赫胥黎在科学史和思想史上的贡献。他们能了解的只是那'优胜劣败'的公式在国际政治上的意义。在中国屡战屡败之后，在庚子、辛丑大耻辱之后，这个'优胜劣败'的公式确是一种当头棒喝，给了无数人一种绝大的刺激。几年之中，'天演''物竞''淘汰''天择'等等术语都渐渐成了报纸文章的熟语，渐渐成了一班爱国志士的口头禅。还有许多人爱用这种名词做自己或儿女的名字。陈炯明不是号'竞存'吗？我有两个同学，一个叫作孙竞存，一个

---

① 鲁迅：《朝花夕拾·琐记》，载《鲁迅全集》（第2卷），人民文学出版社2005年版。
② 陈兼善：《进化论发达略史》，《民铎》3卷5号，转引自彭明、程歗主编：《近代中国的思想历程1840—1949》，中国人民大学出版社1999年版，第192页。

叫作杨天择。我自己的名字也是这种风气下的纪念品。"①

《天演论》自1898年印行后,在短短的两年中,就发行过三十多种不同的版本,这在当时的出版界是极为罕见的,也是当时任何西学书籍无法与之比拟的。之所以如此风行,除了严复选择原著章节之慧眼卓识及该书思想之足以警世这些主要原因以外,严复对原著融会于心、译笔古雅耐读与翻译态度严谨也是一个十分重要的原因。严复翻译的态度,一向是非常审慎、殚精竭虑的,他自称其译文"字字由戥子称出"。他在翻译西书过程中确立了翻译的三大标准:"信、达、雅"。信,内容准确;达,表达妥帖;雅,文字尔雅。为了力求达到这个标准,他在翻译《天演论》时,往往是"一名之立,旬月踟蹰"②。严复翻译《天演论》以后,名气大振。他又根据其研究所得及中国社会救亡图存的实际需要,相继选择性地翻译了《原富》《群学肄言》《群己权界论》《社会通诠》《法意》《穆勒名学》《名学浅说》等著作。他没有选择洋务派的"汽机兵械""天算格致"之类"形而下之粗"的皮毛之学,而是选择了直探西方资本主义社会根本所在("西学命脉")的著作。这八部译作后来由商务印书馆合集为《严译名著丛刊》出版。严复在致张元济信中说:"有数部要书,非仆为之,可决三十年中无人为此者;纵令勉强而为,亦未必能得其精义也。"③后来的事实的确证实了他这个似乎颇为傲慢自大的说法。

西方资产阶级经济学是输入中国较早的一门学科。19世60年代,洋务派创办的京师同文馆已经开设"富国策"之类课程,讲授

---

① 胡适:《胡适记澄衷学堂学生生活》,引自朱有瓛主编:《中国近代学制史料》(第1辑下册),华东师范大学出版社1983年版,第852页。
② 严复:《天演论·译例言》,载王栻主编:《严复集》(五),中华书局1986年版,第1322页。
③ 严复:《与张元济书》,载王栻主编:《严复集》(三),中华书局1986年版,第525-526页。

包括亚当·斯密经济思想在内的西方经济理论。但系统介绍西方近代经济学,并为这一新学科在中国的确立奠定基础,则是始于维新变法后严复翻译的《原富》。吴汝纶为《原富》作序说:"亚丹氏是书,欧美传习已久,吾国未之前闻。严子之译,不可以已也。"[①] 严复翻译的《原富》,不仅系统介绍了亚当·斯密英国古典经济学的基本原理,而且输入了一系列新的学科名词,如"计学"(经济学)、"岁殖"(年产量)、"支费"(消费)、"母财"(资本)、"分功"(分工)、"赢率"(利润)、"功力"(劳动)、"庸"(工资)等,极大地开阔了中国人的视野。《原富》(原名 *An Inquiry into the Nature and Causes of the Wealth of Nations*,简称 *Wealth of Nations*)一译《国富论》,为英国最杰出的古典政治经济学家亚当·斯密(Adam Smith,1723—1790年)所著。原书以经济自由为中心思想,以国民财富为研究对象,从分工开始,论述了交换、货币、价值、价格、工资、利润、地租、资本、各国财富的发展、重工商主义、重农主义及财政、赋税、教育、国债、公司制度和银行制度等问题。它是西方资产阶级古典政治经济学的一部重要典籍,问世后曾多次重版。严译《原富》于1902年出版。严复在《原富》的译事例言中说:"《原富》者,所以察究财利之性情,贫富之因果,著国财所由出云尔。故《原富》者,计学之书,而非讲计学者之正法也。……计学以近代为精密,乃不佞独有取于是书,而以为先事者,盖温故知新之义,一也。其中所指斥当轴之迷谬,多吾国言财政者之所同然,所谓从其后而鞭之,二也。其书于欧亚二洲始通之情势,英法诸国旧日所用之典章,参所纂引,足资考镜,三也。标一公理,则必有事实为之证喻,不若他书勃窣理窟,洁净精微,不便浅学,四也。"鉴于"计学者,切而言之,则关于中国之贫富;远

---

① 吴汝纶:《原富序》,载王栻主编:《严复集》(五),中华书局1986年版,第1552页。

而论之，则系乎黄种之盛衰"①，严复在翻译中共加了310条按语，近六万字。在这些按语中，严复抨击了封建专制主义对经济的束缚，强调发展工商业的重要性，反复论述了理财之术及经济自由和流通竞争的必要性、重要性，对亚当·斯密的自由经济思想表露出了由衷的赞赏与倾慕。他多次强调指出："今日之中国，患不知理财而已，贫非所患。"②他认为，国家的财富是百姓生产出来的，如果想使中国极大地丰裕起来，就不仅要重视"农桑树畜"之所谓"本业"，而且还要特别注重"百工商贾之事"，要立法鼓励让百姓自由经营企业。他对中国不重视研究工商业的传统进行了抨击。他说："欧洲各国之于进出口货也，务出熟而进生，所以求民自食其力之易也。独中国之通商不然，其于货也，常出生而进熟，故其商务尤为各国之所喜。中国士夫高谈治平之略，数千百年来，本未尝研究商务，一旦兵败国辱，外人定条约，箝纸尾督其署诺，则谨诺之而已，不但不能驳，即驳之，亦不知所以驳也。"③要发展工商业就要打破垄断，开放海禁，互通利市，实现商品贸易的自由。因为在他看来，经济自由是民富的最好途径，而民富是国富的前提和基础。他甚至乐观地认为，中国与外国通商，不但可以调节物价，而且还可以调剂双方的人力和物力，做到优势互补。因为外国的人力贵而物力贱，工钱就较优越，而利息薄。反观中国，则人力有余而物力不足，工钱就较廉，利息就较重。如果中西交通，便可得互相调剂之益。他说："今之英美诸国，皆庸优赢劣，而中国反此。彼之通我，最为得利。此所以海禁既开，自西徂东，日盛月积，虽铁牡汤池，不能距也。而我出力求庸之众，亦航海适彼，如新旧金山

---

① 严复：《译斯氏〈计学〉例言》，载王栻主编：《严复集》（一），中华书局1986年版，第97—98页；第101页。

② 严复：《〈原富〉按语》，载王栻主编：《严复集》（四），中华书局1986年版，第902页。

③ 同上书，第895页。

者，势亦日多。美人恐吾佣夺其小民之生，乃造天下至不公之律，以拒华佣。"① 当然，严复主张经济自由并不是绝对不要国家干涉，也不是一切企业均由商办。严复认为，有些企业，如邮政、电报之类，还是以官办为好。什么企业宜于民办，什么企业宜于官办，应视各个国家具体情况而定，不可执一而论。可见，严译《原富》及其按语，不仅向国人普及了西方资产阶级古典政治经济学的基本原理，而且为中国民族资本主义的发展提供了先进的理论指导。吴汝纶读了《原富》后深有感触地对严复说："新译斯密氏《计学》四册，一一读悉。斯密氏元书，理趣甚奥赜，思如芭蕉，智如涌泉，盖非一览所能得其深处。执事（严复）雄笔，真足状难显之情，又时时纠其违失，其言皆与时局确下针砭，无空发之议，此真济世之奇构。"②

在《〈原富〉按语》中，严复还热情地宣传了资产阶级民权思想。他说，英国的民主，并非能"使其君之皆仁，其吏之皆廉洁也"，而是在于他们的民主制度，"使虽有暴君，无所奋其暴；虽有贪吏，无由行其贪。此其国所以一强而不可弱也"③。他强调："今夫国者非他，合亿兆之民以为之也。国何以富？合亿兆之财以为之也。国何以强？合亿兆之力以为之也。"如果处于一统之世，"有无权之民，以戴有权之君，上下相安，国以无事。……乃今之世既大通矣，处大通并立之世，吾未见其民之不自由者，其国可以自由也；其民之无权者，其国之可以有权也"④。严复在《〈原富〉按语》中，还对中国传统教育进行了抨击，对西方教育流露出仰慕

---

① 严复：《〈原富〉按语》，载王栻主编：《严复集》（四），中华书局1986年版，第860页。
② 吴汝纶：《致严复书》，载王栻主编：《严复集》（五），中华书局1986年版，第1562页。
③ 严复：《〈原富〉按语》，载王栻主编：《严复集》（四），第893页。
④ 同上书，第917页。

之情并赞赏有加。他说:"近世斯宾塞尔言学次第,亦以名数二学为始基,而格物如力质诸科次之,再进而为天文地质,所以明宇宙之广大悠久也。再进而治生学,言动植之性情,体干之部置,于以知化工之蕃交,由此而后进以心灵之学,言因习之不同,刚柔之异用。最后乃治群学,而以德行之学终焉。生今之日,为学而自褆其躬若此,庶几可谓纯备者矣。"①在严复看来,"十余年来,中土人士始谈西学,大抵为求舌人,抑便谈对而已。至于西学,亦求用而不求体"②;"学术之非,至于灭种",而"学之无用,至于吾制科之所求,可谓极矣"③。所以他主张,坚决舍弃"八股诗赋",改革无益且费时的"中国乡塾所课"。他甚至从经济学和人口学的角度,强调重教育、开民智的极端重要。他说:"国之贫富强弱明昧,大抵视商政之盛衰。商政之盛衰,视制造之精窳,农桑之优劣。而农桑制造,舍化学格致之日讲,新理之日出,则断断乎莫能为也。中国商政衰苶如此,制造固不暇论,即至地产生货,亦岁以愈下。……执政者用其无所知之愚,欲以强抗诸国,于是乎有今日之祸变。"究其原因在于"学问所为,止于驰骋文墨,因应制科而已"④。他指出,"大抵继今以位,国之强弱,必以庶富为量。而欲国之富,非民智之开,理财之善,必无由也"⑤;"生财之术,益巧益疾。如讲田法、用机器,善分功之为,固通国之公例。使生齿之繁不过,则力作小民,获益最广。所患者,民愈愚,则昏嫁愈以无节。故民智未开之日,生业之进,终不敌其生齿之蕃。虽有善政

---

① 严复:《〈原富〉按语》,载王栻主编:《严复集》(四),中华书局1986年版,第905页。
② 同上书,第904页。
③ 同上书,第906页。
④ 同上书,第904页。
⑤ 同上书,第900页。

良规，于国计不过暂舒而终蹙。此则虽有圣者，所无如何者矣"①。所以，他认为，"中国处今，而欲自存于列强之中，当以教民知学为第一义"。他具体建议道，"成童入学之顷，不宜取高远之书授之，而以识字、知书、能算三者为目的。十二以上，则课以地理诸书，先中国而后外邦；再进则课以粗浅最急之养生、格物、几何、化学之类。如是而至十六，即辍而就工商之业，亦有毕生受用之乐"②。

西方社会学早在19世纪80年代前后便有片断信息见诸我国当时的《申报》《万国公报》等报刊，如洋务思想家钟天纬的《刖足集外篇》中的《格致说》就概要地介绍过达尔文、斯宾塞的学说（文中达尔文译为达文，斯宾塞译为施本思）。1891年，康有为在万木草堂讲学，设"群学"一科，所谓"群学"就是当时对"社会学"的称谓。中国学界对西方社会学的系统介绍始于维新变法前后。1895年，严复在天津《直报》发表《原强》一文，扼要介绍了达尔文的进化论和斯宾塞的社会学，提出"群学"一词。而"社会学"一词最早出现在谭嗣同的《仁学》一书中。他说："凡为仁学者，于佛学当通《华严》及心宗、相宗之书；于西书当通《新约》及算学、格致、社会学之书。"③ 1902年，章太炎翻译出版了日本学者的《社会学》著作，可视为系统介绍社会学入中国的最早学者。但将西方社会学系统介绍到中国，始于严复。1903年，严复将英国著名社会学家斯宾塞（H. Spencer，1820—1903年）所著的社会学著作《群学肄言》（原名 The Study of Sociology）翻译出版。斯宾塞是19世下半叶西方社会学的代表人物，他在吸收达尔文进化

---

① 严复：《〈原富〉按语》，载王栻主编：《严复集》（四），中华书局1986年版，第874页。

② 同上书，第908页。

③ 谭嗣同：《仁学·界说》，载蔡尚思、方行编：《谭嗣同全集》（增订本下册），中华书局1981年版，第293页。

论和边沁功利主义思想的基础上,发挥法国实证主义哲学家、社会学创始人孔德的学说,建立起自己的社会学体系。《群学肄言》的主要内容是研究社会学的意义、方法,并阐述关于社会发展的主要观点,物竞天择和庸俗进化论的思想贯穿全书,认为社会是在渐变中进化的。严复在《群学肄言》的翻译自序中指出:"群学何?用科学之律令,察民群之变端,以明既往测方来也。肄言何?发专科之旨趣,究功用之所施,而示之以所以治之方也。……今夫士之为学,岂徒以弋利禄、钓声誉而已,固将于正德、利用、厚生三者之业有一合焉。群学者,将以明治乱盛衰之由,而于三者之事操其本耳。"[①]严复翻译这本书,一是为了借物竞天择思想以警世,与翻译《天演论》同一宗旨。事实上,严复在《天演论》按语中多处引述斯宾塞的观点,以补充或驳斥赫胥黎的某些观点。二是为宣传社会改良思想并为中国社会的变革提供思想武器。严复认为,中国今天的局面,系多年渐积而成,社会改良也只能一步一步来,不顾后果地、疾风暴雨式地破坏一通,不如脚踏实地地先从办教育开民智做起。他说:"乃窃念近者吾国,以世变之殷,凡吾民前者所造因,皆将于此食其报。而浅谫剽疾之士,不悟其所从来如是之大且久也,辄攘臂疾走,谓以旦暮之更张,将可以起衰而以与胜我抗也。不能得,又搪撞号呼,欲率一世之人,与盲进以为破坏之事。顾破坏宜矣,而所建设者,又未必其果有合也,则何如其稍审重,而先咨于学之为愈乎!"[②]严复的好友高凤谦在《群学肄言》的序言中这样评价道:"《群学肄言》一书,几二十万言。千端万绪,而极其究竟,亦曰群治之难言耳已,亦曰言群治者必由学耳已。夫苟诚知群学之难,学之必精,言之必慎,其庶几矣。严子所译著,大半言群治,而是书实为

[①] 严复:《译〈群学肄言〉自序》,载王栻主编:《严复集》(一),中华书局1986年版,第123页。

[②] 同上。

先导。吾敢正告世之喜谈群治者曰，欲读严子书，必先读《群学肄言》。"①

《群己权界论》（原名 *On Liberty*）为英国资产阶级思想家、逻辑学家约翰·穆勒（John Stuart Mill，1806—1873 年）所著，是资产阶级政治学的重要著作。严复于1903年将此书翻译出版。原书以宣传个性解放、言论自由、反对专制为宗旨。其要义可以归结为：第一，个人的行为只要不涉及他人的利益，个人就有完全的行动自由，不必向社会负责；他人对个人的行为不得干涉，至多可以进行忠告、规劝或避而不理。第二，"人得自繇②，而必以他人之自繇为界"，当个人的行为危害到他人利益时，个人就应受到社会的或法律的惩罚。所以，对立法者而言，一切法律就必须"至诚大公"，才"可以建天地不悖，俟百世不惑"。第三，言论自由"只是平实地说实话求真理，一不为古人所欺，二不为权势所屈而已，使理真事实，虽出之仇敌，不可废也；使理谬事诬，虽以君父，不可从也，此之谓自繇。亚理斯多德尝言：'吾爱吾师柏拉图，胜于余物，然吾爱真理，胜于吾师。'即此义耳"③。穆勒的自由学说，是为资产阶级自由竞争、自由贸易作为理论根据的，有明显的反对封建专制主义的意味。严复在《译〈群己权界论〉自序》中说，他之所以选择翻译此书，一方面是鉴于"吾国考西政者日益众，于是自繇之说，常闻于士大夫"，但是到底什么是"自由"，却各有说法。是如守旧者所言"为洪水猛兽之邪说"，还是

---

① 高凤谦：《〈群学肄言〉序》，载王栻主编：《严复集》（五），中华书局1986年版，第1554-1555页。

② 严复说"由""繇"二字，古相通假，自繇之西文 Liberty，其字与常用之 Freedom 同义，又与 Slavery（奴隶）、Subjection（臣服）、Bondage（约束）、Necessity（必须）等字为对义。他之所以译为"自繇"，而不作"自由"，是依西文规例，与中文"自由"常含放诞、恣睢、无忌惮诸劣义以示区别。

③ 严复：《〈群己权界论〉译凡例》，载王栻主编：《严复集》（一），中华书局1986年版，第134页。

如喜新者所谓"恣肆泛滥,荡然不得其义之所归"?所以,为了表明自由的真谛,使学者"必明乎己与群之权界,而后自繇之说乃可用耳"①,他选择翻译了穆勒的这部名著;另一方面,是为了表明他对西方立宪政体、民主自由的仰慕和向往之情,以及对中国封建专制和纲常名教的反动。严复在《〈群己权界论〉译凡例》中指出:"贵族之治,则民对贵族而争自繇。专制之治,则民对君上而争自繇,乃至立宪民主,其所对而争自繇者,非贵族非君上。贵族君上,于此之时,同束于法制之中,固无从以肆虐。故所与争者乃在社会,乃在国群,乃在流俗。……西国言论最难自繇者,莫若宗教,故穆勒持论,多取宗教为喻。中国事与相方者,乃在纲常名教。事关纲常名教,其言论不容自繇,殆过西国之宗教"。但严复同时指出,"刺讥谩骂,扬讦诪张,仍为言行愆尤,与所谓言论自繇行己自繇无涉。总之自繇云者,乃自繇于为善,非自繇于为恶。"②

《社会通诠》(原名 *A History of Politics*)为英国资产阶级学者甄克思(E.Jenk,1861—1939年)所著,原书于1900年出版,甄克思在书中阐述了一套较为粗糙的人类社会历史发展阶段论。甄克思的基本思想是,人类社会是不断进化发展的,总的说来经过三个阶段:初为"图腾社会";进而为"宗法社会";再进而发展为"军国社会"。图腾社会"其民渔猎",宗法社会"其民耕稼",军国社会则可以理解为我们现在所说的近代国家,它是"兵、农、工、商四者之民备具,而其群相生相养之事乃极盛而大和,强立蕃衍而不可以尅灭"。严复认为:"此其为序之信,若天之四时,若人

---

① 严复:《译〈群己权界论〉自序》,载王栻主编:《严复集》(一),中华书局1986年版,第131—132页。
② 严复:《〈群己权界论〉译凡例》,载王栻主编:《严复集》(一),第134页。

身之童少壮老，期有迟速，而不可或少絭者也。"①甄克思认为，在军国社会里，社会的基础单位是个人，人民都处于平等地位；而宗法社会则与此相反，社会的单位是一族一家，个人在族、宗的支配下，为祖法所束缚，没有自由，这种上下等级关系的多层性和实行分封制度的封建时代的特征是一致的。严复认为，中国是刚刚进入"军国社会"，而且是七分宗法、三分军国。所以，他以极为敏锐的目光，迅速翻译此书，希望借此书的出版惊醒国人，把中国的病根剔抉出来。《社会通诠》于1903年译成，1904年出版。从《社会通诠》的按语和译者序来看，严复基本上赞成甄克思的社会进化阶段划分法。他以甄克思的划分标准对照中国，认为中国社会进化的三个阶段是这样的：唐虞以前为图腾蛮夷时代；唐虞到周为封建宗法社会时代；秦以后到清代是宗法社会向军国社会过渡的时代，军国社会的成分固然不少，但宗法社会的比重更大。中国的政法、风俗及人民的思维习惯，都是属于宗法社会的东西。严复在《读新译甄克思〈社会通诠〉》一文中指出："凡专制治体，未有不沿宗法之旧者。……特其制既成之后，又常至坚难变，……宗法社会之民，未有不乐排外者，此不待教而能者也。中国自与外人交通以来，实以此为无二惟一之宗旨"②；"古宗法之社会，不平等之社会也。不平等，故其决异议也，在朝则尚爵，在乡则尚齿，或亲亲，或长长，皆其所以折中取决之具也。使是数者而无一存，固将反于最初之道。最初之道何？强权而已，固决斗也。且何必往古，即今中国，亦无用从众之法以决事者。"③基于这个看法，严复

---

① 严复：《译〈社会通诠〉自序》，载王栻主编：《严复集》（一），中华书局1986年版，第135页。

② 严复：《读新译甄克思〈社会通诠〉》，载王栻主编：《严复集》（一），第148页。

③ 严复：《〈社会通诠〉按语》，载王栻主编：《严复集》（四），中华书局1986年版，第928页。

还把当时革命党人盛倡的民族主义、排满主张当作宗法思想加以贬抑。他说："中国社会，宗法而兼军国者。故其言法也，亦以种不以国，观满人得国几三百年，而满汉种界，厘然犹在。……故周孔者，宗法社会之圣人也。其经法义言，所渐渍于民者最久，其入于人心者亦最深。是以今日党派，虽有新旧之殊，至于民族主义，则不谋而皆合。今日言合群，明日言排外，甚或言排满；至于言军国主义，期人人自立者，则几无人焉。盖民族主义，乃吾人种智之所固有者，而无待于外铄，特遇事而显耳。虽然，民族主义将遂足以强吾种乎？愚有以决其必不能者矣"①；"自谓识时者，又争倡民族主义。夫民族主义非他，宗法社会之真面目也。"他甚至断言，"中国之不兴，宗法之旧为之梗也"。所以，在他看来，中国社会之前途，"使中国必出以与天下争衡，将必脱其宗法之故而后可。……彼徒执民族主义，而昌言排外者，断断乎不足以救亡也"②。这种论调，为当时正向革命派发起舆论攻势的改良派提供了理论依据，他们大加发挥，非难革命派的民族主义、排满主义。这激起了革命派的极大反感。他们奋起反击，批评的矛头自然也指向了严复。1905年国学大师、著名革命家章太炎撰《〈社会通诠〉商兑》一文对其进行了严厉的批驳，一时间弄得严复难以招架。但毋庸置疑的是，"主导晚清舆论的《民报》，以及在民国初期掀起文化革命、领导了举世闻名的五四运动的《新青年》等前卫杂志，都受到了《社会通诠》的巨大影响"，"特别是《新青年》大力宣传打倒宗法社会"，陈独秀"最忠实、最急进地把严复翻译《社会通诠》的意图付诸

---

① 严复：《〈社会通诠〉按语》，载王栻主编：《严复集》（四），中华书局1986年版，第925–926页。
② 严复：《读新译甄克思〈社会通诠〉》，载王栻主编：《严复集》（一），中华书局1986年版，第148页；第151页。

行动"①。

特别值得一提的是，在《社会通诠》的按语中，严复还深刻剖析了中西方在立国传统与和治国理政上的根本差异。他说："东西立国之相异，而国民资格，亦由是而大不同也。盖西国之王者，其事专于作君而已；而中国帝王，作君而外，兼以作师。且其社会，固宗法之社会也，故又曰元后作民父母。夫彼专为君，故所重在兵刑。而礼乐、宗教、营造、树畜、工商，乃至教育文字之事，皆可放任其民，使自为之。中国帝王，下至守宰，皆以其身兼天地君亲师之众责。兵刑二者，不足以尽之也。于是乎有教民之政，而司徒之五品设矣；有鬼神郊禘之事，而秩宗之五祀修矣；有司空之营作，则道理梁杠，皆其事也；有虞衡之掌山泽，则草木禽兽，皆所咸若者也。卒以君上之责任无穷，而民之能事，无由以发达。使后而仁，其视民也犹儿子耳；使后而暴，其过民也犹奴虏矣。为儿子奴虏异，而其于国也，无尺寸之治柄，无丝毫应有必不可夺之权利，则同。由此观之，是中西政教之各立，盖自炎黄尧舜以来，其为道莫有同者。"②而中西方治国理政之相异，在他看来则表现在："西人之言政也，以其柄为本属诸民，而政府所得而探之者，民予之也，且必因缘事会，而后成之。察其言外之意，若惟恐其权之太盛，将终不利于民也者，此西说也。中国之言政也，寸权尺柄，皆属官家。其行政也，乃行其所固有者。假令取下民之日用一切而整齐之，虽至纤息，终无有人以国家为不当问也，实且以为能任其天职。其论现行政柄也，方且于之而见少，又曷尝于之而见多，论者若曰：凡使吾之至于此极者，皆

---

① 〔日〕沟口雄三：《作为方法的中国》，孙军悦译，生活·读书·新知三联书店2011年版，第103—104页。
② 严复：《〈社会通诠〉按语》，载王栻主编：《严复集》（四），中华书局1986年版，第928—929页。

国家之勿事事致之耳。此中说也。"又说:"地方自治之制,为中国从古之所无。三代封建,拂特之制耳,非自治也。秦汉以还,郡县之制日密,虽微末如薄尉,澹泊如学官,皆总之于吏部。其用人也,以年格而非以才。其行政也,守成例而非应变。此吾国之治,所以久辄腐败,乃至新朝更始,亦未见其内治之盛也。总之,中西政想,有绝不同者。夫谓治人之人,即治于人者所推举,此即求之于古圣之胸中,前贤之脑海,吾敢决其无此议也。往者罗马之盛,官吏出民推择者大半。"① 这是一幅何等清晰的中西政治文化对比图!

《法意》(原名 De l'Esprit des lois)为法国著名资产阶级启蒙思想家、法学家孟德斯鸠(Montesquieu,1689—1755年)所著,原书出版于1748年,是一部法学的经典著作。孟德斯鸠认为,地理条件是决定政治制度和社会制度的基本因素。他以统治者人数的多寡和政府的性质,把国家分为"公治制"(民主制)、"君主制"和"专制"三种形式,他宣扬英国的君主立宪制度,提倡立法、行政、司法三权分立。"三权分立"说与封建帝王所掌握的至高无上的威权是根本不相容的,它不仅对当时的法国封建王朝给予了沉重的打击,同时也曾深刻地影响了欧美各国的资本主义民主政治,因而这一学说成为法国资产阶级革命的重要理论武器。书中对中国的封建专制也有多处具体的批评。其实,严复早在留学英国时就注意到了英国的司法制度。他认为,英国与欧洲诸国富强的根源在于有公正的司法制度。他曾回忆说:"犹忆不佞初游欧时,尝入法庭,观其听狱,归邸数日,如有所失。尝语湘阴郭先生(时任清朝驻英公使郭嵩焘),谓英国与诸欧之所以富强,公

---

① 严复:《〈社会通诠〉按语》,载王栻主编:《严复集》(四),中华书局1986年版,第930页;第932页。

理日伸，其端在此一事。先生深以为然，以为卓识。"①可见，青年严复尽管还不了解英国"三权分立"精神，但已经意识到"司法"制度对一个国家之重要性。1895年，严复发表《原强》一文，在该文中他已深刻领会了孟德斯鸠的"三权分立"说实质，并据此提出"三权"的精神（即"以自由为体，民主为用"②）是西方国家富强的关键所在。所以，严复选择翻译孟德斯鸠的《法意》，由商务印书馆从1904—1909年分7册陆续出版。《法意》是资产阶级反对封建专制主义的利器，严复翻译此书，主旨也是反封建，宣传西方民主法治思想。他在译文中加了三百多条按语，从中可以清楚地看出他的这种思想倾向。他用孟德斯鸠所宣传的民主政治与国家观念对照中国，认为两千年来中国没有国家观念，没有民主法治观念，只有私利没有公德，泥古守旧，而且统治者极为专制。他在《〈法意〉按语》中指出："……而最病者，则通国之民，不知公德为底物，爱国为何语，遂使泰西诸邦，群呼支那为苦力之国。何则？终身勤动，其所恤者，舍一私而外，无余物也"③；"呜呼，不自用其思想，而徒则古称先。而以同于古人者为是非。抑异于古人者为是非，则不幸往往而妄。即有时偶合而不妄，亦不足贵也"④；"中国自秦以来，无所谓天下也，无所谓国也，皆家而已。一姓之兴，则亿兆为之臣妾。其兴也，此一家之兴也；其亡也，此一家之亡也。天子之一身兼宪法国家王者三大物，其家亡，则一切与之俱亡，而民人特奴婢之易主者耳，乌有所谓长存

---

① 严复：《〈法意〉按语》，载王栻主编：《严复集》（四），中华书局1986年版，第969页。
② 严复：《原强》，载王栻主编：《严复集》（一），中华书局1986年版，第11页。
③ 严复：《〈法意〉按语》，载王栻主编：《严复集》（四），第985页。
④ 同上书，第988页。

者乎"①;"今日所谓立宪,不止有恒久之法度已也,将必有其民权与君权,分立并用焉。有民权之用,故法之既立,虽天子不可以不循也。使法立矣,而其循在或然或不然之数,是则专制之尤者耳。有累作之圣君,无一朝之法宪,如吾中国者,不以为专制,而以为立宪,殆未可欤"②;"民主者,治制之极盛也。……夫民主之所以为民主者,以平等"③。可见,严复不仅尖锐地批评了中国传统的家国观念,而且对资产阶级的民主政治、平等观念表露出由衷的赞美。他在《〈法意〉按语》中说:"立宪之国,最重造律之权,有所变更创垂,必经数十百人之详议。议定而后呈之国主,而准驳之。此其法之所以无苟且,而下令当如流水之原也"④;"是以今世之国,以非主宪,以与立宪者角,即以大莅小,以众莅寡,将万万无胜理"⑤;"盖立宪之国,虽有朝进夕退之官吏,而亦有国存与存之主人。主人非他,民权是已。民权非他,即为此全局之画,长久之计者耳"⑥;"西方之君民,真君民也,君与民皆有权者也。东方之居民,世隆则为父子,世污则为主奴,君有权而民无权者也。皆有权,故其势相似而可争"⑦。严复认为,正是由于西方国家"以平等为精神,将执业虽异,而于社会,皆为分功而不可阙",所以"无所谓贵贱者也"。而"贵贱不甚相悬",进而又导致"诸业皆奋,而其群无废事"。反观中国,"中国重士,以其法之效果,遂令通国之聪明才力,皆趋于为官。百工九流之业,贤者不居。即居之,亦未尝有乐以终身之意。是故其群无医疗、无

---

① 严复:《〈法意〉按语》,载王栻主编:《严复集》(四),中华书局1986年版,第948-949页。
② 同上书,第940页。
③ 同上书,第957页。
④ 同上书,第995页。
⑤ 同上书,第996页。
⑥ 同上书,第1006页。
⑦ 同上书,第975-976页。

制造、无建筑、无美术，甚至农桑之重，军旅之不可无，皆为人情所弗歆，而百工日绌。一旦其国入于天演之竞争，乃傫然不可以终日。"[1] 严复还把人与人的平等关系归结为相互间权利与义务的不可分割："义务者，与权利相对待而有之词也。故民有可据之权利，而后应尽之义务生焉。无权利，而责民义务者，非义务也，直奴分耳。"[2] 1921年，梁漱溟在《东西文化及其哲学》中亦说："'权利'、'自由'这种观念，不但是他（泛指中国人）心目中从来所没有的，并且是至今看了不得其解的。……于是他对于西方人的要求自由，总怀两种态度：一种是淡漠的很，不懂要这个做什么；一种是吃惊的很，以为这岂不乱天下。"[3] 由此可见，严复译作启蒙意义之深远巨大。当然，严复终究是一个改良主义者，他虽然提倡民主政治、自由平等，承认"民"才是国家的主人，国君不过是人民的公仆，但他不赞成通过暴力革命来实现民主政治。在他看来，人类社会的进步是渐进的，如果通过革命来扫荡一切旧的，再拿西方的新的来替代，姑且不论其是否可行，这就势必会造成很大的动乱。对此他在1906年出版的《政治讲义·自叙》中有一段明确地表明："夫人类之力求进步固也，而颠阶眢乱，及即在此为进之时，其进弥骤，其涂弥险，新者未得，旧者已亡，怅怅无归，或以灭绝。"[4] 可见，正是因为他深受庸俗进化论的影响，所以始终抱持改良的态度，幻想通过从一点一滴的改革做起，尤其是通过改良教育来开启民智，从而实现他的自由、民主、平

---

[1] 严复:《〈法意〉按语》，载王栻主编:《严复集》（四），中华书局1986年版，第1000页。
[2] 同上书，第1006页。
[3] 梁漱溟:《东西文化及其哲学》，载中国文化书院学术委员会编:《梁漱溟全集》（第一卷），山东人民出版社2011年版，第364页。
[4] 严复:《政治讲义·自叙》，载王栻主编:《严复集》（五），中华书局1986年版，第1242页。

等的政治理想。

严复的译作中虽然没有西方的自然科学著作，但他对西学中的科学方法逻辑学是十分重视的，并对它做过认真的研究，认为它是在任何科学研究和科学理论创建中不可或缺的。他在《天演论·自序》中，将逻辑学分为"内籀"（归纳）和"外籀"（演绎）两种。他认为，"内籀"是"察其曲而知其全者也，执其微以会其通者也"；"外籀"是"据公理以断众事者也，设定数以逆未然者也"。他把这两种逻辑称为"即物穷理之最要涂术"[①]。所以，他也挑选了英国逻辑学著作《穆勒名学》和《名学浅说》予以翻译，以向国人介绍西学中的科学方法。王蘧常在《严几道年谱》中说，严复是在近代中国最早讲逻辑学的人，他"开名学会，讲演名学，一时风靡，学者闻所未闻"。《穆勒名学》（原名 *A System of Logic, Ratiocinative and Inductive*）为时负盛名的英国人约翰·穆勒（John Stuart Mill）所著。约翰·穆勒是英国经验论最主要的代表性人物，其《名学》一书被看作集归纳法大成的经典名著。此书以研究归纳法为主，首创契合法、差异法、共变法、剩余法等方法，对确定现象原因的归纳方法进行表述，有一定的科学价值。但全书以经验论和实证法为其指导思想，片面地夸大了归纳法的作用。严复于1900—1902年译了此书的半部，1905年出版。后来严复多次想续译其后半部，终因"人事卒卒，又老来精神苶短，惮用脑力，而穆勒书精深博大，非澄心渺虑，无以将事，所以尚未逮也"[②]。《穆勒名学》虽然只译了半部，但严复在译文中却加了四十多条按语，从中可以看出他对归纳法的推崇。他曾在致张元

[①] 严复：《天演论·自序》，载王栻主编：《严复集》（五），中华书局1986年版，第1319–1320页。

[②] 严复：《〈名学浅说〉序》，载王栻主编：《严复集》（二），中华书局1986年版，第265页。

济的信中说:"《名学》年内可尽其半,中间道理真如牛毛茧丝。此书一出,其力能使中国旧理什九尽废,而人心得所用力之端;故虽劳苦,愈译愈形得意。得蒙天助,明岁了此大业,真快事也。"[1] 严复认为,近代西方之所以富强,科学之所以昌明,主要在于他们有一套科学方法即逻辑。严复翻译它,实际是想把从培根、洛克开创的英国经验论搬过来。所以,在《〈穆勒名学〉按语》中,他经常提到培根、洛克,在一开始"正名"时,他便指出:"本学之所以称逻辑者,以如贝根(培根)言,是学为一切法之法,一切学之学;明其为体之尊,为用之广。"[2] 并一再指出:"西学之所以翔实,天函日启,民智滋开,而一切皆归于有用者,正以此耳。"[3] 对于逻辑学中的归纳、演绎二法,他更推崇归纳法。他认为,一切"公例"即普遍原理都是通过归纳经验而得来的,演绎的基础便是归纳,演绎的运用也包含归纳,归纳是更基本的,即使是抽象的数学公理,也是由归纳经验而来的。严复在分析演绎过程时,极为赞成穆勒把演绎分为三个步骤:"外籀之术有三候焉:始于内籀之实测,一也。继用联珠之推勘,二也。终以实行之印证,三也。"[4] 其中第一、三步实际上都是归纳。严复推崇归纳法,但也重视印证法。他认为,公例、公理的发现,除了归纳,还须"印证",其实演绎的第三步印证也是归纳,因为离开了印证,就无法判断大前提的对错。印证即是公例返回实践的过程,又是对公例的检验,只有这样才能达到"无往而不信"。近代以前的很多理论,之所以为后人所破,其关键就在于缺少印证。而"三百年

---

[1] 严复:《与张元济书》,载王栻主编:《严复集》(三),中华书局1986年版,第546页。

[2] 严复:《〈穆勒名学〉按语》,载王栻主编:《严复集》(四),中华书局1986年版,第1028页。

[3] 同上书,第1047页。

[4] 〔英〕约翰·穆勒:《穆勒名学》,引自王栻主编:《严复集》(四),第1053页。

来科学公例,所由在在见极,不可复摇者,非必理想之妙过古人也,亦以严于印证之故"①。这就是说,三百年来的科学公例每每得到证实,不可推翻,这并不只是近人的想法超过古人,而是近人严于印证的缘故。所以,严复认同穆勒的观点:一切真理都由归纳经验而来,演绎的出发点和归宿都离不开归纳。严复认为,中国传统文化学术的根本问题在于,不从客观事实的观察、归纳出发,也不用客观事实去验证;演绎的前提来自主观臆造或古旧陈说,是"师心自用"的先验产物。他说:"旧学之所以多无补者,其外籀非不为也,为之又未尝不如法也,第其所本者大抵心成之说,持之似有故,言之似成理,媛姝者以古训而严之,初何尝取其公例而一考其所推概者之诚妄乎?此学术之所以多诬,而国计民生之所以病也。"②也就是说,中国旧学讲起来似乎很有道理,实际上脱离现实,墨守陈说,推论过程即使不错,但前提完全错了,"原之既非,虽不畔外籀终术无益也"③。究其原因,仍在于前提不是来自对实际经验的归纳,而是主观臆造的:"无他,其例之立,根于臆造,而非实测之所会通也。"④总之,在他看来,只从传统的古训、教条出发,"不实验于事物,而师心自用,抑笃信其古人之说"⑤,这才是传统中学不如近代西学的根本所在。除《穆勒名学》外,严复还翻译过一本浅显的逻辑学著作——《名学浅说》(原名 *Primer of Logic*),该书为英国逻辑学家耶芳斯(W.S.Jevons,1835—1882年)所著,是1908年他讲授逻辑学的讲义,原作出版于1876年,严复译作于1909年由商务印书馆出版。除了以

---

① 严复:《〈穆勒名学〉按语》,载王栻主编:《严复集》(四),中华书局1986年版,第1053页。
② 同上书,第1047页。
③ 同上书,第1048页。
④ 同上书,第1047页。
⑤ 同上书,第1032页。

上八种译著外，严复还翻译、出版过其他一些著作，如英国宓克（A.Michie）的《支那教案论》(Missionaries in China)、卫西琴（S.A.Westharp）的《中国教育议》等。

《清史稿》云："世谓纾（即林纾）以中文沟通西文，复以西文沟通中文。"[①] 尽管严复不可能逾越历史所许可的范围来发挥他的智慧和才能，他所译介的西学也不可能达到"五四"新文化运动时期所倡导的"德先生"与"赛先生"的高度，但是他开辟了一条中西文化交流的崭新道路，给中国学术界留下了大量珍贵的学术成果，对近代中国思想界和学术界产生了具有启蒙意义的影响。事实上他也是试图借译介西学来开启民智，改良中国社会和文化教育的。因而，严复所译介的西学，在近代西学东渐史上有着独特的价值和重要的地位。

首先，严复是把西方的科学知识较为系统地介绍给国人的第一人。在明清之际，西来传教士和徐光启、李之藻等人，仅限于天文历算舆图方面的西学译介。在严复时代，社会上所谓鼓吹新法西学者，大多缺乏科学精神，用严复的话说，可以分为三类：第一类以谈新法西学为"一极时势之妆，与扁眼镜、纸烟卷、窄袖之衣、钢丝之车正等，以此随声附和，不出于心"；第二类是"见西人之船坚炮利，纵横恣睢，莫可奈何，以为此其所以强也，不若从而效之"；第三类则是"夙负盛名，为天下所归往"的守旧之人，知道了一些西学西法，乃"举声光化电之粗迹，兵商工艺之末流"，"附会经训，张颊植髭，不自愧汗"地胡吹一气，弄得"天下之人翕然宗之"[②]。毋庸讳言，此前西来的传教士曾译介过一些西方的社会科学知识，如经济学方面最早有米怜译编的《生意公平聚益法》、郭

---

① 《清史稿·本传》，载王栻主编：《严复集》（五），中华书局1986年版，第1545页。
② 严复：《论中国分党》，载王栻主编：《严复集》（二），中华书局1986年版，第488页。

实腊译的《贸易通志》、丁韪良译的《富国策》、艾约瑟译的《富国养民策》；政治学方面有傅兰雅译的《佐治刍言》；哲学方面有艾约瑟译的《辨学启蒙》、傅兰雅译的《理学须知》；法学、社会学方面也有不少。但是，从总体说来，这些译作比较零散、不成系统，有如"梁启超式"的支离破碎的翻译。正是严复从1895—1909年间，一口气译出刊行了八种著作，介绍的西学涉及进化论、哲学、社会学、经济学、政治学、法学、逻辑学甚至美学、教育学等西方社会科学的各个领域，总字数近一百九十万字（这其中包含严复所写的约十九万字的按语），才是西学的"命脉"所在。它们不仅决定着西方社会科学、自然科学的内容和形式；而且深刻地揭示了西方富强和现代化的命脉：学术上"黜伪崇真"——科学，政治上"屈私以为公"——民主。这不仅提示了中国社会危机的文化根源，而且在中国文化教育和思想史上确立了科学、民主、平等、自由的观念。蒋贞金在《严几道诗文钞·序》中说："中外棣通，国以多故，忧时之士，莫不奋矜扼腕，慨然出所学以求有利于天下。于是指切时政之文，与夫西方学艺之书，经重译以文中土者，几不可以缕缕计。然一平情论之，或迂阔不切于用，或其词愤悗，百读而不可通。是非识不足也。假椿墨之灵，而不能尽袪势利之见。故虽得名于当世，而当世不蒙其福也。侯官严几道先生，所学奄中西之长，又益之以闳通之识。哀黄裔之不竞，惧禹甸之沦胥，所译《天演论》、《原富》、《法意》、《群学肄言》诸名著，借他山之力，唤醒国魂。复于天津自创《国闻报》以评骘时局，然后中夏学者，乃知欧美之富强，不在船炮，不在工商，而在瀹智合群。……故先生每一文出，深入理奥而无闲，体势高峻，直摩周秦诸子之壁垒。"[①]

[①] 蒋贞金：《严几道诗文钞·序》，载王栻主编：《严复集》（五），中华书局1986年版，第1558页。

其次，严复不仅开中国学者系统独立翻译西方原著之先河，而且所选原著都是他精心研究过的，识见非凡，用意深远。中国翻译西书，从利玛窦、徐光启、李之藻到傅兰雅、王韬、徐寿，都没有跳出西译中述的模式。在晚清，也有中国学者独立翻译西书的情况，例如，上海留美归国学者、圣约翰书院院长颜永京译过美国海文著的《心灵学》(即心理学)，浙江留美归国学者、江南制造局翻译馆译员舒高第译过多种医学书。但是，他们的译书面既不广，又因信奉基督教，在中国一般士大夫心目中地位不高，故而影响不大。严复是中国官派出国的留学生，与传教士没有太多的瓜葛，在一般士大夫的心目中，他是中国正统的学者。而且，他慧眼独具、另辟蹊径，独立、系统而有选择性地翻译西方社会科学著作，并明确提出翻译西书的三大标准，因而在中国学术、思想界所产生的巨大震动和所引起的强烈反响，是此前及同时代译介西学的传教士和中国学者所无法比拟的，他也因此被同时代的知识分子尊为"中国西学第一人"。同时，严复译书强烈地表现出他的思想倾向和改良主张，所译原著他都是经过精心研究和挑选的，又兼顾到了中国时势之需和中国传统文化的异同。蔡元培说："严氏本到英国学海军，但是最擅长的是数学。他又治论理学、进化论兼涉社会、法律、经济等学。严氏所译的书，大约是平日研究过的。译的时候，又旁引别的书，或他所目见的事实，作为按语，来证明他"；"可以见他的选定译本，不是随便的"[①]。事实上，我们只要一读他的译著，无论序言、译例还是浩繁的按语，都可以看出，严复对所译原书不仅有过系统而深入的研究，甚至可以说凡是与原书有关系的书他都有过广泛涉猎。他自己也曾说："穷理与从政相同，皆贵集思广益。今遇原文所论，与他书

---

① 蔡元培：《五十年来中国之哲学》，载高平叔编：《蔡元培全集》(第四卷)，中华书局1984年版，第351页；第353页。

有异同者，辄就谫陋所知，列入后案，以资参考。间亦附以己见，取《诗》称嘤求，《易》言丽泽之义。"① 所以，他在翻译中，对每一本原著都加注了大量的按语，而这些按语又都旁征博引，洋洋大观，汇通古今中西。与此同时，他在翻译中时时不忘比较原著与中国传统文化的异同。如他在《天演论·自序》中说："及观西人名学，则见其于格物致知之事，有内籀之术焉，有外籀之术焉。……乃推卷而起曰，有是哉，是固吾《易》《春秋》之学也。迁所谓本隐之显者外籀也，所谓推见至隐者内籀也。"又云："夫西学之最为切实，而执其例可以御蕃变者，名、数、质、力四者之学是已。而吾《易》则名、数以为经，质、力以为纬，而合而名之曰《易》。"② 在《〈群学肄言〉译余赘语》中，他说："窃谓其书实兼《大学》《中庸》精义，而出之以翔实，以格致诚正为治平根本矣。"③ 在《译斯氏〈计学〉例言》中，指出："谓计学创于斯密，此阿好之言也。……中国自三古以还，若《大学》、若《周官》，若《管子》、《孟子》，若《史记》之《平准书》、《货殖列传》，《汉书》之《食货志》，桓宽之《盐铁论》，降至唐之杜佑，宋之王安石，虽未立本干，循条发叶，不得谓于理财之义无所发明。"④ 类似这样的言论，在严译名著中可谓随处可见。尽管其中不乏附会之论，甚至有"西学中源"之嫌，但这表明，严复这位西学先驱，并不像某些所谓西学论者有数典忘祖之弊。值得特别指出的是，严复翻译西方名著时正值甲午战争后，在当时的社会环境和学界中，大都只知西洋船坚炮利、声光电化。他虽在青年时即由福建船政

---

① 严复:《天演论·译例言》，载王栻主编:《严复集》(五)，中华书局1986年版，第1322页。
② 严复:《天演论·自序》，载王栻主编:《严复集》(五)，第1319–1320页。
③ 严复:《〈群学肄言〉译余赘语》，载王栻主编:《严复集》(一)，中华书局1986年版，第126页。
④ 严复:《译斯氏〈计学〉例言》，载王栻主编:《严复集》(一)，第97–98页。

学堂选派赴欧洲学习海军技术，深知西洋舰船枪炮之利及西方自然科学技术之发达，但他认定当时中国所需乃是西方命脉所在的学术思想、科学精神与方法论，所以他没有选择翻译西方技艺类的书籍。他在《赫胥黎治功天演论序》中有这样一段说明："晚近风气渐开，士知弇陋为耻，故西学一道，问津日多，然亦有一二妄庸巨子，诡然谓彼之所精，不外象数之末；彼之所务，常在功利之间。此所谓未经鞠狱，辄成爰书，卤莽罪过，莫此为极。赫胥黎氏此书之恉，本所以救斯宾塞任天为治之末流，而其中所论与中土古人有甚合者，且于自强保种之图洞若观火。夏日如年，聊为迻译。至有以多符空言、无裨实政相稽者，则亦不佞所不辞也。"① 他在《原强》一文中亦指出："至于至今之西洋，则与是断断乎不可同日而语矣。彼西洋者，无法与法并用而皆有以胜我者也。自其自由平等观之，则捐忌讳，去烦苛，决壅弊，人人得以行其意，申其言，上下之势不相悬，君不甚尊，民不甚贱，而联若一体者，是无法之胜也。自其官工商贾章程明备观之，则人知其职，不督而办，事至纤悉，莫不备举，进退作息，未或失节，无间远迩，朝令夕改，而人不以为烦，则是以有法胜也。其民长大鸷悍既胜我矣，而德慧术知较而论之，又为吾民所必不及。故凡所谓耕凿陶冶，织纴树牧，上而至于官府刑政，战斗转输，凡所以保民养民之事，其精密广远，较之中国之所有所为，其相越之度，有言之而莫能信者。且其为事也，又一一皆本之学术；其为学术也，又一一求之实事实理，层累阶级，以造于至大至精之域，……推求其故，则彼以自由为体，以民主为用。"② 在《译斯氏〈计学〉例言》中，他认为："夫计学者，切而言之，则关于中国之

---

① 严复：《赫胥黎治功天演论序》，载王栻主编：《严复集》（五），中华书局1986年版，第1412页。

② 严复：《原强》，载王栻主编：《严复集》（一），中华书局1986年版，第11页。

贫富；远而论之，则系乎黄种之盛衰。故不佞每见斯密之言于时事有关合者，或于己意有所怅触，辄为案论，丁宁反覆，不自觉其言之长而辞之激也。"① 这些言论既是严复对中西方文化的观察和分析，也是他选择翻译介绍这些西方学术著作和思想的缘由。

当然，严复在自信其译著有非凡价值的同时，也有过怀疑和苦闷。他在给友人英华的诗中，曾发出过这样的感慨："四条广路夹高楼，孤愤情怀总似秋。文物岂真随玉马，宪章何日布金牛？莫言天醉人原醉，欲哭声收泪不收。辛苦著书成底用？竖儒空白五分头。"② 姑且不说严复译作是否达成了他心中的理想，一个不可否认的事实是，严复所译西学既非"张唇植髭"、随声附和的时髦之作，亦非洋务时期"声光化电之粗迹，兵商工艺之末流"，而是他在《论世变之亟》中所谓的"西学命脉"之所在——"于学术则黜伪而崇真，于刑政则屈私以为公。"③ 诚如李泽厚所言，严复"通过《天演论》《原富》《法意》《穆勒名学》（这是严译中最重要的四部）等翻译，把进化论、唯物论的经验论、资产阶级古典经济学和政治理论，一整套系统地搬了进来，严复是将西方资产阶级古典政治经济学说、自然科学和哲学的理论知识介绍过来的第一人。从而在中国近代上开创了一个新纪元，使广大的中国知识分子第一次真正打开了眼界，看到了知识的广阔图景：除了中国的封建经典的道理以外，世界上还有着多么丰富深刻新颖可喜的思想宝藏。严复对西方资产阶级学术思想的系统介绍，及时满足了当时人们进一步寻找真理、学习西方的迫切要求。从此，人们就不必再去从那些《汽机问答》《格致汇编》等工艺技术或自然科学的课本中，也

---

① 严复：《译斯氏〈计学〉例言》，载王栻主编：《严复集》（一），中华书局1986年版，第101页。
② 严复：《赠英华》，载王栻主编：《严复集》（二），中华书局1986年版，第414页。
③ 严复：《论世变之亟》，载王栻主编：《严复集》（一），第2页。

不必再去从那些《泰西新史揽要》《政法类典》之类的单纯的政法史地的记述译作中，来费尽心思地学习研究、揣摩推测西方资本主义的道理和情况了。（在这以前，许多人正是这样去学习和了解的，如康、谭等人建立自己的思想体系也只得如此。）这样，中国近代先进人士向西方寻求真理的行程便踏进了一个崭新的深入的阶段。这一事实是极为重要的，它从根本上打开了人们的思想眼界，启蒙和教育大批的中国人，特别是爱国青年。从严复同代或稍晚一些的人，到鲁迅的一代，到比鲁迅更年青的一代，无不身受其赐。"①

二、教育救国论与科学教育观

甲午战争爆发后，日本以寥寥数舰之舟师、区区数万人之众，"一战而剪我最亲之藩属，再战而陪都动摇，三战而夺我最坚之海口，四战而威海之海军燀矣"②。严酷的事实使严复认识到，洋务派企图通过器物层面寻求所谓的"强兵富国"之道，不过是"盗西法之虚声，而沿中土之实弊"③。究其原因，在严复看来："中西事理，其最不同断乎不可合者，莫大于中之人好古而忽今，西之人力今以胜古；中之人以一治一乱、一盛一衰为天行人事之自然，西之人以日进无疆，既盛而不可复衰，既治不可复乱"；"今之夷狄，非犹古之夷狄也。今之称西人者，曰彼善会计而已，又曰彼擅机巧而已。不知吾今兹之所见闻，如汽机兵械之伦，皆其形而下之粗迹，即所谓天算格致之最精，亦其能事之见端，而非命脉之所在。其命脉云何？苟扼要而论，不外于学术则黜伪而崇真，于刑政屈私以为

---

① 李泽厚：《中国近代思想史论》，人民出版社1986年版，第259页。
② 严复：《原强修订稿》，载王栻主编：《严复集》（一），中华书局1986年版，第19页。
③ 严复：《救亡决论》，载王栻主编：《严复集》（一），第48页。

公而已"①。这就是说,中西不同之处在于:中国人不像西方人"力今以胜古"、"日进无疆",而是陷入了好古忽今、一治一乱、一盛一衰的历史循环,缺乏西方人"黜伪崇真"的科学精神和"屈私为公"的民主精神,对西方的学习局限在"中体西用"的框架内。甲午战争后,面对洋务派历经千磨万难的求"强"求"富"实践,虽小有成就但最终未能遂愿的现实,中国知识分子思谋再图改革,另辟救亡图存的途径。由是,在全国展开了一场轰轰烈烈的以政教制度变革为突破口的维新运动。作为维新变法的鼓吹者,严复尽管没有参加具体政治活动(他也因此躲避了慈禧太后的屠刀),但他毕竟是一个具有满腔爱国心的知识精英,面对"伏尸名士贱,称疾诏书哀",他的心情是悲痛而郁闷的。此时的他不能不考虑:精神寄托何在?努力方向何在?急功近利或可败,译介西学开启民智或许不失为一个可行的办法。他在《救亡决论》一文中指出:"欲救中国之亡,则虽尧、舜、周、孔生今,舍班孟坚所谓通知外国事者,其道莫由。而欲通外国事,则舍西学洋文不可,舍格致亦不可。"在他看来,"救亡之道在此,自强之谋亦在此。"②踌躇徘徊之后,严复选择了一条有异于康有为通过疾风暴雨式的制度变革来救亡图存的道路——把思想启蒙、开启民智,作为中国救亡图强的探索之路。1895年,他在《原强》一文阐述了他的基本思路是:"及今而图自强,非标本并治焉,固不可也。不为其标,则无以救目前之溃败;不为其本,则虽治其标,而不久亦将自废。标者何?收大权、练军实,如俄国所为是已。至于其本,则亦于民智、民力、民德三者加之意而已。果使民智日开,民力日奋,民德日和,则上虽不治其标,而标将自立。……然则三者又以民智为

---

① 严复:《论世变之亟》,载王栻主编:《严复集》(一),中华书局1986年版,第1—2页。
② 严复:《救亡决论》,载王栻主编:《严复集》(一),第46页;第50页。

最急也。"① 所以，严复从"治本"着眼，提出："今日要政，统于三端：一曰鼓民力；二曰开民智；三曰新民德。夫为一弱于群强之间，政之所施，固常有标本缓急之可论。唯是使三者诚进，则其治标而标立；三者不进，则其标虽治，终亦无功；此舍本言标者之所以为无当也。"② 而要实现他所谓的"治本"，即"鼓民力""开民智""新民德"，他认为在"民智未开"的中国，康有为梁启超等主张的"欲效泰西君民并主之美治"是行不通的，甚至有可能是"大乱之道"，只能从老老实实的教育文化工作做起，通过改良中国传统文化教育，以进化论和科学方法论为依据来开启民智、重塑国民。

严复认为，处于世界各国激烈竞争的时代，任何一个国家、任何一个民族要想幸免于"天演"淘汰之列，最重要的莫过于提高国民之素质。国民素质好比土壤，各种富国强兵之术只有植根于肥沃的土壤之上，才有可能发芽、开花，结出丰硕的果实。否则，无异于以牛之体而求"致远之用"，或以马之体而求"负重之用"，若处于"颠倒错乱"的境地，其结局将是"淮橘为枳，若存若亡"，任何效仿西方的治国方略、富强之策，都是没有实效且行不通的。国民素质高下的标志是什么？严复在《原强修订稿》一文中指出："一曰血气体力之强，二曰聪明智虑之强，三曰德行仁义之强"。所以，他指出："西洋观化言治之家，莫不以民力、民智、民德三者断民种之高下，未有三者备而民生不优，亦未有三者备而国威不奋者也。……是故西人之言教化政法也，以有生之物各保其生为第一大法，保种次之。而至生与种较，则又当舍生以存种，践是道者，谓之义士，谓之大人。至于发政施令之间，要其所归，皆以其民之力、

---

① 严复：《原强》，载王栻主编：《严复集》（一），中华书局1986年版，第14页。
② 严复：《原强修订稿》，载王栻主编：《严复集》（一），第27页。

智、德三者为准的。凡可以进是三者，皆所力行；凡可以退是三者，皆所宜废；而又盈虚酌剂，使三者毋或致偏焉。西洋政教，若自其大者观之，不过如是而已。"而中国的现实，在严复看来是："民力已茶，民智已卑，民德已薄。"形成这种现状的原因是："经数千年之层递积累，本之乎山川风土之攸殊，导之乎刑政教俗之屡变，陶钧炉锤而成此最后之一境。"所以，他认为，"虽有富强之政，莫之能行。"对此，严复曾打比方说："一国之事，同于人身。今夫人身，逸则弱，劳则强者，固常理也。然使病夫焉，日从事于超距赢越之间，以是求强，则有速其死而已矣。"①所以，在《主客评议》一文中，严复明确指斥革命就是"倡乱"："涓流可以断山，星火则以燎原。乃今者革命之谈，遍南北矣。夫拨乱反正可也，弃治从乱不可也。闻国治而后富强者矣，未闻倡乱以图自强者也。革命之谈，非倡乱耶？"②

因此，严复的结论是：中国要想自立于世界民族之林，必须从提高和改善国民素质入手，提高国民素质不可操之过急，根本的途径在于通过教育"鼓民力、开民智、新民德"。也就是说，严复主张，以改良而非革命、以"教育救国"而非"政治救国"的方式，来致力救亡图存与中华民族的复兴。所谓鼓民力，"就是要使民众气体强健"，要通过教育，普及卫生知识，革除礼俗积弊，尤其是要严禁吸食鸦片和女子缠足，使之"形神相资，志气相动，有最胜之精神而后有最胜之智略"；所谓"开民智"，就是要废除摧残人才的八股、试帖、策论的科举取士制度，摒弃即物穷理、训诂注疏、无实无用、苟且粉饰的宋学、汉学、词章小道，而普设新式学堂大讲西学、实学，尤其是西方重实证、重归纳的科学思维方式及赫胥黎

---

① 严复：《原强修订稿》，载王栻主编：《严复集》（一），中华书局1986年版，第18—19页；第26—27页。
② 严复：《主客评议》，载王栻主编：《严复集》（一），第117页。

所说的西方"教民要术"——"读书得智,是第二手事,唯能以宇宙为我简编,民物为我文字者,斯其学耳";所谓"新民德",就是要用资产阶级的自由、民主、平等,代替中国封建宗法制度和伦理道德,培养人们的国家观念、主人翁精神和新的道德风尚。[1]可见,在严复眼里,救亡图存和中国教育的要旨,就是在于"鼓民力""开民智""新民德",改造国民性,重塑一代新国民。在这里,严复把关于教育的社会功能的论述牢牢地建立在进化论的基础上。早在1897年即维新变法的前一年,严复就预料到了维新变法的艰难,其中最主要的障碍是民众的普遍愚昧,没有民主的意识。他对梁启超说,西方各国实行民主是因为他们自古希腊时候起就有民主的传统和"天演"的胚胎,且"其民之智甚开,其民之力甚厚";反观中国,不仅民智未开,而且一直是"专行君政之国",没有"民主胚胎","虽演之亿万年,不能由君入民"[2]。在1898年1月发表的《中俄交谊论》一文中,他还说:"夫君权之重轻,与民智之浅深为比例。论者动言中国宜减君权、兴议院,嗟呼!以今日民智未开之中国,而欲效泰西君民并主之美治,是大乱之道也。"[3]因此,在维新运动中,他虽有强烈的变革欲望(在维新之前他已写出了《论世变之亟》《救亡决论》《辟韩》《原强》等强烈要求变革的文章),却保持观望甚至消极悲观的态度。维新失败后,他既不参加康有为、梁启超等在海外的立宪运动,也不参加国内张謇、汤寿潜等发起的立宪运动。他此时更加坚信自己的判断和选择:只能渐变,不能激变,

---

[1] 参见严复:《原强修订稿》,载王栻主编:《严复集》(一),中华书局1986年版,第18—19页;第27—30页。

[2] 梁启超:《论君政民政相嬗之理》,载《饮冰室合集》(文集之二),中华书局2008年版。

[3] 严复:《中俄交谊论》,载王栻主编:《严复集》(二),中华书局1986年版,第475页。

即所谓"宇宙有至大公例，曰'万化皆渐而无顿'"①；"民智不开，则守旧维新，两无一可"。所以，他"屏弃万缘，惟以译书自课"，欲令"在野之人与夫后生英俊，洞识中西实情者日多一日，则炎黄种类未必遂至沦胥；即不幸暂被羁縻，亦将有复苏之日"②。也就是说，他不寄望于眼下的维新变革，他把希望寄托在比较遥远的将来。1905 年，当严复与孙中山这两位向西方寻求真理的先进人物在伦敦见面时，年轻的孙中山向前辈严复请教改造中国的方案，严复开出的济世良方仍然是从教育着手开民智。他说："以中国民品之劣，民智之卑，即有改革，害之除于甲者将见于乙，泯于丙者将发之于丁。为今之计，惟急从教育上着手，庶几逐渐更新乎！"孙中山以"俟河之清，人寿几何！君为思想家，鄙人乃实行家"③而委婉回绝。可见，严复"教育救国"的信念是坚定不移的。当然，也正是进化论主张渐变、反对突变，"为变至微，其迁极迂"的观点，使严复始终信奉斯宾塞所谓的"民之可比，至于无穷，惟不可期之以聚"。所以，他始终坚信，改变中国落后面貌的根本出路在于教育，宁愿毕生投入译介西学和文化教育工作。

严复不仅以进化论为依据，反对激变，主张以渐进的方式，通过教育改造国民性，最终达成救国富强的目的；而且主张在教育和治学的过程中真正引入西方的科学精神和科学方法论。贯穿于严复八大译著中的一条主线，是以英国经验主义哲学为核心的实证主义思想。《天演论》中的达尔文进化论便是最先流行于英国，并且从作为一种科学哲学的生物进化论思想，走向了作为历史哲学的社会进化论，即斯宾塞的社会学理论。在另外三部涉及

---

① 严复：《政治讲义·第一会》，载王栻主编：《严复集》（五），中华书局1986年版，第1245页。

② 严复：《与张元济书》，载王栻主编：《严复集》（三），中华书局1986年版，第525页。

③ 严璩：《侯官严先生年谱》，载王栻主编：《严复集》（五），第1550页。

经济学(《原富》)、政治学(《群己权界论》)和法学(《法意》)的译著中,也贯串着以经验主义为核心的功利主义精神,从另一角度体现了当时流行的实证主义思潮。在《穆勒名学》和《名学浅说》中,严复译述了逻辑学与科学方法论。深受归纳主义影响的严复,与西方培根、洛克、穆勒的思想一脉相承,并且以西方科学哲学作为理论武器,对中国封建社会的"旧学"与"西学"进行比较,批判了中国传统学术的弊端和不足。严复认为,中国封建社会的科举八股、汉学考据、宋学义理,以及辞章、书法、金石等"旧学""中学",一言以蔽之,"曰无用","曰无实","其为祸也,始于学术,终于国家"①。只从传统的"古训"教条出发,"不实验于事物","不察事实,执因言果,先为一说,以概余论"。这就是中学不如西学的问题所在,这就是"旧学之所以多无补者","学术之所以多诬"②的症结所在。因此,必须予以废除,必需"即物实测",从实际经验出发,通过观察、归纳、综合,才能得到"无往而不信"的科学"公例",即普遍原理、原则。掌握了这种"公例"就可以普遍应用,驾驭各种繁复变化。这就是严复所要大力提倡的哲学认识论,也正是他花大力气翻译《穆勒名学》和《名学浅说》的真正目的。因为"本学之所以称逻辑者,以如贝根言,是学为一切法之法,一切学之学;明其为体之尊,为用之广"③。总之,在他看来,由于培根等人"倡为实测内籀之学",牛顿、伽利略、哈维"踵用其术",才取得了近代自然科学的巨大成就。严复认为,这才是中国应该学习的根本所在。严复这样高度重视认识论和逻辑学,积极介绍和倡导经验论和归纳法,

---

① 严复:《救亡决论》,载王栻主编:《严复集》(一),中华书局1986年版,第44—45页。

② 严复:《〈穆勒名学〉按语》,载王栻主编:《严复集》(四),中华书局1986年版,第1047页。

③ 同上书,第1028页。

就其眼光和水平而言，在当时确是凤毛麟角，极为难得。仅这一点，就使他超过了前前后后的许多人，使他在提倡西方资产阶级新学反对中国封建传统旧学中成为一个独特的标志和一座醒目的界碑。

严复把这种科学的方法论引入对中国传统教育的改革与研究上。严复主张，第一，教育的目的在于"炼心积智""变其心习"。他认为："生人之事，以炼心积智为第一要义。炼心精、积智多者为学者。否则常民与野蛮而已。"^① 所谓"炼心积智"，是说既要重视知识的增长与积累（积智），更要重视对受教育者的"炼心"——思维训练。所以，他对炼心积智的专门之学如算学、化学、电学、动植物学、天学、地学、人学，及"群学"如政治、刑名、理财、史学等都十分重视，视为有志之士的必治之学。在《论今日教育应以物理科学为当务之急》一文中，他强调，"科学之中，凡为数学，自几何以至于微积，其中内籀至少，而外籀独立。至于理、化、动、植诸科，则内籀至多，而外籀至少"。因此"所用学科，于理想、感情、内外籀，皆不可偏废"；"学校中课程，所以必有数学、理、化、动、植诸科"，这是"人生不可少之智识"。所谓"变其心习"，就是要改变中国旧学"德育为多"、只重文词而轻视实践的教育模式和思维方式。他指出："吾国教育，自三育言，则偏于德育，而体、智二育皆太少"；"中国自古至今，所谓教育者，一语尽之曰：学古入官耳"。他认为："德育主于感情，智育主于思想，故德育多资美术，而智育多用科学。顾学校听课，智育常多。诚以科学所明，类皆造化公例，即不佞发端所谓自然规则。此等公例规则，吾之生死休戚视之，知而顺之，则生而体；昧或逆之，则戚且死。"可见，在严复心中，在科学缺失、智育"未得其方"、"民智不蒸"的

---

① 严复：《西学门径功用》，载王栻主编：《严复集》（一），中华书局1986年版，第93页。

中国，德育固然也重要，但于"开瀹心灵"、增广知识"有最大之实功"的科学教育——智育，无疑是居于首位的。至于如何变其心习，严复认为，"必使学者之心，与实物径按，而自用其明，不得徒资耳食，因人学语"；"方其始也，必为其察验，继乃有其内籀外籀之功，而其终乃为其印证，此不易之涂术也"①。第二，治学要理论联系实际，知行合一，重视科学的实验、归纳方法。他在《救亡决论》中指出，处在今天这样一个存亡危急之秋，若图自救之术，"不独破坏人才之八股宜除，与举凡宋学汉学，词章小道，皆宜且束之高阁"；"陆王之学，质而言之，则直师心自用而已。自以为不出户可以知天下，而天下事与其所谓知者，果相合否？不径庭否？不复问也。自以为闭门造车，出而合辙，而门外之辙与其所造之车，果相合否？不龃龉否？又不察也。向壁虚造，顺非而泽，持之似有故，言之若有理。……其为祸也，始于学术，终于国家。……然而西学格致，则其道与是适相反。……且西士有言：凡学之事，不仅求知未知，求能不能也。……其绝大妙用，在于有以炼智虑而操心思，使习于沉者不至为浮，习于诚者不能为妄。是故一理来前，当机立剖，昭昭白黑，莫使听荧"。在他看来，中华"四千年文物，九万里中原，所以至于斯极者，其教化学术非也。不徒嬴政、李斯千秋祸首，若充类至义言之，则六经五子亦皆责有难辞"②。所以，他大声疾呼，摒弃"始于作伪，终于无耻"的"华风之弊"，倡行西学西教，要求为学求知要读"大地原本书"，读"无字之书"，要"学于自然"。至于具体的治学方法，严复针对中国传统脱离实际、崇尚空谈的学风，极力倡导观察、实验和归纳的方法。严复认

---

① 严复：《论今日教育应以物理科学为当务之急》，载王栻主编：《严复集》（二），中华书局1986年版，第279-285页。
② 严复：《救亡决论》，载王栻主编：《严复集》（一），中华书局1986年版，第44-45页；第53页。

为,"中国不治之疾,尚是在学问上;民智既下,所以不足自立于物竞之际"①。这就是说,中国学术之不良,其病根在研究学问的方法上。他在《西学门径功用》一文中指出,"吾人学为穷理,志求登峰造极",然后给学者指出了"穷理"的三种途径和方法,即"考订"、"贯通"和"试验"。考订是"聚列同类事物而各著其实",贯通则是"类异观同,道通为一"。考订即"观察演验",乃"即物穷理"的第一层功夫,在观察演验的基础上归纳出普遍规律,这就是贯通。严复说:"考订既详,乃会通之以求其所以然之理,于是大法公例生焉。"严复认为,考订和贯通两层功夫,中西古学均已注意到,但古人为何循此法常常出错呢?乃是忽视了科学方法中的第三层功夫,即"试验","试验愈固,理愈靠实矣"②。他认为,真正的知识不但来自经验,而且要返回经验,也即强调突出"试验"的重要性,而这也正是科学方法与传统方法的最大区别之一。"试验"亦即实验,是由培根的实证主义派生而来。在严复看来,这种试验的方法为中国历代治学者所最为缺乏。而在西方,这种试验方法被视为科学的温床,举凡科学无不为试验所印证。他在《救亡决论》一文中指出,在西方,"一理之明,一法之立,必验之物物事事而皆然,而后定之为不易。其所验也贵多,故博大;其收效也必恒,故悠久;其究极也,必道通为一,左右逢原,故高明。方其治之也,成见必不可居,饰词必不可用,不敢丝毫主张,不得稍行武断,必勤必耐,必公必虚,而后有以造其至精之域,践其至实之途"③。正是由于严复切身体察到了科学的伟力,洞见了西学的命脉所在,所以他主张"中国此后教育,在在宜著意科学,使学者之心虑

---

① 严复:《与五弟书》,载王栻主编:《严复集》(三),中华书局1986年版,第733页。
② 严复:《西学门径功用》,载王栻主编:《严复集》(一),中华书局1986年版,第93页。
③ 严复:《救亡决论》,载王栻主编:《严复集》(一),第45页。

沈潜，浸渍于因果实证之间，庶他日学成，有疗病起弱之实力，能破旧学之拘挛，而其于图新也审，则真中国之幸福矣。"①这也正是严复眼光独到之处和他比同时代人的高明之处。所以，对于严复这样一位在近代中国独一无二的历史人物，美国学者郭颖颐有这样一段公允的评说："严格说，严复并不能算是中国新思想的开山"，但"严复奠定了新时代思想家们把现代科学作为一种价值体系而接受的基础"②。

常言道，"天下唯庸人无咎无誉"。对于严复，历史上也有微词。说他只知教育救国或更具体一点是西学救国，而不赞成用革命手段。尤其是到了晚年，他不但完全抛弃经验论，而且放弃了他一直坚守信奉的进化论及他曾经热情介绍、信奉过的"西学"，重新回到了他熟悉的旧学怀抱，正所谓"新学愈进则旧学愈益昌明"，"旧法可损益，必不可叛"③。在郁闷和悲观中，晚年的严复沉浸在老庄的虚无主义哲学之中，以麻痹自己。然而，当这位先行者日益成为历史的落伍者时，他前期借他山之力、唤醒国魂的译作和深入理奥、体势高峻的思想却仍在发挥着作用，影响和启迪着一代又一代的中国知识分子。

第六节　张謇：善取法于各国参究之后

张謇（1853—1926年）是我国历史上颇具传奇色彩的人物。在近代中国精英群体中，他集状元、实业家、教育家、政治家于一身，是诸多中国现代化事业的开拓者和业绩恢宏的历史人物。1894年，

---

① 严复：《与〈外交报〉主人书》，载王栻主编：《严复集》（三），中华书局1986年版，第565页。
② 〔美〕郭颖颐：《中国现代思想中的唯科学主义（1900—1950）》，雷颐译，江苏人民出版社1995年版，第3—4页。
③ 严璩：《侯官严先生年谱》，载王栻主编：《严复集》（三），第1549页；第1552页。

42岁的张謇中一甲第一名赐进士及第（状元）。书生的本分是"学成文武艺，货与帝王家"，然而他却没有走传统的"状元宰相"之路，而是转而投身实业、教育。他以实业和教育为两大抓手，以在野之身、凭一己之力，缔造了一个区域性的"现代化"模式——"南通模式"。他从1895年开始筹办大生纱厂起，陆续创办了包括农、工、商、运输、银行的南通实业体系，形成了一条在中国近代具有比较优势和鲜明特色的以工业为中心、以农村为基地的区域经济发展路线。同时，他以"村落主义"和"地方自治"相标榜，以实践高于理论的思维，以"父教育而母实业""实业之所至即教育之所至""实业与教育迭相为用"为帜志，大力发展教育事业。他所创办的师范教育、国民教育、职业教育、社会教育，大多开近代中国新式教育的先河，而且其教育理念之新颖独特，创办学校数量与种类之多，可谓前无古人。19世纪末至20世纪20年代，中国政局动荡，制度缺失，前途茫茫无着。在这样的大环境中，南通却几乎是在张謇个人的努力下，建成了相当完备的经济、文化、教育、医疗和慈善体系，并创造了大量就业机会，成了人们心目中理想的乐土——"新世界雏形"。清末民初，举凡国内外言实业、教育者必曰南通。当时上海的《申报》《东方杂志》及英文报《字林西报》(*North-China Daily News*)、《大陆报》(*China Press*)、《密勒氏评论报》(*Millard's Review*)等，都曾经介绍、宣传过他和南通的事业。近代著名学者胡适曾高度称赞："他独力开辟了无数新路，做了三十年的开路先锋，养活了几百万人，造福一方，而影响及于全国。"[①]毛泽东也曾给予张謇极高的评价："讲到轻工业，不能忘记张謇。"[②]当

[①] 胡适：《南通张季直先生传记序》，载《胡适文存》（3集卷8），外文出版社2013年影印版，第3页。

[②] 《张敬礼同志谈话记录》，载张季直先生事业编纂处编：《大生纺织公司年鉴》，江苏人民出版社1998年版，第407页。

代历史学家章开沅先生亦深有感慨地说:"晚清状元有好几位,但只有张謇在兴办近代实业、教育方面取得显著的成就。"①张謇本人也因其事业成就,而成为当时国内登高一呼应者云集的头面人物,"一遇国内有事,通电必有张季直署名,实业界有事,就必请南通领衔"②。

张謇在前半生的人生舞台上,主要扮演的是一个传统士子苦修举业和侧身幕府的角色。清咸丰三年五月二十五日(1853年7月1日),张謇出生于长江入海口北岸的海门常乐镇。张謇祖先世代务农,及至父亲一代,方才识字读书。由于张家祖上三代无人读书应举也就是所谓"冷籍",当时科举有冷籍"不得入试"的不成文陋规。为了取得应试资格,张謇15岁时由他的一位老师引荐结识了如皋县的张家,张家同意张謇冒充自家的子嗣报名获得学籍。16岁,张謇考中了秀才。但从此张家便开始用冒名一事来要挟张謇,不断索要钱物,最后索性将张謇告上了公堂。这场诉讼持续数年,令张謇十分狼狈,家道也因此困顿。自1868年中秀才到光绪二十年(1894)中状元,张謇一次又一次地出入场屋,其中的疲惫、憔悴、痛苦与荒诞只有他自己最清楚。对此,他曾回忆说:"悲夫!综吾少壮之日月,婉转消磨于有司之试而应其求,盖三十有五年。"③

1874年,张謇21岁。当时执掌江宁发审局的孙云锦欣赏张謇的品格与学识,又念其家贫,便邀他任书记,张謇欣然前往,这便是他长期游幕生涯的发端。张謇在发审局的公务不多,主要是伴同孙云锦的两个儿子读书。光绪二年(1876)夏天,可能是张謇发迹最重要的节点,张謇又得孙云锦的推荐,入庆军统领吴长庆幕府。源远流长的幕府制度为那些身怀韬略而没有进入仕途的山野才智

---
① 章开沅:《开拓者的足迹——张謇传稿》(自序),中华书局1986年版,第5页。
② 洪维清:《张謇办实业概况》,载《工商史料》(2),文史资料出版社1981年版,第6页。
③ 张謇:《外录》(自序),载曹从坡、杨桐主编:《张謇全集》(五),江苏古籍出版社1994年版,第602页。

之士和知识分子提供了另一种事功的路径。吴长庆时任记名提督，为李鸿章统领的淮军部下，是一个仗义疏财而又礼贤下士的儒将。"爱士而门左千客，门右千客；罗贤而朝拨一人，暮拨一人"①。自张謇入幕以后，吴长庆常优厚礼待，让张謇在办公之余，可以静心读书，军中机密及重要函牍，皆让张謇参与、办理。张謇在庆军先后有8年之久（1876—1884年）。他作为吴长庆的主要幕僚，曾参与了庆军历次重大决策，特别是光绪八年（1882），他随吴长庆渡海东征，平定朝鲜叛乱，显示出了卓越的才能与胆识，受到了吴长庆及朝鲜国王李熙的赞誉和赏赐。张謇本想借助庆军建功立业，但这个梦想随着1884年吴长庆病逝而破灭。随着吴长庆幕府宾客星散，张謇也随之返居故里。在长达八年的客幕生涯中，他结识了一批名流，开阔了视野，增长了知识，陶铸了务实、精干的个性，也从此崭露头角。自1884年返家至1894年中状元，张謇把主要的精力用于科举功名。综观三十多年的科场拼搏和游幕生涯，对张謇来说，也许最重要的并不是在他42岁时大魁天下，而是饱读经书、学贯古今、满腹经纶，形成了他"经世致用"的入世态度，以及"天下兴亡，匹夫有责"的责任感和使命感，使他逐渐成为一个务实、进取、事业心很强的人才，预示着他在社会历史条件许可的前提下，有可能转向致力兴办近代中国的实业、教育。甲午战争后，空前尖锐的民族危机激起了举国一致的"救亡图存"运动，民族矛盾上升为主要矛盾。社会各阶层人士纷纷行动起来，寻求"自救"方略。从"公车上书"到"百日维新"，维新派一马当先，在全国各地组织救国团体，调动舆论工具，宣传民族危机，鼓吹维新变法，振兴民族实业。可以这么说，这一时期鼓荡全国的"实业救国"思潮成了一切爱国志士认同的救国理论，这为投资工商业创造了良好

---

① 张謇：《吴军门五十寿序》，载曹从坡、杨桐主编：《张謇全集》（五），江苏古籍出版社1994年版，第323页。

的社会环境，同时也迫使清政府制定颁布了一些有利于民族工商业发展的法令政策，如清政府令地方各级政府设立"商务局""商务公所"，负责创办新式工厂，允准各级地方官员"量力附股"，并以世职、实官、虚衔、专利、匾额颁给创厂之人，鼓舞民心；总理衙门拟定《振兴工艺给奖章程》二十款，以立法形式予以扶持；另外，政府严禁大小衙门向创厂之人"勒索规费"，要求做到"有恤商之诚""行护商之政"等，为新兴企业发展提供生存条件。这样一个将生未死的时代，也从客观上促成了许多民族资本家和有识之士纷纷从高喊"实业救国""教育救国"到将口号付诸实践。甲午战争也成了张謇人生道路的分水岭，张謇的"实业救国""教育救国"思想，正是在此期间形成的。他的思想转变，集中体现在1895年夏天他为湖广总督张之洞撰写的《代鄂督条陈立国自强疏》中。在奏疏中，张謇痛陈《马关条约》对中国造成的严重危害。他认为，允准日本人在国内开机器厂、制造土货、设立行栈，"如鸩酒止渴，毒在脏腑"，其后患必然是"以我剥肤之痛，益彼富强之资。逐渐吞噬，计日可待"。为了救亡图存，张謇条陈八项主张，其中"广开学堂""速讲商务""讲求工政"三项集中反映了他的改良主义教育与经济思想。为了振兴民族工商业，张謇主张，政府除应建立保护奖励机制外，尤其是要学习西方将开办学堂、培育人才作为发展工商业的前提条件。他指出："人皆知外洋各国之强由于兵，而不知外洋之强由于学。夫立国由于人才，人才出于立学，此古今中外不易之理。……泰西诸大国之用人，皆取之专门学校，故无所用非所习之弊。"因此，他建议："各省广设学堂，自各国语言文字，以及种植、制造、商务、水师、陆军、开矿、修路、律例各项专门名家之学，博延外洋各师教习"，并将学习较优者送往外国深造。为了学习外国先进工艺，他甚至主张各省"分遣多员，率领工匠，赴西洋各大厂学习。一切种植、制器、纺织、炼冶、造船、造炮、修路、开矿、化学等事,皆肄习之"①。

可见,在甲午战争后,张謇的救国思维已突破了"实业救国"的线性思维方式,开始了"实业"与"教育"互为表里的思考和实践,认为"自丙戌(1886年)会试报罢,即谓中国须振兴实业,其责任须在士大夫";"甲午后乃有以实业与教育迭相为用之思"②。其后,他把这一主张形象化为"父教育而母实业"③。事实上,后来张謇正是顺着为振兴实业而培育人才—为培育人才而兴办学校—为办学而兴办纺织厂这个思路,走上了状元办厂兴学的道路。当然,鼓励他在这条道路上走下去的,不是某个人,而是一个国家——日本。对于日本,张謇既痛恨又推崇。对日本军国主义的野蛮行径,张謇是愤恨至极,但对日本明治维新以来努力学习西方、迅速实现民富国强又颇有兴味,希望学习它的成功经验。他说:"甲午后,益决实业、教育并进迭用,规营纱厂,又五年而成。比欲东游,以资考镜,不胜谇谤之众。"④光绪二十九年(1903),日本第五次国内劝业博览会开幕,日本驻宁领事天野请徐乃昌转送一张请帖给张謇。张謇以为有这个机会去日本"观其所以由,察其所以安"是一件极好的事,便于是年4月27日,乘日本邮船会社博爱丸从上海动身去日本。张謇此行足迹遍布日本全国,历经神户、大阪、京都、名古屋、静冈、东京、仙台、青森等地,并渡过津轻海峡,取道涵馆、室兰,深入到北海道的札幌。在日本期间,年逾半百的张謇不顾旅途劳顿,惜时如金,尽可能多地参观考察日本的学

---

① 张謇:《代鄂督条陈立国自强疏》,载曹从坡、杨桐主编:《张謇全集》(一),江苏古籍出版社1994年版,第30页;第35-36页;第38页。
② 张謇:《癸卯东游日记》,载曹从坡、杨桐主编:《张謇全集》(六),江苏古籍出版社1994年版,第480页。
③ 张謇:《通海中学附国文专修科述义并简章》,载曹从坡、杨桐主编:《张謇全集》(四),江苏古籍出版社1994年版,第74页。
④ 张謇:《啬翁自订年谱》,载曹从坡、杨桐主编:《张謇全集》(六),第864页。

校、工厂、农场,广泛听取日本各界友人的情况介绍。据不完全统计,张謇在日本70天,共考察日本教育机关35处、农工商各机关30处。

张謇去日本的动机是十分明确的,就是为了亲自了解日本社会的真实情况,考察日本现代产业和教育发展的现状及其缘由。因此,他把此次日本取经界定在实业、教育这两个重要范畴。他说自己"二十年来,稍留心于实业、教育,近方稍有着手处,是以来游,求增长其知识,东士大夫有能以维新时实业、教育经验之艰难委曲见教者,愿拜其赐,他不遑及也"[①]。此次东行,对张謇的影响很大,成为其创办实业、发展教育、谋求"地方自治"生涯的一个新的起点。第一,通过对日本的实地考察及对比中日两国在教育、实业、政治诸方面的异同,使他认识到,日本由小国而跻身于强国的根本原因,是日本在学习西方的过程中充分认识到西方工业革命和科技教育的巨大作用。他说:"日之所以强,变法从工入;中之所以弱,变法从兵入。本末易位,缓急失宜";"中国之学西法也自兵始,日本之学西法也自工始。自工始者,学其用机器,并学其造机器。学其用机器,故有各工艺学校;学其造机器,故有各铁工制造场。工业进而后及练兵,此日之所以能也"[②]。而"中国但知西洋之有坚甲利兵,而竭全力以练兵,舍本求末,故至今犹陷于困境也"[③]。能有这样的识见,在当时的中国难能可见。因为"中国向来守旧之徒,自尊自大,鄙夷泰西为夷狄者无论矣,即有一二号称通达时务之人,如李鸿章、

[①] 张謇:《癸卯东游日记》,载曹从坡、杨桐主编:《张謇全集》(六),江苏古籍出版社1994年版,第507页。

[②] 张謇:《代某给谏条陈理财疏》,载曹从坡、杨桐主编:《张謇全集》(一),江苏古籍出版社1994年版,第87页。

[③] 张謇:《欢迎日本青年会来通参观演说》,载曹从坡、杨桐主编:《张謇全集》(一),第599页。

张之洞之流,亦谓西法之当讲者,仅在兵而已,仅在外交而已。"[1]第二,此次东游形成了他"开放主义"的教育观和一些具体的教育思想。如"开放主义"教育观:"与世界竞争文明,不进即退,更无中立"[2];"但有本国古代历史之观念者","不足与于列国竞争之会,即不足救我国时局之危","今日我国处列强竞争之时代,无论何种政策,皆须有观察世界之眼光,旗鼓相当之手段,然后得与竞争之会"[3];如"兴学之要在普及"与优先发展实业教育的思想:"教育为开亿万人普通之识,非为储三数人非常之才"[4],"中国目前兴学之要,普通重于专门,实业亟于名哲"[5];再如"师范为教育之母"的思想:"自治之本在兴学,兴学之效在普及。……师范则普及根原,教育本位"[6];以及"实业为教育之母""以实业辅助教育,教育改良实业"的思想等。第三,日本之行更加坚定了他"教育救国""实业救国"的主张:"然则图存救亡,舍教育无由。而非广兴实业,何所取资以为挹注?是尤士大夫所当兢兢者矣。"[7]因此,东游回来之后,他不仅到处介绍日本维新的成就,积极主张仿效日本君主立宪,改良政府,投身立宪运动;而且从南通的实际出发,积极借鉴日本的经验,专心致志于南通的教育、实业及社会公益事业。

经营南通,虽然从形式上看带有地方"村落主义"封闭的色

---

[1] 梁启超:《戊戌政变记》,引自中国史学会主编:《中国近代史资料丛刊·戊戌变法》(一),上海人民出版社1957年版,第303页。
[2] 张謇:《癸卯东游日记》,载曹从坡、杨桐主编:《张謇全集》(六),江苏古籍出版社1994年版,第487页。
[3] 张謇:《中央教育会开会词》,载曹从坡、杨桐主编:《张謇全集》(一),江苏古籍出版社1994年版,第169页。
[4] 张謇:《癸卯东游日记》,载曹从坡、杨桐主编:《张謇全集》(六),第511页。
[5] 同上书,第500页。
[6] 张謇:《师范奖励约束补助说呈学部》,载曹从坡、杨桐主编:《张謇全集》(四),江苏古籍出版社1994年版,第31页。
[7] 张謇:《癸卯东游日记》,载曹从坡、杨桐主编:《张謇全集》(六),第515页。

彩，但他的经营理念和实践行动却是在全国乃至世界的视角下展开的。他经营南通的终极目标就是要推进中国乡村社会的转型，建设一个能与西方世界竞争文明的——"新新世界雏形"。要建设这样一个"新新世界雏形"，就必须走本土化与国际化相结合的道路，通过寻求"外力"来不断修正和调适自己的发展理念和行为方式。作为时代的弄潮儿，张謇是以"世界"作为他观察和改造中国社会的参照系的。他曾说："二十世纪之经济问题，实有左右全球之价值。"① 1914 年，他更发出了这样的感叹："今之时何时乎？商业衰敝至于此极，而世界经济之潮流喷涌而至，同则存，独则亡，通则胜，塞而败。昔之为商，用吾习惯，可以闭门而自活。今门不可闭也，闭门则不可以自活。"② 他指出："有世界知识，而后可以知一国之地位。"③ 所以，他强调："一个人办一县事，要有一省的眼光；办一省事，要有一国的眼光；办一国事，要有世界的眼光。"④

为了"与世界竞争文明"⑤，张謇努力通过当时介绍西方的书籍和传入中国的西方书籍了解西方文明。从他的自订年谱和有关文章中可知，他读过《海国图志》《瀛环志略》《日本议会史》《英国国会史》《宪法古义》等书，并在广泛的社会接触中，对美国、欧洲、俄国、日本的现代化发展历史都有所了解，从而增加了对西方文明的认识。光绪二十七年（1901），张謇撰写了约两万字的《变法平议》，提出效仿"法之拿破仑、美之华盛顿、德之威廉、日本之明治"进

---

① 张謇：《宣布就部任时之政策》，载曹从坡、杨桐主编：《张謇全集》（一），江苏古籍出版社 1994 年版，第 277 页。
② 张謇：《致商会联合会函》，载曹从坡、杨桐主编：《张謇全集》（一），第 291 页。
③ 张謇：《全国教育会联合会发起词》，载曹从坡、杨桐主编：《张謇全集》（四），江苏古籍出版社 1994 年版，第 98 页。
④ 张孝若：《南通张季直先生传记》，上海书店 1991 年版，第 297 页。
⑤ 张謇：《癸卯东游日记》，载曹从坡、杨桐主编：《张謇全集》（六），江苏古籍出版社 1994 年版，第 487 页。

行制度变革。在他看来，西方文明之所以日益昌盛发达，除了船坚炮利、器用精好外，还在于其制度先进。他说，"各国制造、警察、教育、武备一切政治之精"优于中国，"彼通学问而我陋；彼谙政事而我疏；彼躬陈列于军旅行伍之间而我惰；相形而绌"。因此，中国变革必须突破"中体西用"的思想框架，不仅要采用西方的"器机之学"，而且要借鉴西方的政治制度。为此，他条陈了改革更新之事四十二项，其施行之次第为："第一，请设议政院"，其他还有诸如"设课吏馆""改外部""设政县议会""酌变科举""译书分省设局""派亲贵游历"①等，所列各项无不与引入西方文明，特别是制度文明和文化教育有关。当然，他的这些主张与维新派康梁之辈并无二致。梁启超就曾说："变法之本原曰官制、曰学校。"②考察日本回国后，他又为西学引进中国而奔走呼号多年，并参与领导了宪政运动。光绪三十三年（1907），张謇还印发《日本议会史》《英国国会史》各200本，以广泛传播西方的政治文明。由于从事教育实际工作的需要，张謇对我国传统教育有过深切的体会和研究。他曾说："鄙人亦科举中人。甲午，成进士，睹国事日非，而京朝士大夫，尚恃拘墟之见以论时局，率谓物质文明，如枪炮制造之类，中国自让泰西一筹；惟读书一事，乃中国专长，决不能取法于外国。鄙人潜心研究，所谓中国专长者，不过时文制艺而已；科学则有能有不能；至于教育之理，教人之法，虽谓直无一人能之，亦不为过。"③因此，他指出："但有本国古代历史之观念者，不足以语今日之教育，以其不足与于列国竞争之会，即不足救我国时局之危。"他告诫国人：

---

① 张謇：《变法平议》，载曹从坡、杨桐主编：《张謇全集》（一），江苏古籍出版社1994年版，第48—77页。
② 梁启超：《读西学书法》，引自中国史学会主编：《中国近代史资料丛刊·戊戌变法》（一），上海人民出版社1957年版，第455页。
③ 张謇：《北京商业学校演说》，载曹从坡、杨桐主编：《张謇全集》（四），江苏古籍出版社1994年版，第111页。

"今日我国处列强竞争之时代，无论何种政策，皆须有观察世界之眼光，旗鼓相当之手段，然后得与于竞争之会，而教育尤为各种政策之根本。"①

至于怎样向西方学习，主要学习些什么，他主张博采外来文化，会通中西，"善取法于各国参究之后"②，即经过中外对比、分析，把外国那些好的做法学过来，以他人之长，补己之短，使外国经验中国化，进而赶上外国，实现中国的现代化。他向外国学习的态度是积极而诚挚的。他曾说："无论教育实业，不但打破地方观念，并且打破国家界限。人我之别，完全没有的。"③又说："人之长处，虽千里万里之遥，尚宜取法。"④他向外国学习的面是广泛而具体的，大的方面如学校制度、办学方式、教学管理、课程设置、教学方法、师资配备等，小的方面如学校设备、教室大小、窗门桌椅设计、教师待遇等，他都一一予以注意、借鉴。这些在他的书信文章中均有反映。如在他创办的通州民立师范学校、通州女子师范学校、南通农业学校、南通私立甲种商业学校、南通医学专门学校、南通纺织专门学校、河海工程专门学校等，无不参考仿效包括日本在内的西式学制。

如通州民立师范学校的创办，就是一个全方位引进西式教育的过程。在该校的建筑规划设计、学制、课程设置、教师聘任、教育管理模式等方面，大都是对西方尤其是近代日本学校制度的借鉴、模仿。例如，他以日本大阪府寻常师范学校、东京寻常师范学校等

---

① 张謇：《中央教育会开会词》，载曹从坡、杨桐主编：《张謇全集》（一），江苏古籍出版社1994年版，第169页。
② 张謇：《通州师范学校议》，载曹从坡、杨桐主编：《张謇全集》（四），江苏古籍出版社1994年版，第16页。
③ 张謇：《女师范校友会演说》，载曹从坡、杨桐主编：《张謇全集》（四），第207页。
④ 张謇：《介绍宋生报告游历欧美情形》，载曹从坡、杨桐主编：《张謇全集》（四），第204页。

的建筑物为榜样，设计了该校的讲堂、礼堂、教室、校长与教习室、事务室、风雨操场、宿舍、食堂；以近代日本颁布的《师范学校学科及程度》(明治二十五年七月文部省令第八号)、《师范学校简易科规程》(明治二十五年七月文部省令第十五号)、《师范学校豫备科规程》(东京府令第十七号明治三十一年三月十九日改正)、《师范学校生徒募集规则》(明治二十五年七月文部省令第十号)等教育法令、法规和日人所著《学校管理法》《学校卫生学》为蓝本制定了该校的学制、课程和管理模式。尤其是1903年颁布的《通州师范学校学课章程》，基本上是日本明治二十五年七月文部省令第八号《师范学校学科及程度》的翻版[1]。正是基于对日本师范教育的全面借鉴、模仿，该校在建校后十多年里，就成功地构建起一个较为完备的近代化师范教育模式，成为中国近代师范教育的典范。

再如，张謇创办职业专门学校，是鉴于"泰西人精研化学机械学，而科学益以发明。其主一工厂之事也，则又必科学专家，而富有经验者，故能以工业发挥农产，而大张商战。夫工业之发达，工学终效之征也"[2]。至于在学校中实行严格教育管理，他亦是以欧美为凭借。他说："今欧美学校，教授管理之外，尤重训练、尤重服从。而卢梭放任教育之不可行，已为世界教育家之所公认。师道贵严，中外同轨。非是则无所为教，无所为学。"[3]针对当时中国落后遭受外强轻侮、掠夺的情势，张謇特别强调要学习德国战败之后那种坚韧自立、卧薪尝胆的精神。1924年，毕业于河海工程学校的宋达庵因水利工程派往美国及德法比荷等国考察，回国后向张謇报告考

---

[1] 参见〔日〕荫山雅博：《清末"日本型"学校制度在江苏的引进过程——以张謇的活动为中心》，载张謇研究中心编：《再论张謇——纪念张謇140周年诞辰论文集》，上海社会科学院出版社1995年版，第215页。

[2] 张謇：《南通纺织专门学校旨趣书》，载曹从坡、杨桐主编：《张謇全集》(四)，江苏古籍出版社1994年版，第130页。

[3] 张謇：《论严格教育旨趣书》，载曹从坡、杨桐主编：《张謇全集》(四)，第103页。

察的情况与体会时说，德国民众对战败后所受的苦痛和战胜国的压迫，"绝不闻有怨天尤人者"，而是耐苦猛进。教员日食数块面包，不以为苦；工人每日增加工作两小时，为国家效劳；国王威廉二世之子做铁厂小工，面目黧黑。张謇对此感慨道："吾因之而于中国历史，联想一事。春秋时，越王勾践于会稽一役失败后，其情形与欧战后今日之德国无异，男为人臣，女为人妾，而勾践与范蠡、文种、计然等，俱不以为耻。非顽钝也，其心中另有作用在焉；故吴卒为所沼也。夫中国数千年之历史中，如文种、范蠡、计然等，能有几人？而德国一般人皆能如此，岂终为人所屈伏者乎！故英美对德国手段，前取压伏主义，近且改变方针。"由此，张謇告诫学生："诸生须知成大事业，必从艰苦得来，断非趾高气扬、大言不惭者所能为也。吾以为人之长处，虽千里万里之遥，尚宜取法。苟人之短处，虽近在咫尺，亦不可学。德国人之坚苦自立，吾国人理宜心慕力追。"[①]

在师资方面，张謇认为"学堂无专家，故人才无专长"[②]，因而提出"借才于异域"的设想。他创办的学校大胆聘请外籍教师和从国外留学归来的人，如曾聘请日本教师木村忠治郎等人长期担任数理、外文、体育与音乐方面的教务；聘请德国医学博士夏德门任南通医院总医长兼教员。第一次世界大战期间，张謇得知因中国对德国宣战而被遣返德国的德侨中有不少是专家学者，便与有关当局磋商留下了十多位德国专家学者，聘请他们到南通的学校和工厂工作。他还以南通保坍会名义聘请荷兰水利工程师特来克负责建筑工程。关于教师的"职任资格"，他亦说："德国学制，师范生合格毕业，虽

[①] 张謇：《介绍宋生报告游历欧美情形》，载曹从坡、杨桐主编：《张謇全集》（四），江苏古籍出版社1994年版，第204页。

[②] 张謇：《变法平议》，载曹从坡、杨桐主编：《张謇全集》（一），江苏古籍出版社1994年版，第49页。

得为教员，不得为正教员，必受二年或五年第二次之试验，得其合格凭者，任至何处皆许为小学教员，今宜参仿。"①在职业学校的课程设置中，他大量引进英语、数学（平面三角、解析几何、微积分等）、物理、化学、机织、应用力学、机械工学、电气工学、制图、织物组合、织物分析、棉纺学、染色学、工厂建筑、工业经济、工业簿记、体操等西方课程，并且建议对理、工、农、医四科的教材进行改良，输入西方的科学知识。他聘请傅兰雅翻译西方的农工商学、洛丙生翻译物理化学、兰姆彭翻译重学、日本和德国的专家翻译医学，延请本国文笔优长能通科学、外国语者，分门随同笔译。②

张謇还于光绪三十二年（1906）发起招股创办了中国图书有限公司，大量采译西书，取用"天地之公器"。他在《中国图书有限公司缘起》中指出："五洲各国进化之程度，佥视新书出版之多寡以为衡。今者科举废，学校兴，著译之业盛行，群起以赴教育之约，然而书籍之不注意"，为此，"謇等合中国绅商资本，创立图书公司，纂译学堂课本教科，并仿造各种机器模型，以保国家教育权"③。对学校教育的辅助机构博物馆和图书馆，张謇更是主张仿效西欧，因"近今东西各邦，其所以为政治学术考之大部以补助于学校者，为图书馆，为博物苑。大而都畿，小而州邑，莫不高阁广场，罗列物品，古今咸备，纵人观览。公立私立，其制各有不同，而日本帝室博览馆之建设，其制则稍异于他国，且为他国所不及，盖其国家尽出其历代内府所藏，以公于国人，并许国人出其储藏，附为陈列，诚盛

---

① 张謇：《师范奖励约束补助说呈学部》，载曹从坡、杨桐主编：《张謇全集》（四），江苏古籍出版社1994年版，第34页。

② 张謇：《策划南洋大学致端江督函》，载曹从坡、杨桐主编：《张謇全集》（四），第66页。

③ 张謇：《中国图书有限公司缘起》，载曹从坡、杨桐主编：《张謇全集》（二），江苏古籍出版社1994年版，第37页。

举也，我国今宜参用其法"①。基于在南通创办教育的实际经验，他还特别强调用博物馆、图书馆补学校教育难以普及之不足，使更多的人享受到大众教育，提升国家整体的文明程度。他说："窃为东西各邦，其开化后于我国，而近今以来，政举事理，且授浸浸为文明之先导矣。掸考其故，实本于教育之普及，学校之勃兴。然以少数之学校，授学有秩序，毕业有程限，其所养成之人才，岂能蔚为通儒，尊其绝学。盖有图书馆、博物院，以为学校之后盾，使承学之彦，有所参考，有所实验，得以综合古今，搜讨而研论之耳。"②

在如何向外国学习的问题上，张謇还提了一个寓意深刻的主张："为中国今日计，不独当师其改定之法，亦当深知其初定之意。"为什么要持如此主张呢？张謇认为："知其初定之意，而后我无操切率易之心；师其改定之法，而后我无苟简纷歧之弊。"③很明显，张謇的这一主张，是针对当时一些人学习外国时的浮躁之心、急切之态，更是批评那些不透彻了解、考察别国发展变化的历史与具体的实际，就盲目加以照搬、引进的做法。他后来到日本考察时，就依循了这一想法。当日本教育家嘉纳问他来日本考察的宗旨时，张謇告诉他："学校形式不请观大者，请观小者。教科书不请观新者，请观旧者。学风不请询都城者，请询市町村者。经验不请询已完全时者，请询未完全时者。经济不请询政府及地方官优给补助者，请询地方人民拮据自立者。"④这里蕴含着张謇的一个重要思想，就是在向外国学习时，不只是注意对方现有的成果，而是更注重这种成果取得与创造

---

① 张謇：《上南皮相国请京师建设帝国博览馆议》，载曹从坡、杨桐主编：《张謇全集》（四），江苏古籍出版社1994年版，第273页。
② 同上。
③ 张謇：《变法平议》，载曹从坡、杨桐主编：《张謇全集》（一），江苏古籍出版社1994年版，第61页。
④ 张謇：《癸卯东游日记》，载曹从坡、杨桐主编：《张謇全集》（六），江苏古籍出版社1994年版，第502页。

的过程。对于一个已落后的国家和民族来讲，学习先进国家如何由弱到强、由贫变富的历史，学习他们取得现有成就背后的东西，事实上更有意义。

为了向西方学习，取人之长，补己之短，张謇对留学教育也十分关注。早在1895年，他在给湖广总督张之洞拟写的《条陈立国自强疏》中建议:"应请各省广设学堂。自各国语言文字以及种植、制造、商务、水师、陆军、开矿、修路、律例、各项专门名家之学，博延外洋名师教习，三年小成。乃择其才识较优者，遣令出洋肆业。"[1]他本人在兴办实业、教育的过程中，不时派遣优秀学生到美、英、日、法、意等国深造，学习西方先进的科学技术和管理知识，借以培养优秀教师和科技人才，如通州师范、南通农校、南通纺校、河海工程校等都曾派遣过留学生。据有关专家考证，从1904年起，经张謇直接选派出国就学的有曹文麟、赵邦荣、李元蘅、陶驷原、秦汝励、熊辅龙、尤金缄、于忱、宋尚希、孙支厦及其子张孝若等十多人。[2]对于留学教育，他主张，向国外派遣留学人员，必须顾及本国的需要，为我所用。他曾在给留日王、于两生的信中指出，学习过程中要注意，"凡观察所及，皆须识得主客，我所欲知，我所能行与不能行，我所宜否，皆主体也；取足以补我之知，扩我之知者，辨别能行与不能行及宜与否皆客体也；当观其构造谨严，计划廉平，效用切实，经济优入处，不当震于其规模宏大，器具完美处"；学成归国后要实地运用，"归国治农场须使雇用之农夫，信仰农学之有用，此一语极需注意"[3]。否则，学了无用，不能联系实际，实在是一种浪费。

---

[1] 张謇:《条陈立国自强疏》，载曹从坡、杨桐主编:《张謇全集》(四)，江苏古籍出版社1994年版，第40—41页。

[2] 羽离子:《张謇的文明"公器"观及其实践》，载周新国主编:《中国近代化先驱:状元实业家张謇》，社会科学文献出版社2004年版，第376页。

[3] 张謇:《复留日王于两生函》，载曹从坡、杨桐主编:《张謇全集》(四)，第106页。

张謇是一个一贯讲究实际的人，不好高骛远，亦不追求浮华奇异。尽管他对西方先进的教育制度殷殷向往，但他在学习外国先进经验时，又都要通盘考察，全面衡量，事事都从国内实际情况出发，反对不加选择地盲目照搬。他曾说："鄙人办教育，素不喜随波逐浪。"① 他强调，无论学什么、怎么学，首先必须认得"我所欲知，我所能行与不能行，我所宜否"②。1920年，他在《为杜威博士介绍词》中又说："凡事必求其适，避如常人置一冠，购一履，尚唯适之是求，矧在政治教育之大者乎？"③ 时隔四年，他在谈到南通教育时又指出，"先要想什么是南通需要的，什么是适合南通的"，试把英美法三国的"教育方法，移到中国来，这好像拿他人的帽子，戴在自己头上，哪里可以呢？……就是照西人的做法，心中也要有个斟酌"④。张謇主张根据中国的国情和具体需要确定取舍标准："夫一国各有特别之历史、政治、风化，即各有其肆应之能力，不能强彼以就上此，更何容抑己以扬人"⑤；"对于世界先进各国，或师其意，或撷其长，量力所能，审时所当，不自小而诿，不自大而夸"⑥。张謇在回顾自己所从事的事业时，还曾说过这样的话："有所法，法古法今，法中国，法外国，亦不必古，不必今，不必中国，不必外国。察地方之所宜，度吾兄弟思虑之所及，财力之所能，以达吾行义之所安。不歆于人之高且大，不慕于外之新且异，不强人以就我，不

---

① 张謇：《南通女师范廿周纪念演说》，载曹从坡、杨桐主编：《张謇全集》（四），江苏古籍出版社1994年版，第223页。
② 张謇：《复留日王于两生函》，载曹从坡、杨桐主编：《张謇全集》（四），第106页。
③ 张謇：《为杜威博士介绍词》，载曹从坡、杨桐主编：《张謇全集》（四），第263-264页。
④ 张謇：《女师范校友会演说》，载曹从坡、杨桐主编：《张謇全集》（四），第207-208页。
⑤ 张謇：《国会代表第二次请愿书》，载曹从坡、杨桐主编：《张謇全集》（一），江苏古籍出版社1994年版，第146页。
⑥ 张謇：《为南通地方自治二十五年报告会呈政府文》，载曹从坡、杨桐主编：《张謇全集》（四），第459页。

贬我以就人。"①

　　清末民初的学制，大都是直接仿自日本，而间接取法欧美。辛亥革命推翻了两千多年的封建帝制，建立了资产阶级共和国，这一重大变局使原来为中国人所钦慕的君主立宪制的日本已不再适合中国新的国情。此时，一些先进的知识分子转而把美国作为中国建设的理想蓝本。与此同时，美国也加快加大了对中国文化教育侵略的步伐，尤其是美国利用"退还"的"庚子赔款"吸引大量的中国留学生。而发源于美国，在美国当时教育界占主导地位的实用主义教育理论和进步主义教育运动，及美国发达的职业教育又颇能迎合中国教育界的需要。由是，在20世纪20年代形成了一股留学美国的热潮，在中国教育界也掀起了一股实用主义教育的热潮，"研究教育家提倡于前，实施教育家声应于后。于是，教材取实用，学校重实用，教授方法亦渐次趋合于实用二字"②。1922年制定实施的新学制——"壬戌学制"，更是深受美国实用主义教育的影响。这个学制比起1912年学制具有明显的进步性，尤其是基本适应了中国民族资本主义发展迫切要求培养技术技能人才的需要。对这个新学制，张謇一方面表示赞成，在其所办学校中基本上照学制规定章程办事；一方面又对新学制的一些内容持批评态度。他敬告当时办教育的人，教育是万年树人的大业，制定学制，改革教育尤要慎重，不可草率从事，必须适合国情民情。1922年，他在师范附属小学20周年演说中强调，南通办学"对于现行制度，要当酌准地方情形、弃瑕录瑜，庶几培护乃适其宜"③。他认为，中国的政治经济情况不同于欧美，财力、物力、人的素质都有很大距离。他说："今校

---

　　① 张謇：《谢参观南通者之启事》，载曹从坡、杨桐主编：《张謇全集》（四），江苏古籍出版社1994年版，第468页。
　　② 张显光：《实用主义潮流中之作文教授》，《教育杂志》第9卷第8号。
　　③ 张謇：《师范附属小学廿周纪念演说》，载曹从坡、杨桐主编：《张謇全集》（四），第179页。

员朝谈美制,夕取欧法,设备完备,务胜人事,务新奇,务悦从,譬之贫人入五都之市而羡其富,归而求给家人,予喜而否怒,不计家之有他用也,此亦今之通病。"① 所以,他特别强调,在中国办教育一定要有中国特色,在吸收外国教育经验时一定要联系中国的实际,不要单纯模仿别人,更不要照抄别人的经验。对于使用外国教科书较多的专门学校,他常要求学生不要轻视本国固有的优秀成果,不要以洋书本为教条,要把书本知识与中国实际结合起来。他曾对河海工程专门学校学生说:"诸生在校数年,科学知识,日就新异,然此为书籍上之研究,至实地作业,又重经验。诸生他日办事,当随时随地出以虚心。盖所见而是,固我之助;所见而非,亦我之助。以吾国旧日工程法式,本多可以改革之处,惟其原理与作用,较欧美新法,彼此暗合者甚多,诸生勿存旧法为必不可用之观念,或加以非笑。"② 对工科毕业生日后办事,他亦屡屡告诫他们要根据中国的财力、物力,量力而行,不要一概效仿欧美。他说:"诸生目前之所闻习者,皆欧美式之传授也。欧美之于河海工程,已经多年之实验,乃成科学之方式,謇亦极端信仰。但吾国财力远不及欧美之富厚,以謇个人对于工程之建筑,往往因财才不济,将百年永远之计,暂且节减。从五十年入手者,由此亦可知吾国河海工程同感此困难者,不在少处。诸生他日观察,或规画工程,当亦审量财力之丰啬以定趋向。"③ 张謇是一个坐而论起而行的实干家,他不喜高谈阔论,更不爱华而不实。他这样要求别人,他本人也是这样身体力行的。他在办教育的几十年中,不仅教育的大致方针是参考、吸收外国的先进经验和依据本国的实际情况制定出来的;就连

---

① 转引自张孝若编:《张季子九录·教育录》(卷五),中华书局1931年版。
② 张謇:《河海工程专门学校第四届毕业演说》,载曹从坡、杨桐主编:《张謇全集》(四),江苏古籍出版社1994年版,第182页。
③ 同上书,第182—183页。

办教育的一些细琐之事，亦时时注意把外国的先进经验和本国的具体实际结合起来，从不照搬盲从，亦不闭关泥古。他说："日本参考各国教室之度而为之，率曰：广二丈四尺，长三丈三尺为最大之限度；又曰：窗之面积校教室之面积，其比例不少于一四。通州师范学校诵堂三，特别教室二，深广略过所云。而光线面积亦不止于一四，盖因地为之，又欲容气积多也。椅案仿日制而略加高、广增，距离亦略宽，中人冬日衣厚，通州人冬日无不穿厚袄者，如日制为之，则于人气体习惯上不适。"[①]

1926年，徐兰墅写了一副长挽联吊唁刚去世的张謇，联语是："综廿四代数中国贤豪，是儒林大师，是名臣奏议，是逸民孝友行义风标；货殖辟专门，青史倚谁堪合传？遍五大洲较南通物望，似培根学理，似奈端智慧，似亚丹斯密经济策略；先生今祭社，苍生属望更何人？"[②]这寥寥数语，可以说是对张謇人品、学识、事业、胸怀的精彩描述，更是对他毕生会通中西、"征之实事"的真实写照。

---

① 转引自张孝若编：《张季子九录·教育录》（卷一），中华书局1931年版。
② 徐兰墅：《挽张謇联》，载许彭年、孔容照编：《张南通先生荣哀录》卷九（下），中华书局1926年版，第205页。

第六章

现代科技与教育的曙光

　　自明末清初欧美传教士携宗教和科学东来,特别是经洋务运动、维新变法由被动吸收转为主动引入以来,西方近代科技和教育在中国获得了较为广泛的传播,知识分子对西方文化教育价值理念有了一定程度的接纳,他们中的一部分人表露出了对儒学及其价值的怀疑、批判和叛离,东西方两种文化在碰撞、冲突与对抗中,有了一定程度的对话、融合与会通。但直到20世纪初,"中体西用""道本器末"等"牛体马用"的荒谬思想以及孔教独尊、人伦本位的价值观在中国仍然有着广泛的影响,外来的西学始终如同中国大地上游离无根的幽灵,这种状况直到科举制度废除、新学制诞生以后,特别是"五四"新文化运动后,才得以逐渐改观。

第一节　科举废除与科技教育合法化

一、新旧中国的分水岭:科举制度的废除

　　一般而言,教育有三个基本的作用:一是满足个体发展和谋生的需求;二是传授人类的知识文化,以促进人类文明的传承与发

展；三是满足国家和社会发展的需求，为社会经济发展提供有用之才。由于教育功能的社会定向，教育必然需要依据国家的选才用才制度来调适自己的教育方向和教育内容。因此，国家的选才用才制度除了对于教育自身的发展影响十分重大外，对社会经济、文化科技发展及价值观念形成与个人人生道路选择的影响也非比寻常。

中国古代的选才制度，是官僚系统用来选拔人才，以保持官僚结构人员构成的一种重要的国家制度。在中国历史上，选才制度出现过几种不同的类型：从汉代的"察举制"，到魏晋南北朝时期的"九品中正制"，再到隋唐开始的"科举取士制"，在这几种选才制度中，科举制度流传最久、影响最大。科举制产生于7世纪初的隋朝，一直存续到20世纪头几年的清末，足有1300年的历史。在人类文明史上，还没有一项政治文化教育制度像中国的科举制度这样长久、独特而深远地影响中国社会。1864年12月，在狄更斯主编的周刊《一年到头》上，刊载了一篇题为《中国的竞争考试》的文章，该文指出："科举这个教育机器几乎是从不间断地实施其功能：它是唯一没有被动摇过基础的制度，是在权威一再崩溃和颠覆中唯一能维持全面而广泛的影响的制度，当其帝国统治的代表一次又一次被推翻并被践踏为尘土时，它在全民族的眼中却是神圣的唯一避难所。"[①] 的确，科举制度自隋唐以来，历经一千多年的完善和发展，已成为一种特殊的社会整合与凝聚机制，成为一条联结中国传统的社会动能和政治动力的纽带，在长期的历史中造就并形成了中华民族特有的思维模式、价值观念和文化心理，是维持儒家学说的正统地位的有效手段，是民众谋取权力和向上爬升的阶梯，它不仅直接左右着读书人的人生道路和价值判断，而且与中国传统文化教育与

---

① 参见刘海峰：《科举制度应当如何评价》，《中国教育报》2005年10月19日。

古代科学技术的发展息息相关。

所谓科举,也就是设科取士之意。《新唐书·选举志》对唐代取士各科有一段这样的描述:"唐制,取士各科,多因隋旧,然其大要有三。由学馆者曰生徒,由州县者曰乡贡,皆升于有司而进退之。其科之目,有秀才,有明经,有俊士,有进士,有明法,有明字,有明算,有一史,有三史,有开元礼,有道举,有童子。而明经之别,有五经,有三经,有史科。此岁举之常选也。其天子自诏者曰制举,所以待非常之才焉。"[①]一般而言,科举制度的招考科目、考试内容及评判选取标准历朝都有所改变,但科举制度的首要特点——相对的公平性——却始终没有发生过太大的变化。科举制度借助考试的形式,打破了"上品无寒门,下品无势族"的门阀士族垄断政权的传统,使得儒家"学而优则仕"的理想在现实中得到真正实现。此前,无论是"察举制"也好,或制度化的"九品中正制"也好,都局限于在门阀士族中进行选才,有所谓"举贤不出世族,用法不及权贵"之说。这两种制度都是以血缘为基础的,于一般平民庶族意义不大,因而对社会的影响不大,缺少社会大众的积极应和,所谓"学而优则仕"也只是一种理想而已。而当科举制度取代了察举制和九品中正制,这种理想就极大地现实化了。科举制度强调的是公正严明的考试,科名更被视为天下之"公器",因而在科举制度的发展过程中,又形成了一套较为严密完备的考试制度。在宋代,从宋太祖开始就在殿试中使用"糊名法"(通常称之为"封弥"),后来逐步推行到各级科考中,以期杜绝评阅试卷中存在的不公弊端;宋真宗时又试行"誊录法",即为防止判卷者认出应试者的笔迹,专门设有誊录院,由专职书吏誊抄试卷,并且用指定颜色的墨来批改等。此外,还制定有"双重定等第法",以及

---

① 转引自傅璇琮:《唐代科举与文学》,陕西人民出版社 2007 年版,第 23-24 页。

特别为参加科考的现任官员及考试有关人员之子弟、亲戚专门举办的"锁厅试"与"别头试"。在金代，除严格选任考官，沿用宋代考官亲属回避、弥封、誊录等制度外，为了防止科场作弊，更制定了严厉的"贡院"规制。考生入闱之前要进行严格的搜检，甚至一度采用"解发、袒衣、索及耳鼻"等手段，入闱以后对考生的监检之制也非常严格。据《金史·选举志》云："凡府会试，每四举人则差一人，复以官一人弹压。御试策进士则差弩手及随局承应人，汉进士则差亲军，人各一名，皆用不识字者，以护卫十人，亲军百人长、五十人长各一人巡护。"① 这样就为寒门子弟与官宦子弟站在同一跑道上展开"公平竞争"提供了制度保证，具有"一切以程文为去留"的意味。由是，选官的基础就由"血缘"转为"才学"。同时，由于科举的考试资格相对宽松与应考教材相对易觅，国民在参加科考机会上具有相对的平等性。在科举制度存续期间，历朝科考内容不一。在宋代，由于朱熹所注释的"四书"获得了官方的正式认可，所以元明清三朝均以朱熹所注释的"四书"经义作为考试内容和评判标准。在当时，印刷术以及造纸术的普及，使得教材的获得不会成为很大的问题。在考试资格上，历朝都有严格的限定，如唐代规定"工商杂类，不得预于士伍"②，剥夺了工商子弟和其他"贱民"阶层科考的资格。但据有关学者考证，实际上，在中晚唐时期，有不少工商子弟从事"举业"，并成功科考及第。再如清代，亦存在所谓"冷籍不得入试"的不成文科考陋规。所谓"冷籍"是指祖上三代没有人参加过科举。如前述，清末状元张謇由于张家祖上三代没有人参加过科举，是所谓的"冷籍"，为了取得应试资格，张謇只好冒充如皋县张家的子嗣报名参加科考。可

---

① 转引自刘海峰、李兵:《中国科举史》，东方出版中心2006年版，第248页。
② 《旧唐书》卷四十八《食货》(上)，转引自刘琴丽:《唐代举子科考生活研究》，社会科学文献出版社2010年版，第19页。

见，科举制并不是一种绝对封闭的制度，普通百姓和官僚子弟参加科考是相对自由的，科考只是限制了极少一部分所谓的"贱民"不能参加考试，一些具有天赋而又没有资格参加科考，却一心想从事"举业"的读书人，仍是可能像张謇那样想出一些变通的办法来。因而，科举制度比以往历史上任何一种选才制度，都更具有平民化和相对公平的特点，对中国传统社会及民众的影响也最为巨大深远。

科举制度的另一个显著特征是深刻地影响了知识分子的人生道路选择，使得"学仕"传统得到实现。中国儒家文化传统彰显的是"修身、齐家、治国、平天下"的人生价值取向和"内圣外王"精神。科举制度以"学"为衡量标准，而这"学"其实是修身中的一部分，如果一举成功，就可以马上取得名利双收的作用。一方面，彰显自己的实力，从而实现政治抱负和获得物质利益——获得朝廷的官职和食禄。正如王梵志《仕人作官职》一诗所云："仕人作官职，人中第一好。行即食天厨，坐时请月料。得禄四季领，家口寻常饱。职田佃人送，牛马足蹧草。"[①]另一方面，也能在一定的限度内真切地践行儒家所谓的人生价值——"内圣外王"、治国平天下。在科举制度实行以前，要实现这种人生价值并非易事，就连孔子也感叹自己的"不试"，周游列国想施展自己"治国平天下"的理想抱负，但不为当政者所用。同时，科举制度也促进了社会阶层的流动，是下层民众向上流动的捷径，而且在中国几乎可以说是唯一的路径。中国有着很强的官本位色彩，进入官僚体系内部，通常等同于成功。科举制度本身的相对公平性，使得应试者都具有相对公平的竞争机会，一旦成为其中的胜出者，马上就能获得向上流动的资格。唐代诗人孟郊进士及第后作《登科后》一诗："昔日龌龊不

---

① 项楚校注：《王梵志诗校注》（卷五），上海古籍出版社1991年版，第662页。

足夸，今朝放荡思天涯。春风得意马蹄疾，一日看尽长安花。"此诗描述的就是贫寒士子登科前后两种完全不同的境遇与心情，及第后春风得意一步登天的喜悦之情跃然纸上；大诗人杜牧在《及第后寄长安故人》一诗中这样描述进士及第的豪兴："东都放榜花未开，三十三人走马回。秦地少年多酿酒，却将春色入关来。"在明代，明太祖朱元璋下诏："特设科举，以取怀材抱德之士，务在经明行修，博古通今，文质得中，名实相称。其中选者，联将亲策于廷，观其学识，品其高下，而任之以官，果有材学出众者，待以显擢。使中外文武，皆由科举而选，非科举，毋得与官。"①这样，通过科举获取官职在明朝就成了唯一的途径。以科举时代的宰相为例。据黄留珠的统计，在唐代，宰相中科举出身者的比例是不断上升的，唐太宗时为3.4%，唐高宗时为25%，武则天时则达到50%；穆宗时期宰相总数14人，进士占57.1%；敬宗时期宰相总数7人，进士占85.7%；文宗时期宰相总数24人，进士占75%；武宗时期宰相总数15人，进士占80%；宣宗时期宰相总数23人，进士占87%；懿宗时期宰相总数21人，进士占81%。②可见，进士出身在宰相中逐渐占据多数，标志着科举制在选官中的主导地位的完全确立。到宋代以后，科举制在选官中更是完全占据了支配地位，整个北宋的71名宰相中，有64人为进士或制科出身，除去一些特殊情况，真正不由科第而任宰相者，仅有3人。③明清时期，首相宰辅也以科甲为重，科甲又尤以入翰林为重。《明史·选举志》云："通计明一代宰辅一百七十余人，由翰林者十之九"；清代汉人中官至大学士者共119人，皆为科举

---

① 王世贞：《弇山堂别集》卷八十一《科试考》一，转引自刘海峰、李兵：《中国科举史》，东方出版中心2006年版，第274页。

② 参见黄留珠：《中国古代选官制度述略》，陕西人民出版社1989年版，第200–201页；第204页。

③ 同上书，第27页。

出身，且除左宗棠一人系举人出身以外，其他的皆起家进士。[①]

科举制度的出现，使得选官的标准从以"血缘"为准则转变为以"学识"为标尺。因而，科举制自身及其所产生的社会效应，在某种程度上最大限度地促进了国民对科举与教育的重视。对于成功者而言，只需低廉的学费、教材费（而且这两种费用在有些时候还可以得到社会的赞助，比如书院有"花红"等类似于今天奖学金的资助）以及相当的时间。当然，由于科举的出口不大，落第者是绝对的大多数，对有些应试者而言，有可能终其一生都不一定能在科场上获得成功。读过《儒林外史》的人，都不会忘却书中描述的那个老童生——周进。他受了大半辈子的屈辱，后来跟一些买卖人到贡院观看，一阵心酸，一头撞在号板上，不省人事。类似的悲剧，并非绝无仅有。但是，由于信息的不对称，人们看到的或传出来的往往是"山鸡变凤凰"的佳例。在这种情况下，科举作为一种选取官员的制度，其意义就不仅在于选拔出一批官员，而且还在于它为全社会的人们树立了一批形象楷模。何炳棣在《明清社会史论》中指出，早在明代中期的成化五年（1469），进士中平民出身率已经高达60%。[②] 平民出身官员的增多，使得国民对科举的期望值高涨，科举成为人们一条主要的晋升之阶，对寒门子弟而言更是唯一出路。科举在社会上及人们心目中至高无上的地位也就理所当然了。诚如《儒林外史》中的马二先生所言，"举业二字是从古及今人人必要做的。就如孔子生在春秋时候，那时用'言扬行举'做官，故孔子只讲得个'言寡尤，行寡悔，禄在其中'，这便是孔子的举业。讲到战国时，以游说做官，所以孔子历说齐梁，这便是孟子的举业。到

[①] 参见何怀宏：《选举社会及其终结：秦汉至晚清历史的一种社会学阐释》，生活·读书·新知三联书店1998年版，第33页。

[②] 转引自王日根：《明清科举制度对民营教育的促进》，《厦门大学学报（哲学社会科学版）》2001年第4期。

汉朝用'贤良方正'开科，所以公孙弘、董仲舒举贤良方正，这便是汉人的举业。到唐朝用诗赋取士，他们若讲孔孟的话，就没有官做了，所以唐人都会做几句诗，这便是唐人的举业。到宋朝又好了，都用的是些理学的人做官，所以程、朱就讲理学，这便是宋人的举业。到本朝用文章取士，这是极好的法则。就是夫子在而今，也要念文章、做举业，断不讲那'言寡尤，行寡悔'的话。何也？就日日讲究'言寡尤，行寡悔'，那个给你官做？孔子的道也就不行了。"①又说："奉事父母，总以文章举业为主。人生世上，除了这事，就没有第二件可以出头。不要说算命、拆字是下等，就是教官、作幕，都不是个了局。只是有本事进了学，中了举人、进士，即刻就荣宗耀祖。这就是《孝经》上所说的'显亲扬名'，才是大孝，自身也不得受苦。"②事实上，我们还可以从一些劝学、激励读书人读书应考的诗词中体味出科举的分量来。如"万般皆下品，唯有读书高"；"朝为田舍郎，暮登天子堂"；"书中自有黄金屋，书中自有颜如玉"；"洞房花烛夜，金榜题名时"，等等。对于"两耳不闻窗外事，一心只读圣贤书"的士子，能够获得家庭和社会的认可，就显得一点不奇怪了。对于贫困者而言，读书应举往往不是个人的事，而是远远超出个人之外的宗族或社会性的事件，有如唐代诗人王建在《送薛蔓应举》诗中所云："一士登甲科，九族光彩新。"③因而，在宗族内对获得科第者给予诸多奖励的现象就普遍存在，商贾"供子弟读书"也往往被视为崇高之举，甚至不乏超出宗族之外的例子。如在李森的《郎潜纪闻》中就有这样的记载："台州府太平县李氏女，许嫁于林，未嫁而夫死，女奔其丧，奉舅姑以终，林故贫族，女以针黹营生，节衣缩食，有余即置田产，积十余年，有田六十亩，因无后可

---

① 吴敬梓：《儒林外史》，人民教育出版社2018年版，第130页。
② 同上书，第148页。
③ 彭定求编：《全唐诗》（卷二九七），中华书局1960年版，第3371页。

立,以其田呈请学使,每岁按试,取第一者主之,极所入息分为四,以其三助文生之贫不能应试者,而以其一助武生。"① 可见,像小说里描写的穷秀才应考、族中人纷纷捐资之类的事,不全然是小说中虚构的特例,而是真实存在的现象,这种风俗即便是现在也在一些偏远地方保留着(如对考上大学的宗族子弟给予奖励)。所以,五代人王定保说:"三百年来,科第之设,草泽望之起家,簪绂望之继世。孤寒失之,其族馁矣;世禄失之,其族绝矣。"②

科举以考试为主,以"才学"为衡量尺度,考的是传统文化中的经典,这就必须经过教育和学习,因而,国民对教育的重视程度就可想而知了。由于官办学校十分有限,不能满足民众的需求,于是以宗族为单位资助或修建学校就成了普遍现象。在《红楼梦》第九回中有这样的描述:"原来这义学也离家不远,原系当日始祖所立,恐族中子弟有力不能延师者,即入此中读书。凡族中为官者皆有帮助银两,以为学中膏火之费,举年高有德之人为师塾。"③ 可见,义学之所以产生,一个主要的原因无疑就是为了使穷困者能够入学校读书,有机会应试科举。据罗斯基的研究:1880 年的清代识字率,男性为 30%~45%,女性为 2%~10%,平均识字率在 20% 左右,这一比率并不低于英国和日本现代化以前的识字率,其中无疑有科举制度的功劳。而在 1905 年废除科举制后,直到 20 世纪 30 年代,具有小学文化程度的人数只占总人口的 17%。④ 个中原因固然很复杂,但可以肯定地说与科举的废除有关。因为科举废除断绝了读书人的升迁梦,读书的诱惑不存,自然就会导致社会对读书和教育不太重视了。

---

① 李森:《郎潜纪闻初笔二笔三笔(上下清代史料笔记)》(卷六),中华书局 1984 年版。
② 《唐摭言》(卷九),转引自傅璇琮:《唐代科举与文学》,陕西人民出版社 2007 年版,第 5-6 页。
③ 曹雪芹、高鹗:《红楼梦》,上海古籍出版社 2009 年版,第 65 页。
④ 转引自何怀宏:《选举社会及其终结——秦汉至晚清历史的一种社会学阐释》,生活·读书·新知三联书店 1998 年版,第 418 页。

科举成了教育的指南针，大部分教学活动自然都以科举为中心，所有的教育自然也是比较典型的应试教育。官学的举办者是官府或国家，自然以科举为中心。私塾基本上是启蒙性质的教育，教的无非是读书、识字、背书、作对、作诗、作文之类文化基础知识。科举考试内容与文化基础学习的一致性，使得为科举而教和为文化基础而教混而为一，难以区别。应试教育最明显地表现在书院教育的内容上。书院产生于唐朝，盛行于宋代，初始是作为藏书楼形式而存在的，后来渐渐演变为一种讲学场所。在宋代，书院主要作为与官学、佛教的讲会相对立的形式出现，目的是为了传播儒家思想、传扬学术精神。书院山长多为朝廷命官或科举考试中的获益者，如朱熹、王阳明等，尽管他们讲学的内容不排斥科考内容，但侧重点不在于应对科考。宋代以后，书院渐渐官学化，大部分书院由原来以弘扬光大学术为特色的场所演变成应对科考为主的场所。特别是在明清两朝，一方面，书院引进了类似科举考试的考课制度，对学生进行考核，然后根据考试的成绩，发给花红等各种类似今日奖学金形式的补贴。有如汤成烈所言："昔之书院，为名贤讲学之地，非徒设科举、制举之业也。……今也不然，……每月一课一文一诗，批校竣事，即索脩脯。"[1]另一方面，书院的整个教学安排和讲习内容，已经渐渐走向为科考服务。元人程端礼在其所编的《程氏家塾读书分年日程》中云："学文之后，才二十二三岁，或二十四五岁，自此可以应举矣。三场既成，……所作经义，必尽依科制。"[2]

以科举为核心的传统教育制度和精英选拔制度，既是维系社会精英和政治精英相互依存关系的纽带，也是捍卫君主专制、儒家文

---

[1] 转引自章柳泉：《中国书院史话——宋元明清书院的演变及其内容》，教育科学出版社1981年版，第102–103页。

[2] 转引自刘海峰：《论书院与科举的关系》，《厦门大学学报（哲学社会科学版）》1995年第3期。

化和国家权威的基础。从制度层面上来说，中国传统文化在近代以前，之所以经过多次的朝代更迭和"以马上治天下"的外族统治，却始终保持大一统的文化价值体系；中国传统主流文化即儒家学说，之所以具有如此漫长的历史连续性和生命力；中华民族之所以成为世界历史上一个最具书卷气，普遍有一种对文字和文献崇拜的民族，都可以从科举制度里得到解释。美国学者艾恺教授曾说："我感触极深的是中国历史上的科举制度，这个世界历史上独特的制度培养并创造了优异阶层，该阶层在世界史上是独一无二的。世界上其他任何一个社会，包括美国独立革命以及法国大革命，都是由一个世袭的武士阶层所统治，并常常由传教士和神职阶层辅助。但中国非常不同，他们不是世袭，依靠自己的学识，是非军事和武力获取权力的群体。我最初对中国历史研究感兴趣，就是想找出中华文明能够如此独特的原因。"[①]当然，由科举而形成的文化价值的高度一统化，又导致中国传统文化自隋唐以后缺乏活力和生气，鲜少出现春秋战国时代百家争鸣的多元风尚，使得中国知识分子的思维方式、群体心理蜕变为牵文拘义、循规蹈矩、重守成而轻创新的积习；同时，也使得在这种社会整合机制支配下的国家和社会建制，以及这种建制下的中国士绅、官僚精英阶级，没有能力应对民族危机、社会经济组织变更和现代化的挑战。在清末，就有外国人认为，中国的读书人基本上是"一本会走路的书"，他们的态度与知识相当封闭，对古典经学之外的知识几乎一无所知。1907 年，一位俄国汉学家这样描写他遇到的中国读书人（据说此人是翰林）："他们是些老观念的人，因循守旧，对欧洲的东西谨慎对待。中国古典教育体制培养出来的学者精通各个时期的文言文，从只能按传统解释来理解的最早古文，一直到现在的文言。此类人的大脑中清晰地记忆了大

[①] 王传军：《中华文明震撼了我（上）——访美国著名汉学家、芝加哥大学终身教授艾恺》，《光明日报》2013 年 9 月 1 日。

量的文献内容（那些书他们至少读了二十年）。因此，中国的知识分子世界观很复杂，善于用艰深的语言表达思想，利用经过两千多年不断发展的丰富的语言储备。这种人都是博学之士，其话里既有孤立的古词，也有整段的古语，全部来自古书。须快速地进行猜测和联想，每一个词都隐含着勤学苦练换来的巨大经验。显而易见，进行这样的谈话实属不易。我们新结识的范、宋两位老先生深明此理，特意不向我们直接提问，而是让我们静静地欣赏他们的满腹珠玑。他们个个才高八斗，但是，一旦涉及其他方面的知识，便会说：'不知！'这很特别：中国的学者封闭性很强，他们只是自己文化的继承者和表述者，而且所继承和表述的只是书本文化。同时，对语言形态的追求达到了极限，经常可以使学者成为中国式的博学之士，将其变成会走路的书本，此外别无其他。"[1]

同时，由于科考内容到明清两代主要是"皓首穷经，研磨八股"，不涉及自然科学，这样不仅不利于培育科学所需的自由探究精神，泯灭了科学的希望，而且导致中国传统教育对科技的蔑视与排斥，使得整个中国传统社会弥漫着轻视科技之风，把科技知识称作"形而下"，把发明创造视为"奇技淫巧"，使得中国传统的知识分子长期满足于以阴阳五行来解释自然现象和各种变化。18世纪，中国著名学者阮元曾与罗士琳、华世芳、诸可宝、黄钟骏等人合著《畴人传》，为自然科学家立传。但即使是他这样关注和了解自然科学的学者，也认为自然界是神秘莫测的，非人所能探知。他说，"天道渊微，非人力所能窥测"，故而对于自然界只能是"言其所当然而不复强求其所以然"[2]。明清两代共得进士五万余名，然而对自然科

---

[1] 〔俄〕阿历克谢耶夫：《1907年的中国纪行》，阎国栋译，云南人民出版社2001年版，第63-64页。

[2] 阮元、罗士琳等撰：《畴人传合编校注》，冯立昇主编，冯立昇等校注，中州古籍出版社2012年版，第419页。

学有造诣者屈指可数，仅有明代的李之藻、徐光启，清代的梅毂成、陈厚耀、戴震、钱大昕、阮元、项名达、吴其浚等数人。而许多卓有影响的科技专家和学者，如李时珍、徐霞客、程大位、宋应星、王锡阐、梅文鼎、戴梓、江永、明安图、李锐、罗士琳、邹伯奇、李善兰、华蘅芳及徐寿、徐建寅父子等都不是进士出身。故明末杰出科学家宋应星在《天工开物序》中愤愤不平地说："丐大业文人，弃掷案头，此书于功名进取，毫不相关也。"可见，科举制度严重地妨碍了中国科学技术的进步和发展，当西方科技在近代突飞猛进的时候，中国科技在17世纪以后仿佛进入冬眠状态就不足为奇了。

科举制度对中国传统教育和人才选拔及社会阶层的流动，显然发挥过十分积极的促进作用，但当一种制度变得僵化时，就会失去其原有的作用和活力。如果说，这种闲暇、空疏的教育与选仕制度，在封闭的小农经济时代尚能适应社会需求，那么在门户洞开、万国往来、长枪大炮、火车轮船的晚清就显得不合时宜了。时过境迁，早已失去活力，成为束缚士林、禁锢思想、桎梏社会的科举制度，到了清末已不能支撑起一个日新月异的时代和社会，注定要寿终正寝了。因此，近代以来，一批又一批的知识分子对科举制的消极面进行猛烈的抨击。改革科举制度、加试实用学科、创办新式学堂，逐渐成为当时有识之士的普遍要求。早在1861年，冯桂芬就指出："求一途可以禁锢生人之心思材力，不能复为读书稽古有用之学者，莫善于时文。"他认为，清代沿袭明朝以时文取士的科举制度是"意在败坏天下之人才，非欲造就天下之人才"[①]，因而必须对科举制度的方法和内容进行改革。王韬亦说："天下非无人才，患在取才之法未善。……今国家取士，三年而登之贤书，升之大廷，称之曰进士，重之曰翰林，以为天下人才在是矣。不知所试者时文

---

① 冯桂芬：《改科举议》，引自璩鑫圭、童富勇编：《中国近代教育史资料汇编（教育思想）》，上海教育出版社2007年版，第28页。

耳，非内圣外王之学也，非治国经野之道也，非强兵富民之路也。率天下之人才而出于无用者，正坐此耳。乃累数百年而不悟，若以为天下之人才，非此莫由进身，其谬亦甚矣。败坏人才，斲丧人才，使天下无真才，以至人才不能古若，无不由此。每一念之，未尝不痛哭流涕而长太息者也！"①又说：科举"致所学非所用，所用非所长，问以钱谷不知，问以兵刑不知，出门茫然，一举步即不识南北东西之向背哉？"②变法领袖康有为痛斥八股取士使"诸生荒弃群经，惟读《四书》；谢绝学问，惟事八股。于是二千年之文学，扫地无用，束阁不读矣"。他认为"今变法之道万千，而莫急于得人才。得才之道多端，而莫先于改科举"③。梁启超说："天下扼腕殷忧，皆以人才乏绝，无以御侮之故，然尝推求本原，皆由科第不变致之也。"许多从科举中选拔到的人员，对于"内政外交，治兵理财，无一能举者"。不唯如此，"科举之法，非徒愚士大夫无用已也，又并其农工商兵妇女而皆愚而弃之"④。他甚至认为："晚明政治和社会所以溃烂到那种程度，最大罪恶，自然是在那一群下流无耻的八股先生"⑤；"学术界最大的障碍物，自然是八股。八股和一切学问都不相容，而科学为尤甚。……所以科举制度，我认为是科学不兴的一个原因"⑥。1895年，严复在《救亡决论》一文中说，科举"积将千年之弊，流失败坏"。他列举了八股取士的三大罪状："锢

---

① 王韬：《弢园文新编·原才》，生活·读书·新知三联书店1998年版，第7-8页。
② 王韬：《弢园文录外编·原士》，引自璩鑫圭、童富勇编：《中国近代教育史资料汇编（教育思想）》，上海教育出版社2007年版，第53-54页。
③ 康有为：《请废八股试帖楷法试士改用策论折》，引自璩鑫圭、童富勇编：《中国近代教育史资料汇编（教育思想）》，第144-145页。
④ 梁启超等：《公车上书请变通科举折》，引自璩鑫圭、童富勇编：《中国近代教育史资料汇编（教育思想）》，第245-246页。
⑤ 梁启超：《中国近三百年学术史》，载《梁启超论清学史二种》，朱维铮校注，复旦大学出版社1985年版，第93、94页。
⑥ 同上书，第111页。

第六章　现代科技与教育的曙光　781

智慧""坏心术""滋游手",猛烈抨击八股取士"使天下消磨岁月于无用之地,堕坏志节于冥昧之中,长人虚骄,昏人神智,上不足以辅国家,下不足以资事畜。破坏人才,国随贫弱",因此当务之急,"莫急于废八股"①。1898年,洋务派代表人物张之洞在《劝学篇》中指出,科举"自明至今,行之已五百余年。文胜而实衰,法久而弊生。主司取便以藏掘,举子因陋以侥幸,遂有三场实止一场之弊(钱晓征语)。所解者,高头讲章之理,所读者,坊选程墨之文,于本经之义、先儒之说,概乎未有所知。近今数十年,文体日益佻薄,非惟不通古今,不切经济,并所谓时文之法度文笔而俱亡之。今时局日新,而应科举者拘瞀益甚,傲然曰:吾所习者,孔、孟之精理,尧、舜之法治也。遇讲时务经济者,尤鄙夷排击之以自护其短,故人才益乏,无能为国家扶危御侮者"②。所以,在洋务时期,洋务派亦图谋变革科举,1887年在洋务派创办的京师同文馆里,算学被列为科举考试科目之一;在戊戌维新时期,维新派变法的要旨之一,就是要变通科考内容,废八股试帖楷法,改试策论,希望以此为救急之策,逐步过渡到兴学育才,废除科举取士。正是由于开明士绅和变法领袖们看到了八股取士百害无一益,因而多次上书清帝改科举、废八股、兴学校。康有为甚至为"广开学校,以养人才",呼吁"远法德国,近采日本,以定学制"③。在康梁等人的推动下,戊戌变法期间清帝曾一度明令废八股、诗赋、小楷取士制度,岁科各试一律改试策论。与此同时,还宣布成立京师大学堂,下令各督抚将各省、府、厅、州、县之书院一律改为兼习中学西学的学校。无奈这些改革举措均因变法失败而化为泡影。义和团运动

---

①　严复:《救亡决论》,载王栻主编:《严复集》(一),中华书局1986年版,第43页。
②　张之洞:《劝学外篇·变科举第八》,引自璩鑫圭、童富勇编:《中国近代教育史资料汇编(教育思想)》,上海教育出版社2007年版,第108页。
③　康有为:《请开学校折》,引自汤志钧、陈祖恩、汤仁泽编:《中国近代教育史资料汇编(戊戌时期教育)》,上海教育出版社2007年版,第110—112页。

惨败的严酷事实，也教育了民众：原始本能的反抗情绪鼓动起来的民气，不能救中国于危亡之中，救亡之根本在启迪民智、开通风气。1902—1911年的上海海关报告称："自义和团动乱以来，包括政府官员、知识界、绅士以及商人阶级在内的人士，几乎普遍地确认，向西方学习是十分必要的，反对西式教育的人几乎不见了。"① 清廷迫于形势，为维持自己的统治地位，慈禧太后也不得不打出"变法"的旗号，宣布实行"新政"。1901年1月29日，清廷颁发上谕，表示要"破锢习""求振作""变成法"，要求内外臣工"各就现在情弊，参酌中西政治，举凡朝章国政，吏治民生，学校科举，军制财政"②，因革省并，各抒所见。可见，教育改革也是慈禧太后这次"新政"的重要议题之一。

清廷"新政"上谕颁发后，1901年7月，对慈禧太后三年前尽废新法有所抵制的湖广总督张之洞和两江总督刘坤一在著名的《江楚会奏》中建议："渐改科举之章程"，"令与学堂并行不悖"，"按科递减科举取士之额，为学堂取士之额"③。一个月后，清廷再次颁发上谕，自次年始，乡会试及岁科试策论，以中国政治吏事及各国政治艺学命题，不准用八股程式，并停止武科童试及武科乡试、会试。1902年，清政府任命张百熙为管学大臣，同年张百熙拟定《钦定学堂章程》，第一次以法定的形式对从蒙学、小学堂、中等学堂、高等学堂、大学预科、大学堂直到大学院做了相应的规定。1903年，袁世凯与张之洞呈上《奏请递减科举折》，建议"将各项考试取中之额，预计均分，按年递减。学政岁科试分两科减尽，乡、会试分

---

① 徐雪筠等编译：《上海近代社会经济发展概况：1882—1931年》，上海社会科学出版社1985年版，第164页。
② 朱寿朋编，张静庐等校点：《光绪朝东华录》（第4册），中华书局1958年版，第4602页。
③ 张之洞、刘坤一：《会奏变法自强第一疏》，引自璩鑫圭、唐良炎编：《中国近代教育史资料汇编（学制演变）》，上海教育出版社2007年版，第19页。

三科减尽。即以科场递减之额，酌量移作学堂取中之额，俾天下士子，舍学堂一途，别无进身之阶，则学堂指顾而可以普兴，人才接踵而不可胜用"。在这个奏折中，他们还建议，对递减事额，"明降诏旨，晓示天下。有阻挠者，予以严遣，务期科举逐渐尽废，学校栉比而林立，以上革数百年相沿之弊政，下以培亿兆辈有用之人才"[1]。同年，张之洞、张百熙在《钦定学堂章程》的基础上重定《奏定学堂章程》，详细规定了各等学堂的设置及课程设置和学校管理方面的内容。自此，各式各类的学堂纷纷建立，西式教育大规模的引入已成事实。但此前开办的学堂和引入的西式教育，还都是在"中体西用"的模式中运行，没有对科举制度构成有杀伤力的威胁，只能算是对科举制度的补充。在一般士子眼中，科举之途仍是正途，"中学"仍是根本之学，不少人对新式学堂仍持怀疑态度。1905年，许多封疆大臣如袁世凯、赵尔巽、张之洞等人，联合奏请立停科举。他们认为，"科举一日不停，士人皆有侥幸得第之心，以分其砥砺实修之志……学堂决无大兴之望"[2]。在既存的现实和各方的压力下，1905年，风雨飘摇中的清王朝在对科举进行多次的修修补补后，终于"谕立停科举以广学校"。清帝在上谕中云："科举不停，学校不广，士心既莫能坚定，民智复无由大开，求其进化日新也难矣。故欲补救时艰，必自推广学校始。而欲推广学校，必自先停科举始。拟请宸衷独断，雷厉风行，立沛纶音，停罢科举。庶几广学育才，化民成俗，内定国势，外服强邻，转危为安，胥基于此。"[3]自此，从隋炀帝大业二年（606）开始，在中国实行了一千三百年的科举取士

---

[1] 袁世凯、张之洞：《奏请递减科举折》，引自璩鑫圭、唐良炎编：《中国近代教育史资料汇编（学制演变）》，上海教育出版社2007年版，第533页。

[2] 袁世凯、赵尔巽、张之洞等：《会奏立停科举推广学校折暨上谕立停科举以广学校》，引自璩鑫圭、唐良炎编：《中国近代教育史资料汇编（学制演变）》，第537页。

[3] 《清帝谕立停科举以广学校》，引自舒新城编：《中国近代教育史资料》（上册），人民教育出版社1981年版，第63页。

制度完全废止。

在科举的革废过程中，人们固然看到了中国传统价值观向现代西方价值观转移的趋势，但科举废除所产生的深远影响恐怕连那些主张废弃者都始料未及的。可以这么说，这个标志着"新旧中国分水岭"——科举制度的废除，不仅意味着封建传统教育在形式上一笔勾销，完全切断了"由士而仕"的便捷桥梁，为近代新式教育的发展，从制度乃至思想、心理、社会价值层面清除了一道最严重的障碍；而且它相当于一场"不流血的革命"，意味着儒学顿失千百年附丽皇权的制度依凭，意味着千百年来由其形成的在中国占支配地位的价值观念发生根本转换，意味着中国传统的社会关系和制度体系承受了猛烈的冲击，进而引发了整个社会系统的全面震荡。得知科举废除后，晋中以耕读教馆为生的举人刘大鹏在日记中写道："下诏停止科考，士心散涣，有子弟者皆不作读书想，别图他业，以使子弟为之，世变至此，殊可畏惧"；"甫晓起来心若死灰，看得眼前一切，均属空虚，无一可以垂之永久。惟所积之德庶可与天地相终始。但德不易积，非有实在功夫则不能也"；"昨日在县，同人皆言科考一废，吾辈生路已绝，欲图他业以谋生，则又无业可托，将如之何"[①]。科举废除，刘举人首先感到的是一种精神上的幻灭感，继而感到由于只有文字功夫没有实在技能，生计顿蹙，前途茫然。身历其事的严复在《论教育与国家之关系》的演说中深刻地指出："此事乃吾国数千年中莫大之举动，言其重要，直无异古者之废封建、开阡陌。造因如此，结果何如，非吾党浅学微识者所敢妄道。"[②] 严复把科举制度的废除视为如同废封建、开阡陌一样的千百

[①] 转引自何怀宏：《选举社会及其终结：秦汉至晚清历史的一种社会学阐释》，生活·读书·新知三联书店1998年版，第414页。

[②] 严复：《论教育与国家之关系》，载王栻主编：《严复集》（一），中华书局1986年版，第166页。

年来仅有的大事,确是极有见地之言。当通向上层的途径被切断,士绅们失去了晋升的希望,当数百万士子从久被关禁的闸门汹涌而出的时候,他们所释放的能量,所构成的对社会方方面面特别是传统文化教育的冲击该是多么广泛、强大和深远!桥断路绝,士人失去传统趋向与重心,不得不改弦易辙,寻求新的出路与平衡,于是他们纷纷放下八股制艺,涌入新式学堂,游学他国。当他们呼吸近代新知识、涉猎新科技的时候,他们的反传统情绪无疑也进一步滋长,又促使他们与传统士人决裂,成长为新兴的知识分子群体,走上改良、革命、向西方学习的道路,成为既存社会与政治秩序的反叛者及反传统文化教育的急先锋,进而成为"五四"新文化运动及新式教育与近代西方科学在中国传播融合、会通发展的新生力量和得力干将。

二、新学制的确立:科技教育合法化

中国近代新学制始于1902年8月的《钦定学堂章程》(因是年为阴历壬寅年,故又称为"壬寅学制"),但正式在全国范围内颁布实施的,是1904年1月张百熙、张之洞、荣庆等在《钦定学堂章程》基础上重新拟定的《奏定学堂章程》(因1904年1月的阴历仍为光绪二十九年即癸卯年,故该学制又称为"癸卯学制")。这个学制从1904年公布实行,一直沿用到清朝覆没之际的1911年。这个学制不仅第一次明确规定了各级各类学校的培养目标、学习年限、教学内容及相互之间的衔接统属关系,而且第一次以国家法令的形式承认和肯定了"新学""西学"的价值及其在学校中的地位。所以,它不仅在一定程度上使新式学堂的发展在质的方面得到了重要保证,而且直接推动了"西学"的传播。

如同科举的废除是西学和西方教育渗入中国的必然结果一样,清末新学制的诞生也是西学和西方教育渗入中国的必然结果。在新学制颁行之前，随着西学的输入和洋务派新式学堂的创办，不少开明士大夫、留学生，甚至是西来的传教士们，已有过不少关于建立新的学校制度的倡议和构想。如前述，早在1856年，中国最早受过美国高等教育的容闳，就向太平天国的领袖们提出效法西洋"颁定各级教育制度"的建议。在维新运动前后，又有不少开明的知识分子和士大夫如冯桂芬、郑观应、王韬、康有为、严复、李端芬、张之洞等人，提出学习西方建立新的学校制度的主张。1896年，刑部侍郎李端芬在《请推广学校折》中，倡议在全国范围内开设三级学校——府州县学、省学、京师大学，"如此，则人争濯磨，士知向往，风气自开，技能自成，才不可胜用矣"[①]。1898年，康有为在《请开学校折》中建议："远法德国，近采日本，以定学制"，"遍令省府县乡兴学，乡立小学，令民七岁以上皆入学，县立中学，其省府能立专门高等大学"，"京师议立大学数年矣，宜督促早成立，以建首善而观万国"[②]。康有为在《大同书》中还详细地提出了他理想中的乌托邦式的从育婴院、小学院、中学院直到大学院的一个完整的教育体系。洋务派首领张之洞在《劝学篇》中也主张"各省各道各府各州县皆宜有学，京师省会为大学堂，道府为中学堂，州县为小学堂"[③]。其他如盛宣怀、梁启超、罗振玉、王国维、张謇、夏偕复等，亦就清末教育改革和新学制的拟定，发表过不少建设性的主张和建议，如梁启超的《教育政策私议》、罗振玉的《教育私议》与《学制私议》、王国维的《论教育宗旨》、张謇的《变法平议》《代鄂督条陈立国自强疏》和《学制宜仿成周教法师孔子说》等。

---

① 李端芬:《请推广学校折》，引自舒新城编:《中国近代教育史资料》(上册)，人民教育出版社1981年版，第143页。

② 康有为:《请开学校折》，引自舒新城编:《中国近代教育史资料》(上册)，第150页。

③ 张之洞:《劝学篇》，引自璩鑫圭、童富勇编:《中国近代教育史资料汇编（教育思想）》，上海教育出版社2007年版，第104页。

外来传教士也力劝清政府仿照西方教育制度，聘请西人开办各级学校。如法国传教士花之安在他的《德国学校论略》和《西国学校》中，介绍了西方特别是德国的教育制度；美国传教士林乐知撰有《七国新学备要》和《文学兴国策》，介绍了欧美与日本的教育制度。其他如李提摩太、李佳白、丁韪良、艾约瑟等传教士，也写了不少介绍西方教育制度的著作。特别是李提摩太的《泰西新史揽要》和林乐知的《七国新学备要》《文学兴国策》等影响尤大。此外，传统士人创办的《万国公报》《中西教会报》《中西见闻录》《西国近事汇编》等报刊，也介绍过不少有关欧美教育的情况。

留日运动勃兴时期，不少留学生和学务考察官员也从日本翻译或介绍了不少关于日本和欧美各国的教育制度。如1901年，由湖北教育部门编辑《师范讲义》（4册），详细介绍了德、法、美、英、日等国各级各类学校的教育制度；1902年，翻译出版《日本新学制》和《日本学制大纲》，白作霖从日本翻译的《各国学校制度》；1903年，翻译出版《日本普通学科教授细目·中学校令施行规则》等。其他还有罗振玉编撰的《日本教育大旨》、樊炳清翻译的日本《小学校令》、高凤谦翻译的日本《私立学校令》以及陈毅翻译的日本《师范教育令》《中学校令》和《高等女学校令》，等等。此外，当时国内著名的教育专业刊物——《教育世界》杂志，也翻译和刊发了大量介绍日本及欧美教育制度的文章，内容涉及学校教育制度、普通大中小学教育、师范教育、女子教育、实业教育、私立学校、教员职务及服务、课程设置与教科书、补习学校和夜校、家庭教育等方面的法令、制度和方案等，以供国内参考使用。

特别值得一提的是，甲午战争后我国朝野掀起了一股向日本学习的热潮，为《钦定学堂章程》和《奏定学堂章程》的制定创造了社会舆论，奠定了学理基础。早在1898年，张之洞就派知州姚锡光等赴日本考察学务，为我国派官员专职考察学校教育之始，姚归国后写成《东瀛学校举概》一书，分门别类地介绍了日本的普通学校、陆军学校、专门学校；1901年，《教育世界》主编罗振玉受湖广总督张之洞与两江总督刘坤一的派遣，东渡日本考察学务，历时两月有余；此外，名重一时的状元教育家、实业家张謇，也于1903年东渡日本调查教育、实业两月有余；曾任直隶学司督办的严修，于1902年赴日本游历，1904年又与著名教育家张伯苓同赴日本调研学务。其他如张之洞的教育顾问、曾任京师大学堂总办、湖北提学使黄绍箕，安徽按察使李宗棠，翰林院编修、江南高等学堂总教习缪荃孙等，也都在那几年赴日本考察过学务。特别值得指出的是，光绪二十八年（1902），京师大学堂总教习、学贯中西的吴汝纶，以62岁的高龄主动请缨亲率代表团东游日本考察学制。在长达4个月的教育考察中，吴汝纶殚精竭虑，"门不绝屦，车不停轨"，不辞劳苦超负荷工作。吴汝纶一行在日本外部省和文部省官员的陪同下，先后到长崎、神户、大阪、西京和东京等地的44所各类学校和单位参观，17次到文部省听取日本方面教育状况的介绍，拜访了包括伊藤博文（首相）、菊池大麓（文部大臣）在内的众多官员和伊泽修二、嘉纳治五郎、山川健次郎等知名教育家。吴汝纶一行从各校的学制到学校的组织、从作息时间到课外活动、从课堂教学到教学仪器设备、从课程设置到校舍构建、从经费来源到教职工薪俸、从教室到学生的寝室和食堂等，只要与学校教育教学有关的，吴汝纶无一不详细询问，亲做笔记，并将所见所闻、所察所想精心整理汇编成了一部《东游丛录》。在该书中，吴汝纶充分肯定明治维新对日本教育改革的推动作用。在他看来，以儒家思想文化为基础的伦理道德教育与以西方科学技术为基础的智育教育相结合的日本模式，应该是中国近代教育创新效法的理想模式。《东游丛录》是我国最高教育当局派员访问日本明治维新以后的教育制度的第一份详细调查报告，为京师大学堂章程的制定与修订及壬寅学制和癸卯学制制定提供了蓝本。据缪荃孙在《日游汇编序》中云：当时出版的考察日本学务的图书，除姚锡光的《东瀛学校举概》、吴汝纶的《东游丛录》外，尚有罗振玉的《扶桑两月记》、李宗棠的《考察日本学校记》、南海关庚麟等的《参观学校图记》、宁乡陶森甲的《日本学校章程汇编》等。[①]这些人对日本学校教育考察的记述，对制定癸卯学制的影响无疑是巨大的。事实上，清末的新学制主要是仿照了日本教育的内容和模式而制定的。

1902年，张百熙等制定的《钦定学堂章程》（壬寅学制）虽正式公布，但公布后引发争议较多，不宜强制推行。于是，在1903年，又加派管学大臣荣庆、湖广总督张之洞参与主持对学制进行重新修订，经过半年多的反复磋商并广泛征求意见后，出台了《重订学堂章程》。1904年1月，光绪帝谕令颁行，是为《奏定学堂章程》（癸卯学制）。该学制是清朝正式颁布且在全国实施的第一个学制，是清末民初新式教育体制的主要依据，对推进中国教育近代化产生过重要影响。这个学制对各级各类学校的办学目标、修业年限、入学条件、课程设置和学业考试等项都做了明确规定。该学制共分为"三段三类"，即初等、中等和高等教育三段，普通、实业和师范教育三类，另设三年蒙养院，但不纳入正式学制之列。其升学序列和学业年限具体为：初等小学堂（5年）—高等小学堂（4年）—中学堂（5年）—高等学堂或大学预科（3年）—分科大学堂（3到4年）—通儒院（5年）。此外，与高等小学堂平行的，有实业补习学堂、初等农工商实业学堂、艺徒学堂；与中学堂平行的，有初级师范学堂、中等农工商实业学堂；与高等学堂平行的，有优级师范学堂、实业教员讲习所、高等农工商实业学堂。此外，还设有译学馆及文言学堂，属于高等教育阶段，修学年限约5年。还有为新进士

---

① 缪荃孙：《日游汇编序》，引自朱有瓛主编：《中国近代学制史料》（第二辑，上册），华东师范大学出版社1987年版，第45页。

学习新知识而设立的进士馆，为已仕的官员学习新知识设立的仕学馆，属于高等教育性质。为了便于我们对近代中国颁布实施的第一个学制有一个大致的了解，现将各学堂的办学宗旨、学生的入学资格及年龄、学习的课程、修业年限等情况评述如下[①]：

1. 幼儿教育——蒙养院

其教育宗旨是："发育其身体，渐启其心知，使之远于浇薄之恶习，习于善良之轨范。"招收3~7岁的儿童入院，教育的内容为"儿童最易通晓之事情，最喜好之事物"，教学采用游戏、歌谣、谈话、手技等方式进行。《奏定学堂章程》对蒙养院的规定，实际上是中国幼儿教育制度正式建立的开始。西方资本主义国家以幼儿教育的确立和发展作为文明的主要特征之一。清末学制的这一规定，也标志中国教育近代化迈上了新的台阶，幼儿教育在中国开始走上正轨化道路。

2. 小学教育——小学堂

小学堂分为初等小学堂和高等小学堂。初等小学堂教育宗旨是："凡国民7岁以上者入焉，以启其人生应有之知识，立其明伦理、爱国家之根基，并调护儿童身体，令其发育为宗旨；以识字之民日多为成效。"学习年限为5年。学习的科目有修身、读经讲经、中国文学、算术、历史、地理、格致、体操8门。小学堂的设立分为官立、公立、私立3种。小学堂的学校编制有单级、多级、半日3类，按地方的具体情况开设不同的学堂。在教学方法上，提倡讲解，注重在教学中循循善诱，纠正了从前教育中专重死记硬背、不求理解的教学方法，并规定尽量不用体罚，废除个别授课制，普遍实施西方的班级授课制。高等小学堂招收初等小学堂毕业生。其教育宗旨是："以培养国民之善性，扩充国民之知识，强壮国民之气体为宗旨；以

---

① 以下参见《奏定学堂章程（癸卯学制）》，引自璩鑫圭、唐良炎编：《中国近代教育史资料汇编（学制演变）》，上海教育出版社2007年版，第296-529页。

童年皆知作人之正理，皆有谋生之计虑为成效。"学习年限为4年。学习的科目有：修身、读经讲经、中国文学、算术、中国历史、地理、格致、图画、体操9门；此外，视地方情形可加授手工、商业、农业等科目为随意科。

3. 中学教育——中学堂

中学堂招收高等小学堂的毕业生。其教育宗旨是："施较深之普通教育，俾毕业后不仕者从事于各项实业，进取者升入各高等专门学堂均有根柢为宗旨，以实业日多，国力增长，即不习专门者亦不至暗陋偏谬为成效。"学习年限为5年。学习科目有：修身、读经讲经、中国文学、外语（日语、英语或德语、法语、俄语）、历史、地理、算学、博物、物理及化学、法制及理财、图画、体操12门。各府必设中学堂1所，也分为官立、公立、私立3种。

4. 大学预备教育——高等学堂

其教育宗旨是："令普通中学堂毕业愿求深造者入焉；以教大学预备科为宗旨，以各学皆有专长为成效。"学习年限为3年。学科分为3类：第一类学科为预备入经学科、政法科、文学科、商科等大学的学生学习科目；第二类学科为预备入格致科大学、工科大学、农科大学的学生学习科目；第三类学科为预备入医科大学的学生学习科目。以上三类学科学习合格的学生则分别升入分科大学堂学习。这类大学预备教育的开展，为分科大学提供了有一定基础、知识面广且有一定专精的学生，提高了分科大学的生源质量，这对我国大学教育的发展具有积极的作用。

5. 大学教育——大学堂

其教育宗旨是："令高等学堂毕业者入焉；……以谨遵谕旨，端正趋向，造就通才为宗旨。大学堂以各项学术艺能之人才足供任用为成效。"大学堂修业年限视所习之科，分别为3年或4年毕业。大学堂分为经学科大学、政法科大学、文学科大学、医科大学、格致科大学、农科大学、工科大学、商科大学8科。京师大学堂必须8科全设，外省设立的大学至少设置3科。除了政法科和医科中的医学门修业4年外，其余各科修业为3年。各分科大学各门开设的课程种类繁多，每一门除了开设主课外，还设若干随意科，以扩大学生的知识面。大学堂还注重实业教育，规定农、工、商、医四科大学，可酌量设实科，以练习实业为主。对农科大学还特别规定，特置蹄铁术传习生、农业传习生、蚕业传习生、林业传习生各若干名，凡是乡村中年龄在17岁以上、品行谨慎、略知书算、身体强健、实堪劳役而想进入农科大学实地学习的，可准许到蹄铁工场或农场、养蚕室、桑园、演习林实习，年限1~2年不等。这样，不仅为农村培养了懂得农林等实用技术的人才，而且把理论与实践结合起来，有效地促进了大学与社会的联系。

6. 大学后教育——通儒院

通儒院为最高学府，属于研究院性质。章程规定，通儒院设于大学堂内，令大学堂毕业生升入，"以谨遵谕旨，端正趋向，造就通才为宗旨。……以中国学术日有进步，能发明新理以著成书，能制造新器以利民用为成效"。学习年限为5年。通儒院的设置，使大学教育体系更加完整化、系统化，为高级人才的培养开辟了渠道。

除上述直系教育外，还有师范教育和实业教育体系。师范教育分为初级师范学堂和优级师范学堂2级。初级师范学堂"令拟派充高等小学堂及初等小学堂二项教员者入焉；以习普通学外，并讲明教授管理之法为宗旨；以全国人民识字日多为成效"。学习年限为5年。学习科目有：修身、读经讲经、中国文学、教育学、历史、地理、算学、博物、物理及化学、习字、图画、体操12门，视地方情形，还可加外国语、农业、商业、手工等一科或几科。优级师范学堂"令初级师范学堂毕业生及普通中学毕业生均入焉，以造就初级师范学堂及中学堂之教员、管理员为宗旨"。学习年限为3年。

学科分为公共科、分类科、加习科3类。章程将师范教育单独视为一个体系，创立了中国教师来源的正规培养制度，为各级各类学校提供了大量具有近代教育理论知识的师资，提高了教师的质量，促进了教育的发展。同时，师范生不交纳学费，吸引了不少寒门子弟入学，扩大了生源，为推进中国的现代化进程造就了大批人才。

章程将实业教育分为实业学堂、补习实业学堂、实业师范学堂3类。实业学堂"以振兴农、工、商各项实业，为富国裕民之本计，其学专求实际，不尚空谈"。它分为实业教员讲习所、农业学堂、工业学堂、商业学堂、商船学堂5类。各类实业学堂又分为高等、中等、初等3级。高等实业学堂分4种，即农业、工业、商业、商船学堂，与普通高等学堂程度相同。高等农业学堂"以授高等农业学艺，使将来能经理公私农务产业，并可充各农业学堂之教员、管理员为宗旨"，分预科和本科；高等工业学堂"以授高等工业之学理技术，使将来可经理公私工业事务，及各局厂工师，并可充各工业学堂之管理员、教员为宗旨"，分为应用化学、染色、机织、建筑、窑业、机器、电气化学、土木、矿业、造船、漆工、图稿绘画等13科，各科均有专习科目；高等商业学堂"以授高等业教育，使通本国外国之商业事情及关于商业之学术法律，将来经理公私商务及会计，并可充各商业学堂之管理员、教员为宗旨"，分预科和本科；高等商船学堂"以授高等航海机关之学术技艺，可使充高等管驾船舶之管理员，并可充各商船学堂之管理员、教员为宗旨"，分航海科和机轮科。补习实业学堂分为普通补习学堂和艺徒学堂2类，普通补习学堂招收初等小学堂以上程度的学生，课程分为普通科及实业科2类。实业师范学堂以"教成各级实业学堂及实业补习普通学堂、艺徒学堂之教员"为宗旨，主要招收中学堂或初级师范学堂毕业生。实业教育的正规化发展，对中国资本主义的产生和发展，对现代科技的传播与应用，对中国现代化的展开，都有一定的推动作用。

《奏定学堂章程》基本上仿照日本，且出自清政府之手，因而染有浓重的守旧色彩。一切仍然是在洋务派"中体西用"的框架下运用，其立学宗旨仍是："无论何等学堂，均以忠孝为本，以中国经史之学为基。俾学生心术壹归于纯正，而后以西学沦其智识，练其艺能，务期他日成材，各适实用"[①]。这显然是既要保持封建主义的"国粹"，又要采用西学的内容和方法技术。这个学制虽属草创，且存在生搬硬套日本学制、年限过长等诸多缺点，但不管怎样说，它的诞生，事实上正好成为封建传统教育走向全面崩溃的标志，在客观上促成了科技教育的合法化，推进了中国教育近代化的进程。它作为我国第一部践行的学制，为中国日后学制的厘定与改革构建了一个基本的框架，对清末教育与西学传播产生了重要的影响。

第一，癸卯学制的颁布结束了中国没有系统学校制度的历史，为中国现代学制的确立打下了坚实的基础。《癸卯学制》是鸦片战争以来，我国学习西方开办新式教育、改革旧教育的一次全面总结。如果说，以前各个时期以西方为师创办新教育，不过是零星的、没有系统性的教育革新，那么这个学制则是以日本为中介，对西方教育制度的全面引进。它的制定，不仅结束了中国没有系统学制的历史，而且确立了国民教育与人才培养的基调，教育开始与社会生产、国民生计相联系，逐步脱离对政治的附庸地位，向功能独立的社会系统转化。虽然这一学制仍然是科举制度下的产物，但它的颁布和实施却使科举制下的官学、私学和书院逐渐走向终结。

第二，癸卯学制不仅建立了系统化的课程体系，而且使传播西方近代自然科学技术和人文社会科学知识合法化。中国古代的教育虽然也注意对课程做初步的分类，并按一定的顺序给不同年龄阶段、

---

① 朱有瓛主编：《中国近代学制史料》（第二辑，上册），华东师范大学出版社1987年版，第78页。

不同学识基础的学生安排学业，但严格地说，并无科学的分科和严密的组织形式，无论是纵向的衔接还是横向的联络，均未建立起一个相互关联的课程体系，而且课程内容单一，以人伦道德和八股时文为主。我国真正较为系统的课程体系是伴随着癸卯学制的颁布而产生的，而且深深地打下了西方的烙印。近代西方资本主义国家的学校课程，为适应科技发展和产业变革的社会需求，已逐步摆脱文雅教育的传统，转而注重为个人生活和社会现实需求做准备，在课程中注重增加自然科学的门类和比重，重视实用技能的训练，开设各种劳动教育和职业教育的课程，重视学生健康体格的养成，开设体育、卫生等课程。癸卯学制充分借鉴和吸收了这些合理的内容，突破了传统教育的樊篱，在各级学堂课程内容上开设了大量的自然科学、人文社会科学课程及体操、图画、手工等体现近代意义的课程；各种知识均采取学科课程的形式，按学科不同性质和各自的内在逻辑，分门别类，依学习年限、学生年龄，由浅入深，循序教授。尤其是种类繁多的初、中、高等实业学堂的相继建立，使"西文""西艺""西政"的价值得到肯定和承认，并在学校教育中取得了合法地位，加速了西方学术思想的传播，促成一批知识分子同封建营垒决裂，成长为新型的知识分子群体。

第三，癸卯学制的践行促进了近代中国新式学堂的发展。从19世纪60年代京师同文馆创办起，近代中国的新式学堂历经40年的蹒跚步履，到20世纪初，各种教育机构不仅数量微弱，而且分布与发展极不平衡。一般而言，京师、直隶、江浙、广东、湖北等地相对集中，而广大内地则寥若晨星；语言、军事技术学堂较受重视，而普通中、小学教育基本上处于民间自发开展的状态。即使是较受重视的语言、军事技术学堂，也大多各自为政、互不统属，更谈不上有统一的学制、教学内容和教学要求。《奏定学堂章程》以国家法令的形式，第一次明确规定了各级各类学堂的培养目标、学习年限及相互之间的衔接统属关系，不仅从纵向的方面把学校教育分为初等、中等、高等3个互相独立而又衔接的体系，而且从横向的方面把师范教育、实业教育明确列入学制系统。从而有助于结束各自为政的混乱局面，使各级各类官办、私立、民办的学堂，有章可循、有据可依；使全国的教育发展有可能进行全盘考虑、统筹规划。应该说，至少在制度层面，它极大地推进了中国教育的近代化进程。事实上，章程颁布实施的几年间，各类新式学堂确实有了惊人的发展。据统计，1902年，全国学堂仅有769所，到1904年增至4222所，到1905年增至8277所，到1906年增至19830所，到1907年增至35913所，到1908年增至43083所，到1909年增至52348所。[①]这样的增长规模和速度在中国近代新式教育产生以来，是前所未有的。

  1912—1913年制定的"壬子·癸丑学制"，执行了长达十年之久，这个学制尽管为推进中国现代学校体系的制度化奠定了基础，但在实行过程中暴露出了不少弊端。这个学制实质上是在模仿日本学制的基础上加以调整而来。当然，日本学制来源于欧洲，效法于德、法；蔡元培游学欧洲时，吸收了德国教育的办学经验，所以这个学制也借鉴了不少德国的东西。这个学制实施不久就有人提出批评。如1915年，湖南省教育会在"改革学校系统案"中指出它有六大弊端：一是学校种类太简单，不足谋教育多面之发展；二是学校之名称不正确，过分强调中小学的准备性，而失其独立性；三是学校教育的目的不连贯，历经初小、高小、中学、预科、大学阶段的不断变化，使求学之人每隔三四年便改其宗旨，莫能一致；四是学校教育不完善，即使是依规定的学科时间罄其所学，学生仍不能获得社会生活能力，毕业后反为社会之累；五是学校之间的阶段不衔接，过犹不及，劳民伤财，耗时误人；六是学习年限过长，且各阶

[①]《宣统元年份教育统计图表》，转引自桑兵：《晚清学堂学生与社会变迁》，学林出版社1995年版，第145页。

段分配不当，大学分预科和本科，共计六七年，而中学只有四年又太少。[①]有人还指出，这一学制多仿效他国，缺乏培养共和国精神之处；各级学校的科目过于统一，缺乏选择的自由；预科制的存在，阻碍学制的统一；学制看起来是单轨制，受教育者机会均等，实际上普通老百姓上学仍然受到经济和政治上的限制。

"五四"新文化运动期间，一批激进的学者高举科学、民主的大旗，提出"今日之教育方针"应贯彻"四大主义"："现实主义""惟民主义""职业主义""兽性主义"（即要求以注重体魄和意志锻炼的强健教育取代忽视体育的弱民教育）。[②]文化思想领域的革命成为教育改革的先导，而当时西方思潮特别是实用主义教育思潮、马克思主义教育思潮、平民教育思潮、工读教育思潮、科学教育思潮的大量涌入，为人们提供了批判和改造旧教育的武器，各种教育、科学社团的成立及《教育杂志》《中华教育界》等期刊，又为教育新思潮的传播提供了阵地，欧美教育家的相继来华，特别是杜威、孟禄等的来华讲学，及胡适、陶行知、蒋梦麟等对杜威实用主义教育学说的摇旗呐喊，为教育改革做了思想和理论上的准备。在这样的社会文化背景下，一部应时而生的新学制呼之欲出。

改革学制的呼声始于1915年，由湖南省教育会首先倡议，经过几年的酝酿讨论，1919年全国教育会联合会第五届年会正式提出讨论修订学制问题，1920年全国教育会联合会第六届年会专门设立了"学制系统研究会"，并要求各省区教育会在会后应制订并试验学制改革方案。1921年10月在广州召开全国教育会联合会第七届年会，中心议题是讨论学制系统草案，当时在全国共收到了11份学制

---

① 《湖南省教育会："改革学校系统案"》，引自璩鑫圭、唐良炎等编：《中国近代教育史资料汇编（学制演变）》，上海教育出版社2007年版，第851—852页。

② 陈独秀：《今日之教育方针》，载《独秀文存》，安徽人民出版社1987年版，第14—20页。

草案，其中对美国的"六三三学制"和"中学分科制"倡议者较多。会议经过反复讨论，最后议决以广东提出的学制草案为基础，参照吸收其他各案的优长加以整合，并推举黄炎培、袁希涛、金曾澄三人为"起草员"，最终形成并讨论通过了《学校系统草案》（亦称"新学制草案"）。1922年9月，教育部在北京召集了一个全国性的学制会议。会议由蔡元培主持，对全国教育会联合会第七次会议决议的《学校系统草案》进行审议修改，修改后送交即将举行的第八次全国教育会联合会年会审议。1922年10月11日，全国教育会联合会第八次会议在济南召开。21省区代表及教育部特派员到会，著名教育界人士袁希涛、胡适、黄炎培、经亨颐、许倬云、何日章等参加，大会审议、修改了《学校系统草案》。是年11月1日，以大总统的名义颁布施行《学校系统改革案》，此即1922年"新学制"，因是年为中国农历壬戌年，故史称"壬戌学制"。1922年的新学制，从酝酿到公布前后历时达7年之久。为制定一个学制，经历这么长的时间，并且在全国范围内展开反复讨论，博采众长，虚心吸取外国学制特别是美国的经验，这在中国历史上尚属首次。

1922年颁布的"壬戌学制"，是中国教育在制度层面从主要仿日到主要仿美的开始。整个学校系统的结构为3类3段式，即横向由普通教育、职业教育和师范教育3类构成，纵向由初等教育、中等教育和高等教育3段构成。该学制3段的主干学程为"六六四制"，即小学6年（含初级小学4年和高级小学2年），中学6年（含初级中学3年，高级中学3年），大学4年。与中学并行的有师范学校和职业学校，大致为4~6年。小学入学年龄，定为实龄6岁。在大学校之上还有大学院，在小学校之下还有幼稚园。由于这个新学制是以美国教育家杜威的实用主义教育理论为基础制订的，因而平民化、个性化、生活化、男女平权及兼顾学生生理心理和"纵横活动"便利优长等现代教育理念，均有机地融入其中。可以说，它是一个切合实际的、较为科学的、便于长久实施的学制。它与1912—1913年"壬子·癸丑学制"相比,有许多重要的改革内容,具体表现如下[①]:

(1) 在新学制中,初等教育阶段由7年改为6年,学程缩短了1年,分初、高3级,采"四二"分段。这既顾及国民的经济能力,也给各地以因地制宜的灵活方便,有利于初等教育的普及与发展。新学制将中等教育修业年限从4年延长为6年,分初、高2级,各为3年。新学制采用美国的选科制,依设科性质,初、高2级修业年限可变通为"二四制"或"四二制"。新学制规定初级中学不得兼设职业科目,高级中学分为普通、农、工、商、师范、家事等科,将旧制中的普通中学与职业学校分途并立制,改革为"转通较易,适于个性发展,所谓纵横活动之制"的综合制中学。改革后的中学,提高了教育程度,培养目标比较明确,兼顾到升学与就业,有利学生的个性发展;增加了灵活性,既可使各地有伸缩余地,也可使学生根据家庭经济条件与个人兴趣爱好选择志愿,有利于初中教育的普及。因此,可以说中等教育改革是这次学制改革的精粹。

(2) 在师范教育方面,新学制最大的改革是突破了师范学校分类设立的框框。它规定高级中学可设师范科,普通大学教育科(系)可设2年制师范专修科,根据地方需要,高级中学也可设师范专修科。新学制将中等师范学校修业年限由5年改为6年,招收高小毕业生,程度较前提高。设后期师范学校,招收初中毕业生,修业年限为2~3年。设置相当年期的师范学校或师范讲习所,以补充小学教员之不足。高等师范教育设师范大学与大学教育科,修业4年,

---

① 参见《大总统颁布施行之学校系统改革案(民国十一年十一月一日)》,引自璩鑫圭、唐良炎等编:《中国近代教育史资料汇编(学制演变)》,上海教育出版社2007年版,第1008–1012页。

招收高中毕业生,培养高级中学教师。在师范大学与大学教育科,或在师范学校与高级中学内,设置2年制师范专修科,招收高中毕业生,以培养初级中学教师。在新学制中,师范教育的改革有助于提高师范教育程度。

（3）在职业教育方面,新学制取消了旧制中相对独立的实业学校系统,而和普通中学混合成为"综合性中学制";旧制中的甲种实业学校改为职业学校或高级中学的农、工、商、家政等科,乙种实业学校改为职业学校,招收高级小学毕业生或相当年龄之初级小学毕业生。在新学制中,职业教育有6种形式:初级中学职业科;高级中学职业科;职业学校;大学及专门学校附设的职业专修科;小学的职业预科;补习学校的职业科。这一改革,使职业教育无论在范围上及性质上,均较旧制有所拓宽,为职业教育的发展带来了广阔的前景。

（4）在大学教育方面,新学制废止了预科制,理顺了中学与大学的衔接关系,使大学不再担任普通教育的任务,提高了大学教育程度,有利于大学集中精力进行专业教育与科学研究。大学采用选科制,以适应学生个性发展与社会需要。

1922年新学制的颁行,推动了各级各类教育的发展。在初等教育方面,公私立小学校与就学儿童数,逐年有所增加。1916年,全国有小学校120,097所,在校儿童数为3,843,454人。到1922年,初小、高小合计共有学校数为177,751所,共有学生数为6,601,802人。到1929年,据教育部不完全统计,估计全国有小学生八百多万。在中等教育方面,新学制公布后,各地纷纷设立初级中学,加之高中实行分科制,各地师范学校并入中学,改为高级中学师范科,使中学生数量大增。1916年,全国有中学653所,学生75,575人。到1925年,全国中学为687所,学生数为129,978人。至1928年时,学生数达到188,700人。在高等教育方面,1922年新学制颁布后,可单独设立单科大学，高等师范学校改为师范大学，私人可设立大学，由此全国各地许多专科学校和高等师范学校相继改为大学，私立大学纷纷设立。1916年时，全国大学计有10所（包括公立3所，私立7所），学生3609人。到1925年时，大学校（包括独立学院、专科学校）增到108所，学生36,321人。在职业教育方面，1922年后，实业学校改为"职业学校"，职业学校除可独立外，还可在高级中学加设工、农、商等职业科，提高了职业教育的地位，各级各类职业学校与职业科纷纷设立。1921年，全国职业学校包括甲乙两种农、工、商校，职业补习学校，慈善性质职校，共计842所。到1926年，各级各类职业学校、教育机构，总计达到1518所。其中仅农、工、商、家事等职工学校就有846所，超过了1921年职业教育机构的总和。[①]

1922年的学制改革，连同随后发生的课程、教学方法等一系列改革，从经济层面说，是第一次世界大战前后，我国民族资本主义工商业获得空前发展，新经济、新产业的发展催生了对新式人才尤其是专业技术人才的渴求。可以说，这是促使这场以学制与课程改革为核心内容的教育变革的直接动因。从思想理论层面说，这场学制与课程改革，是在"五四"新文化运动和西方各种教育思潮尤其是实用主义、科学主义、职业教育、平民教育思潮的直接影响下，文化教育领域内产生的综合性成果。因而，这次学制改革体现出如下一些鲜明的特征：

第一，科学与民主精神成了这次学制改革的灵魂。1922年的新学制以"七项标准"代替了教育宗旨，强调"适应社会进化之需要；发挥平民教育精神；谋个性之发展；注意国民经济力；注意生活教

[①] 以上数据来自第一、第二、第三次《中国教育年鉴》及商务印书馆1931年版《最近三十五之中国教育》和《教育杂志》19卷3号"补白"。

育；使教育易于普及；多留各地方伸缩余地"①。这"七项标准"充分体现了现代教育的"本义"和五四时期高扬的科学与民主精神。从"七项标准"内容看，一方面，无疑是深受美国实用主义教育家杜威"教育即生活"、"学校即社会"和"儿童中心"的实用主义教育思想的影响和启发，强调将教育的目的与教育的过程视为一体、学校的学习同校外的生活连成一片，强调在教育过程中实施以学生为中心的教育理念；另一方面，它所倡导的平民教育精神，它所高扬的男女平权和教育平等，它所要求的教育尊重个人价值、充分发展个性以养成健全之人格，又充分反映了"五四"以来人们追求民主平等、发展个性、解放思想的新要求。

第二，新学制既汇通中西、博采众长，又力求中国化。1922年新学制是东西方文化大交汇的产儿。西方各种思潮以万马奔腾之势涌入古老的中华大地，几千年来维系中国社会秩序的传统文化教育和价值观念遭到了空前的挑战，中国社会不可避免地卷入世界大格局之中。一批受过西方现代文明熏陶的知识分子，充当了介绍、吸收西方教育思想，推动中国教育改革的骨干力量。随后，又有一批西方著名的思想家、教育家如杜威、罗素、孟禄等相继来到中国，宣传介绍他们的学说理论，直接地影响了中国教育改革的方向与进程。在这样的背景下，中国有条件追随世界的潮流，吸收人类文明的最新成果，博采各国教育之长，为我所用。中国的教育家们正是利用了这一有利的时机，掀起了一场广泛深入的教育改革热潮，使中国教育现代化的进程与当时世界教育发展的大势，大体上保持了同步的状态。1922年的学制改革顺应了当时世界各国学校改革的共同趋势，借鉴了各国教育发展的基本理念，如教育机会与权利均等、

---

① 参见《大总统颁布施行之学校系统改革案（民国十一年十一月一日）》，引自璩鑫圭、唐良炎等编：《中国近代教育史资料汇编（学制演变）》，上海教育出版社2007年版，第1008页。

人尽其才、顾及学生身心发展、适应社会、配合国家建设与社会发展的需要、将整个学制视为一个有机整体，等等。全国教育会联合会于1921年在第七次年会讨论"学校系统草案"时，曾经"参酌各国学制"，对美英德日法等主要资本主义国家的学制做了认真的分析，研究了这些国家学制的优长与不足，采取了"明辨择善"的态度，力戒"舍己从人，轻于吸收"，努力做到"如有适用的，采取它；如有不适用的，就回避它"。可见，在20世纪20年代前后，教育家们已经初步意识到，既要学习外国的教育制度与经验，又要力求适合中国的国情，不能一味生搬硬套，否则，方枘圆凿必定无补于国家、社会。正如当时有人所指出的那样，"中国人在中国办外国教育，还有什么意义？各国的教育，有各国的制度和精神，各有它的空间性与时间性，万不能乱七八糟的拿来借用。"[①]

第三，强调"弹性制"与"多样化"。新学制不仅注意博采众长、中国化，而且还十分强调"弹性制"与"多样化"。如新学制在"七项标准"中，强调"注意国民经济力""多留各地方伸缩余地"等原则。在具体条文中，又针对旧学制中学阶段的单调、整齐划一，小学、中学各段所授知识不完整，若中途辍学升学就业皆感困难等弊端，做了大胆改革。缩短了小学年限，有利于初等教育的普及；中学阶段延长年限并分段，高中加设职业科，这样既有助于学生掌握好基础知识，又可养成谋生本领，使中等教育同时肩负升学与就业的双重使命，以适应当时中国工商业发展对人才的需求。新学制中关于小学修业年限、小学高年级课程增设职业准备之教育、初高中并设、职业学校之期限及课程等，明确规定可视地方情形斟酌变通，表现出较大的灵活性。在课程改革方面，大学的设科与选科制、中学的学分制等，都注意从中国实际出发。全程参与学制改革的

[①] 宋恩荣编：《晏阳初文集》，教育科学出版社1989年版，第170页。

胡适指出，"中国这样广大的区域，这样种种不同的地方情形，这样种种不同的生活状况，只有五花八门的弹性制是最适用的"①。从1922年学制公布以后实施的几十年中，可以看出弹性制、多样化基本上是适合中国国情的。

1922年的学制改革拉开了现代教育体制化的序幕，预示着一个新的现代化教育时代即将来临。当然，新学制仍然存在对中国国情估计不足与向外国学习时食洋不化的缺陷，特别是表现出对美国教育制度与杜威实用主义教育理论的盲目迷信。对此，在1922年，陶行知指出："我国兴学以来，最初仿效泰西，继而学日本，民国四年取法德国，近年特生美国热，都非健全的趋向。"在他看来，"诸先进国办学久的，几百年；短的，亦数十年。他们的经验，可以给我们参考的，却是不少；而不能采取得益的，亦复很多。"所以，陶行知主张，"今当改革之时，我们对于国外学制的经验，应该明辨择善，决不可舍己从人，轻于吸收"②。在新学制颁行的当年，张謇在师范附属小学20周年演说中也对这个新学制存在的弊端提出了批评。他指出："学校制度，颁自政府，主政者多系留学生，一切规程，均摹仿欧美，其是否合于国情，或未暇计及。譬之医术，徒泥宗古方而未尝临症，安可冀其必效。"他强调南通办学"对于现行制度，要当酌准地方情形、弃瑕录瑜，庶几培护乃适其宜"③。可见，1922年的学制改革，的确在某些方面表现出过于理想化与脱离中国实际的缺点。事实上，它所推崇的民主主义与自由主义的教育模式，在军阀时期是不可能实现的。许多改革措施主观愿望是好的，但实际效果并不理想。如学分制、分科制固然有利于学生的发展，但也导致

---

① 柳芳编：《胡适教育文选》，开明出版社1992年版，第84页。
② 转引自吕达：《中国近代课程史论》，人民教育出版社1994年版，第348页。
③ 张謇：《师范附属小学廿周纪念演说》，载曹从坡、杨桐主编：《张謇全集》（四），江苏古籍出版社1994年版，第179页。

了学校课程的膨胀。因此，从总体上看，这次改革隐含着某种程度上不切实际的盲目性和食洋不化的弊端。

第二节　蔡元培与中国教育的新纪元

准确地说，自维新运动后，特别是科举废除、新学制诞生以后，中国才开始自觉地迈入近代科学与文化教育体制化的过程。此后的中国，不再仅仅是被动地、零散地学习西方科技，而是主动地、全面而系统地从教育科研体制、社会支持系统、价值取向、思想意识等方面，冲破各种阻力，面向世界，建立近代体制化的科技与文化教育事业，开创中华文明的新纪元——从传统文明向现代文明转变。在这一转折的历史进程中，蔡元培是众多知识精英的杰出代表。

蔡元培（1868—1940年），号子民，浙江绍兴人，出身科举，17岁中秀才，22岁中举人，25岁取为进士，1894年授翰林院编修。甲午战争后，忧愤国事始研西学，1899年南归乡里受聘为绍兴中西学堂监督。次年，受聘为嵊县剡山书院山长。1901年夏，赴上海代理澄衷学堂总理，旋受聘为南洋公学特班总教习。1902年4月，发起成立中国教育会，被推选为事务长（会长），力主推进共和教育。后又主持创设爱国学社和爱国女学，组织光复会并任会长。1903年，加入同盟会并任上海分会会长。1906年，赴京任译学馆教学。1907年5月，自费赴德国留学，先后在柏林大学、莱比锡大学研习哲学、心理学、美学、世界文明史及教育学。1912年1月民国临时政府成立后，应邀任教育总长。同年7月，因"理想与事实，积不相容"，"牵率因循，负疚滋重"[1]，愤而辞去教育总长一职，于是年9月再度

---

[1] 蔡元培：《辞教育总长呈》，载高平叔编：《蔡元培全集》（第二卷），中华书局1984年版，第258页。

赴德留学。1913年6月，应孙中山电召回国，不久因参加"二次革命"反袁失败，又赴法国研习并于1915年发起成立勤工俭学会，次年又发起成立华法教育会，旨在推动中法文化教育交流。1916年10月，应教育总长范源濂之邀，就任北京大学校长。同时，积极推动留法勤工俭学运动、平民教育运动，参与新教育运动，倡导女子教育、职业教育和科学教育事业，成为中国教育界振臂一呼的领袖人物。1920年11月，蔡元培再度赴欧洲及美国考察文明与教育，在半年多的时间里先后游历考察了法国、德国、英国及美国等十余国的著名大学、文化名城，并拜访了居里夫人、爱因斯坦等世界一流的科学家和学者。1923年7月，蔡元培第五次赴欧洲学习和考察，他在研究其兴趣所在的美学、哲学的同时，还入德国汉堡大学专攻民族学。1927年10月，出任中华民国大学院院长，负责全国的教育行政和学术研究，推行大学区制。次年8月，请辞大学院院长职后又获任中央研究院首任院长，尔后又历兼监察院院长、故宫博物院理事长、中华教育文化基金会董事长、北平图书馆馆长等职。抗日战争爆发后，移居香港。1940年3月5日病逝。综观蔡元培一生，他历经了晚清至民国半个多世纪的文化教育变迁与改良运动。同时，在欧美度过了前前后后长达11年之久的游历、留学生活。在当时，像他这样阅历丰富、学贯古今、谙熟西方资本主义国家的政治经济、文化教育制度的学者，应该说是屈指可数的，堪称中国学术界的弄潮儿和中国教育新纪元的开创者。

一、博采世界最新主义，开中国教育新纪元

也许是作为前清进士名列翰林，亦作为民国元老几度位居高官，加之长期游学欧美饱受西方文化浸染，使得蔡元培对世界大势、中国社会尤其是中国传统文化教育看得更为真切。这也注定了他要改写中国教育的历史。

蔡元培深知，要使中华民族自立于世界民族之林，就必须紧跟时代潮流，"打破二千年来墨守孔学的旧习"，吸收西方文明之优长为我所用。他说："古之言竞争者，曰'知彼知己'。……而知之程度，见胜于闻，故曰'百闻不如一见'；或曰'所见不逮所闻'。海通以来，缩五洲为一邱，虽以吾数千年闭关自大之中华，事事与欧美诸邦密切关系。自一缕一针之细故，以至于政治风俗之大端，无不东鸣西应，速于邮命。……而我国各方面负责任者，乃尚多懵然于欧美之情势，遇事竭蹶，动失机宜。"①要学习西方，首先就必须了解西方、研究西方，而留学、游历欧美不失为一种最为可取的路径。为此，他不但身体力行多次游学欧美，而且力主派遣学生出国留学。他说："改良社会，首在教育。欲输科学智识于东亚，必以留学泰西为要图。……广辟留欧学界，俾青年子女，得吸收新世界之文明，而进益于社会，岂浅鲜哉。况民生困迫，实业需材，故欲造就青年济世之学子，尤以民智先进之国为宜。"考虑到"西国学费，宿称耗大，其事至难普及"，他和李石曾等人商定"兴苦学之风"②。在他和李石曾等人的倡议和组织下，现代中国发起了一场声势浩大、影响深远的留法勤工俭学运动。至于为什么要选法国为目的地，他在《北京留法俭学会预备学校开学式演说词》中做了详细的说明，其中最主要的理由，一是"法国教育界适宜吾国学生"；二是"绅民阶级、政府万能、宗教万能等观念，均足为学问进步之障碍"，其他国家均或多或少存在这些观念，唯独法国没有；三是欧美各国，生活程度均高，一般自费留学生很难承受。法国除巴黎以外，风气均极俭朴，而且学校不收学费、膳宿费又极廉，正所谓"得以最俭之

---

① 蔡元培：《欧美同学会丛刊发刊词》，载高平叔编：《蔡元培全集》（第三卷），中华书局1984年版，第389-390页。
② 蔡元培：《留法俭学会缘起及会约》，载高平叔编：《蔡元培全集》（第三卷），第36页。

费用，求正当之学术"；四是欧洲各国科学程度在一般人心目中以德国人为最高，其实法国人的科学程度并不下于德人，科学界的大发明家多属于法国，"德人则往往取法人所发明而为精密之研究"，故两国学者各有所长。我国"学者颇有研究之耐心，而特鲜发明之锐气，尤不可不以法人之所长补之"①。

如何学习西学？蔡元培主张"学为基本，术为支干"，倡导"学理"与"应用"并重。在他看来，"民族的生存，是以学术做基础的。一个民族或国家的兴衰，先看他们民族或国家的文化和学术。学术昌明的国家，没有不强盛的；文化幼稚的民族，没有不贫弱的"②。所以，他对当时中国文化教育界不重视学术研究的现象表露出深切的忧虑。他指出："我国近年所以士风日敝、民俗日偷者，其原因固甚复杂，而学术消沉，实为其重要之一因。教育以沿袭塞责，而不求新知；学者以资格为的，而不重心得。在教育界已奄奄无气如此，又安望其影响及于一般社会乎！"③他认为"学与术可分二个名词：学为学理；术为应用。……学必借术以应用，术必以学为基础，两者并进始可"。针对当时一部分留学生中存在的"只从狭义做去，不问深的理由"的功利主义和实用主义的治学态度和价值取向，他进行了严肃的批评。他告诫留学生，"求学亦然，要是但知练习技术，不去研究学术；或一国之中，练习技术的人虽多，研究科学的人很少，那技术也是无源之水，不能会通改进，发展终属有限。所以希望留学诸君，不可忽视学理"④。事实上，正是我国传统文化教

---

① 蔡元培：《北京留法俭学会预备学校开学式演说词》，载高平叔编：《蔡元培全集》（第三卷），中华书局1984年版，第52页。
② 蔡元培：《我们希望的浙江青年》，载高平叔编：《蔡元培全集》（第六卷），中华书局1984年版，第490页。
③ 蔡元培：《学术演讲会启事》，载高平叔编：《蔡元培全集》（第三卷），第139–140页。
④ 蔡元培：《在爱丁堡中国学生会及学术研究会欢迎会演说词》，载高平叔编：《蔡元培全集》（第四卷），中华书局1984年版，第42页。

育不屑于学术理论研究,以致古代科技发明虽多,但不重视其中的学理研究,终归是技术发达而科学落后,最终造成近代科学没有在中国产生。所以,蔡元培要求留学生不但学习外国先进的技术,更要重视学习西方"纯粹科学",力求使学理与应用齐头并进;否则,仅学实用技术等皮毛之学,固然可为个人一时谋得一个好职位,然而"学理"需处处仰给于人,终将会使国家的科学进步和民族的复兴无望。

正确处理学习西学与弘扬民族文化传统,始终是近代以来中西文化碰撞、会通中一个无法绕开的重要议题。蔡元培主张,一方面要放下民族文化优越感的心态,根据中国国情,积极地、虚心地向西方学习;但另一方面也不能因其"学术政事优于我",而丧失自己的民族特性和民族自尊心,甚至被异邦同化。他在《文明之消化》一文中,论述了"消化"与"同化"的区别。他说:"消化者,吸取外界适当之食料而制炼之,使类化为本身之分事,以助其发达。"也就是说,消化当以"我"为主体,对于国外先进的东西,"吸收而消化之,尽为'我'之一部"。而"同化"则是俯仰依人,忘其在我,不知舍短取长,"一味模仿太过,而消亡其特性"[①]。由是,他坚决反对民族虚无主义,反对对中国传统文化采取一概否定的态度,抨击当时一度流行的所谓"全盘西化论"。果如是,不仅会失去吸收和会通外来文化的根基,而且也不可能在融会西方文化的基础上,推动中国传统文化的新陈代谢再放光芒。蔡元培指出:"我中国人向有一弊,即是自大;及其反动,则为自弃。自大者,保守心太重,以为我中国有四千年之文化,为外国所不及,外国之法制皆不足取;及屡经战败,则转而为崇拜外人,事事以外国为标准,有欲行之事,则曰是某某国所有也。遇不敢行之事,则曰某某等国尚未行者,我

---

① 蔡元培:《文明之消化》,载高平叔编:《蔡元培全集》(第二卷),中华书局1984年版,第467—468页。

国又何能行？此等几为议事者之口头禅，是由自大而变为自弃也。"①蔡元培告诫留学生："吾国学生留学他国者，不患其科学程度之不若人，患其模仿太过而消亡其特性。所谓特性，即地理、历史、家庭、社会所影响于人之性质者是也。学者言进化最高级为各具我性，次则各具个性。能保我性，则所得于外国之思想、言论、学术，吸收而消化之，尽为'我'之一部，而不为其所同化。否则留德者为国内增加几辈德人，留法者、留英者，为国内增加几辈英人、法人。夫世界上能增加此几辈有学问、有德行之德人、英人、法人，宁不甚善？无如失其我性为可惜也。往者学生出外，深受刺激，其有毅力者，或缘之而益自发愤；其志行稍薄弱者，即弃捐其'我'而同化于外人。所望后之留学者，必须以'我'食而化之，而毋为被所同化。学业修毕，更遍游数邦，以尽吸收其优点，且发达我特性也。"②

1912年1月，蔡元培应孙中山之邀，出任南京临时政府教育总长。虽然他执掌教育部不到一年，但他却在吸收借鉴西方教育的前提下，着手进行了一系列具有创新意义的改革，推动中国教育发展到了一个前所未有的新时代，对中国文化教育乃至整个社会风尚都产生了十分重要的影响。其主要的改革举措有：

其一，从形式和教育内容上，试图清除清朝封建教育的流弊。鉴于"民国既立，清政府之学制，最必须改革者"，而"完全新学制"正在征集各地方教育家意见尚未出台，所以，蔡元培执掌民国临时政府教育部后，即通电各省以政府法令的形式颁布《普通教育暂行办法》。该办法共有14条，主要内容有：将从前各项学堂改称

---

① 蔡元培：《全国临时教育会议开会词》，载高平叔编：《蔡元培全集》（第二卷），中华书局1984年版，第264页。
② 蔡元培：《在清华学校高等科演说词》，载高平叔编：《蔡元培全集》（第三卷），中华书局1984年版，第28页。

学校，监督、堂长一律改称校长。初等小学校，可以男女同校。各种教科书务必合乎共和民国宗旨，清学部颁行之教科书一律禁用；凡民间通行之教科书，其中如有尊崇清廷及旧时官制、军制等课并避讳、抬头字样，应由各该书局自行修改，如学校教员遇有教科书中不合共和宗旨者，可随时删改。废止小学读经科，注重手工科。高等小学以上体操科，应注重兵式。初等小学算术科，应兼课珠算。中学校为普通教育，文、实不必分科；中学校、初级师范学校改为四年毕业。旧时奖励出身，一律废止。①这样就从形式和内容上初步清除了清朝封建主义的教育。

在颁布《普通教育暂行办法》的同时，蔡元培执掌的民国临时政府教育部又颁布了《普通教育暂行课程标准》11条，规定了小学、中学、师范学校各类学校暂行课程表及每周授课时数，要求各校遵行。暂行课程标准规定：小学设置修身、国文、算术、游戏、体操等科目，视地方情形，可加设图画、手工、唱歌之一科目，女子加课以裁缝；高等小学则在此基础上增设中华历史地理、博物理化、图画、手工，视地方情形可加设唱歌、外国语、农工商业之一科或数科；中学校之学科为修身、国文、外国语、历史、地理、数学、博物、理化、图画、手工、法制、经济、音乐、体操，女子加设家政、裁缝；师范学校之学科目在中学校的基础上，增设教育、习字，视地方情形加设农、工、商业之一科目，同时特别强调师范学校学科宜注重国文、外国语、数学等。②与课程改革同步展开的还有教科书的编写。在教科书的编写中，蔡元培要求"博采世界最新主义"，体现共和民主的新精神。1912年，商务印书馆在《编辑共和国小学

---

① 《教育部电各省颁发普通教育暂行办法》（1912年1月19日），参见陈学恂主编：《中国近代教育史教学参考资料》（中册），人民教育出版社1987年版，第166-167页。

② 《教育部呈报并咨行普通教育暂行办法及课程标准》（1912年1月19日），参见陈学恂主编：《中国近代教育史教学参考资料》（中册），第168-172页。

教科书缘起》中指出:"我中国改建共和政体,开四千年以来东亚未有之创局。政体变更以后,事事物物,均当乘机革新,教科书尤其先务也。夫立国之本,在于教育,而教育之良否,教科书关系最巨。"①所以,当时以编写出版教科书著称的商务印书馆,遵循蔡元培的教育理念和教育部通令的要求,以"博采世界最新主义,期以养成共和国民之人格"为根本方针。一方面,对旧有各书"大加改订,凡与满清有关系者,悉数删除,并于封面上特加订正为中华民国字样"。另一方面,提出了编写教科书的若干原则性意见,如注重自由、平等之精神,守法合群之德义,以养成共和国民之人格;注重表彰中华固有之国粹特色,以启发民之爱国心;注重国体政体及一切法政常识,以普及参政之能力;注重汉满蒙回藏五族平等主义,以巩固统一民国之基础;注重博爱主义,推及待外人、爱生物等事,以扩充国民之德量;注重体育及军事上之知识,以发挥尚武之精神;注重国民生活上之知识技能,以养成独立自营之能力;联络各科教材,以期获教授上之统一;书中附图画及五彩画,以引起学生兴趣而启发其审美之观念;力求浅显活泼,期合儿童心理,不以好高骛远,致贻躐等之弊;初等小学之教材,男女并重,以便男女同校之用,等等。②对《普通教育暂行办法》和《普通教育暂行课程标准》所发挥的作用和所产生的影响,著名教育家蒋维乔曾有一段较为公允的评价:"此区区十四条通令,革除前清学制之弊,开新学制之纪元,于全国教育停顿,办法纷歧之时,赖此通令,得以维持,其影响实非浅鲜。尚有普通教育暂行课程标准,计十一条,于同日颁布。以后小学中学师范之课程,虽与此标准,略有出入,然

---

① 商务印书馆:《编辑共和国小学教科书缘起》,参见陈学恂主编:《中国近代教育史教学参考资料》(中册),人民教育出版社1987年版,第421页。

② 商务印书馆:《编辑共和国小学教科书缘起》及《商务印书馆新编共和国教科书说明》,参见陈学恂主编:《中国近代教育史教学参考资料》(中册),第422–423页。

大体相类。直至十一年采取美国式,颁布新学制时,此标准始失其效力。"①

值得提及的是,蔡元培深知历代政教合一的弊害,又亲身体验了欧洲政教分立后所带来的益处,所以他极力鼓吹"教育独立说",以谋求政教分离,实现他心中理想的"百世不迁之主义"的教育。在蔡元培看来,"教育有二大别:曰隶属于政治者;曰超轶乎政治者"②,但民主共和的教育应当是"超轶乎政治"的。他认为,在民主共和时代,"一方面认个人有思想、言论、集会之自由,是为个性的发展;一方面有纳税、当兵之义务,对于国家而非对于君主,是为群性的发展。于是有所谓国民教育者。两方面发展之现象,亦以渐分明"③。前者是权利,后者为义务,只有两者兼顾,才能培养出民主共和的新国民。所以,民主共和时代的教育是"要个性与群性平均发达的"④。那么何为共和时代"兼顾个性与群性"的教育呢?蔡元培认为:"第一,是自动的而非被动的,是启发的而非灌输的";"第二,是世俗的而非神圣的,是直观的而非幻想的";第三,"是全身的而非单独脑部的"⑤。因为"教育者,养成人格之事业也。使仅仅为灌输知识、练习技能之作用,而不贯之以理想,则是机械之教育,非所以施于人类也"。接着他又将"养成人格"之要项归纳为:"一曰调合之世界观与人生观";"二曰担负将来文化";"三曰独立不惧

---

① 蒋维乔:《民元以来学制之改革》,引自陈学恂主编:《中国近代教育史教学参考资料》(中册),人民教育出版社1987年版,第164页。
② 蔡元培:《对于新教育之意见》,引自高平叔编:《蔡元培全集》(第二卷),中华书局1984年版,第133页。
③ 蔡元培:《教育之对待的发展》,引自高平叔编:《蔡元培全集》(第三卷),中华书局1984年版,第260页。
④ 蔡元培:《教育独立议》,引自高平叔编:《蔡元培全集》(第四卷),中华书局1984年版,第177页。
⑤ 蔡元培:《真正的近代西洋教育》,引自高平叔编:《蔡元培全集》(第四卷),第68-69页。

之精神";"四曰安贫乐道之志趣"①。据此,他反对中国传统政教合一以及西方中世纪奉行的基督教与教育合为一体的做法,宣示"教育独立说",主张教育既要独立于政治,也要独立于宗教。要求教育者应站稳中性立场,从受教育者本体着想,既不应屈从于政治家的权威,也不应蒙蔽于宗教家的说辞,亦即民主共和的教育不能隶属于政治或宗教。他指出:"民国教育与君主时代之教育,其不同点何在？君主时代之教育方针,不从受教育者本体上着想,用一个人主义或用一部分人主义,利用一种方法,驱使受教育者迁就他之主义。民国教育方针,应从受教育者本体上着想:有如何能力,方能尽如何责任;受如何教育,始能具如何能力。"②在他看来,不把教育权交给某一政党或某一宗教派别是有充分的理由的,"教育是帮助被教育的人,给他能发展自己的能力,完成他的人格,于人类文化上能尽一分子的责任;不是把被教育的人,造成一种特别器具,给抱有他种目的的人去应用的。所以,教育事业当完全交与教育家,保有独立的资格,毫不受各派政党和各派教会的影响"。教育与政治是有根本区别的,"教育是要个性与群性平均发达的;政党是要制造一种特别的群性,抹杀个性";"教育是求远效的,政党的政策是求近功的";尤其是"政党不能掌握政权,往往不出数年,便要更迭。若把教育权也交与政党,两党更迭的时候,教育方针也要跟着改变,教育就没有成效了。所以教育事不可不超然于各派政党以外"③。显然,在蔡元培心中,教育是一项完全独立的事业,应当完全交给教育家去办,绝不能受各派政党或各派教会的影响。为此,他参与了1921

---

① 蔡元培：《一九〇〇年以来教育之进步》,载高平叔编：《蔡元培全集》(第二卷),中华书局1984年版,第407页。

② 蔡元培：《全国临时教育会议开会词》,载高平叔编：《蔡元培全集》(第二卷),第262页。

③ 蔡元培：《教育独立议》,引自璩鑫圭、童富勇编：《中国近代教育史资料汇编(教育思想)》,上海教育出版社2007年版,第717页。

年发起的"教育独立运动"并为它摇旗呐喊,从理论上阐释教育独立的必要性并为其提出具体的实施纲领,他本人也被时人视为这一运动的精神领袖。1922年继起的"非基督教运动"也被纳入教育独立运动之中。所以,当时"教育独立运动"的两大主题是:教育独立于政治,教育独立于宗教。为了践行"教育独立"的主张,蔡元培在1922年3月发表的《教育独立议》一文中,力主效行法国的"大学区制",由大学区来负责教育的决策与执行之责,政党、政府均"不得干涉各大学区事务"。他提出的具体实施方案是:把全国分为若干大学区,每区立一大学,凡中等以上各种专门学术,都可以设在大学里;一区以内的中小学与学校以外的社会教育,如通讯教育、演讲团、体育会、图书馆、博物院和音乐、演剧、影戏等,以及其他成年教育、盲哑教育等,都由大学办理。当然,蔡元培关于"教育独立"的观点也并非尽善尽美,有些观点也是我们不敢苟同的。事实上,他企图以"教育独立说",建立一种超然于政治、政党和宗教以外的教育,不过是一种学者式的一厢情愿,无论在过去或将来、东方或西方,都是不可能实现的。

其二,博采西方教育之所长,提出了全面改革中国封建传统教育的"五育并举"的主张。作为一个教育家,首先要思考的是教育的本质问题,即教育区别于其他社会活动的到底有哪些根本特征。蔡元培认为,"以现世幸福为鹄的者,政治家也;教育家则否。盖世界有二方面,如一纸之有表里:一为现象,一为实体。现象世界之事为政治,故以造成世界幸福为鹄的;实体世界之事为宗教,故以摆脱现世幸福为作用。而教育者,则立于现象世界,而有事于实体世界者也。故以实体世界之观念为其究竟之大目的,而以现象世界之幸福为其达于实体观念之作用。"[①] 在这里,蔡元培把世界分为

---

① 蔡元培:《对于新教育之意见》,载高平叔编:《蔡元培全集》(第二卷),中华书局1984年版,第133页。

"现象世界"与"实体世界"两个方面,现象世界是相对的,受因果律制约,与空间、时间有不可分离的关系,是"可以经验"的,它属于政治范畴,以造成幸福为目的;实体世界则是绝对的,既不受因果律制约,又无时间、空间的限制,它是超物质、超政治的,是"全恃直观"的,以摆脱现世幸福为终极目的。这种实体世界是不可名状的,蔡元培称之为"道""太极",这实际是一种超物质的绝对精神。那么教育究竟应从属于现象世界还是实体世界呢?蔡元培给出的答案是,教育作为一种培养人的社会活动,是"立于现象世界,而有事于实体世界者也"。在他的"五育"主张中,军国民教育、实利主义教育和公民道德教育均从属于现象世界,均由政治家所统摄;而世界观教育及美感教育,则从属于实体世界,但不宜由宗教家所统摄。因为,在他看来,"教会是保守的:无论什么样尊重科学,一到《圣经》的成语,便绝对不许批评,便是加了一个限制"[1]。所以,宗教家并不具备引领人们探寻"实体世界之观念"的资格,由是,他后来又提出"以美育代宗教"的主张。蔡元培认为,要"立于现象世界,而有事于实体世界",培养人格健全的共和国民,就必须实施军国民教育、实利主义教育、公民道德教育、世界观教育及美感教育五育并举的教育方针。

20世纪初,西方出现了一股军国民主义和实用主义思潮,受其影响清末民初的中国教育领域也掀起了一股军国民主义和实用主义教育思潮。一些地方纷纷出现实施军国民教育的机构和训练武装力量的据点,许多学校甚至学习西方国家组建"童子军",对学生进行军事化训练,全国各大城市纷纷举办运动会,各级学校亦积极参加和举办运动会,并开展以培养学生"勇武精神"为目的的体育教育。与此同时,在清末民初,随着民族资本主义工商业的发展,实

---

[1] 蔡元培:《教育独立议》,载高平叔编:《蔡元培全集》(第四卷),中华书局1984年版,第177页。

利主义思潮澎湃一时,催生了对实用人才的渴求,"实业救国""教育救国"的呼声日益高涨,由是使得实用主义教育受到了前所未有的关注。在蔡元培心中,军国民教育、实利主义教育也是富国强兵、救治民族危亡的良方。他认为,在我国"强邻交逼,亟图自卫,而历年丧失国权,非凭借武力,势难恢复。且军人革命以后,难保无军人执政之一时期,非行举国皆兵之制,将使军人社会,永为全国中特别之阶级,而无以平均其势力。则如所谓军国民教育者,诚今日所不能不采者也"。而实利主义之教育,"以人民生计为普通教育之中坚。其主张最力者,至以普通学术,悉寓于树艺、烹饪、裁缝及金、木、土工之中。此其说创于美洲,而近亦盛行于欧陆。我国地宝不发,实业界之组织尚幼稚,人民失业者至多,而国甚贫。实利主义之教育,固亦当务之急者也"。而所谓公民道德教育,在蔡元培看来是统领军国民教育和实利主义教育的,只有在公民道德教育的统领之下,才能避免"知欺愚,强欺弱,而演贫富悬绝,资本家与劳动家血战之惨剧"。那么,什么是蔡元培心目中的公民道德教育呢?"曰法兰西之革命也,所标揭者,曰自由、平等、亲爱。道德之要旨,尽于是矣"。蔡元培认为,"自由、平等、亲爱"这三者实类似我国古代文化教育传统,中华民族不缺乏这种精神。他说:"孔子曰:匹夫不可夺志。孟子曰:大丈夫者,富贵不能淫,贫贱不能移,威武不能屈。自由之谓也。古者盖谓之义";"孔子曰,己所不欲,勿施于人。……《礼·大学记》曰:所恶于前,毋以先后;所恶于后,毋以从前;所恶于右,毋以交于左;所恶于左,毋以交于右。平等之谓也。古者盖谓之恕";"孔子曰:己欲立而立人,己欲达而达人。亲爱之谓也。古者盖谓之仁";"三者诚一切道德之根源,而公民道德教育之所有事者也"。而所谓世界观教育,蔡元培指出:"循思想自由言论自由之公例,不以一流派之哲学一宗门之教义梏其心,而惟时时悬一无方体无始终之世界观以为鹄。如是之教育，吾无以名之，名之曰世界观教育。"蔡元培认为，教育者的任务就是要使受教育者摆脱现世幸福而到达精神世界。而达此目的的手段，就是对受教育者进行美感教育。他在《美术的进化》一文中说："教育的方面，虽也很多，他的内容，不外乎科学与美术。"[①] 他指出："提出美育，因为美感是普遍性，可以破人我彼此的偏见；美感是超越性，可以破生死利害的顾忌，在教育上应特别注重。"[②] 他在《以美育代宗教说》一文中说："美学之中，其大别为都丽之美，崇宏之美（日本人译言优美、壮美）。而附丽于崇闳之悲剧，附丽于都丽之滑稽，皆足以破人我之见，去利害得失之计较，则其所以陶养性灵，使之日进于高尚者。"又说："美感者，合美丽与尊严而言之，介乎现象世界与实体世界之间，而为津梁。"所以说，教育家"欲由现象世界而引以到达于实体世界之观念，不可不用美感之教育。"正因如此，蔡元培主张"以美育代宗教"，因为"美育之附丽于宗教者，常受宗教之累，失其陶养之作用，而转以激刺感情。……鉴激刺感情之弊，而专尚陶养感情之术，则莫如舍宗教而易以纯粹之美育"。[③] 由于蔡元培把美育作为从现象世界过渡到实体世界的津梁，因而在他的教育思想体系中，美育占有十分重要的地位，为养成共和国民"健全之人格"的重要内容。他曾说："教育界所提倡之军国民主义及实利主义，因为救时之必要，而不可不以公民道德教育为中坚。欲养成公民道德，不可不使有一种哲学上之世界观与人生观，而涵养此等观念，不可不注重美育。美育者，孑民在德国受有极深

---

① 蔡元培：《美术的进化》，载高平叔编：《蔡元培全集》（第四卷），中华书局1984年版，第15–16页。
② 蔡元培：《我在教育界的经验》，引自璩鑫圭、童富勇编：《中国近代教育史资料汇编（教育思想）》，上海教育出版社2007年版，第722–723页。
③ 蔡元培：《以美育代宗教说》，载高平叔编：《蔡元培全集》（第三卷），中华书局1984年版。

之印象，而愿出全力以提倡之者也。"①

对于五育之间的关系，蔡元培有一个明确的界定："五者以公民道德为中坚；盖世界观及美育，皆所以完成道德；而军国民教育及实利主义，则必以道德为根本。"②公民道德教育被蔡元培视为五育之"中坚"，那么是否意味着蔡元培视道德中心主义为学校教育之圭臬呢？对此，蔡元培有一段十分明确的解释："教育而至于公民道德，宜若可为最终之鹄的矣？曰：未也。公民道德之教育，犹未能超轶乎政治。"接着他从理论上进一步阐释了世界观教育的极端重要性。他说："以心理学各方面衡之，军国民主义毗于意志；实利主义毗于知识；德育兼意志情感二方面；美育毗于情感；而世界观则统三者而一之。以教育界之分言三育者衡之，军国民主义为体育，实利主义为智育，公民道德及美育皆毗于德育，而世界观则统三者而一之。"尽管世界观教育如此重要，但蔡元培始终认定五育相辅相成，缺一不可，它们是一个相互依存的有机的整体。他说："五者，皆今日之教育所不可偏废者也。"又说："以中国古代之教育证之，虞之时，夔典乐而教胄子以九德，德育与美育之教育也。周官以卿三物教万民，六德六行，德育也。六艺之射御，军国民主义也。书数，实利主义也。礼为德育；而乐为美育。以西洋之教育证之，希腊人之教育为体操与美术，即军国民主义与美育也。欧洲近世教育家，如海尔巴脱氏持美育主义。今日美洲之杜威派，则纯持实利主义者也。"他还以"人身"设譬来说明五育并举、相互依存的重要性。他说："譬之人身：军国民主义者，筋骨也，用以自卫；实利主义者，胃肠也，用以营养；公民道德者，呼吸机循环机也，周贯全体；美

---

① 蔡元培：《传略（上）》，载高平叔编：《蔡元培全集》（第三卷），中华书局1984年版，328页。
② 蔡元培：《全国临时教育会议开会词》，载高平叔编：《蔡元培全集》（第二卷），中华书局1984年版，第263页。

育者，神经系也，所以传导；世界观者，心理作用也，附丽于神经系，而无迹象之可求。此即五者不可偏废之理也。"[1] 从蔡元培对五育的阐述中，可以看出，他试图通过五育并举的新教育方针来造就一代身心全面健康发展的人才，以实现振兴民族、发展经济、跻身世界发展大势的愿望。这一五育并举的新教育方针，对民国初期的教育改革产生了很大的影响，后来基本上被南京临时政府采纳并确立为教育宗旨。1912 年 9 月 2 日，《教育部公布教育宗旨令》指出："兹定教育宗旨……注重道德教育，以实利教育、军国民教育辅之，更以美感教育完成其道德。"[2]

其三，"兼欧美相宜之法"，制定学校系统改革方案。民国初立，新旧更替，百废待兴，经纬万端。就教育而言，莫亟于建立一个适应世界教育潮流、体现民国共和民主宗旨的新教育体系。蔡元培认为，前清所定学校章程多不适用，学制基本上抄袭日制，所以必须进行系统改革，方可合乎共和政体和经济社会发展的需要。因此，蔡元培在执掌民国临时政府教育总长之后，便于 1912 年 3 月提出了一个综合海内教育家意见、参酌列国成规、随时世之需、经多次修改的"学校系统草案"，"以供教育家之研究"。1912 年 7 月 10 日，蔡元培主持召开临时教育会议，除通过新的教育宗旨外，还讨论了如何研订新的学制体系。蔡元培在《全国临时教育会议开会词》中指出："至现在我等教育规程，取法日本者甚多。此并非我等苟且，我等知日本学制本取法欧洲各国。惟欧洲各国学制，多从历史上渐演而成，不甚求其整齐划一，而又含有西洋人特别之习惯；日本则变法时所创设，取西洋各国之制而折衷之，取法于彼，尤为相

---

[1] 以上引文除特别标注者外，均见蔡元培：《对于新教育之意见》，载高平叔编：《蔡元培全集》（第二卷），中华书局 1984 年版，第 130–135 页。

[2] 《教育部公布教育宗旨令》，引自陈学恂主编：《中国近代教育史教学参考资料》（中册），人民教育出版社 1987 年版，第 178 页。

宜。然日本国体与我不同，不可不兼欧美相宜之法。即使日本及欧美各国尚未实行，而教育家正在鼓吹者，我等亦可采而行之。我等须从原理上观察，可行则行，不必有先我而为之者。"① 会议中途，蔡元培因无法忍受袁世凯的行为，愤而辞职。但是会议后来的所有决议，基本上渗透着他的思想。会议最后出台了一个新学制——"壬子学制"，该学制在此后一年中又屡经增改，最后总合成为一个更加完整的学制系统，史称"壬子·癸丑学制"。这个学制主要是在参考吸收了日本及欧美等国学制的基础上制定的，而且仍有封建残留，如男女同校仅限在初等小学阶段，保留修身科而未以公民科代之，等等。但在当时，它已是一个相当完整的近代化学制，它的指导思想和基本精神，体现了西方资本主义自由、民主和平等的教育理想及民主共和新政体对教育的基本要求，奠定了我国现代学校体系的基础。这个学制虽然是在蔡元培辞职以后才颁布的，但其前期基础工作大都系他所为，其基本精神和核心内容，仍然是他播下的种子。

这个学制规定，儿童从6岁入学到二十三四岁大学毕业，整个学程约为17或18年，共分为3段4级。该学制共3个系统：一为普通教育，二为师范教育，三为实业教育。这个学制系统是在批判地继承癸卯学制的基础上，参照西方学制体系制定的，与清末学制相比有如下一些特色：（1）废除了前清"忠君""尊孔""尚公""尚武""尚实"的教育宗旨，基本采纳了蔡元培五育并举的教育理念，确立了"注重道德教育，以实利教育、军国民教育辅之，更以美感教育完成其道德"②的新宗旨，明确教育目的是为培养共和国民的健

---

① 蔡元培：《全国临时教育会议开会词》，载高平叔编：《蔡元培全集》（第二卷），中华书局1984年版，第264页。

② 璩鑫圭、唐良炎编：《中国近代教育史资料汇编（学制演变）》，上海教育出版社2007年版，第661页。

全人格；取消了清朝专为贵族设立的贵胄学校，真正废除了延续两千多年的教育特权和等级制，实现了以平民主义为本的学校教育单轨制；体现了男女平权受教育的精神，在制度层面正式确立了女子教育在学校教育体系中的地位：小学可以男女同校，普通中学、师范学校、高等师范学校、实业学校都可设立女校，大学也没有规定不收女生，数千年来教育上男尊女卑的传统基本上得以清除；重视授予学生切实有用的知识技能，小学高年级和中学阶段注意到了职业训练，中、师、职三教平行，便利学生升学和将来的就业选择，适合青年个性的发展和社会的需要。(2) 强调以学生的年龄和身心发展水平为依据，试行学制分段，符合教育科学规律，有利于教育普及与发展；缩短了修业年限（比前清学制缩短了3年），为进一步扩大教育的受众面打下了基础；颁布了新的课程标准，所有学校一律废止了读经，增加社会、工业、农业、商业等方面的实用知识课程。(3) 明确了各级各类学校教育宗旨：小学教育"以留意儿童身心之发育，培养国民道德之基础，并授以生活所必需之知识技能为宗旨"[①]；中学校"以完足普通教育，造成健全国民为宗旨"[②]；专门学校分为法政、医学、药学、农业、工业、商业、美术、音乐、商船、外语等种类，"以教授高等学术，养成专门人才为宗旨"[③]；大学分为文、理、法、商、医、农、工等科，"以教授高深学术，养成硕学宏材，应国家需要为宗旨"[④]；女子师范学校"以造就小学校教员及蒙养园保姆为目的。高等师范学校以造就中学校、师范学校教员为目的。女子高等师范学校以造就女子中学校、女子师范学校教员为

[①] 璩鑫圭、唐良炎编：《中国近代教育史资料汇编（学制演变）》，上海教育出版社2007年版，第663页。
[②] 同上书，第669页。
[③] 同上书，第672页。
[④] 同上书，第673页。

目的"①；实业学校"以教授农、工、商业必须之知识技能为目的"②。（4）在大学设预科，提高了学生的入学水平，解决了学生入学后学力程度相差悬殊的问题；设立专门学校，适应我国民族工商业发展的需要，为我国后来的高等专门技术教育的发展打下了基础。特别是1917年后对《大学令》及《大学规程》进行修改，大学实行选科制、文理沟通等，真正注意到谋求学生个性之发展。同时，《大学令》规定，私人可以办大学，及大学预科不能单独设立，等等，又极大地激发了地方和私人办大学的积极性，使高等教育得到了较快的发展。

二、仿世界各大学通例，为北大精神奠基

客观地说，作为一个学贯中西的学者、思想家和教育家，蔡元培的教育思想的确存在着不少偏于理想而不切实际，或者说是超前的成分，但这丝毫不影响他的教育思想在中国教育史上独具光芒。他对于北京大学全面、深刻而卓有成效的改革实践，更是他对于中国教育最卓越的独特贡献，由此也使他在中国教育史上获得了极高的声名和广泛的赞誉，成就了他作为中国教育史上的一座丰碑而让世人景仰。1916年底，蔡元培应教育总长范源濂之邀从欧洲归国出任北京大学校长，直到1927年辞职，在北大任职长达十年。在执掌北大期间，他把多次留学、游学国外所得的教育思想和西方大学特别是德国柏林大学的治理模式移植到中国，针对中国的现实和北大的实际进行了一系列大刀阔斧的改革，使北大这所国立大学在短短十年间一跃而成为领航时代潮流，并能与传教士创办的燕京大学并驾齐驱的现代新型大学。可以这么说，蔡元培执掌

---

① 璩鑫圭、唐良炎编：《中国近代教育史资料汇编（学制演变）》，上海教育出版社2007年版，第670页。

② 同上书，第732页。

北大的十年，是北大历史上最辉煌的时期，奠定了北大的传统和精神。

蔡元培对北大的改革是全面而深刻的，其突出之处主要有：

第一，整肃校风、学风，循"思想自由、兼容并包"之办学理念，"囊括大典、网罗众家"。北京大学的前身是成立于戊戌变法时期的京师大学堂，它曾根据改良派的要求进行了一些初步的改革，但改革很不彻底，旧的科举制度及封建官僚的积习仍然根深蒂固。加之，辛亥革命的洪流虽然冲垮了清王朝，冲击了旧的道德规范和价值体系，但道德失范也带来了不少新的社会问题，新政府的腐败现象有增无减，各地新贵官僚们纵情声色甚至较晚清尤甚，赌博、嫖妓、贪污之风盛行，在世人眼里北京就像是一个"臭虫窠"。1919年6月，蔡元培在请辞北京大学校长时还说："无论何等高尚的人物，无论何等高尚的事业，一到北京，便都染了点臭虫的气味。"[①] 社会习俗之不良、政界官僚之腐败，自然也不可避免地波及了北京大学。同时，由于北大初创时期的学生大都来源于京官及官僚子弟，他们在学校里仍然过着老爷式的生活，带听差、打麻将、吃花酒、捧名角、逛妓院之风盛行，校内一些无聊文人甚至还建立了"探艳团"之类的下流组织。整个学校可以说是乌烟瘴气，校风十分腐败，根本不像什么高等学府。学生上学，不是为了研究学问，而是追求做官发财。当时蔡元培的许多朋友也劝他莫进北大这个是非之地。蔡元培尽管如他所言是个痛恶官僚、不甘心仰官僚鼻息的人，但他也是一个理想主义者，他认为做大学校长不是做官，既然知道北大腐败，就更应进去整顿它。他曾说："觉北京大学虽然声名狼藉，然

[①] 蔡元培：《不肯再任北大校长的宣言》，载高平叔编：《蔡元培全集》（第三卷），中华书局1984年版。

改良之策，亦未尝不可一试，故允为担任。"① 后来他还用"我不入地狱谁入地狱"这句话，来表示当时执掌北大的决心。当然，他同意出任北京大学校长，也是出于他的教育救国理想。他曾说："吾人苟切实从教育着手，未尝不可使吾国转危为安。而在国外所经营之教育，又似不及在国内之切实。弟之所以迟迟不进京，欲不任大学校长，而卒于任之者，亦以此。昔普鲁士受拿破仑蹂躏时，大学教授菲希脱为数次爱国主义之演说，改良大学教育，卒有以救普之亡。而德意志统一之盛业（普之胜法，群归功于小学校教员，然所以有此等小学校教员者，高等教育之力也），亦发端于此。"②

对于当时的北京大学为什么这么腐败，蔡元培曾有一段十分深刻的描述。他说："北京大学所以著名腐败的缘故，因初办时（京师大学堂）设仕学、师范等馆，所收的学生都是京官。后来虽然逐渐演变，而官僚的习气，不能洗尽。学生对于专任教员，不甚欢迎，较为认真的，且被反对。对于行政司法界官吏兼任的，特别欢迎，虽时时请假，年年发旧讲义，也不讨厌，因有此师生关系，毕业后可为奥援。所以学生于讲堂上领受讲义，及当学期、学年考试时要求题目范围特别预备外，对于学术并没有何等兴会。讲堂以外，又没有高尚的娱乐与自动的组织，遂不得不于学校以外，竟为不正当的消遣。这就是著名腐败的总因。"③ 针对这一情况，蔡元培就任北大校长后就对北京大学进行了大刀阔斧的改革。他到校第一天，校役们在门口排队恭恭敬敬地向他行礼表示欢迎，他即脱下礼帽，也很恭敬地向他们鞠躬还礼，这一举动使欢迎他的校役和学生感到既新鲜又惊讶。因为这在从前是不曾有过的，校长是从不理

---

① 蔡元培：《复吴敬恒函》，载高平叔编：《蔡元培全集》（第三卷），中华书局1984年版，第10页。
② 蔡元培：《致汪兆铭函》，载高平叔编：《蔡元培全集》（第三卷），第26页。
③ 蔡元培：《我在教育界的经验》，引自璩鑫圭、童富勇编：《中国近代教育史资料汇编（教育思想）》，上海教育出版社2007年版，第724页。

睬校役的。蔡元培的民主作风第一天就给暮气深沉的北大带来了新气息和新景观。在《就任北京大学校长之演说》中，他勉励学生要做三件事："抱定宗旨"，"砥砺德行"，"敬爱师友"。他特别强调大学的性质，"大学者，研究高深学问者也"。因此，他要求学生"须抱定宗旨，为求学而来。入法科者，非为做官；入商科者，非为致富。宗旨既定，自趋正轨。诸君肆业于此，或三年，或四年，时间不为不多，苟能爱惜分阴，孜孜以求，则其造诣，容有底止。若徒志在做官发财，宗旨既乖，趋向自异。平时则放荡冶游，考试则熟读讲义，不问学问之有无，唯争分数之多寡；试验既终，书籍束之高阁，毫不过问。敷衍三四年，潦草塞责；文凭到手，即可借此活动于社会。岂非与求学初衷大相背驰乎？"大学自有其独立的人格与精神，大学就是大学，不是权力的依附，更不是升官发财的阶梯。所以，他把"抱定宗旨为求学而来"放在首位。①

1917年12月17日，也就是蔡元培执掌北京大学的第一年，北大举行了建校20年来第一次校庆（新中国成立后改以5月4日为北大校庆日）。蔡元培在这次庆典上发表演说，介绍了他曾经留学的德国大学的情形。他说："本校二十年之历史，仅及柏林大学五分之一，来比锡大学二十五分之一，苟能急起直追，何尝不可与为平行之发展？"②为了把北京大学办成能与德国大学比肩的"研究高深学问"的机构，蔡元培根据西方高等教育的办学规律和科学精神的普遍性原则，对北京大学的办学理念、管理体制、科系设置、教学内容与方法、教师队伍组建与学生课外活动等方面进行了全面的改革。

---

① 蔡元培：《就任北京大学校长之演说》，引自璩鑫圭、童富勇编：《中国近代教育史资料汇编（教育思想）》，上海教育出版社2007年版，第690–691页。

② 蔡元培：《北大二十周年纪念会演说词》，载高平叔编：《蔡元培全集》（第三卷），中华书局1984年版，第114页。

在办学理念上，他主张"仿世界各大学通例，循'思想自由'原则，取兼容并包主义"①。蔡元培认为，这是"思想自由之通则，而大学之所以大也"。蔡元培指出："大学者，'囊括大典，网罗众家'之学府也。……各国大学，哲学之唯心论与唯物论，文学、美术之理想派与写实派，计学之干涉论与放任论，伦理学之动机论与功利论，宇宙论之乐天观与厌世观，常樊然并峙于其中。"②反观中国学坛宗派习气、门户之见盛行，这不仅是封建专制主义"一道同风之旧见"，而且是科学的大敌。为了"囊括大典，网罗众家"，他主张"无论为何种学派，苟其言之成理，持之有故，尚不达到自然淘汰之运命者，虽彼此相反，而悉听其自由发展"③。所以，当时北大的教授中就存在学术上的不同流派。如史学方面，既有信古派的陈汉章、黄侃等，也有疑古派的钱玄同、胡适等；经学方面，既有今文经学派的崔适，也有古文经学派的刘师培；文学方面，既有文言派的黄侃、刘师培、林损等，也有白话派的胡适、陈独秀、刘半农、钱玄同、周作人等；在文字训诂方面，有章太炎的弟子朱希祖、黄侃、马裕藻，还有其他学派的陈介石、陈汉章、马叙伦；在旧诗方面，同时有主唐诗的沈尹默、尚宋词的黄节、宗汉魏的黄侃等。可谓容中西古今新旧各派于一校。

为了改变北大"一道同风"之旧见，"囊括大典、网罗众家"，蔡元培十分注重引进和扶植新派人物，企求破旧催新，改变北大顽固守旧的风气，促进新思想的传播。他说："大约大学之所以不满人意者，一在学课之凌杂，二在风纪之败坏。救第一弊，在延聘纯粹

---

① 蔡元培：《致〈公言报〉函并附答林琴南君函》，引自璩鑫圭、童富勇编：《中国近代教育史资料汇编（教育思想）》，上海教育出版社2007年版，第709页。

② 蔡元培：《北京大学月刊发刊词》（1918年12月10日），引自璩鑫圭、童富勇编：《中国近代教育史资料汇编（教育思想）》，上海教育出版社2007年版，第704页。

③ 蔡元培：《致〈公言报〉函并附答林琴南君函》，引自璩鑫圭、童富勇编：《中国近代教育史资料汇编（教育思想）》，上海教育出版社2007年版，第709页。

之学问家，一面教授，一面与学生共同研究，以改造大学为纯粹研究学问之机关。救第二弊，在延聘学生之模范人物，以整饬学风。"[1] 当时文科教员中，顽固守旧的人物多，崇尚宋儒理学的古桐城派占据优势，是北大革故鼎新的首要障碍。所以，北大的改革首先从整顿文科开始。当时的文科学长、旧派人物夏锡祺已辞职，而文科学长的人选对改变北大风气至关重要，究竟谁来担任合适，蔡元培思虑再三，选定了陈独秀。

陈独秀时年仅 36 岁，早年因参加反对清朝帝制的活动而被捕入狱，后来留学日本，受资产阶级新思想影响，曾在 1903—1914 年间，先后参与编辑《国民日日报》《安徽俗话报》和《甲寅杂志》，1915 年在上海创办《青年杂志》（后改名《新青年》），宣传新思想、新文化，在全国影响很大，是新文化运动的先锋和领袖人物。蔡元培和陈独秀一起，推动了北大文科改革。蔡元培还要陈独秀把他主编的《新青年》也迁来北京，并协助陈独秀对编辑部进行改组扩大，李大钊、鲁迅、胡适、钱玄同、刘半农、沈尹默、高一涵等新派教员后来都成了《新青年》的编辑和重要撰稿人，这样在北大就形成了以《新青年》为阵地的新营垒。他们鼓吹新思潮，批评封建文化，开辟宣传马克思主义的新阵地。1917 年 11 月，李大钊经章士钊推荐接任北大图书馆馆长，后来又兼任史学、经济等科的教授。李大钊掌北大图书馆后，增添了不少新书，购进大量有关新文化、新思想的书籍和一些有关社会主义的文献，使图书馆成为宣传新文化和传播马克思主义的重要阵地，青年毛泽东就是在这里最早接受了马克思主义。李大钊还先后开设了"唯物史观""史学思想史""现代政治""社会主义和社会运动""社会主义史"等课程，以及《工人的国际运动与社会主义的将来》《马克思的历史哲学》《社会主义下

---

[1] 蔡元培：《复吴敬恒函》，载高平叔编：《蔡元培全集》（第三卷），中华书局 1984 年版，第 10 页。

的经济组织》等讲座。这是马克思主义理论在我国大学讲坛上的第一次公开讲授，许多青年接受了新思想，逐步走上了信仰马克思主义的道路。曾于1921年来中国讲学的罗素回忆说："我讲课很忙，而且还有一个高年级大学生的讨论班。除了一人（他是清帝的侄子）例外，他们全都是布尔什维克派。他们常常一个一个地悄悄溜到莫斯科去。他们是可爱的青年，很机敏又很有才智，渴望了解世界，摆脱中国传统的束缚。"① 所以，在某种意义上可以这么说，蔡元培为马克思主义在中国的传播及中国共产党的诞生创造了必不可少的环境条件。

蔡元培还从进步青年和国外留学生中罗致新派人物。如留学美国的胡适，曾常向《新青年》投稿。1917年1月，他在该刊上发表《文学改良刍议》一文，提出了文学改良的11项主张。蔡元培对他十分欣赏，经陈独秀推荐，请他出任北大教授，讲授中国哲学史。再如，梁漱溟当时年仅24岁，中学毕业后自修哲学。1916年他在《东方杂志》发表了一篇《究元决疑论》的文章，探究宇宙与人生的本源问题，蔡元培认为他自成"一家之言"，破格请他到北大讲授印度哲学。梁到校后以"研究东方学"为名，在校内带头维护孔教，并发起成立孔子研究会，参加创办《国故》月刊社，成为旧派活跃人物中的青年。蔡元培延聘教员，只注重能力不重资历，更不论资排辈，不拘一格选拔人才。当时北大文科已有一批高水平的人才，如钱玄同、沈尹默、王星拱、徐宝璜等，蔡元培执掌北大后又新聘马叙伦、吴承仕、陈垣、徐悲鸿、鲁迅、马裕藻、黄节、朱希祖、孟森、张星烺、沈兼士、崔适、黄侃、陈汉章、顾兆熊、梁漱溟、燕树棠、陈衡哲、陈大齐、陈介石、马衡、杜国庠、许季上等学有专长、学术造诣深厚的知名学者。甚至像刘师培这种主张复辟

---

① 〔英〕伯特兰·罗素：《罗素自传（第二卷1914—1944）》，陈启伟译，商务印书馆2016年版，第194页。

帝制的筹安会发起人，也因其承继家学渊源，对国学很有研究，为知名古文经学家，而被蔡元培力排众议聘为文科教授，讲授《中国文学》《文学史》；还有拖着长辫子的辜鸿铭，尽管死抱"三纲五常"之类不放，并公开宣扬所谓"多妻主义"，但此人曾为张之洞幕僚，留过学且精通数门外语，学术造诣颇高，因此也被蔡元培聘为文科教授，讲授西洋文学、英国诗词和拉丁文。在法科，原来的教员多为政府官吏专任，蔡元培到校后宣布政府官吏不得为专任教员，并聘请了马寅初、陶孟和、陈启修、周鲠生、黄右昌、高一涵、王宠惠（英美法系）、张耀曾（大陆法系）等国内知名的学者为教员。在科学方面，蔡元培除了聘请最早在中国传播爱因斯坦相对论的夏元瑮为学长外，还请来了李仲揆（四光）、冯祖荀、颜任光、何育杰、温宗禹、任鸿隽、俞同奎、李书华、王任辅、秦汾、何杰、孙云铸、翁文灏、丁文江、丁燮林以及外籍教授葛利普等知名教授和科学大家。这批学术界精英汇集北大，在讲坛上各展所长，开设了许多有特色的、高质量的课程，很受学生欢迎，从而使北大成为全国科学文化的学术中心。北大教师队伍经蔡元培大刀阔斧的整顿和充实后，面貌焕然一新，新生力量占据了优势。据1918年8月统计，全校共有教员217人，其中教授90人；教授平均年龄只有三十多岁，50岁以上的教授仅6人，最年轻的文科教授徐宝璜仅25岁，而当时本科学生平均年龄为24岁。[①]多数青年学者思想倾向革新，给北大带来了前所未有的新鲜活力，一扫过去颓废的学风。

　　蔡元培倡导"思想自由""兼容并包"，不拘一格网罗众家，是为了反对独尊一己的文化专制主义，实现"万物并育而不相害，道并行而不相悖"的学术自由、百家争鸣的理想。但"思想自由"，

[①] 参见梁柱：《蔡元培与北京大学》，北京大学出版社1995年版，第98–99页。

并不是"放任自由""绝对自由";"兼容并包",也不是什么都容、什么都包。在这个问题上,他是有原则的。他不允许在大学里尊孔祀孔,不允许在大学里设经科,"绝对不愿以宗教参入教育"。当时一些学生对蔡元培聘请辜鸿铭(主讲西洋文学及英国诗)、刘师培(主讲中国中古文学史)等为时人所痛诋、为革命党所不齿的旧派人物做教授十分不理解。蔡元培对学生解释说:"我希望你们学辜先生的英文和刘先生的国学,并不要你们也去拥护复辟或君主立宪。"[①]可见,在蔡元培的心中,教育是超然于政治的,政治与学术是有区别的:只要旧派人物讲授的东西与政治无涉,对学生有益,就不要求全责备,而要充分用其学术专业之所长。对此,1919年3月,他在《答林琴南君函》中还着重申述了他聘用师资的原则。他说:"对于教员,以学诣为主。在校讲授,以无背于第一种之主张为界限。其在校外之言动,悉听自由,本校从不过问,亦不能代负责任。例如复辟主义,民国所排斥也;本校教员中,有拖长辫而持复辟论者。以其所授为英国文学,与政治无涉,则听之。筹安会之发起人,清议所指为罪人也。本校教员中有其人,以其所授为古代文学,与政治无涉,则听之。嫖、赌、娶妾等事,本校进德会所戒也。教员中间有喜作侧艳之诗词,以纳妾、狎妓为韵事,以赌为消遣者。苟其功课不荒,并不诱学生而与之堕落,则姑听之。夫人才至为难得,若求全责备,则学校殆难成立。且公私之间,自有天然界限。"[②]对于品行不端、滥竽充数的教员,不管是中国人还是"洋人",他都毫不留情地摈弃不用。如品行不端而又不学无术的所谓"探艳团"团长、英文教员徐佩铣等被他解聘出校,对不称职的外籍教员克德来、燕瑞博、牛兰德、斯华鲁、伦特等,他也先后予以解聘。他曾回忆

---

① 转引自梁柱:《蔡元培与北京大学》,北京大学出版社1995年版,第116页。
② 蔡元培:《答林琴南君函》,载高平叔编:《蔡元培全集》(第三卷),中华书局1984年版,第271页。

道:"有一法国教员要控告我;有一英国教习,竟要求英国驻华公使朱尔典来同我谈判,我不答应。朱尔典出去后说:'蔡元培是不要再做校长的了'。我也一笑置之。"①同时,蔡元培的"兼容并包"方针,是从学术研究的基本原则——学术自由——的角度提出来的。他认为,学术自由,不同学派并存,各种学术观点互相争鸣和碰撞,有助于学术的繁荣与进步,事实上也有助于培养学生鉴别真理和独立研究的能力,使学生不囿于一己之见、一家之说。他曾在南开学校演讲时指出:"一己之学说,不得束缚他人;而他人之学说,亦不束缚一己。诚如是,则科学、社会学等等,将均任吾人自由讨论矣。"②北大也正是由于践行了蔡元培这一办学理念,为新文化、新思想的自由发展争夺了地盘,一度形成了百家争鸣、欣欣向荣的新景观,在一定程度上成为"五四"新文化运动的策源地和共产主义思想的温床。

第二,主张"学""术"分途,文理互通,中西会通。蔡元培十分重视基础科学的研究,主张学理研究与应用技术分开设置。他说:"学为学理,术为应用。各国大学中所有科目,如工商,如法律,如医学,非但研究学理,并且讲求适用,都是术。纯粹的科学与哲学,就是学。学必借术以应用,术必以学为基础,两者并进始可。……或一国中,练习技术的人虽多,研究科学的人很少,那技术也是无源之水,不能会通改进,发展终属有限。"③在他看来,基础理论与应用技术虽各有侧重,但两者应互相依赖。应用技术发展必须以学理研究为基础,研究基础理论的目的在某种意义上就是为

---

① 蔡元培:《我在北京大学的经历》,载高平叔编:《蔡元培全集》(第六卷),中华书局1984年版,第351页。
② 蔡元培:《在南开学校敬业励学演说三会联合讲演会上的演说词》,载高平叔编:《蔡元培全集》(第三卷),中华书局1984年版,第51页。
③ 蔡元培:《在爱丁堡中国学生会及学术研究会欢迎会演说词》,载高平叔编:《蔡元培全集》(第四卷),中华书局1984年版,第42页。

了应用。重应用技术轻视理论不对；重学理轻应用也不对。只有两者并进，并"融通文、理两科之界限"，才能促进文化教育和科术技术的繁荣发展。据此，蔡元培对北大的学科设置进行了调整，把工科归并入北洋大学，将商科归并法科并计划将法科独立，扩充文理两科并撤销文理两科的界限。当然，在蔡元培心中，理想的高等教育结构是效仿西方实施"本科大学与分科大学"并设。他曾说："孑民之意，以为大学实止须文理科，以其专研学理也。而其他医、工、农、法诸科，皆为应用起见，皆偏于术，可仿德国理、工、农、商高等学校之制，而谓之高等学校。其年限及毕业生资格，皆可与大学齐等。惟社会上已有大学医科、大学工科之习惯，改之则必启争端，故提议文理科为本科大学，以医、工、农、法、商为分科大学。"[①] 蔡元培不仅主张"学"与"术"要分开设置，而且认为文、理两科截然划分与近代科学相互联系的事实不相符合。他指出："文科之史学、文学，均与科学有关，而哲学则全以自然科学为基础，乃文科学生，因与理科隔绝之故，直视自然科学为无用，遂不免流于空疏。理科各学，均与哲学有关，自然哲学，尤为自然科学之归宿。乃理科学生，以与文科隔绝之故，遂视哲学为无用，而陷于机械的世界观。又有几种哲学，竟不能以文理分者，如地理学，包有地质、社会等学理。人类学，包有生物、心理、社会等学理。心理学，素隶于哲学，而应用物理、生理的仪器及方法。进化学，为现代哲学之中枢，而以地质学、生物学为根柢。彼此交错之处甚多。故提议沟通文理，合为一科。"[②] 所以，他反复强调："大学是包含各科学问的机关"，研究学问"不可专己守缺"。不可"守一先生之言，而排斥其他。于是治文学者，恒蔑视科学，而不知近世文

---

① 蔡元培：《传略（上）》，载高平叔编：《蔡元培全集》（第三卷），中华书局1984年版，第331页。

② 同上。

学,全以科学为基础;治一国文学者,恒不肯兼涉他国,不知文学之进步,亦有资于比较。治自然科学者,局守一门,而不肯稍涉哲学,而不知哲学即科学之归宿,其中如自然哲学一部,尤为科学家所需要。治哲学者,以能读古书为足用,不耐烦于科学之实验,而不知哲学之基础不外科学,即最超然之玄学,亦不能与科学全无关系"①。为了沟通文、理科,使习文者兼习理科知识,习理者兼修文科基础知识,蔡元培在北大采取了三项措施:第一,废科设系,在北大取消了文、理、法三科的界限,全校编为14个系,各系之间可以选修课程;第二,以选科代替年级制;第三,开设各种学术讲座,扩大学生的视野。这些措施对当时北京的高校产生了很大的影响,不久清华、燕京、北高师等校也借鉴北大的做法改年级制为选科制。

在课程建设上,蔡元培主张融合中西、兼收并蓄、择善而从,反对专己守残之陋习,要求大学教学内容要用"世界的科学取最新的学说"。早在1916年蔡元培执掌北大之前,他就与汪精卫、李煜瀛联名致函国内有关人士,提出"世运日新,学风丕变,吾国教育不能不兼容欧化,已为有识者所公认。元培等留法较久,考察颇详,见其教育界思想之自由,主义之正大,与吾国儒先哲理类相契合;而学术明备,足以裨益吾人者尤多"②。所以,他执掌北大后就要求在北大"于英语外,兼提倡法、德、俄、意等国语,及世界语";"于旧文字外,兼提倡本国近世文学,及世界新文学";于讲授中国哲学外,兼讲世界各国哲学史和哲学流派;法学也要学英、美、德、日诸国的法律;甚至中国画也要吸收西洋画之所长。因

---

① 蔡元培:《北京大学月刊》发刊词(1918年12月10日),引自璩鑫圭、童富勇编:《中国近代教育史资料汇编(教育思想)》,上海教育出版社2007年版,第704页。

② 蔡元培:《致国内有关人士函》,载高平叔编:《蔡元培全集》(第二卷),中华书局1984年版,第472页。

为,"综观历史,凡不同的文化互相接触,必能产生一种新文化"①。同时,蔡元培认为:"贩运传译,固然是文化的助力,但真正文化是要自己创造的。"所以,他强调,不仅要重视吸收外国文化的优秀成果,更要重视掌握其先进的科学方法,并运用这种科学方法来整理中国的旧文化,以创造一种新义,求得更进一步的发展。他说,西洋文化的最大优点是"事事以科学为基础",这种科学不仅指某一学科或研究成果,而更重要的是指科学的方法。"西洋发明的科学,固然用西洋方法来试验","中国的材料,就是中国固有的学问,也要用科学的方法来整理他"②。1917年秋,北大成立了中国史学门,蔡元培用科学方法对史学进行改革:在五四运动后增设西洋史学课程,将史学变成世界的史学;又将原为史学系选修课的社会学、经济学、政治学等课程改为必修课,作为研究史学所应必备的基本知识和理论基础;聘请西洋史教授翻译欧美新史学及唯物史观等书,并聘请李大钊出任史学系教授讲授"唯物史观""史学思想史"等课程,改进了过去"史学即史料"的偏向,开始重视以科学的方法从事历史的研究。尽管蔡元培主张吸收外国先进的学术文化,但反对简单模仿和全盘欧化的错误倾向。他认为,吸收外来文化应以"我为主体",切忌"囫囵而吞之"。他曾告诫留学生,"分工之理,在以己之所长,补人之所短,而人之所长,亦还以补我之所短。故人类分子,决不当尽归于同化,而贵在各能发达其特性"③。值得一提的是,蔡元培在强调吸收融合外来文化的同时,也重视中国文化向西方世界的输出。他曾明确指出:"现西洋各国,对

---

① 蔡元培:《东西文化结合——在华盛顿乔治城大学演说词》,载高平叔编:《蔡元培全集》(第四卷),中华书局1984年版,第50页。
② 蔡元培:《北大成立二十五周年纪念会开会词》,载高平叔编:《蔡元培全集》(第四卷),第296页。
③ 蔡元培:《在清华学校高等科演说词》,载高平叔编:《蔡元培全集》(第三卷),中华书局1984年版,第27—28页。

于中国从来的文明，极想知道，正从事搜集中国的典籍，供他们学者研究。我们一方面注意西方文明的输入，一方面也应该注意将我固有文明输出。幸今日中外文明，既有沟通交换的机会，我们是格外要留心的。"①

在理科方面，蔡元培也很重视基础理论和专业课程建设。他聘请了许多学有专长的科学家来北大讲课。如地质学系就汇集了许多地质学、古生物学方面的知名学者，其中李四光讲授"岩石学""高等岩石学""地质测量及地质构造学"；何杰讲授"地质学概论""经济地质学""采矿工程学""钢铁专论""中国矿产专论"；王烈讲授"矿物学""普通地质学"；外籍教师葛利普讲授"高等地质学""高等古生物学""中国古生物学"；翁文灏讲授《中国地质》等课程。这些课程的充实和加强，使学生的学业水平有了明显的提高，视野也随之扩大。为了培养学生"健全的人格"，蔡元培对体育课也很重视。以前北大体育形同虚设，上课时需要有人去请学生，老师上课喊"老爷立正，稍息"。蔡元培到校后聘请专职体育教师，增加体育设备，把体育课定为正式课程（每周3小时），组织体育会，不时开展体育比赛活动，仿照欧洲组织国民军的办法建立学生军，对学生进行军事训练。1919年秋，北大对入学新生进行体格检查，开我国高校入学新生体检之先河。由于采取了上述措施，北大学生一向不重视体育的倾向得以矫正。

蔡元培教育思想的一个重要特色，就是十分重视美育，强调"科学、美术，同为新教育之要纲"。在他看来，"教育的方面，虽也很多，他的内容，不外乎科学与美学"②；"文化进步的国民，既然

---

① 蔡元培：《北大一九二一年开学式演说词》，载高平叔编：《蔡元培全集》（第四卷），中华书局1984年版，第94–95页。

② 蔡元培：《美术的进化》，载高平叔编：《蔡元培全集》（第四卷），第15–16页。

实施科学教育，尤要普及美术教育"①。他曾说，"常常看见专治科学，不兼涉美术的人，难免有萧索无聊的状态"，以致有些人借低劣的娱乐作消遣，甚至产生厌世思想，"不但对于自己竟无生趣，对于社会毫无爱情，就是对于所治的科学，也不过'依样画葫芦'，决没有创造的精神"②。所以，早在1912年就任民国临时政府教育总长时，他就提出把"美感教育"作为国民教育的五大宗旨之一。执掌北大后，蔡元培仍十分重视美育，并于1917年8月1日正式提出"以美育代宗教"③的主张。在蔡元培倡导下，北大文科开设了"美学"和"美术史"等课程。因北大当时没有教员讲授"美学"课，他便亲自讲授，这是蔡元培主持北大期间唯一亲自讲授的一门课程，足见其对美学的重视。对此，梁漱溟曾予以极高的评价："不有以美育代宗教之说乎？于古中国盖尝见之，亦是今后社会文化趋向所在，无疑也！"④除开设美学课外，蔡元培还在北大大力倡导开展音乐、书法、绘画等艺术活动，借此丰富学生的课外生活，陶冶学生情操，提升学术研究兴趣，改良校风。1918年，蔡元培在北大发起成立了音乐研究会，并亲自为研究会拟写章程。该会以敦重乐教、提倡美育为宗旨，积极从事音乐学、音乐史、乐器和戏曲等方面的研究。音乐研究会分中、西乐两部，中乐部有古琴、琵琶、昆曲、丝竹等组，西乐部有提琴、钢琴等组。音乐研究会定期开音乐会，每年春节举办一次音乐演奏会。1920年，蔡元培聘请名乐师肖友梅为北大音乐研究会导师并教授音乐史和声学课程。在肖友梅的指导下，北大音

---

① 蔡元培：《文化运动不要忘了美育》，载高平叔编：《蔡元培全集》（第三卷），中华书局1984年版，第361页。
② 蔡元培：《美术与科学的关系》，载高平叔编：《蔡元培全集》（第四卷），中华书局1984年版，第33—34页。
③ 蔡元培：《以美育代宗教说》，引自璩鑫圭、童富勇编：《中国近代教育史资料汇编（教育思想）》，上海教育出版社2007年版，第692页。
④ 梁漱溟：《人心与人生》，载中国文化书院学术委员会编：《梁漱溟全集》（第三卷），山东人民出版社2011年版，第763页。

乐研究会在我国首次演奏了贝多芬的交响曲。1918年2月，蔡元培又发起成立画法研究会，以研究画法、发展美育为宗旨。画法研究会分国画和西洋两门，前者分山水、花卉、人物、翎毛等类，后者分铅笔画、钢笔画、炭画、水墨画、水彩画、油画、漆画、图案画等类。画法研究会聘请名画家陈衡恪、徐悲鸿、贺履之、汤定之等任指导教师。1922年8月，画法与书法两个研究会合并成立造型美术研究会，由蔡元培亲任会长。

第三，鼓励学术研究，倡办学术研究机构和学生社团，培养研究学问的兴趣。蔡元培强调："大学为纯粹研究学术之机关，不可视为养成资格之所，亦不可视为贩卖知识之所。学者当有研究学问之兴趣，尤当养成学问家之人格。"[1]又说："诸君须知大学，并不是贩卖毕业的机关，也不是灌输固定知识的机关，而是研究学理的机关。所以，大学的学生并不是熬资格，也不是硬记教员讲义，是在教员指导之下自动的研究学问的。"[2]这就是说，大学必须承担起培养人才和学术研究的双重任务，为此在大学设立研究所就显得十分重要。他说："凡大学必有各种科学的研究所，但各国为便利学者起见，常常设有独立的研究所。如法国的巴斯笃研究所，专研究生物化学及微生物学，是世界最著名的。美国富人，常常创捐基金，设立各种研究所，所以工艺上新发明很多。"[3]到1920年底，北大已设有四个门类的研究所，即国学研究所（凡研究中国文学、历史、哲学之一种专门知识者属之）、外国文学研究所（凡研究德、法、英、俄及其他外国文学之一种专门知识者属之）、社会科学研究所（凡

---

[1] 蔡元培：《北大一九一八年开学式演说词》，载高平叔编：《蔡元培全集》（第三卷），中华书局1984年版，第191页。

[2] 蔡元培：《北大第二十二年开学式演说词》，载高平叔编：《蔡元培全集》（第三卷），第344页。

[3] 蔡元培：《何谓文化》，载高平叔编：《蔡元培全集》（第四卷），中华书局1984年版，第13–14页。

研究法律、政治、经济、外国历史、哲学之一种专门知识者属之）、自然科学研究所（凡研究物理、化学、数学、地质学之一种专门知识者属之）。[①] 当然，这几个研究所设施还很不完全，还不是蔡元培心中理想的类似于法国巴斯笃研究所这样的"独立研究所"。蔡元培强调，大学研究所要吸收高年级的学生参加研究，师生共同进行某一项目的研究，以"破学生专己守残之陋见"。他指出，所谓学术研究"非徒输入欧化，而必于欧化之中为更进之发明；非徒保存国粹，而必以科学方法揭国粹之真相"[②]。为此，他对大学教师要求很高，不只是能教书发讲义，而且"要求于学问上很有研究的兴趣，并能引起学生研究兴趣"。据此，他一方面在北大聘请了一批富有研究成果、学术研究上有创新、成一家之言的教授，借此形成研究学问的浓厚风气；另一面又要求教授在教学过程中讲求"教授法"，反对那种注水入瓶、注满完事的教学方法。他曾说："我们教书，并不像注水入瓶一样，注满了就算完事。最要是引起学生读书的兴味。做教员的，不可一句一句或一字一字的都讲给学生听。最好使学生自己去研究，教员竟不讲也可以；等到学生实在不能用自己的力量了解功课时，才去帮助他。"[③] 所以，他把"研究教授法之良否"作为北大教授会的一项重要任务，要求教师把改良讲义作为改革教学弊端的一项重要内容，编印讲义"只列纲要，细微末节，以及精旨奥义，或讲师口授，或自行参考，以期学有心得，能裨实用"[④]；告诫学生"在校不能单靠教科书和教习。讲堂功课固然

---

① 蔡元培：《公布北大〈研究所简章〉布告》，载高平叔编：《蔡元培全集》（第三卷），中华书局1984年版，第439—440页。
② 蔡元培：《北京大学月刊发刊词》（1918年12月10日），载高平叔编：《蔡元培全集》（第三卷），第210页。
③ 蔡元培：《普通教育与职业教育》，载高平叔编：《蔡元培全集》（第三卷），第475页。
④ 蔡元培：《就任北京大学校长之演说》，引自璩鑫圭、童富勇编：《中国近代教育史资料汇编（教育思想）》，上海教育出版社2007年版，第692页。

要紧，自动学习、随时注意自己发见求学的门径和学问的兴趣，更为要紧。"① 为了促进校内外学术交流，提高学术水平，蔡元培主张，研究所不仅要吸收校内师生研究，还要向社会开放，这样研究所就能成为校内大学生、毕业生和校外研究人员共同切磋研究学术的场所。为了方便校外研究人员，他规定可以"通信研究"，研究生可以要求学校"代请教员和国内外专门学者指导"，研究期限由研究人员自定，也无所谓毕业。为了不断提高教师的学术水平和研究能力，蔡元培主张，教师在服务期若干年内"须派赴出洋，作专精之研究若干年"，这样才能赶上世界潮流，用世界上最新的研究成果来教授学生。为了加强国际学术交流，蔡元培还邀请世界著名学者、科学家来北大讲学，如美国的杜威、英国的罗素、德国的爱因斯坦以及法国的社会学家来维勃吕尔和数学家班乐卫等，大大活跃了北大学术研究的风气。为了交流科研成果，1918年北大创办了《理科大学月刊》，1919年又创办了《北京大学月刊》等学术刊物，鼓励学生共同研究学理，展开各种不同派别之间的争鸣。为了培养学生研究学问的兴趣，蔡元培还很重视学生的课外教育，鼓励学生组织各科学术研究社团，竭力把学生的课余活动吸引到学术研究中来。当时北大各系成立了不少学会，如史学会、国文学会、哲学会、地质学会、数学会、心理学会。除系里的学会之外，还组织有全校性的学会，如教育研究会、俄罗斯文学研究会、歌谣研究会、风俗调查会、考古学会、世界语研究会、音乐研究会、画法研究会、体育会、雄辩会、新闻研究会等。1917年12月，蔡元培联络北京其他高等学校组成了学术讲演会，以"传布科学，引起研究兴趣"为宗旨，经常聘请名人讲演，参加讲演的有梁启超、章太炎、钱玄同、李大钊、马寅初、李四光等。蔡元培本人更是身体

---

① 蔡元培:《对于学生的希望》，载高平叔编:《蔡元培全集》(第四卷)，中华书局1984年版，第39页。

力行，带头开展学术研究和争鸣。他在《中国伦理学史》一书中提出，以"统摄诸德完成人格之名"的观点，来诠释孔子"仁"的定义。梁漱溟少年气盛不同意此说，认为"仁"只是人们直觉的、情感的本能表现，即孟子所谓的"恻隐之心，仁也"。他批评蔡说："我亦不能说'统摄诸德完成人格'是不仁，……但是这样笼统空荡荡的说法，虽然表面上无可非议，然他的价值也只可到无可非议而止，并不能让我们心里明白，我们听了仍旧莫名其妙。这因为他根本就不明白孔子的道理，所以他就不能说出使我们明白。他若明白时就晓得这个'仁'是跃然可见确乎可指的。"[1] 又如蔡元培详加考证写了一篇《石头记索隐》，认为《红楼梦》是"康熙朝政治小说也"。而胡适在他写的《红楼梦考证》中，认为蔡说是"附会的红学"，是"走错了道路"，甚至戏骂蔡为"大笨伯""笨迷"。蔡元培虽然同梁、胡在学术观点上不同，但并没有因此伤和气，影响他们之间的友谊。许德珩曾在《吊吾师蔡子民先生》一文中回忆说，蔡师"站在学术的立场，只要你是科学的，他都可以很民主、很理智的来接受、来包容"[2]。蔡元培豁达大度的学者风范，培育了北大学术民主的浓厚空气，使北大出现了学术上百家争鸣的新气象。除众多的学术社团外，北大还出现了许多带有明显政治色彩的社团，如新潮社、国民杂志社、国故社、少年中国学会、马克思主义研究会等。这样，在北大校园中，各种研究机构和社团林立，各种学术观点和主义竞相争鸣，一扫过去颓废沉闷的学风和放荡漫游的校风，使北大真正变成了一个"纯粹研究学术之机关"，蔡元培倡导的"思想自由、兼容并包"也成了北大精神的象征。

蔡元培对北大的改革是全面而深刻的。除前述各项外，他还参

---

[1] 梁漱溟：《东西文化及其哲学》，载中国文化书院学术委员会编：《梁漱溟全集》（第一卷），山东人民出版社2011年版，第453页。
[2] 浙江研究社编辑，黄萍荪发行：《蔡孑民先生纪念集》，原件藏杭州大学图书馆。

照德国大学的管理办法,对北大的办学体制和治理体系进行改革。首先,贯彻民主办学、教授治校的理念,设立"评议会"作为全校的最高立法和权力机构,校长兼任评议会议长,评议员从各科学长和教授中选举产生,评议会的运行机制是评议员对相关提案公议公决,校长不得独断。评议会下设行政会议,作为全校最高行政机构和执行机关,行政会议成员由校长(兼任议长)及各专门委员会委员长(有庶务、组织、预算、出版、仪器、图书、聘任、审计、学生自治、入学考试、新生指导等十余个专门委员会)、教务和总务长组成,负责依制治校和执行评议会的相关决议,教务处和总务处为常设机关,教务长和总务长均由推选产生。其次,在裁撤工、商两科及废除文、理、法科之名后,改门为系,全校共设14个系,便于文、理、法诸科的渗透与融通,各系成立教授会。并且改行选科制,用学分制代替年级制,鼓励选修外系或外校课程。第三,开放女禁,吸收女生入学,开我国国立大学男女同学之先风。第四,鼓励学生走出校园参与社会活动,开展平民教育,创办平民学校。设立留法勤工俭学预备班,鼓励青年学生赴法勤工俭学。第五,成立"进德会",以"不嫖、不赌、不娶妾""不作官吏、不作议员""不吸烟、不饮酒、不食肉"[①]等为戒,砥砺私德、挽救社会颓风,等等。可见,蔡元培对北大的改革,是全面的、系统的,可以说是中国教育领域内一次最为深刻、影响深远的革命。在短短几年内,北大经蔡元培大刀阔斧、疾风暴雨式的改革后,不仅一跃成为全国规模最大、质量上乘的名副其实的大学,而且成了全国教育、学术的研究中心和新思想、新观念的传播中心,在当时大概也只有司徒雷登治下的燕京大学能与它稍稍抗衡。可以说,蔡元培为北大开启了一个时代,缔造了中国大学应有的模样和精神,为中国教育谱写了一部

---

① 蔡元培:《北大进德会旨趣书》,载高平叔编:《蔡元培全集》(第三卷),中华书局1984年版,第127页。

新篇章。北大改革的卓越成就和深远影响在当时就有人论及。1919年4月《每周评论》刊文指出："自蔡孑民君长北京大学之后，残清腐败扫地以尽，其所罗致延引者，皆新世界有学之士……故数年以来，成绩粲然，海内略有知识者，翕然向往之。"[①] 历史学家吕思勉评论道："在他主北京大学以前，全国的出版界，几乎没有什么说得上研究两个字的。不是肤浅的政论，就是学术教本，或者很浅近的参考书。……民国八九年之间，北京大学的几种杂志一出，若干种的书籍一经印行，而全国的风气，为之幡然一变。从此以后，研究学术的人，才渐有开口的余地。专门的高深研究，才不为众所讥评，而反为其所称道。后生小子，也知道专讲肤浅的记诵，混饭吃的技术，不足以语于学术，而慨然有志于上进了。这真是孑民先生不朽的功绩。"[②] 研究蔡元培的权威学者高平叔认为，"拿世界各国的大学校长来比较一下，牛津、剑桥、巴黎、柏林、哈佛、哥伦比亚等等，这些校长中，在某些科学上有卓越贡献，固不乏其人，但是以一个校长身份，而能领导那所大学对一个民族，一个时代起到转折作用的，除蔡元培而外，恐怕找不出第二个"[③]。

第三节　科学主义思潮拍击神州

西方文明一旦涌入，被中国人"拿来"，对中国传统旧学就不可逆转地产生破坏性的冲击，中国传统文明的"礼崩乐坏"自然也就不可避免了。李大钊曾在《新青年》上著文指出："时代变了！西洋动的文明打进来了！西洋的工业经济压迫东洋的农业经济了！孔

---

① 《论大学教员被摈事》，《每周评论》1919年4月13日第17号。
② 吕思勉：《蔡孑民论》，《宇宙风》1940年5月1日第24期。
③ 高平叔：《蔡元培改革北京大学》，《群言》1987年第2期。

门伦理的基础就根本动摇了！"① 由是，建设取代旧文化的新文化的任务便在旧学根基的倒塌中提了出来，并在1915年前后演变为一场影响深远的新文化运动。新文化运动是古老的中华文明被西学东渐所激活的一场划时代的文化启蒙运动，它旗帜鲜明地从批判儒家伦理纲常入手，提出全方位采借西学和变革传统文化的主张，揭示了中国文化现代化的深刻历史主题，成为20世纪中国一场意义深远的思想解放运动。有学者指出："'五四'新文化运动，是中国思想史、文化史上继春秋战国之后，两千年一遇的'百家争鸣'的活跃时期。"② 正是在这一思想激荡、文化昂进的巨变时期，林林总总的思潮奔涌而出，交错迭代，争持消涨，构成了一道独特的文化景观。科学主义就是"五四"新文化运动前后非常流行、影响广泛的一种社会思潮。诚如胡适所言："这三十年来，有一个名词在国内几乎做到了无上尊严的地位；无论懂与不懂的人，无论守旧和维新的人，都不敢公然对他表示轻视或戏侮的态度。那个名词就是'科学'。这样几乎全国一致的崇信，究竟有无价值，那是另一问题。我们至少可以说，自从中国讲变法维新以来，没有一个自命为新人物的人敢公然毁谤'科学'的。"③ 从历史的视角看，"五四"新文化运动时期科学主义思潮的意义，的确并不在于它提供了多少具体的实证科学知识，而在于它使中国传统的文化教育发生了裂变，使传统的观念、价值与信仰体系至少在表层上受到了普遍的冲击与否定乃至崩溃，在于它将科学明确地定义为一种新的思维方式、一种新的价值观与人生观的基础。

---

① 陈崧编：《五四前后东西文化问题论战文选》，中国社会科学出版社1985年版，第242页。

② 何晓明：《百年忧患——知识分子命运与中国现代化进程》，东方出版中心1997年版，第79页。

③ 胡适：《科学与人生观序》，载张君劢、丁文江等：《科学与人生观》，山东人民出版社1997年版，第10页。

明清以来的西学东渐，严复、梁启超等人的科学启蒙，为科学主义思潮的兴起奠定了基本条件。但将科学从单纯的知识形态转化为价值形态，从技术器物层面上升为一种广义的文化变革与普适的世界观和思维方式，以及主张用科学来解决包括人生观在内的一切问题，使科学真正蔚为一种"主义"，成为人们狂热信仰的对象，则是从"五四"新文化运动前后才开始的。第一次世界大战期间，中国工商业史无前例的扩张所造就的新兴工业和社会新阶层，大批新式学堂如雨后春笋般的创办，大批从近代西方文明国家留学归国的青年学子，为科学主义思潮的升起铺开了一条道路；民初尊孔复古思潮的兴起及其与复辟势力的合流，成为思想文化启蒙运动的催化剂；陈独秀、李大钊、胡适、蔡元培等深谙西方文明的启蒙思想家，为科学主义思潮的勃兴拉起了一面旗帜；杜威、罗素等思想家的中国之行，为科学主义思潮的泛涌起着推波助澜的作用；任鸿隽、丁文江等科学家及众多报纸杂志的鼓吹与科学社团的实践，使中国科学技术真正朝着职业化、专业化的趋势发展。

一、陈独秀：科学与民主的旗手

美国学者郭颖颐指出："就科学的全面应用来说，在20世纪前半叶，中国的各种条件是令人沮丧的，但却激发了思想界对科学的赞赏，对此，我们可称之为'唯科学主义'（scientism）。简言之，唯科学主义认为宇宙万物的所有方面都可以通过科学方法来认识。中国的唯科学论世界观的辩护者并不总是科学家或者科学哲学家，他们是一些热衷于用科学及其引发的价值观念和假设来诘难，直至最终取代传统价值主体的知识分子。"[1]陈独秀就是这样一位对科学表现出巨大热情，并"站在新力量的最前方"，高举科学大旗，横扫

---

[1] 〔美〕郭颖颐：《中国现代思想中的唯科学主义（1900—1950）》，雷颐译，江苏人民出版社1995年版，第1页。

中国两千多年儒学秩序和传统价值观的"非科学家"知识分子。

陈独秀（1879—1942年），安徽怀宁县（今称安庆）人，原名庆同，字仲甫，官名乾生，后来他为自己取用的化名、别名、笔名多达四十多个。陈独秀出身于书香门第的"大世家"，陈家"十二世业儒"，他本人亦于1896年考取过秀才。据他本人说，他是胡乱地回答了那些不合逻辑的问题，就获得当地科考第一名的秀才，从此，他便认定了科举这种考试的无用和荒唐。1900年，21岁的陈独秀赴日本东京高等师范速成科留学，后来他又三次赴日本留学，对西方文明的先进和科学魅力的巨大耳濡目染。1915年夏，反袁世凯斗争失败后避居日本的陈独秀返国，于上海创办《青年杂志》（后改名《新青年》），中国现代思想文化的启蒙运动——新文化运动——由此启端。1917年，蔡元培执掌北大后，以"思想自由""兼容并包"方针治校，广揽新学人士，陈独秀被聘为北京大学文科学长。新文化运动后，他则成了四次进出监狱的革命家、中国托洛茨基主义一度的首脑，更是不可否认的中国共产党的缔造者之一和中国共产党第一任中央局书记（1921年7月中国共产党第一次全国代表大会当选）。1981年7月17日，《人民日报》发表了毛泽东在1945年4月21日中共七大预备会议上的讲话。谈到陈独秀，毛泽东深情地说："他是有过功劳的。他是五四运动时期的总司令，整个运动实际上是他领导的。那个时候有《新青年》杂志，是陈独秀主编的。被这个杂志和五四运动警醒起来的人，后来有一部分进了共产党。这些人受陈独秀和他周围一群人的影响很大，可以说是由他们集合起来，这才成立了党。他创造了党，有功劳。"[①]

陈独秀虽是多次留学海外的大学者，但其专长却不在自然科学，而在音韵文字学。创办《青年杂志》之前，他虽写过不少文

[①] 转引自唐宝林：《陈独秀全传》，社会科学文献出版社2013年版，第3页。

章，但几乎没有一篇详细论及"科学"。严格地说，新文化运动时期，是陈独秀一生中唯一高举"科学"大旗、渴望科学精神的时期。但"他赞同把科学作为现代价值观的看法却始终未变。事实上，他对科学及其作用的基本哲学理解，是他早期迷恋社会民主、后期相信唯物论的历史发展规律之间的重要连接环节"①。1915 年 9 月，陈独秀创办了惊醒一个时代、启迪一代新人、创造一种新文化的《新青年》杂志，在文化思想界发起了一场扫荡旧文化与旧伦理、倡导科学精神与方法的新文化运动，在中国历史上树起了一座永恒的丰碑。1917 年，陈独秀任北大文科学长，《新青年》随之进入北大，迅速聚集了胡适、钱玄同、李大钊、鲁迅、刘半农等新文化运动的主要领袖和骨干人物，以《新青年》为中心的新文化运动堡垒在北大形成。

1915 年 9 月，陈独秀在《新青年》第 1 卷第 1 号上发表了他的启蒙宣言——《敬告青年》。他在该文中指出："青年如初春，如朝日，如百卉之萌动，如利刃之新发于硎，人生最可宝贵之时期也。青年之于社会，犹新鲜活泼细胞之在人身……惟属望新鲜活泼之青年，有以自觉而奋斗耳！……自觉者何？自觉其新鲜活泼之价值与责任，而自视不可卑也。奋斗者何？奋其智能，力排陈腐朽败者以去，视之若仇敌，若洪水猛兽，而不可与为邻，而不为其菌毒所传染也。"在陈独秀看来，青年的素养如何，实际上关乎中国社会的前途，要成为这样一个新鲜活泼、自觉而奋斗的新青年就必须是："自主的而非奴隶的"；"进步的而非保守的"；"进取的而非退隐的"；"世界的而非锁国的"；"实利的而非虚文的"；"科学的而非想象的"。在这里，陈独秀其实是从文化比较的视角，将中西文明的差异概括为"奴隶"与"自主"、"保守"与"进步"、"退隐"与"进取"、

---

① 〔美〕郭颖颐:《中国现代思想中的唯科学主义（1900—1950）》，雷颐译，江苏人民出版社 1995 年版，第 49 页。

"锁国"与"世界"、"虚文"与"实利"、"想象"与"科学"。也就是在这篇振聋发聩的启蒙宣言中,陈独秀把"科学"与"人权"归结为西方近代文明的两大基石,第一次提出了"科学与人权并重"的口号。在他看来,"国人而欲脱蒙昧时代,羞为浅化之民也,则急起直追,当以科学与人权并重"。同时,他也与古今中外一切进步的思想家一样,把拯救中国的希望寄托在青年身上:"予所欲涕泣陈词者,惟属望于新鲜活泼之青年,有以自觉而奋斗耳"①。

　　培养什么人,教育的方针至为重要。要培养他心中理想的新鲜活泼、自觉而奋斗的青年,就需要有一个全新的教育方针。为此,1915年10月,陈独秀又在《新青年》第1卷第2号上发表《今日之教育方针》,倡导"现实主义""惟民主义""职业主义""兽性主义"的教育方针。他认为,"准此以定今日教育之方针,教于斯,学于斯,吾国庶有起死回生之望乎"?科学与民主的对立面,无疑是宗教和专制,从西方近代化的历史看,其科学和民主也正是在反封建、反宗教的过程中逐渐形成和发展起来的。中国近代化的核心和使命就是学习西方,形成科学理性的精神和建立主权在民的民主制度。所以,陈独秀首先将批判的矛头直指封建专制主义。他在论及教育方针之一的"惟民主义"时,指出:"封建时代,君主专制时代,人民惟统治者之命是从,无互相连络之机缘,团体思想,因以薄弱。此种散沙之国民,投诸国际生存竞争之漩涡,国家之衰亡,不待蓍卜。"他主张,要挽救国家于衰亡,就必须学习欧洲各国,去除封建专制主义,建立主权在民的民主共和国家,实行民主共和政治,培养青年的民主意识。他说:"民主国家,真国家也,国民之公产也,以人民为主人,以执政为公仆者也。民奴国家,伪国家也,执政之私产也,以执政为主人,以国民为奴隶者也。真国家者,牺

---

① 陈独秀:《敬告青年》,载《独秀文存》,安徽人民出版社1987年版,第3—8页。

牺个人一部分之权利，以保全体国民之权利也。伪国家者，牺牲全体国民之权利，以奉一人也。"①陈独秀在新文化运动开始时，认为"民主"侧重于"人权"，即争取个人的民主自由权利。随着运动的深入，如提出"德先生""赛先生"时，他把民主扩大到政治、经济、文化教育和学术等一切领域。这种对科学和民主前所未有的认可，这种将科学和民主视为新启蒙运动最强有力武器的认识，在当时陈腐的文化教育与思想界构筑起了一道亮丽的景观，得到了广大青年和激进知识分子的广泛赞同。在陈独秀等新文化运动领袖的倡导与鼓吹下，"科学"和"民主"这两面旗帜在北大被高高举起，赢得了崇高的荣誉，立即成了中国现代文明的核心理念和主要标志，召唤起当时和后继的中国人。

需要提及的是，新文化运动时期举起的"科学"大旗，与我们今天所说的"科学"是有相当距离的。我们今天讲的"科学"，首先让人联想到的大概是数理化之类的自然科学，而且基本上是将"科学"和"技术"合起来讲。而那时人们讲科学更多的是注重"科学"的精神和方法，很少往"技术"方面考虑。按照陈独秀的说法，所谓"科学"，"有广狭二义：狭义的是指自然科学而言，广义的是指社会科学而言。社会科学是拿研究自然科学的方法，用在一切社会人事的学问上，像社会学、伦理学、历史学、法律学、经济学等，凡用自然科学方法来研究、说明的都算是科学；这乃是科学最大的效用"。可见，这一"科学"观与当时受过西式正统教育的中国科学社成员们倡导的专指自然科学，特别是注重观察与实验等科学方法的科学是有所不同的。陈独秀把社会科学列入科学的范畴，并且和自然科学一样等同对待，应该说是新文化运动时期陈独秀等人对科学认识的一种创新和贡献。陈独秀同时指出："科学者何？吾

---

① 陈独秀：《今日之教育方针》，载《独秀文存》，安徽人民出版社1987年版，第16—20页。

人对于事物之概念,综合客观之现象,诉之主观之理性而不矛盾之谓也。想象者何?既超脱客观之现象,复抛弃主观之理性,凭空构造,有假定而无实证,不可以人间已有之智灵,明其理由,道其法则者也。在昔蒙昧之世,当今浅化之民,有想象而无科学。宗教美文,皆想象时代之产物。近代欧洲之所以优越他族者,科学之兴,其功不在人权说下,若舟车之有两轮焉。"①在这里,他又明确指出,玄想宗教乃是属于昔日蒙昧之世的"文明",但仍残存于现时代一些未启蒙的国民身上,也为道学者们所留恋执着。因此,他要求人们从思维方式上改变以圣人经典为学问与是非标准的态度,用理性思维解放教条束缚,"勿尊圣""勿尊古",应当"以科学真理扫荡之"。陈独秀坚信,社会生活的各个方面和各个领域都离不开科学,"士不知科学,故袭阴阳家符瑞无行之说,惑世诬民;地气风水之谈,乞灵枯骨。农不知科学,故无择种去虫之术。工不知科学,故货弃于地,战斗生事之所需,一一仰给于异国。商不知科学,故惟识罔取近利,未来之胜算,无容心焉。医不知科学,既不解人身之构造,复不事药性之分析,菌毒传染,更无闻焉;惟知附会五行生克寒热阴阳之识,袭古方以投药饵,其术殆与矢人同科;……夫以科学说明真理,事事求诸证实,较之想象武断之所为,其步度诚缓;然其步步皆踏实地,不若幻想突飞者之终无寸进也。宇宙间之事理无穷,科学领土内之膏腴待辟者,正自广阔,青年勉乎哉!"正因为科学对社会各个方面影响巨大,理性成果应该用事实来检验,科学的实证原则能避免谬误向真理迈进。所以,他指出:"举凡一事之兴,一物之细,罔不诉之科学法则,以定其得失从违;其效将使人间思想行为,一尊理性,而迷信斩焉,而无知妄作之风息焉。"②在这里,科学的功能已不仅仅在于认知,而且在于评价。换言之,科

---

① 陈独秀:《敬告青年》,载《独秀文存》,安徽人民出版社1987年版,第8-9页。
② 同上书,第9页。

学已从单纯的知识形态转化为价值形态。为此，他要求教育方针应贯彻的"四大主义"，其中之一就是"现实主义"，即用科学和现实生活的教育取代复古迷信的教育。他解释说："现实世界之内有事功，现实世界之外无希望。唯其尊现实也，则人治兴焉，迷信斩焉；此近世欧洲之时代精神也。此精神磅礴无所不至。……一切思想行为，莫不植基于现实生活之上。古之所谓理想的道德的黄金时代，已无价值之可言。……现实主义，诚今世贫弱国民教育之第一方针矣。"① 要贯彻这种"现实主义"的教育方针，他还主张"把社会与教育打成一片"，把"一切教育都建设在社会底需要上面"。他对当时教育界把教育与社会分为两件事，即"社会自社会，教育自教育"，极为不满。他说："农学生只知道读讲义，未曾种一亩地给农民看；工学生只知道在讲堂上画图，未曾在机械上、应用化学上供给实业界需要；学矿物的记了很多外国名词，见了本地的动植物茫然不解；学经济学的懂得一些理论，抄下一些外国经济的统计，对于本地的经济状况毫无所知。像这等离开社会的教育，是不是减少学术应用的效力？"他强调，他所倡导的新教育是"无论设立农工何项学校以及农工学校何种科目，都必须适应学校所在地社会底需要以及产业交通原料各种状况"②。由此，他把旧教育方法的"缺点和罪恶"归结为主观主义和形式主义两种主义，他极力反对当时灌输式的教育方法，推崇西方的教育方法。他认为，西方教育"是自动的而非被动的，是启发的而非灌输的"；"是世俗的而非神圣的，是直观的而非幻想的"；"是全身的，而非单独脑部的"③。

---

① 陈独秀：《今日之教育方针》，载《独秀文存》，安徽人民出版社1987年版，第17页。
② 陈独秀：《新教育是什么——在广东高师演讲词》，载《独秀文存》，第382页。
③ 陈独秀：《近代西洋教育——在天津南开学校演讲》，载《独秀文存》，第108-109页。

概而言之，陈独秀所标榜和揭示的科学与民主精神，实为我国当时最为缺乏，且在中国现代化进程中必须解决的最根本的问题。诚如有学者指出的那样，因为"自13世纪至19世纪中、西文明发展趋势的比较看，中国传统文化中显然缺少了两样东西，即以理性为基础的科学精神和民主精神。民主精神还可以分为民主、自由和尊重人的权利的精神"；"'理性'说到底就是：是其所是，非其所非。所以科学与民主都离不开理性的推动作用"①。陈独秀认为，要倡导这种科学与民主的理性精神，就必须反对尊孔读经、反对宗教灌输、倡行新文化运动。虽然在中国没有西方意义上的宗教，但陈独秀等新思想的领袖们认为，孔教与宗教实际上毫无二致。所以，在袁世凯称帝后，康有为等复古主义论者鼓噪尊孔读经并试图将孔子为代表的儒学定为国教时，陈独秀接连在《新青年》上发表《驳康有为致总统总理书》《宪法与孔教》《孔子之道与现代生活》《再论孔教问题》《复辟与尊孔》等一系列文章，对这种不合时宜的思想和主张进行了猛然的抨击。所以，从《新青年》第2卷起，反孔批儒成了它的中心主题，吴虞、鲁迅、李大钊等新文化运动的领袖人物也随之撰文批判孔教儒学。陈独秀在陈述反孔理由时指出："孔子生长封建时代，所提倡之道德，封建时代之道德也；所垂示之礼教，即生活状态，封建时代之礼教，封建时代之生活状态也；所主张之政治，封建时代之政治也。封建时代之道德、礼教、生活、政治，所心营目注，其范围不越少数君主贵族之权利与名誉，于多数国民之幸福无与焉。……其必以社会组织生活状态为变迁，非所谓一成而万世不易者也。"②陈独秀反孔的另一个主题是为了彰扬思想自由、学

---

① 陈乐民、周弘：《欧洲文明的进程》，生活·读书·新知三联书店2014年版，第330页。

② 陈独秀：《孔子之道与现代生活》，载《独秀文存》，安徽人民出版社1987年版，第85–87页。

术自由和信仰自由，批判儒学一统独尊的霸权主义。众所周知，自汉以后，以孔子为代表的儒学作为中国封建社会的官学已垂两千年，成了支配中华民族精神世界的文化认同象征，而这显然与现代自由平等的新思想背道而驰。所以，批判儒学独尊，倡导学术思想自由，也是新文化运动的题中应有之义。陈独秀指出："孔学优点，仆未尝不服膺，惟自汉武以来，学尚一尊，百家废黜，吾族聪明，因之锢蔽，流毒至今，未之能解；又孔子祖述儒说阶级纲常之伦理，封锁神州；斯二者，于近世自由平等之新思潮，显相背驰，……即以国粹论，旧说九流并美，倘尚一尊，不独神州学术，不放光辉，即孔学亦以独尊之故，而日形衰落也。"① 所以，对于重压累积在国民思想中、劫持国民思想自由的孔圣人之权威也必须推倒。否则，孔子之束制不破，国人便无自我解放之可能。对于宗教的批判，陈独秀不仅一开始便将它与对传统文化的批判联系起来，而且认为正是这种对传统文化的尊崇和学术缺乏独立精神，导致中国不能与时俱进，日益落后，不信科学而崇尚迷信。他在《学术与国粹》一文中指出："中国学术，隆于晚周，差比欧罗巴古之希腊。所不同者，欧罗巴之学术，自希腊迄今，日进不已；近数百年，百科朋兴，益非古人所能梦见；中国之学术，则自晚周而后，日就衰落耳"；"中国学术差足观者，惟文史美术而已；此为各国私有之学术，非人类公有之文明"②。在他看来，中国学术不发达的最大原因，在于"学者自身不知学术独立之神圣。譬如文学自有其独立之价值也，而文学家自身不承认之，必欲攀附六经，妄称'文以载道'，'代圣贤立言'，以自贬抑。史学亦自有其独立之价值也，而史学家自身不承认之，必欲攀附《春秋》，着眼大义名分，甘以史学为伦理学之附属品。音乐亦自有其独立之价值也，而音乐家自身不承认之，必欲攀附圣功

---

① 陈独秀:《再答常乃惪》，载《独秀文存》，安徽人民出版社1987年版，第649页。
② 陈独秀:《学术与国粹》，载《独秀文存》，第545–546页。

王道，甘以音乐为政治学之附属品。医学拳技亦自有独立之价值也，而医家拳术家自身不承认之，必欲攀附道术，如何养神，如何练习，方'与天地鬼神合德'，方称'艺而近于道'"①。所以，他倡导"吾人尚论学术，必守三戒：一曰勿尊圣。尊圣者以为群言必折中于圣人。而圣人岂耶教所谓全知全能之上帝乎？二曰勿尊古。尊古者以为不师古，则卑无足取。岂知古人亦无所师乎？犯此二戒，则学术将无进步之可言。三曰勿尊国。尊国者以为'鄙弃国闻，外励进民德之道。'……夫尊习国闻，曾足以励进民德乎？国闻以外皆不足以励进民德乎？吾以为此种国粹论，以之励进民德而不足，杜塞民智而有余。"据此，他认为，一方面，"今之欧罗巴，学术之隆，远迈往古；吾人直径取用，较之取法二千年前学术初兴之晚周、希腊，诚劳少而获多"②；另一方面，他坚信"人类将来真实之信解行证，必以科学为正轨。一切宗教，皆在废弃之列"。他指出，世人多信宇宙人生之秘密，非科学所能解释，"决疑释忧，厥惟宗教"。然而，"真能决疑，厥惟科学"，因为，"宇宙之法则有二：一曰自然法，二曰人为法"。自然法是普遍的、永久的必然之事，人为法是部分的、一时的。宗教、三纲五常等都是人为法，而科学的最终发展，将能"改正一切人为法则，使与自然法则有同等之效力，然后宇宙人生，真正契合"。正因为宗教与科学精神相违，因而他主张"以科学代宗教"③。这里的宗教，既是指前文述及的所谓孔教，也指传统的佛、道二教，当然更针对当时势力日增的基督教，他曾明确反对教会学校传播宗教及开设宗教课程，坚定地支持当时盛行的"收回教会教育权"运动。

---

① 陈独秀:《学术独立》，载《独秀文存》，安徽人民出版社1987年版，第545页；第552页。
② 陈独秀:《学术与国粹》，载《独秀文存》，第545—546页。
③ 陈独秀:《再论孔教问题》，载《独秀文存》，第91页。

陈独秀不仅坚信科学的巨大威力，倡导以科学为基础的人生观和"现实主义"教育，而且号召教育家们和青年学子以科学的理性精神去评判一切，去伪存真；以科学的实验法和归纳法来代替"圣教""圣言"，分析"人事物质"。陈独秀认为："吾国今日教育界之现象，上焉者为盲目的国粹主义，下焉者科举之变相耳。"这种教育只能称其为"伪教育"，其表现形式则为：他动的、灌输的、虚文的、私人的、幻想的、神圣的、脑部的、记忆的、历史的。而西洋的"真教育"，则是自动的而非他动的，启发的而非灌输的，实用的而非虚文的，社会的而非私人的，直观的而非幻想的，世俗的而非神圣的，全身的而非单独脑部的，推理的而非记忆的，科学的而非历史的。因而，必须以科学为武器，革新教育，"道破旧式思想之污浊，提倡教育精神之革新"，使"新教育真教育之得见于神州大陆也"[①]。可见，陈独秀所要倡导的"真教育""新教育"，既不是国粹的经史文学，也不是"读几本历史洋文，学一点理化博物"，而是要以"归纳伦理之术，科学实证之法"，去取代"圣教""圣言"；以西方"世俗日用的知识"，取代东方"神圣无用的幻想"；以西方重"直观自然的现象"，取代东方重"记忆先贤先圣的遗文"。要之，在教育中就是要重视科学理性的精神，就是要"弃神而重人，弃神圣的经典与幻想而重自然科学的知识和日常生活的技能"[②]。

值得指出的是，以陈独秀为首展开的新文化运动，在某种意义上，可视为一种政治运动。但他认为，伦理革命可以为现代民主政治提供一种价值支援，因而儒家的纲常伦理亦成为新文化运动攻击、批判的焦点和重心，新文化运动在某种意义上亦成了一场伦

[①] 陈独秀：《答胡子承》，载《独秀文存》，安徽人民出版社1987年版，第709页。
[②] 陈独秀：《近代西洋教育——在天津南开学校演讲》，载《独秀文存》，第109页。

理革命,而且主要是伦理革命。陈独秀在其伦理革命的宣言《吾人最后之觉悟》一文中,将矛头直指儒家的纲常名教:"儒者三纲之说,为吾伦理政治之大原","三纲之根本义,阶级制度是也。所谓名教,所谓礼教,皆以拥护此别尊卑明贵贱制度者也。""盖共和立宪制,以独立平等自由为原则,与纲常阶级制为绝对不可相容之物,存其一必废其一"①。在他看来,礼教纲常的弊害在于奴化人民,"三纲"使天下为臣、为子、为妻者尽失独立自由之人格,沦为君、父、夫的附属品,所以伦理革命的要旨就是要废弃宗法封建社会的伦理纲常。陈独秀在《宪法与孔教》一文中还指出:"自西洋文明输入吾国,最初促吾人之觉悟者为学术,相形见绌,举国所知矣。其次为政治。年来政象所证明,已有不克守缺抱残之势。继今以往,国人所怀疑莫决者,当为伦理问题。此而不能觉悟,则前此之所谓觉悟者,非彻底之觉悟,盖犹在惝恍迷离之境。盖伦理问题不解决,则政治学术,皆枝叶问题。纵一时舍旧谋新,而根本思想,未尝变更,不旋踵而仍复旧观者,此自然必然之事。"②可见,在这场革命中,科学和科学口号本身都是陈独秀手中的有力武器,这场革命的目的是伦理的觉悟和政治的觉悟,尤其是伦理的觉悟,伦理才是目的,其他不过是工具,除非仅仅使用科学的伦理意义,或者把科学本身当成一种伦理性的东西,变成一种伦理概念。否则,在这场革命中,科学就只能是服务于伦理化、价值观念化了。这就不可避免地使他对科学的认识产生偏离,也不可避免地使他的科学观缺乏深刻性。例如,他将想象与科学完全对立,把想象从科学中彻底排除,这表明他为了保证科学的客观和正确性而不得不牺牲人的理性的能动性。他有时说:"增进自然界之知识,为今日益

---

① 陈独秀:《吾人最后之觉悟》,载《独秀文存》,安徽人民出版社1987年版,第41页。

② 陈独秀:《宪法与孔教》,载《独秀文存》,第73页。

世觉民之正轨。一切宗教，无裨治化，等诸偶像，吾人可大胆宣言者也。"①但有时他又说："宗教、法律与道德，三者皆出于真理。"第一次世界大战结束后，对于人们提出的欧洲科学是否意味着破产、人类到底是在进化还是在堕落的疑问，陈独秀也坦承这是"很有价值的疑问"。他认为，"近几百年，西洋物质的科技进步很快，而道德的进步却跟他不上"，而基督教恰恰可以救济道德的缺乏。他指出："支配中国人心底最高文化，是唐、虞三代以来伦理的道义。支配西洋人心底最高文化，是希腊以来美的情感和基督教信与爱的情感。这两种文化的源泉相同的地方，都是超越物质的精神冲动"；"耶稣所教给我们的人格、情感"，是"崇高的牺牲精神"、"伟大的宽恕精神"和"平等的博爱精神"②。因此，在1920年4月发表的《新文化运动是什么》一文中，他忏悔新文化运动对宗教的反对"是一桩大错，我就是首先认错的一个人"。可见，陈独秀在反对儒家传统和宗教鬼神的伦理革命中，科学首先是被他作为招牌和工具来使用的，他的科学观是含糊和动摇的。对此，当时就有人在《国风》第8卷第4期上撰《新理智运动刍议》一文做了如下评说："发起新文化运动诸人之大部分，似自始即政治的动机为重，而学术的动机为轻。虽兼标榜民治与科学二者，而实以民治为主。其于科学，非有深刻的认识，特以其时髦，存之聊备一格耳"；"新文化运动所予一般人深刻之印象，则既非民治，亦非科学，而为反旧礼教，倡白话文，与疑古史旧书之三者"。西方学者亦有类似评说，认为"像他们（俄国虚无主义者）一样，他把科学看作一种武器、一种瓦解传统社会的腐蚀剂。他的确崇拜科学征服自然的能动作用，但他更把它看作是一种反对迷信的武器。与虚无主义者的情况类似，他的学识使他把科学与自然主义的粗陋形式混为一体。靠

---

① 陈独秀：《宪法与孔教》，载《独秀文存》，安徽人民出版社1987年版，第73页。
② 陈独秀：《基督教与中国人》，载《独秀文存》，第280–285页。

在科学的权威之上大声宣称物质原子是唯一的最终实体,他便迅速地不仅铲除了'礼教'(儒教),而且铲除了神秘主义的佛教、道教的全部基础。"① 应该说,这样的评说是中肯的,符合事实的。可见,由于陈独秀对西方观念和学术理论的广泛涉猎,使他能够提出民主和科学这样两个现代文明的核心要素。但由于他是一个理想主义者,或者说是一个激进主义者,加之没有接受多少正规的科学训练,所以他的科学观并不深刻。直到后来接受了唯物史观,他才摆脱了科学观上的含糊与动摇,坚定了他的民主和科学救国的信仰。他说:"我们相信尊重自然科学、实验哲学,破除迷信妄想,是我们现在社会进化的必要条件。"② 又说:"西洋人因为拥护德、赛两先生,闹了多少事,流了多少血,德、赛两先生才渐渐从黑暗中把他们救出,引到光明世界。我们现在认定只有这两位先生,可以救治中国政治上道德上学术上思想上一切的黑暗。若因为拥护这两位先生,一切政府的压迫,社会的攻击笑骂,就是断头流血,都不推辞。"③

二、胡适:实验主义的引渡人

胡适(1891—1962年),安徽绩溪人,少年饱读古典经义,亦迷恋严复翻译的赫胥黎名著《天演论》,曾采"物竞天择,适者生存"的"适",将名字改为"适之"。1910年,考取"庚款"留美生,入美国康奈尔大学留学,先后攻读农科、文科。1915年转入颇有声誉的哥伦比亚大学哲学系,师从美国实用主义哲学大师杜

---

① 〔美〕史华慈、陈玮:《中国的共产主义与毛泽东的崛起》,转引自〔美〕郭颖颐:《中国现代思想中的唯科学主义(1900—1950)》,雷颐译,江苏人民出版社1995年版,第53页。

② 陈独秀:《〈新青年〉宣言》,载《独秀文存》,安徽人民出版社1987年版,第244页。

③ 陈独秀:《新青年罪案之答辩书》,载《独秀文存》,第243页。

威,对西方的实用主义哲学终身奉行不渝,可以说他是实用主义在中国的主要代表。1917年,胡适回国后受聘担任北京大学教授,主讲中国哲学史。在20世纪20年代,他参与发起了著名的"科学与玄学"大论战,标榜"科学与科学的人生观"。胡适推崇西学,判定西方文化整体上优于中国文化,并对中国传统文化持全盘否弃的激进态度,认为中国的现代化其实在某种意义上说就是西化,所以在20世纪30年代,他又成了"全盘西化"与"中国本位"论战的主角。

胡适一生享誉最多的是他在北京大学期间和陈独秀等人发起新文化运动。他最早提出著名的"文学革命",张扬个性解放的人道主义新文学——"人的文学",首倡用白话文代替文言文。他在《文学改良刍议》一文中,以文学进化的观点,批评中国文学之以文胜质、摹仿古贤、言文分离的流弊,力倡大众化的言文合一的"活文学",并将元代以降的白话文学,视为中国文学的正宗和未来文学的趋势,大胆提出白话文学"为中国文学之正宗"、"为将来文学必用之利器"[①]。陈独秀曾说:"文学革命之气运,酝酿已非一日。其首举义旗之急先锋则为吾友胡适。余甘冒全国学究之敌,高张文学革命军之大旗,以为吾友之声援。"[②] 在胡适看来,文言文属于"死文字",死文字只可能产生"死文学"或"假文学";白话文才是"活文字",活文字才可能产生"活文学"或"真文学"。所以,他们要提倡文学革命,"替中国创造出一派新中国的活文学"。他指出:"文学者,随时代而变迁者也。一时代有一时代之文学……此非吾人之私言,乃文明进化之公理也。……既明文学进化之理,然后可言吾所谓不摹仿古人之说。今日之中国,当造今日之文学,不必

---

① 胡适:《文学改良刍议》,载《胡适文存》(卷1),外文出版社2013年影印版,第23页。

② 转引自胡适:《四十自述》,中国画报出版社2014年版,第120页。

摹仿唐宋，亦不必摹仿周秦也。"胡适把他所要创造的"今日之文学"归为八大特征：（一）须言之有物；（二）不摹仿古人；（三）须讲求文法；（四）不作无病之呻吟；（五）务去烂调套语；（六）不用典；（七）不讲对仗；（八）不避俗字俗语。①胡适的文学改良主张，得到了陈独秀的积极呼应和有力声援。陈独秀似乎比胡适更为激进，他不仅认同胡适的主张，而且呼吁："推倒雕琢的阿谀的贵族文学，建设平易的抒情的国民文学"；"推倒陈腐的铺张的古典文学，建设新鲜的立诚的写实文学"；"推倒迂晦的艰涩的山林文学，建设明了的通俗的社会文学"②。在陈独秀、胡适等人看来，中国传统的贵族文学、古典文学、山林文学不仅形式因袭，内容陈腐，而且其病在于与宇宙、人生、社会无涉。但又正是这种旧文学与旧政治、旧伦理息息相关，与中国阿谀虚伪迂腐守旧的国民性互为因果，因而欲革新政治、倡行新文学和重塑新国民，就必须推倒传统的"死文学"或"假文学"，张扬个性解放的"活文学"或"真文学"。

　　胡适是西方文明的崇拜者和"全盘西化"论的首倡者。他对于近代西方文明的推崇，是基于对西洋文明的深刻认识，即"西洋近代文明的精神方面的第一特色是科学"。他在《我们对于近代西洋文明的态度》一文中指出："我们也许不轻易信仰上帝的万能了，我们却信仰科学的方法是万能的，人的将来是不可限量的。"胡适极力夸大科学和科学方法的作用，是因为在他看来，"科学的根本精神在于求真理。人生世间，受环境的逼迫，受习惯的支配，受迷信与成见的拘束。只有真理可以使你打破你的环境里的一切束缚，……科学的文明教人训练我们的官能智慧，一点一滴地去寻求真理，……

---

　　① 胡适：《文学改良刍议》，载《胡适文存》（卷1），外文出版社2013年影印版，第9-10页；第7-8页。

　　② 陈独秀：《独秀文存》，安徽人民出版社1987年版，第95-96页。

这是求真理的唯一法门"①。第一次世界大战后，梁启超发表《欧游心影录》宣称："当时讴歌科学万能的人，满望着科学成功，黄金世界便指日出现。如今功总算成了，一百年物质的进步，比从前三千年所得还加几倍。我们人类不惟没有得着幸福，倒反带来许多灾难。好像沙漠中失路的旅人，远远望见个大黑影，拼命往前赶，以为可以靠他向导，那知赶上几程，影子却不见了，因此无限凄惶失望。影子是谁，就是这位'科学先生'。欧洲人做了一场科学万能的大梦，到如今却叫起科学破产来。"当然，梁启超在这一段文字之后，特意加了两行自注："读者切勿误会，因此菲薄科学，我绝不承认科学破产，不过也不承认科学万能罢了。"②梁启超的注释并没有引起大众的注意，倒是他暗示的西方文明是物质的及由此流露出来的对科学的悲观，使人认为"科学在中国的尊严就远不如前了。一般曾不出国门的老先生很高兴地喊着，'欧洲科学破产了！梁任公这样说的'"。针对这种现象，胡适立即为科学辩护："我们要知道，欧洲的科学已到了根深蒂固的地位，……那光焰万丈的科学，决不是这几个玄学鬼摇撼得动的。……中国此时还不曾享着科学的赐福，更谈不到科学带来的'灾难'。我们试睁开眼看看：这遍地的乩坛道院，这遍地的仙方鬼照相，这样不发达的交通，这样不发达的实业，——我们那里配排斥科学？至于人生观，我们只有做官发财的人生观，只有靠天吃饭的人生观，只有求神问卜的人生观，……中国人的人生观还不曾和科学行见面礼呢！我们当这个时候，正苦科学的提倡不够，正苦科学的教育不发达，正苦科学的势力还不能扫除那迷漫全国的乌烟瘴气，——不料还有名流学者出来高唱'欧洲

---

① 胡适：《我们对于近代西洋文明的态度》，载《胡适文存（三集）》（卷1），外文出版社2013年影印版。
② 转引自胡适：《科学与人生观序》，载张君劢、丁文江等：《科学与人生观》，山东人民出版社1997年版，第11—12页。

科学破产'的喊声,出来把欧洲文化破产的罪名归到科学身上,出来菲薄科学,历数科学家的人生观的罪状,不要科学在人生观上发生影响,信仰科学的人看了这种现状,能不发愁吗?能不大声疾呼出来替科学辩护吗?"[1]在"科学与人生观"的论战中,张君劢提出"人生观"的特点是"主观的""直觉的""综合的""自由意志的""单一性的",因而"人生观超乎科学之上,科学决不能支配人生","科学无论如何发达,而人生观问题之解决,决非科学所能为力,惟赖诸人类自身而已"。胡适认为,张氏所言是"处处排斥科学,处处用一种不可捉摸的语言",不明白什么是"科学的人生观",科学应用到人生观上会产生什么样的人生观。胡适深信,人生观是因知识经验而变换的,科学知识的进步将使人们的人生观发生变化。他认为,所有的人生哲学都只能建立在一个基础之上——"拿今日科学家平心静气地,破除成见地,共同承认的科学的人生观来做人类人生观的最低限度的一致"[2]。张君劢等人将东方文明归结为"精神文明"、西方文明归结"物质文明",并认为前者优于后者,胡适针对这些观点在《我们对于近代西洋文明的态度》一文中提出了自己的看法。他指出:"今日最没有根据而又最有毒害的妖言是讥贬西洋文明为唯物的,而尊崇东方文明为精神的。"他认为,文明和文化一样,虽然是一个几乎无所不包的概念,但两者又是有差别的,"文明(Civilization)是一个民族应付他的环境的总成绩","文化(Culture)是一种文明所形成的生活的方式"。任何一种文明都是既为物质的,亦为精神的。他不认同东西方有精神文明与物质文明对立的观点,认为西方不仅有强大的物质文明,亦有先进的精神文明。他说:"凡一种文明的造成,必有两个因子:一是物质的(Material),

---

[1] 胡适:《科学与人生观序》,载张君劢、丁文江等:《科学与人生观》,山东人民出版社1997年版,第12-13页。

[2] 同上书,第13-22页。

包括种种自然界的势力和质料；一是精神的（Spiritual），包括一个民族的聪明才智、感情和理想。凡文明都是人的心思智力运用自然界的质与力的作品；没有一种文明单是精神的，也没有一种文明单是物质的。"胡适指出："西洋近代文明的特色便是充分承认这个物质的享受的重要。西洋近代文明，依我的鄙见看来，是建筑在三个基本观念之上：第一，人生的目的是求幸福。第二，所以贫穷是一桩罪恶。第三，所以衰病是一桩罪恶。借用一句东方古话，这就是一种利用厚生的文明。"胡适强调："精神文明必须建筑在物质的基础之上。提高人类物质上的享受，增加人类物质上的便利与安逸，这都是朝着解放人类的能力的方向走，使人们不致于把精力心思全抛在仅仅生存之上，使他们可以有余力去满足他们精神上的要求"。在此基础上，胡适进一步辨析道，西方文明绝不落后于东方文明，而是恰恰相反，"一个民族的文化，可说是他们适应环境胜利的总和，适应环境之成败，要看他们发明器具的智力如何，文化之进步就基于器具之进步。……东方文明是建筑在人力上面的，而西方文明是建筑在机械力上面的"。在适应环境甚至改造环境的过程中，"人力"和"机械力"相比，谁能更胜一筹，已是不言自明的了。胡适同时指出，近代西洋文明的特点是认为追求幸福是人生的目的，贫穷丧病是罪恶之源，因而利用物质来丰富人的生活，是值得称道的。他说："西方这样充分运用人的聪明智慧来寻求真理以解放人的心灵，来制服天行以供人用，来改造物质的环境，来改造社会的政治制度，来谋求人类最大多数的最大幸福——这样的文明应该能满足人类精神上的要求。"因此，"这种利用厚生的文明，当真忽略了人类心灵上与精神上的要求吗？当真是一种唯物的文明吗？我们可以大胆地宣言：西洋近代文明绝不轻视人类的精神化的要求。我们还可以大胆地进一步说：西洋近代文明能够满足人类心灵上的要求的程度，远非东洋旧文明所能梦见。在这一方面看来，西洋近代文明绝非唯物的，乃是理想主义的（Idealistic），乃是精神的（Spiritual）"①。1929年，胡适在英文版《中国基督教年鉴》上发表《今日中国之文化冲突》一文，在文化问题上反对选择折中的态度来学习西方。他认为，所谓"选择性现代化"不过是保守主义的理论武装，其实这种态度既不可能也不必要，中国对西方现代文明唯有像邻国日本一样"全心全意地"地学习。此文被后人视其"全盘西化"论的发端。尽管胡适在文中用"Wholesale"和"Wholehearted"两个词来限制、修饰"Westernization"，但这两种表达后来都被译作"全盘西化"。其实二者之间还是有区别的。"Wholesale"译作"全盘"不错，但将"Wholehearted"也译作"全盘"似乎就不那么贴切了，它的准确含义应为"全心全意地"。"全心全意地西化"，是强调对西化的态度，走西方国家走过的现代化之路；而"全盘西化"，则是强调西化的结局，照搬西方的一切。胡适主张的是"全心全意地西化"。正因为这一表达在理解上容易产生歧义，胡适后来又发表《充分世界化与全盘西化——答陈序经先生》一文，表示要用"充分世界化"来修正自己的提法。不过，无论胡适怎么解释或者使用什么名词，胡适认定中国文化落后、西方文化先进，并力主西化的意旨，应该说是他始终不渝的、出自内心的真实态度。事实上，他后来在《介绍我自己的思想》一文中，毫不客气地指责中国人屈服于物质环境而"成了一分像人九分像鬼的不长进民族"。他严肃地告诫人们，中国欲实现民族复兴，唯一的出路在自己认错而全心全意地学习西方。他明确指出："我们必须承认，我们自己百事不如人；不但物质、机械上不如人，不但政治制度不如人，并且道德不如人，知识不如人，文学不如人，音乐不如人，艺术不如人，

---

① 胡适:《我们对于近代西洋文明的态度》，载《胡适文存（三集）》（卷1），外文出版社2013年影印版。

身体不如人";"肯认错了,方才肯死心塌地的去学习人家。"①胡适认为,学习西方不必怕模仿和丧失民族文化,因为模仿是创造的预备工夫,而中国绝大多数人的惰性已足够保守旧文化了。他的这种偏颇的、极端的观点,或许不乏良药苦心的善良,但无疑是对民族自尊心的一种伤害。

"五四"前后,随着新思潮的涌动,特别是1919年美国实用主义哲学家杜威来中国讲学,实用主义开始传入中国,并产生了十分广泛的影响,而这一过程始终与胡适相联系,他是实用主义在中国的主要代表。蔡元培说:"杜威在北京有五大演讲,都是胡适口译的。……胡氏不但临时的介绍如此尽力,而且他平日关于哲学的著作,差不多全用杜威的方法,所以胡氏可算是介绍杜威学说上最有力的人。"② 1930年,胡适在为其文选写的序言中坦承:"我的思想受两个人的影响最大,一个是赫胥黎,一个是杜威先生。赫胥黎教我怎样怀疑,教我不信任一切没有充分证据的东西;杜威先生教我怎样思想,教我处处顾到当前的问题,教我把一切学说理想都看作待证的假设,教我处处顾到思想的结果。这两个人使我明了科学方法的性质与功用。"③ 杜威的实用主义属于实证主义流派的一个分支,同时又与斯宾塞和达尔文的进化化有着很深的历史渊源,而且为进化论所滋养,他试图用他的实验方法来解决人类经验和文化中的问题。胡适曾在《五十年来之世界哲学》中指出,"我个人观察19世纪中叶以来的世界思潮,自不能不认达尔文、赫胥黎一派的思想为哲学界的一个新纪元"。新实证主义的提出可分为两个时期。"第一个时期是破坏的,打倒宗教的权威,解

---

① 胡适:《介绍我自己的思想》,载《胡适文存》(卷4),上海科学技术文献出版社2015年版。
② 蔡元培:《五十年来中国之哲学》,载高平叔编:《蔡元培全集》(第四卷),中华书局1984年版,第366–364页。
③ 胡适:《介绍我自己的思想》,载《胡适文存》(卷4)。

放人类的思想",赫胥黎的"存疑主义"代表这一时期的思想革命;第二个时期"是新实证主义的建设时期:演化论的思想侵入了哲学的全部,实证的精神变成了自觉的思想方法,于是有实验主义的哲学。这两个时期是五六十年哲学思想的两个大浪"①。胡适对于实用主义的接受,主要将其视为一种科学方法论。胡适说:"一切主义,一切学理,都该研究。但只可认作一些假设的(待证的)见解,不可以认作天经地义的信条;只可认作参考印证的材料,不可奉为金科玉律的宗教;只可用作启发心思的工具,切不可用作蒙蔽聪明,停止思想的绝对真理。如此方才可以渐渐养成人类的创造的思想力,方才可以渐渐使人类有解决具体问题的能力,方才可以渐渐解放人类对于抽象名词的迷信。"②他认为,科学之所以是求真的不二法门,是因为科学完全是观察方法和实验方法、怀疑态度和批判理性的领域。他试图对杜威实用主义哲学从内容到形式完全中国化,提出"实验主义"。他称实验主义哲学是"现今欧美很有势力的一派哲学",是"近代科学发达的结果"。他一再强调:"实验主义自然也是一种主义,但实验主义只是一个方法,只是一个研究问题的方法。它的方法是:细心搜求事实,大胆提出假设,再细心求实证。一切主义,一切学理,都只是参考的材料,暗示的材料,待证的假设,绝不是天经地义的信条。实验主义注重在具体的事实与问题,故不承认根本的解决。他只承认那一点一滴做到的进步,步步有智慧的指导,步步有自动的实验,——才是真进化。"③胡适认为,清代学者们也具有这种方法。1920年,他在《清代学者的治学方法》一文中指出:"中国旧有的学术,只有清代的'朴

---

① 胡适:《五十年来之世界哲学》,载《胡适文存(二集)》(卷2),外文出版社2013年影印版,第270-271页。
② 胡适:《四十自述》,中国画报出版社2014年版,第118-119页。
③ 胡适:《我的歧路》,载《胡适文存(二集)》(卷3),外文出版社2013年影印版,第99页。

学'确有'科学'的精神。'朴学'一个名词包括甚广,大要可分为四部分:(1)文字学(Philology)。包括字音的变迁,文字的假借通转,等等。(2)训诂学。训诂学是用科学的方法,物观的证据,来解释古书文字的意义。(3)校勘学(Textual Criticism)。校勘学是用科学的方法来校正古书古字的错误。(4)考订学(Higher Criticism)。考订学是考定古书的真伪,古书的著者,及一切关于著者的问题的学问。"清代学者们所用的方法总括起来,只有两点:"(1)大胆的假设,(2)小心的求证。假设不大胆,不能有新发明;证据不充足,不能使人信仰"[①]。在这里,胡适把现代的科学方法与清代学者的治学方法等同起来,认为在中国传统文化中也有西方的科学方法,从而试图结合中国学术传统来介绍西方的科学方法论,并以此说明人类文明的共通性和延续性。这虽然有助于中西方法论思想的沟通与融合,使中国传统方法论中富有生命力的内容获得了近代定位和新生,有助于西方的方法论思想能够更好地在中国文化传统中生长发育并更好地为中国人所普遍接受,但是,胡适把近代科学方法与清代学者的经验主义等同起来是有些牵强的。因为中西毕竟是两种本质不同的文明,尽管在中国传统方法论思想中不乏值得珍视的内容,但由于缺乏实验科学的基础,往往带有朴素的、经验论的性质,很难说清代学者们的治学方法具有近代科学的精神气质。不过后来的胡适还是明显意识到了这一点,并接受了西方科学传统和中国传统文化迥然不同这一事实。1928年,他在《治学的方法与材料》一文中指出,从1600—1900年,无论是中国还是西方,的确是发展了科学方法。结果,中国是成功地运用于哲学、语言学、校勘考据和考古研究,"方法虽是科学的,材料却始终是文字的,科学的方法居然能使故纸堆里大放光明,然而故纸的

[①] 胡适:《清代学者的治学方法》,载《胡适文存》(卷2),外文出版社2013年影印版,第216–217页;第241–242页。

材料终究限死了科学的方法,故这三百年的学术也只不过文字的学术,三百年的光明也只不过故纸堆的火焰而已"。因此,在这三百年里,"中国除了宋应星的《天工开物》一部奇书之外,都只是一些纸上的学问"。而西方"自然科学的材料便不限于搜求现成的材料,还可以创造新的证据。实验的方法便是创造证据的方法"。所以,他奉劝青年学子,"多学一点自然科学的知识与技术,那条路是活路,这条故纸的路是死路。三百年的第一流的聪明才智消磨在这故纸堆里,还没有什么好成绩。我们应该换条路走走了,等你们在科学试验室里有了好成绩,然后拿出你们的余力,回来整理我们的国故,那时候,一拳打倒顾亭林,两脚踢翻钱竹汀,有何难哉!"①

胡适崇拜西方的科学方法,在他看来,科学不仅主要是一种方法,而且科学的方法是万能的,他所倡导的实验主义科学方法论与近代科学家们提出的方法是一致的。他指出:"近来的科学家和哲学家渐渐地懂得假设和证验都是科学方法所不可少的主要分子,渐渐地明白科学方法不单是归纳法,是演绎和归纳相互为用的,忽而归纳,忽而演绎,忽而又归纳;时而由个体事物到全称的通则,时而由全称的假设到个体的事实,都是不可少的。"②这表明他的所谓"假设"与"求证",从方法论上看,大体就是归纳法和演绎法的具体运用。按照他的说法,假设的提出是以归纳为基础的;而求证的过程则是归纳与演绎交互为用,科学的含义首先是其方法,然后是一种普遍的原则。所以,胡适毕生都称赞杜威《思维术》一书中关于思维过程的"五步说",并把它同自己倡

---

① 胡适:《治学的方法与材料》,载《胡适文存(三集)》(卷2),外文出版社2013年影印版,第190页;第196页;第205页。
② 胡适:《清代学者的治学方法》,载《胡适文存》(卷2),外文出版社2013年影印版,第206页。

导的方法联系起来。他在回顾自己一生时说:"近几十年来我总喜欢把科学法则说成'大胆的假设,小心的求证'。我总是一直承认我对一切科学研究法则中所有的重要程序的理解,是得力于杜威的教导。"[1] 他在这里所说的对"程序"的理解,就是杜威所倡的实验探索"五步说"。他说:"杜威论思想,分作五步说:(1)疑难的境地;(2)指定疑难之点究竟在什么地方;(3)假定种种解决疑难的方法;(4)把每种假定所涵的结果,一一想出来,看那一个假定能够解决这个困难;(5)证实这种解决使人信用,或证明这种解决的谬误使人不信用。"[2] 胡适认为,杜威的五步说,也就是归纳法和演绎法的运用,"从第一步到第三步,是偏向归纳法的,是先考察眼前的特别事实和情形,然后发生一些假定的通则;但是从第三步到第五步,是偏向演绎法的,是先有了通则,再把这些通则所涵的意义一一演出来,有了某种前提,必然要有某种结果;更用直接或间接的方法,证明某种前提是否真能发生某种效果"[3]。无疑,归纳和演绎同其他逻辑方法一样,是人类思维活动必须遵循的基本法则。从这个意义上看,胡适提倡的这个方法,的确是科学方法的重要组成部分。现代新儒家熊十力在其《十力语要初读》中指出:"在五四运动前后,适之先生提倡科学方法,此甚紧要。"这大致反映了时人的看法。

胡适鼓励人们采用"大胆假设""小心求证"的科学方法,固然有忽视前提条件——"假说是愈大胆愈好",以及片面依赖例证——"归纳法的真义在于教人举例"等严重缺陷,但它在当时的确起到了解放思想、弘扬科学理性精神的作用。众所周知,在新文化运动

---

[1] 胡适:《胡适自传》,见葛懋春等编:《胡适哲学思想资料》,华东师范大学出版社1981年版,第110页。
[2] 胡适:《实验主义》,载《胡适文存》(卷2),外文出版社2013年影印版,第120页。
[3] 同上书,第126页。

时期,虽然象征封建文化专制的清王朝和科举制已被废除,但随着辛亥革命的果实被袁世凯篡夺,在中国大地又滋生了一股复古思潮;同时,正处于文化转型期和信仰失落期的中国,宗教迷信、三纲五常仍深藏在人们的思想深处,束缚着人们的头脑。至于那些饱受经学熏陶的学者们,更是一个个谨小慎微,抱着前贤古圣的话当作至理名言。胡适鼓吹"大胆假设",而且说"假设愈大胆愈好",好似一声惊雷、一道闪电,使抱残守古者猛然醒悟:四书五经、孔孟之道难道是绝对真理,只许信仰、不许怀疑?胡适在鼓吹一种怀疑精神,给人们以敢于怀疑的勇气的同时,又告诫人们要"小心求证",要用科学的态度、理性的精神,对所怀疑的一切,以事实资料为基础进行求证,不要为情感和古训所导引,也不一定要追求求证的成功,"因为真理无穷,宇宙无穷",所以我们要"朝夕地去求真理,不一定要成功"①。这又在一定意义上强调了做学问的探讨精神和审慎态度。

　　胡适从杜威那里引来的实验主义在新文化运动中产生了广泛的共鸣,对当时青年知识分子产生了广泛的影响。早年毛泽东就曾受到胡适实验主义的影响。西方学者斯塔尔曾说:"与杜威一样,毛泽东认为思想产生于实际经验,并且反过来又塑造这种经验。他们两人都把世界看成是一系列问题,正是这些问题需要理论和行动。确实,这种相似性对毛泽东来说是很明显的,因为他不止一次把自己描绘成一个实验主义者。"马尔库塞亦评价毛泽东的《实践论》中,"杜威多于马克思"②。可见,从政治主张上看,毛泽东当然是一个马克思主义者,但从思想方法上看,他可以说是一个实验主义者。

---

① 胡适:《科学的人生观》,载《胡适读书与做人》,国际文化出版公司2013年版,第215页。

② 唐文明:《夭折的启蒙还是启蒙的破产?》,《读书》2014年第7期。

1962年2月24日下午胡适与世长辞。蒋介石亲往祭吊,并亲书挽联一副,辞曰:"新文化中旧道德的楷模,旧伦理中新思想的师表"。这或许可以说是对胡适这个毕生致力于宣扬学术独立和文化进步、思想自由和科学精神的学者的最好总结。

三、丁文江和中国第一个科研机构

准确地说,中国知识分子对传统儒学的怀疑与否定,对西方科学的真正认知和热情渴望,是从19世纪末20世纪初才开始的。特别是经严复翻译的西学及"五四"新文化运动时期激进的"反传统主义"的出现,使中国传统文化与价值观念出现了从未有过的巨大失落。同时,这一时期大批留学欧美、日本的学生学成归国,在中国社会出现了一个接受和传播西方科学的知识分子群体,他们深知,要使科学在中国获得长足的发展,使西方科学真正扎根于中国并变为自己的科学,就不仅要发展新式教育,创办新式学校(尤其是大学),而且还要建立自己的科学研究机构。于是就有了1909年张相文等人创立的地学会,民国成立后不久由留学生詹天佑等人组建的中华工程师学会,1913年成立的中国经济学会、中国化学会等。但严格地说,这些组织属于松散型的学术团体,不是学术研究的正规科研机构。中国第一个比较正规的科研机构是丁文江(1887—1936年)创办的地质研究所,他因此被视作中国地质学的开拓者和奠基人,并被誉为"一个划时代的人,……中国提倡科学以来第一个好成绩"[①]。

丁文江(字在君)1887年4月13日出生于江苏泰兴县一个富裕的士绅家庭,少年时代就显现过人天赋,16岁留学日本,1904年又留学英国的剑桥大学和格拉斯哥大学。在7年留学期间,他主要

---

① 李济:《怀丁在君》,转引自方松华:《20世纪中国哲学与文化》,学林出版社1997年版,第41–42页。

学习了西方的地质学和动物学，旁涉医学，1911年获格拉斯哥大学的动物学和地质学双学士学位后回国。长期的留学生涯，使丁文江被他的同时代人誉为"最西化的中国人"，"一个科学化最深的中国人"。据说，他的生活方式极有规律，极讲"科学"，每天必睡八小时，在饭店等公共场所坚持要用开水烫他的餐具，他不喝酒，但总用酒冲洗他的筷子，他反对奢侈，但强调舒适静养，决不违反医生的命令。郭颖颐说，"除了无可挑剔的专业成就外，丁文江还为自己和他人制定了严格的标准。他本人便为青年做出勤恳工作为人诚实的榜样。这位地质学家是英美律法观念在中国的化身，而他的国家本没有这种观念。所以，丁文江的生活方式被绝大多数接触过外国观念的中国学生所欣赏。"①

中国地质学是在引进西方近代地理与地质学、综述外国人的地质调查结果、伴随着中国近代工业对矿产资源需求日益增长的背景下逐步发展起来的。在近代以前，中国几乎无科学意义上的地质学可言，中国地理、地质的科学勘探和研究也基本上是一片空白。鸦片战争后，伴随着西方列强对中国侵略的深入，西方传教士大量涌进，他们在传教的同时，也将西方近代科学包括地理、地质学传入中国。英国传教士慕维廉（W.Muirhead, 1822—1900年）于1854年用中文撰写的《地理全志》首次将地质科学较全面地介绍给中国人。该书的《地质论》一卷，是近代意义的"地质"一词在中文文献中的首次出现。书中还介绍了地层并附有一张地质年代表。如本书前述，西方地质学较为系统地传入中国，始于洋务时期江南制造局翻译馆翻译印行的多部地质矿物学译著。如1867年由美国传教士玛高温和华蘅芳翻译的《金石识别》，原著为美国19世纪著名矿物学家代那教授所撰，该书是传入我国的第一部西方矿物学著

---

① 〔美〕郭颖颐：《中国现代思想中的唯科学主义（1900—1950）》，雷颐译，江苏人民出版社1995年版，第92-93页。

作；1868年华蘅芳和玛高温合作翻译的《地学浅释》，为英国著名地质学家赖尔的名著，该书完整、系统地介绍了西方近代地质学的基本知识，是为我国近代最早输入的西方地质学著作。与此同时，西方各国不同身份和怀有不同目的的地质学家也络绎不绝入华考察，并撰写了一批报告和专著。这些考察和研究，从总体上说是为西方列强侵略中国服务的，但也在一定程度上推动了中国地质学的发展。第一位来中国进行地质考察的西方地质学家是美国人庞佩利（R.Pumpelly，1837—1923年）。在1863—1865年间，他先后考察了长江流域和华北一带，发现了"黄陵背斜"，提出了"震旦上升系"的概念，并对中国古老变质岩层、中国煤系沉积、京西古老斑岩与年轻斑岩喷发、张家江戈壁地区粗面斑岩喷发、黄河三角洲形成、北京西山煤矿等，进行了专门的地质调查研究，著有《1862—1865在中国、蒙古和日本的地质调查》。1868—1871年，德国著名地理地质学家、"海上丝路"之名的首倡者李希霍芳（Ferdinand von Richthofen，1833—1905年）也来华考察，他以上海为基地，历时4年，对大清帝国18个行省中的13个省进行了地理、地质考察，他提出的"中国黄土风成说"及其对中国地质构造和主要地层的论述，具有较高的学术价值。但他调查考察的多为中国的煤矿分布和各地的物产、商业情况，并将所见所闻以信件形式寄给上海欧美商会，其中《山东与其门户胶州湾》一文，实为1897年德国强占胶州湾以及修筑胶济铁路的张本。他归国后撰有五卷本《中国，亲身旅行和据此所作的研究成果》一书，并附有中国的地质和地理图数幅。瑞典地理学家斯文赫定（S.A.Hedin，1865—1952年）也是来华进行地理地质考察学者中比较著名的一位。1885—1930年间，他先后6次在我国考察，收集了大量的资料，回国后发表了许多文章。日本人的考察主要在东北。在20世纪初，日本先后成立了"满洲产业调查会"、"南满铁路株式会社"、矿产部地质课和煤田地质调查事务所等机构,专门从事东北地区地质矿产的调查与研究,日本著名地质学家小藤文次郎、石井八万次郎、野田势次郎等先后到东北调查。在此期间,我国有识之士对地质学也开始重视,其中有两位著名学者尤为引人注目,一位是张相文,另一位是章鸿钊。张相文是我国现代地理、地质学的开拓者和奠基人之一。1901年,他编著的《初等地理教科书》《中等地理教科书》,开我国自编地理教科书之始。1905年,他又编著《地文学》《最新地质学教科书》,较系统地介绍了现代地理、地质学知识。1909年,他邀白毓昆、张百苓等于天津成立中国地质学会并任会长,是为我国最早的地理、地质学学术团体。次年,他又创办《地学杂志》,是为我国最早的科学期刊之一。章鸿钊是我国现代地质学的主要奠基人,1904年留学日本,1911年毕业于东京帝国大学地质系,他的毕业论文《杭州府邻区地质》为中国学者调查中国区域地质所撰写的第一篇学术论文。1912年,南京临时政府成立,在实业部下设的矿政司设地质科,是我国政府部门最早设置的地质机构,章鸿钊出任地质科科长。

1913年,时任袁世凯政府工商部矿政司司长的张轶欧,是一位对地质学有深刻认识的极有远见的人。他邀丁文江、章鸿钊及比利时留学归来的翁文灏等到工商部,商讨将原来的地质科改造成为"中国地质调查所"。但在当时的中国,一般民众对地质学的重要性毫无认识,地质学的专门人才更是奇缺,当时北京大学因地质门竟因招不到学生停办了。丁文江为了把这个地质调查所办成为一个真正的科研机构,特请原北京大学的德国地质学教授赫尔·梭尔格(Solger)前来帮忙。他们利用北京大学停办地质门的机会,把北大地质门原有的图书标本借了过来,在政府工商部开办了一个地质研究班(后来演变为地质研究所)。研究班的毕业生在地质调查所负责各地的调查工作,成绩特别优秀的人,被挑选赴国外留学。据胡适说,中国地质学界的许多领袖人物,如谢家荣、王竹泉、叶良辅、李捷、谭锡畴、朱庭祜、李学清等,都是地质研究所出来的。[①]他们除了花大力气抓地质教育、培养新型地质人才外,还挤出时间从事地质调查与研究。据说,丁文江最钦佩徐霞客,亦最爱读徐氏游记,他外出考察都要带着《徐霞客游记》做参考。他曾发誓要看徐氏所不曾看、记徐氏所不能记。1913—1914年,他和同事先后到山西太行山脉进行考察,并对井陉和阳泉地区的煤铁储量做了调查,后来又孤身去云南、贵州、四川等进行综合地理学、地质矿产和人种学及古生物学的调查研究。

1916年,地质调查所正式成立,丁文江担任第一任所长,这是中国科学史上第一个纯粹的科学研究机构,丁文江也因此被誉为"中国地质学的开山祖师"。这个研究所和当时其他学术团体相比,尽管人数上并不多,尤其是地质科研人员不多,但由于挂靠在袁世凯政府名下,能够从政府那里获得相对稳定的经费,接受政府的有计划的科研任务;加之地质调查所成立后,它放弃了原来杂七杂八的事务和地质学教育工作,专门从事地质学方面的科学研究,因而它就不再是那种松散型的学术团体,而是一个真正意义上的科学研究机构,并一度成为中国地质学的发展和领导中心。1919年,该所创办了两份学术刊物,一种是以中英两种文字出版的《地质汇报》,一种是几乎完全用英文出版的《中国古生物志》(丁文江任主编)。两本杂志很快在国际学术界传播开来并成为有名的科学刊物。美国古生物学家葛利普曾这样评价《中国古生物志》:"丁先生之意欲使此刊物较之其他国家之同类出版物有过之而无逊色。全志分甲、乙、丙、丁四种:甲种专载植物化石,乙种记无脊椎动物化石,丙种专述脊椎动物化石,丁种则专论中国原人。第一册之出版,

---

① 胡适:《丁文江传》,海南出版社2002年版,第55页。

距今（1936年）不及十五年，而今日之各别专集已近一百巨册之多。此种大成绩，实非他国所能表现。"[①]1920年，地质调查所和北京大学联合聘请了葛利普来北京领导古生物学研究和教授工作。葛利普一面主持地质调查所的古生物学研究工作，一面在北京大学教授古生物学。葛利普在中国工作了26年，直至1946年去世，死后亦葬在北京大学。胡适说："葛先生来中国主持古生物学的教授和研究是中国地质学史上一件大事"。葛先生不但工作极勤奋，而且十分热心于教育年轻人。据当时北大助教高振西说："今日之中国古生物学家，如孙云铸、杨钟健、斯行健、黄汲青、张席禔、乐森㙔、田奇㻪、朱森、陈旭、许杰、计荣森等，直接为葛先生之高足，而间接为丁先生之所培植。"[②]到1921年丁文江辞去地质调查所所长时，该所已经在国际学术界有了一定的竞争力和声名，所里的中国学者已能够完全独立地从事有国际意义的课题。胡适曾评价丁文江和他创办的这个调查所说："在君和他的朋友创立和继续发展的地质调查所在很短的时间之内成为一个世界知名的纯粹科学中心。在纯粹的科学研究方面，这个机关不但建立了中国地质学和古生物学，并且领导了史前考古学的研究，成为新石器时代和旧石器时代研究的中心。在北京附近周口店一区的系统的发掘，后来在民国十六年（1927）以下，陆续发现'北京原人'（Sinanthropus Pekinensis）四十多具的遗骨，也是地质调查所领导提倡的科学大成绩。……在这些纯科学的研究工作之外，调查所当然还得顾到国家社会的矿业、石油、土壤等等实用方面的需要。在君个人曾参与龙烟铁矿厂的设计，和北票煤矿的开办。调查所兼办的地震台（在妙峰山脚的鹫峰寺），燃料研究室（浙江金叔初弟兄捐建的），土壤调查所等等，都是这个机构在那个政局很不安定，薪水不但很微薄而且往往领不到，实地

---

① 转引自胡适：《丁文江传》，海南出版社2002年版，第89页。
② 同上书，第57–58页。

调查的经费完全依靠私人或基金捐助的极困难时代努力的成绩。"①到 1930 年，地质调查所又建立了一批独立的实验室，进入了繁荣兴旺的发展阶段。

在当时的中国，地质学是备受冷落、不受注目的学科，然而丁文江却把这个地质调查所办成了一个实实在在的在国内外都有声名的科学研究所。个中原因，除了丁文江这位"欧化最深的中国人"幽默达观的人格魅力、宽广深厚的专业成就，以及严格按科学规律办事、勤勤恳恳的工作精神外，葛利普认为还有一个重要的原因，就是在丁文江看来地质学并非仅仅是研究石头的。葛利普说："丁博士心目中的地质学极为广泛，范围所及，非只构成地球的材料，如矿物及岩石等，且包容形成及改动此种材料的种种动力，以及其渐渐演变之程序；进而对于地球之形状构造及经过历史等，全体作为研究之对象；更涉及自亘古以来，地球陆面以上以及海水之内的生物；各种生物演进之程序，及足以影响其发展、分布之各种因素，如地理、气候等，均在范围之中。"②

作为中国地质学的开拓者，丁文江不仅足迹遍及中国，而且一生著述颇丰。仅就地质学而言，主要的著作就有《调查正太铁路附近地质矿务报告书》（1914）、《云南东川铜矿》（1915）、《中国之煤矿》（1916）、《扬子江下流之地质》（1919）、《直隶山西间蔚县广灵阳原煤田报告》（与张景澄合著，1919）、《中国之矿产》（1919）、《矿政管见附修改矿业条例意见书》（与翁文灏合著，1920）、《第一次中国矿业纪要》（与翁文灏合著，1921）、《扬子江下游最近之变迁——三江问题》（1921）、《云南东部之构造地质》（1922）、《京兆昌平县西湖村锰矿》（1922）、《最近五十年之矿业》（1923）、《中国官办矿业史略》（1928）、《中国造山运动》（1929）、《外国

---

① 胡适：《丁文江传》，海南出版社 2002 年版，第 89-90 页。
② 同上书，第 83 页。

矿业史资料》（1929）、《川广铁道路线初勘报告》（与曾世英合著，1931）、《丰宁系之分居》（1931）、《丁氏及谢氏石燕宽高率差之统计研究》（1932）、《川广铁道路线勘查记》（与曾世英合著，1932）、《中国分省新图》（与翁文灏、曾世英合著，1933）、《中华民国新地图》（与翁文灏、曾世英合著，1934）、《中国之二声纪及其二声纪地层分类上之意义》（与葛利普合著，1934）、《中国之石炭纪及其在密士失必与本薛文尼二系地层分类上之意义》（与葛利普合著，1934）、《陕西省水旱灾之记录与中国西北部干旱化之假说》（1935），等等[①]。

出于科学家的良知和对科学的崇拜，在20世纪20年代著名的"科学与玄学"（亦称为"科学与人生观"）大论战中，丁文江理所当然地成了科学派的主帅和"唯科学主义"的主要代表。这场论战的起因是，当中国新文化运动启蒙思想家采借欧洲科学文化来摧陷儒家传统文化之时，正值西方文化因欧战广遭怀疑批评而陷入于困厄之际。中国传统文化的危机与近代西方文明的困境引发了双重的文化危机，由此催生了中国文化保守主义的崛起。以巴黎和会观察员身份旅欧考察的梁启超，回国后发表《欧游心影录》，宣传西方科学文明的破产和东方精神文明的优越；现代新儒家的先驱人物梁漱溟在其《东西文化及其哲学》中，以儒家人生理念批评近代西方文明世俗工具理性的非价值性，力倡儒家文化的复兴。他甚至断言："质而言之，世界未来文化就是中国文化的复兴，有似希腊文化在近世的复兴那样。"[②] 张君劢则认为科学与人文有所不同，强调科学不适用于人生观，人生观有它自己所属于的领域，科学理性

---

① 参见张其昀：《丁文江先生著作系年目录》，《独立评论》1936年2月16日第188号；参见胡适：《丁文江传》，海南出版社2002年版，第291—300页。

② 梁漱溟：《东西文化及其哲学》，载中国文化书院学术委员编：《梁漱溟全集》（第一卷），山东人民出版社2011年版，第525页。

之于人生信仰是有限度的,宋明理学具有超越西方科学文化的后现代价值。20世纪20年代末,大革命失败以后,社会复古保守势力日渐抬头,南京政府重倡"尊孔读经",推行所谓弘扬儒家"礼义廉耻"的"新生活运动"。这种政治保守与文化复古的汇流,在文化学术领域又催生了以胡适、丁文江等为代表的激进的"全盘西化"思潮。这场论战的直接导火线是1923年2月张君劢在清华大学所做的题为《人生观》的讲演。张的核心观点是,人生观的特点是"主观的""直觉的""综合的""自由意志的""单一性的",所以"科学无论如何发达,而人生观问题之解决,决非科学所能为力,惟赖诸人类之自身而已"[①]。此言一出,论战遂起,随着论战的展开,逐渐形成了以张君劢、梁启超等为代表的"玄学派",及以丁文江、胡适、吴稚晖等为代表的"科学派"。1923年4月,丁文江率先发表《玄学与科学——评张君劢的〈人生观〉》一文,反击张君劢的观点。他认为,科学具有普适性,人生观应当受科学的制约,人生观不能同科学分家,科学和人生观是统一的。他把背离这种人生观的张君劢之流称为"玄学鬼",认为他们是沉溺于一种虚幻探索的自我欺骗者。他说:"玄学真是个无赖鬼——在欧洲鬼混了两千多年,到近来渐渐没有地方混饭吃,忽然装起假幌子,挂起新招牌,大摇大摆地跑到中国来招摇撞骗。你要不相信,请你看看张君劢的人生观!张君劢是作者的朋友,玄学却是科学的对头。玄学的鬼附在张君劢身上,我们学科学的人不能不去打他;但是打的是玄学鬼,不是张君劢,读者不要误会。"他认为人生观要受论理学公例、定义、方法的支配,而玄学家先存了一个成见,说科学的公例、方法不适用于人生观,果真如此,"那一切科学岂不是都可以废除了?!"他不仅认为人生观不能与科学分家,而且坚持认为所

[①] 张君劢:《人生观》,载张君劢、丁文江等:《科学与人生观》,山东人民出版社1997年版。

谓物质的科学与所谓精神的科学不可能有意义的不同,"不但人生观同科学的界限分不开,就是他所说的物质科学同精神科学的分别也不是真能成立的"。他相信所有的知识都来源于感觉经验,也就是有赖于感官触觉。像情感、思想、概念等心理现象,都不过是感官触觉的产物,都能被科学地研究。他说:"凡是心理的内容,真的概念推动,无一不是科学的材料。"他坚信"科学能支配人生","科学方法是万能的",不存在"有主宰世界的上帝,有离身体而独立存在的灵魂",工业发达亦是"科学昌明结果之一"。所以,他"不怕玄学终久不投降"[①]。

张君劢认为西洋文明是"物质文明","西洋的科学,是机械的、物质的、向外的、形而下的",所以要"抬出我们的精神文明来补救物质文明"。丁文江针对这种观点亦进行了尖锐的批评。丁文江认为,张君劢所谓的"精神文明"是"自孔孟以至宋元明之理学家侧重内心生活之修养"的结果。这种"精神文明",不过是"宋元明言心言性的余烬又有死灰复燃的样子了!懒惰的人,不细心研究历史的实际,不肯睁开眼睛看看所谓'精神文明'究竟在什么地方,不肯想想世上可有单靠内心修养造成的'精神文明';他们不肯承认所谓'经济史观',也还罢了,难道他们也忘记了那'衣食足而后知礼节,仓廪实而后知荣辱'的老话吗?"所以,在丁文江看来,"言心言性的玄学,'内心生活之修养',所以能这样哄动一般人,都因为这种玄谈最合懒惰的心理,一切都靠内心,可以否认事实,可以否认论理与分析"。这种精神文明根本没有什么价值,也不配"拿来做招牌攻击科学"[②]。第一次世界大战爆发后,国计民生困窘,社会危机四伏,思想界动荡不安,使许多欧洲人对西方文化

[①] 丁文江:《玄学与科学——评张君劢的〈人生观〉》,载张君劢、丁文江等:《科学与人生观》,山东人民出版社1997年版。

[②] 同上。

产生了危机感,并试图到东方寻找克服其文化弊端的良药。1919年,梁启超、张君劢等人从欧洲考察回来后,直言"欧洲人做了一场科学万能的大梦,到如今却叫起科学破产来",因此要赶快抬出我们的精神文明来补救西方的物质文明。对此,丁文江对欧洲文化破产的责任也提出了自己的观点:"我所不得不说的是欧洲文化纵然是破产(目前并无此事),科学绝对不负这种责任,因为破产的大原因是国际战争。对于战争最应该负责的人是政治家同教育家。这两种人多数仍然是不科学的。……他们这班人的心理,很像我们的张之洞,要以玄学为体,科学为用。他们不敢扫除科学,因为工业要利用他,但是天天在那里防范科学,不要侵入他们的饭碗界里来。所以欧美的工业虽然是利用科学的发明,他们的政治社会却绝对的缺乏科学精神。……欧洲的国家果然都因为战争破了产。然而一班应负责任的玄学家、教育家、政治家却丝毫不肯悔过,反要把物质文明的罪名加到纯洁高尚的科学身上,说他是'务外逐物',岂不可怜!"[①]

丁文江不仅崇拜科学,深信科学方法万能,而且还极力提倡科学教育。他深信,真正的科学精神与方法,是最好的"处世立身"的教育,是高尚的人生观。他说:"科学的目的是要屏除个人主观的成见,——人生观最大的障碍——求人人所能共认的真理。科学的方法,是辨别事实的真伪,把真事实取出来详细的分类,然后求他们的秩序关系,想一种最简单明了的话概括他。所以科学的万能,科学的普遍,科学的贯通,不在他的材料,在他的方法。……科学不但无所谓向外,而且是教育同修养最好的工具,因为天天求真理,时时想破除成见,不但使学科学的人有求真理的能力,而且有爱真理的诚心。"他认为,"科学教育能使宗教性的冲动,从盲目的变成

[①] 丁文江:《玄学与科学——评张君劢的〈人生观〉》,载张君劢、丁文江等:《科学与人生观》,山东人民出版社1997年版。

自觉的，从黑暗的变成光明的，从笼统的变成分析的。我们不单是要使宗教性发展，而且要使他发展的方向适宜于人生。况且人类的冲突往往不是因为目的，是因为方法：回教徒同耶教徒都想进天堂，冲突起来，使世界变成地狱；新旧教都讲兼爱，都信耶稣，三十年的宗教战争，把德国人杀去了四分之三。这种历史上的教训，举不胜举。要免除这种恶果，规律的神学，格言的修身，文字的教育，玄学的哲学，都曾经试过，都没有相当的成绩。惟有科学方法，在自然界内小试其技，已经有伟大的结果，所以我们要求把他的势力范围，推广扩充，使他做人类宗教的明灯：使人类不但有求真的诚心而且有求真的工具，不但有为善的意向而且有为善的技能。"他指出，科学教育对人格的影响十分重要，因为"了然于宇宙生物心理种种的关系，才能够真知道生活的乐趣。这种'活泼泼地'心境，只有拿望远镜仰察过天空的虚漠，用显微镜俯视过生物的幽微的人，方能参领得透彻，又岂是枯坐谈禅，妄言玄理的人所能梦见。诸君只要拿我所举的科学家如达尔文、斯宾塞、赫胥黎、詹姆士、皮尔生的人格来同叔本华、尼采比一比，就知道科学教育对于人格影响的重要了"。①

1934年5月，丁文江在去世前的一年多，还在天津的《大公报》上发表《我的信仰》一文，对自己的人生信仰做了最后的总结。他说："我相信不用科学方法所得的结论都不是知识；在知识界内科学方法万能。科学是没有界限的；凡有现象都是科学的材料。凡用科学方法研究的结果，不论材料性质如何，都是科学。……举凡直觉的哲学，神祕的宗教，都不是知识，都不可以做我们的向导。"②就是

---

① 参见丁文江:《玄学与科学——答张君劢》，载张君劢、丁文江等:《科学与人生观》，山东人民出版社1997年版。

② 转引自〔美〕郭颖颐:《中国现代思想中的唯科学主义（1900—1950）》，雷颐译，江苏人民出版社1995年版，第102页。

这么一个毕生崇拜科学、献身科学的科学家,终因劳累过度于1936年1月在长沙去世。丁文江逝世后,《独立评论》于1936年2月出版"纪念丁文江先生"专号,一大批中外知名学者、科学家如胡适、蔡元培、朱经农、葛利普、翁文灏、傅斯年等均发表文章纪念这位杰出的科学家。胡适称赞他是"天生的能办事、能领导人、能训练人、能建立学术的大人物"。傅斯年说他是"新时代最善良最有用的中国之代表,他是欧化中国过程中产生的最高的菁华,他是用科学知识作燃料的大马力机器;他是抹杀主观,为学术为社会为国家服务者,为公众之进步及幸福而服务者。这样的一个人格,应当在国人心中留个深刻的印象";"在君之道是近代文明中的一条大道。在这道上走的有'搜求心',有'理性',有'智慧',有'人类同情心',在这道旁所建筑的庭舍,是'世间经验之扩充','科学智识之寻求','物质之人工的利用','改造不合理性的方案'";"近代文化到中国,虽有成功,亦多失败。今日中国在思想上,在社会伦理上,在组织上,依然甚多荒古的现象,这是不得了的。丁在君是'近代化中国'的大队伍中最有才气的前驱。中国若有这样人二十个,又都在扼要适宜的地位,二十年后,我们庶几可以成为近代化国家了"[①]。

当然,丁文江创办的地质研究所虽然开中国正规科研机构设置的先例,但就其影响的广度、深度而言,特别是在形成一个有力的科学家群体能力方面而言,它显然不及任鸿隽等中国留学生在海外创办的中国科学社。

[①] 傅斯年:《我所认识的丁文江先生》,引自胡适:《丁文江传》,海南出版社2002年版,第255页;第262页;第265页。

四、任鸿隽：现代科学事业的开路先锋

任鸿隽（1886—1961年），原籍浙江归安（今吴兴），出生于四川垫江，是清末登上最后一班车的秀才。1907年，他赴日留学攻读应用化学，辛亥革命后任中华民国临时政府总统府秘书。南北议和告成后，任鸿隽因对袁世凯继任临时大总统极为不满而弃官，于1912年10月与杨杏佛等同入美国康奈尔大学文学院，毕业后又入哥伦比亚大学攻读化学专业。他是一位化学家，当过北大的教授，担任过教育部专门司司长、大学校长、中央研究院总干事、中华教育文化基金董事会干事长、上海科技图书馆馆长等职。但正如一代才女陈衡哲所言，他"一生生命的中心点"是"对于科学的建设与推进"[1]。由于他长期任中国科学社的社长和《科学》杂志的主编，发起"科学救国"运动、参与著名的"科玄论战"，为科学事业奔走呼号，写过大量普及性的科学文章，热情介绍科学起源、科学精神、科学方法和科学教育，是中国现代科学事业的开路先锋和主要奠基人之一，因而他在这方面的成就更为世人所知。美国学者郭颖颐指出："在使科学在现代中国制度化的开拓者中，有三位科学家呼吁，要拥戴科学在人文领域里的至上地位。他们的论述经常出现在非科学的刊物中，并对把科学作为转变中国文化和思想的方法的文化含义做出广泛评论。这三位的观点都在不同程度上与胡适的思想类似。"[2] 这三位科学家之一便是任鸿隽。

中国古代到底有无我们现在所谓的科学？中国近现代科学是不是继承传统文化的产物？科学到底是何物？中西学的根本区别在哪

---

[1] 陈衡哲：《任叔永先生不朽》，载任鸿隽：《科学救国之梦——任鸿隽文存》，樊洪业、张久春选编，上海科技教育出版社、上海科学技术出版社2002年版，第747页。

[2] 〔美〕郭颖颐：《中国现代思想中的唯科学主义（1900—1950）》，雷颐译，江苏人民出版社1995年版，第91页。

里？对于这些现代中国人必须明了的根本问题，任鸿隽都提出了自己的看法。他指出："综观神州四千年思想之历史，盖文学的而非科学的。一说之成，一学之立，构之于心，而未尝征之于物；任主观之观察，而未尝从客观之分析；尽人事之繁变，而未暇究物理之纷纭。取材既简，为用不宏，则数千年来停顿幽沉而无一线曙光之发见"①；"吾国二千年来所谓学者，独有文字而已。……近世中国舍文人外无所谓学者也。此吾所以谓今日中国无学界也。是故欲立学界，在进文人知识。欲进知识，在明科学。明科学，在得所以为学之术。为学之术，在由归纳的论理法入手，不以寻章摘句玩索故纸为已足，而必进探自然之奥；不以独坐冥思为求真之极轨，而必取证于事物之实验。知识之进也。"② 既然在任鸿隽看来中国古代无科学，那么，科学到底为何物呢？任鸿隽认为："科学者，取材于天地自然之现象，成就于事实参验之归纳，本无人心感情参与其间。……科学者，望之似神奇，极之尽造化，而实则生人理性之所蕴积而发越者也"③；"科学者，智识而有系统者之大名。就广义而言，凡智识之分别部居，以类相从，井然独绎一事物者，皆得谓之科学。自狭义言之，则智识之关于某一现象，其推理重实险，其察物有条贯，而又能分别关联抽举其大例者谓之科学。"④ 如果用这个定义来衡量，在他看来，"历史、美术、文学、哲理、神学"之类，"神农之习草木，黄帝之创算术，先秦诸子墨翟、公输之明物理机巧"，"邓析、公孙龙之析异同，子思有天圆地方之疑"，"王阳明之格物"，"颜习

---

① 任鸿隽：《吾国学术思想之未来》，载樊洪业、张久春选编：《科学救国之梦——任鸿隽文存》，上海科技教育出版社、上海科学技术出版社2002年版，第113页。
② 任鸿隽：《建立学界再论》，载樊洪业、张久春选编：《科学救国之梦——任鸿隽文存》，第13页。
③ 任鸿隽：《科学精神论》，载樊洪业、张久春选编：《科学救国之梦——任鸿隽文存》，第69页。
④ 任鸿隽：《说中国无科学之原因》，载樊洪业、张久春选编：《科学救国之梦——任鸿隽文存》，第19页。

斋之讲学"①,乃至我国发明的火药和指南针,都不能算作科学。任鸿隽认为:"科学缘附于物质,而物质非即科学";"科学受成于方法,而方法非即科学"。"明乎科学之非物质的、功利的,则当于理性上学术上求科学矣"。在他看来,"古今学术之范围,约之可分为行、知、觉三科。属于行者,道德之事,以陶淑身心为归者也。属于知者,智识之事,以启钥天然为要者也。属于觉者,情感之事,以审美适性为能者也。科学在三者中,属知之事。以自然现象为研究之材料,以增进智识为指归,故其学为理性所要求"②。任鸿隽认为,中西学术的根本区别主要体现在两个方面:第一,"吾人学以明道,而西方学以求真。吾人所谓道者,虽无界说可凭,……则道常与功利对举是已。执此以观西方学术,以其沾沾于物质而应用之博广也,则以其学为不出于功利之途亦宜。不知西方科学,固不全属物质;即其物质一部分,其大共唯在致知,其远旨唯在求真,初非有功利之心而后为学。其工商之业,由此大盛,则其自然之结果,非创学之始所及料也";第二,"西人得其为学之术,故其学繁衍滋大浸积而益宏。吾人失其为学之术,故其学疾萎枯槁,浸衰以至于无。吾所谓术者何?以术语言之,即所谓归纳的方法,积事实以抽定律是也。……吾国古人为学之法,言格物致知矣。今且置格物欲致良知之说,而取即物穷理之解。然理当穷矣,而穷理之法,未之闻也;知当致矣,而致知之术,未尝言也。要言之,即所格物致知者,但存其目而无其术"③。所以,他断言,"科学为近世西方文化之

---

① 任鸿隽:《说中国无科学之原因》,载樊洪业、张久春选编:《科学救国之梦——任鸿隽文存》,上海科技教育出版社、上海科学技术出版社2002年版,第19-23页。
② 任鸿隽:《科学精神论》,载樊洪业、张久春选编:《科学救国之梦——任鸿隽文存》,第68-69页。
③ 任鸿隽:《论学》,载樊洪业、张久春选编:《科学救国之梦——任鸿隽文存》,第85-87页。

本源……，有异乎东方之所谓学者，其名曰科学"①;"夫今之科学。其本能在求真。其旁能在致用"②;"科学特性，不外二者：一凡百解皆基事实，不取虚言玄想以为论证。二凡事皆循因果定律，无无果之因，亦无无因之果"③。他指出，要了解科学，首先要明白科学的两个起源，一是"人生而具好奇之性"；二是"吾人发明事实，证立定律，非徒然而已，盖将应用之以谋人类之幸福"，亦即实际的需要。④由于前者是外在的压力，后者是内在的冲动，所以就科学发现和科学创新而言，好奇心比实际需要更重要。基于这一认识，他告诉人们：西方科学家研究科学不是为名利所驱使，而是为好奇心所引诱。为了这种天生的好奇以及由此而来的精神需求，许多人甚至不顾自己的生命。因此，他反复强调，人类物质文明的进步是"科学自然之结果，非科学最初之目的也"⑤；"应用者，科学偶然之结果，而非科学当然之目的"。"科学当然之目的"是什么呢？他认为："在发挥人生之本能，以阐明世界之真理，为天然界之主，而勿为之奴。故科学者，智理上之事，物质以外之事也。专以应用言科学，小科学矣。"⑥可见，如果将"科学之功用，仅在富国强兵及其他物质上幸

---

① 任鸿隽：《科学精神论》，载樊洪业、张久春选编：《科学救国之梦——任鸿隽文存》，上海科技教育出版社、上海科学技术出版社2002年版，第68—69页。
② 任鸿隽：《建立学界论》，载樊洪业、张久春选编：《科学救国之梦——任鸿隽文存》，第6页。
③ 任鸿隽：《科学与教育》，载樊洪业、张久春选编：《科学救国之梦——任鸿隽文存》，第63页。
④ 任鸿隽：《科学之应用》，载樊洪业、张久春选编：《科学救国之梦——任鸿隽文存》，第171页。
⑤ 任鸿隽：《吾国学术思想之未来》，载樊洪业、张久春选编：《科学救国之梦——任鸿隽文存》，第117页。
⑥ 任鸿隽：《科学与教育》，载樊洪业、张久春选编：《科学救国之梦——任鸿隽文存》，第61页。

福之增进"①，却不明白科学的真谛，那就是一种得鱼忘筌、舍本逐末的做法，不仅不会成功，差距还可能越来越大。

任鸿隽认为，中国科学不发达的一个主要原因是缺乏科学精神。何谓科学精神？"求真理而已"。在他看来，"真理者，绝对名词也。此之为是者，必彼之为非，非如庄子所云'此亦一是非，彼亦一是非'也。"他指出："真理之为物，无不在也。科学家之所知者，以事实为基，以试验为稽，以推用为表，以证验为决，而无所容心于已成之教，前人之言。又不特无容心已也，苟已成之教，前人之言，有与吾所见之真理相背者，则虽艰难其身，赴汤蹈火以与之战，至死而不悔。若是者，吾谓之科学精神。"他认为，科学精神有两个最重要的要素，即"崇实"与"贵确"。所谓"崇实"，就是"凡立一说，当根据事实，归纳群象，而不以称诵陈言，凭虚构造为能"；所谓"贵确"，就是"凡事当尽其详细底蕴，而不以模棱无畔岸之言自了是也"。反观我国学风，"与科学精神若两极之背驰而不相容者"，在任鸿隽看来主要有如下数端：一是"好虚诞而忽近理"；二是"重文章而轻实学，承千年文敝之后，士唯以虚言是尚"；三是"笃旧说而贱特思"。由于存在上述三大弊端，在中国古代"重祀崇鬼，祝宗卜史，列为史官"，而学者"雕文琢字"，所言多是"转相附会"与"五行阴阳之说"，"无复研究事实考求真理之志"。于是，终致当下中国学子"思想锢蔽"，"读书不求甚解，属辞比事，多含混不了之语。乃至山之高低，河之长短，路程之远近，国境之广袤，民人户口之数，举无一可信之统计。其去于科学精神也远矣"②。

---

① 任鸿隽：《在中国科学社第一次年会上的开幕辞》，载樊洪业、张久春选编：《科学救国之梦——任鸿隽文存》，上海科技教育出版社、上海科学技术出版社 2002 年版，第 88 页。
② 任鸿隽：《科学精神论》，载樊洪业、张久春选编：《科学救国之梦——任鸿隽文存》，第 70–75 页。

任鸿隽认为，中国科学不发达的另一个主要原因是没有科学的方法。中国几千年的文化思想是文章词句而不是科学；对新观念的接受和各学派的建立，都是以直觉为基础，而不是以事实为基础；中国思想追随主观观察而不是客观分析；注重人事而轻物质。所以中国思想僵化守旧就不足为奇了。在任鸿隽看来，科学是用科学的特别方法证明的事实的系统知识。他指出，科学的"本质不在物质，而在方法"，有方法就有科学，"今有科学，数千年前无科学，则方法之有无为之耳"①。科学家的知识是以事实为基础，以实验来修正，以实用作范例，以试验证据作为最后结论。科学不接受主观的东西，也不接受古代的训条，而且一旦发现古代训条与真理相冲突，就应为真理而奋斗，乃至牺牲自己的生命，而这就是所谓的科学精神。所以，任鸿隽认为，相对于分门别类地介绍国外各种科学具体知识而言，科学方法的宣传提倡更有着特殊的意义，因为"虽尽贩他人之所有，亦所谓邯郸学步，终身为人厮隶"②，不会有自己独立的进步，唯有从根本上学习西方的"为学之术"即科学方法，中国的各项事业才会有真正的进步。那么，任鸿隽强调的科学方法是哪些呢？主要是指观察、实验、分类、分析、假设和推理各个环节。他尤重西方的归纳法和演绎法，认为"二者之于科学也，如车之有两轮，如鸟之有两翼，失其一则无以为用也"。而这两法之中，他又尤重归纳法。他指出："无归纳法则无科学。"③ 因为他相信，"所谓科学者，非指一化学一物理学或一生物学，而为西方近三百年来用归纳方法研究天然与人为现象所得结果之总和"④。

---

① 任鸿隽：《说中国无科学之原因》，载樊洪业、张久春选编：《科学救国之梦——任鸿隽文存》，上海科技教育出版社、上海科学技术出版社2002年版，第23页。
② 同上。
③ 同上书，第22页。
④ 陈衡哲：《任叔永先生不朽》，载樊洪业、张久春选编：《科学救国之梦——任鸿隽文存》，第747页。

关于科学在教育中的地位及科学的教育功能，任鸿隽也有自己独到的见解。他在《科学与教育》一文中指出："科学于教育上之位置若何？此半世纪前欧洲学者辩论之点也。赖诸科学大家如斯宾塞尔、赫胥黎之流，雄文博辩，滔滔不绝；又科学实力之所亭毒，潮流之所趋赴，虽欲否认之而不能，科学于教育之重要，久已确立不移矣。其在今日，科学之范围愈广，其教育上之领域日增。"所以，他强调："言教育本旨，则仍主乎智。既主乎智，其不能离科学以言教育明矣。"在该文中，他还系统阐述了科学教育与人生、社会、文学、审美及美术等各方面的关系。他认为，"无科学智识者，必不足解决人生问题"，"科学能影响人生，变易人生"；"社会人事，原因复杂，执其偏因以释其全体，无有是处。然亦可见科学精神，与因果律令，无在不为学者所用也"；就文学而言，西方文学之盛，"又何尝不与科学并驱"，反观我国文学界，"科学固未兴，文学亦颓废"；"美术无他，即自然现象而形容以语言文字图画声音者是矣。吾人之知自然现象也愈深，则其感于自然现象也亦愈切"，所以，"科学之于美术，友也而非敌"。他以美术中最重的音乐为例证明："吾国自来无科学，而音乐一道，乃极荒落，终至灭绝，何也？西方音乐之推极盛，乃在十九世纪，亦以科学方法既兴，于审美制曲之术，乃极其妙故耳。"由是观之，"以见教育之事，无论自何方面言之，皆不能离科学以从事"。但他认为，科学教育不能只停留在上述物质层面上，亦不在知识获得的多少，而在于科学方法和科学精神的训练和培育，否则就会陷入科学的物质主义和功利主义，这既非科学之所宗亦非教育之真谛。他特别强调："科学于教育上之重要，不在于物质上之智识而在其研究事物之方法；尤不在研究事物之方法，而在其所与心能之训练。科学方法者，首分别事类，次乃辨明其关系，以发见其通律。习于是者，其心尝注重事实，执因求果而不为感情所蔽，私见所移。所谓科学的心能者，此之谓也。……

以此心能求学，而学术乃有进步之望。以此心能处世，而社会乃立稳固之基。此岂不胜于物质知识万万哉！吾甚望言教育者加之意也。"① 这就是说，科学为教育提供了物质上的知识，同时更重要的是为教育提供一种方法，即在教育中要特别注重于"心能"的训练，借以培养一种科学的态度和精神。

任鸿隽关于科学与人生观关系的论述，也为我们留下了深刻的印象。他坦承："人生观的科学是不可能的事，而科学的人生观却是可能的事。"② 他甚至认为，科学本身就能直接产生一种人生哲学，这是因为："第一，科学的目的在求真理，而真理是无穷无边的，所以研究科学的人都具有一种猛勇前进，尽瘁于真理的启瀹，不知老之将至的人生观。……有了这种人生观，才能打破物质界的许多引诱，凡是真正的科学家都是如此的。第二，因为科学对探讨的精神，深远而没有界限，所以心中一切偏见私意，都可以打破，使他和自然界高远的精神相接触。……有了这种人生观，所以有些科学家，竟能把荣名界限及一切社会阶级打破。……第三，科学所研究的是事物的关系，明白了关系，才能发见公式。这种关系的研究，公式的发见，都可以给人一种因果观念。……把因果观念应用到人生观上去，事事都要求一个合理的。这种合理的人生观，也是研究科学的结果。"总之，"科学自身可以发生各种伟大高尚的人生观"，"我们应该多提倡科学以改良人生观，不当因为注重人生观而忽视科学"③。

任鸿隽的上述思想虽然不免有科学至上、科学万能、"唯科学论"之嫌，然而却实实在在地阐明了科学的某些真谛，将科学明确

---

① 任鸿隽：《科学与教育》，载樊洪业、张久春选编：《科学救国之梦——任鸿隽文存》，上海科技教育出版社、上海科学技术出版社2002年版，第61—67页。

② 任鸿隽：《人生观的科学或科学的人生观》，载樊洪业、张久春选编：《科学救国之梦——任鸿隽文存》，第303页。

③ 同上书，第304—306页。

地界定为一种思维方式和人生价值取向,显示了与中国文化传统的决裂,预示着一个崭新的科学时代的到来。

五、蔚为大观的科技学会

1896年,梁启超曾作《论学会》一文,指出:"西人之为学也,有一学即有一会,故有农学会,有矿学会,有商学会,有工艺会,有法学会,有天学会,有地学会,有算学会,有化学会,有电学会,有声学会,有光学会,有重学会,有力学会,有水学会,有热学会,有医学会,有动植物学会,有教务会,乃至于照像丹青浴堂之琐碎,莫不有会。其入会之人,上自后妃王公,下及一命布衣,会众有集至数百万人者,会资有集至数百万金者,会中有书,以便翻阅,有器以便试验,有报以便布新知新艺,有师友以便讲求疑义,故学无不成,术无不精,新法日出,以为民用,人才日众,以为国干,用能富强,甲于五洲,文治轶于三古。……西国国家之于诸会也,尊重保护而奖籍之,或君主亲临,以重其事,或拨币津贴,以助其成,会日盛而学日进,盖有由也。今欲振中国,在广人才。欲广人才,在兴学会。"[①]在维新派的倡导和支持下,戊戌变法时期开办了许多开风气、启民智的学会,掀起了一股"学会热"。尽管其中不乏以研习西学为主要宗旨的学会(一些政治性的学会也常把学习西方科学作为一项主要的活动内容),但客观地说,那个时期学会的主要功能还是为维新变法服务的,其政治意义远大于学术意义。具有严格意义上的学术性质的学会,是在"五四"新文化运动时期才在中国真正诞生的,当然这一时期的学会从组织到形式亦大多是从西方学来的。在救亡图存、科学主义思潮的催生下,自"五四"新文化运动至20世纪20年代末,以中国科学社的

---

① 梁启超:《论学会》,引自中国史学会主编:《中国近代史资料丛刊·戊戌变法》(四),上海人民出版社1957年版,第375页。

成立为标志,中国科技学会如雨后春笋般涌现,先后出现了数十个科技学会。这些学会,不仅开中国近代科学专业化的先河,使科学朝着职业化、专业化的趋势发展;而且标志着中国知识分子从被动接受西学,进入一个有目的、有组织地自发研究科学的阶段,标志着近代科学及科学精神在中国已真正成为一种社会现象而出现。

中国科学社的发起人是几位在美国康奈尔大学学习的中国留学生。1914年初夏,他们有感于欧美各邦声名文物之盛皆受赐于科学,而中国贫穷落后皆因科学缺失所致,因而决心创办一种刊物,"专以阐发科学精义及其效用为主","月刊一册以饷国人"[1],于是便有了1915年1月在上海创刊的《科学》杂志。同年10月25日,以《科学》杂志同仁为主的中国科学社在美国纽约州康奈尔大学正式成立,推举任鸿隽为社长、赵元任为书记、胡明复为会计、秉志和周仁为董事、杨铨(杨杏佛)为编辑部部长,其主要成员有:胡明复、赵元任、周仁、秉志、任鸿隽、杨铨、章元善、过探先、金邦正、邹秉文等。中国科学社以"联络同志,研究学术,以共图中国科学之发达"为宗旨。其主要业务是:发行杂志,传播科学,提倡研究;著译科学书籍;编订科学名词,以期划一而便学者;设立图书馆以供学者参考;设立各科学研究所,施行实验,以求学术、工业及公益事业之进步;设立博物馆,搜集学术上、工业上、历史上以及自然界各种标本陈列之,以供展览及参考;举行学术讲演,以普及科学知识;组织科学旅行团,为实地之科学调查研究;受公私机关之委托,研究及解决科学上一切问题。[2]

---

[1] 任鸿隽:《中国科学社史简述》,载樊洪业、张久春选编:《科学救国之梦——任鸿隽文存》,上海科技教育出版社、上海科学技术出版社2002年版,第723页。

[2] 参见任鸿隽:《中国科学社史简述》,载樊洪业、张久春选编:《科学救国之梦——任鸿隽文存》,第724页;第725页。

任鸿隽指出:"本社既以振兴吾国科学为目的,任大责重,美成在远,非如平常他种团体,事来即生成,事过即消灭者也。"所以,他告诫社友,"居者当为柱石之奠,行者当为过渡之舟"①,应为科学社的长远发展,为振兴中国科学,"竭忠尽虑",努力工作。科学社成立后,在任鸿隽等"科学青年"的积极努力下,主要开展了如下活动:(1)发行《科学》杂志。该杂志内容包括:通论、物质科学及其应用、生物科学及其应用、历史传记、杂俎。(2)不定期编印论文专刊(主要是每年年会会员宣读的论文)。(3)编写科学丛书。如赵元任的《中西星名考》《科学的南京》,吴伟士的《显微镜理论》,钟心煊的《中国木本植物目录》,章之汶的《植棉学》,谢家荣的《地质学》,蔡宾牟的《物理常数》,竺可桢的《地文学》,秉志的《动物学》等。(4)出版科学译丛。如汪胡桢、顾世楫合译的旭克立许的《水利工程学》,杨孝述译的英国物理学家布拉格的《电》,陈世璋译的《人体知识》,俞德浚、杜瑞增合译的尼登的《人类生物学》等。(5)举办年会。(6)开设讲演,传播科学新知及其应用。(7)创设审定科学名词。(8)改良中学的科学教育。(9)开展科学咨询,服务社会。(10)积极选派社员参加国际科学会议。(11)设立科学图书仪器公司及专事印刷科学图书。

中国科学社的成立是中国科学事业发展的一座里程碑,"而中国科学社的成员为普及科学精神而做的努力最能昭示一种唯科学倾向的兴起";《科学》杂志"直到20年代末,它每期的首篇文章都为采取科学世界观辩护"②。《科学》杂志不仅是中国第一份、在相当长时

---

① 任鸿隽:《在中国科学社第二次年会上的社长报告》,载樊洪业、张久春选编:《科学救国之梦——任鸿隽文存》,上海科技教育出版社、上海科学技术出版社2002年版,第139页。

② 参见〔美〕郭颖颐:《中国现代思想中的唯科学主义(1900—1950)》,雷颐译,江苏人民出版社1995年版,第11页。

间内也是唯一的一份综合性科学杂志,而且事实上也是中国理论和应用科学的领导刊物。它刊发的文章,诸如《说中国无科学之原因》《科学与近世文明》《何为科学家》《五十年来之世界科学》《现代科学发明谈》《科学通论》《科学概论》《科学大纲》《科学的种子在那里》《科学的精神》《科学的方法》《科学与教育》《科学与道德》《科学的人生观》《科学与社会》《科学与工业》《生物学概论》《森林学大意》《化学元素命名说》《吾人常梦之证》《欧洲之水电业》等,从标题就可以看出,《科学》杂志不仅把科学引入了社会生活的各个领域,而且向国人介绍了埋在各个学科之中的"整个科学"。"科学"一词从1897年由康有为从日本介绍到中国后,至此可算是真正在中国大地上生根开花了。

1916年9月,科学社首届年会在美国麻省菲利普斯学校(Philips Academy)举行。在这届年会上,社长任鸿隽发表《外国科学社及本社之历史》一文,宣布要以世界上最古老、最有名的英国"伦敦皇家学会"(成立于1662年)作为中国科学社未来发展的楷模。1918年,大多数发起人毕业回国,科学社因之迁回祖国,暂时借用私立大同大学和南京高师农科作为栖托场所,由北京大学每月资助200元以维持日常开支。1919年8月,科学社第四届年会在杭州举行,这是科学社首次在国内召开的年会,胡明复代表社长任鸿隽主持会议并致辞。在致辞中,胡明复强烈呼吁政府、实业界支持建立体制化的科学事业。他指出:"吾人根本之大病,在于学问太轻。政府社会用人不重学问,实业界亦然;甚至学界近亦有弃科学救国之主张,其心可敬,其愚则可悯矣。"[①]后来在实业界巨头、著名教育家张謇的鼎力周旋下,科学社于1920年获得了南京成贤街文德里一座两层官产洋楼作为社所,从此总算在国内立稳了脚跟。有了根基,科学社

---

① 转引自夏安:《胡明复的生平及科学救国道路》,《自然辩证法通讯》1991年第4期。

事业便获得了飞速发展。1920年，会员发展到503人，并在南京召开了一次盛大的年会，同时成立了一个科学图书馆。1921年，获得教育部每月补助200元。1922年8月20日，科学社第七次年会在江苏南通召开。这次年会把中国科学社事业的发展推上了一个新的台阶。为了开好这届年会，科学会专门成立了年会筹委会，由张孝若（张謇之子）、陈心铭任筹委会正副会长，筹备了两个多月。出席这次年会的社会名流和地方当局官员甚多，如马良（相伯）、张謇、梁启超、丁文江、陶行知、秉志、胡明复、谭钟遴、王伯秋、邹秉文、周仁、竺可桢、杨铨、熊雨生、钟心煊、肖叔纲、梁思成、张孝若等。这届年会除了选出科学社理事外，还选出了第一任董事九人：马良、张謇、蔡元培、汪兆铭、熊希龄、梁启超、严修、范源濂、胡敦复。他们都是当时的社会名流和一言九鼎之人物。在这届年会上，科学社还成立了一个基金会，社会贤达、实业巨子捐助踊跃，仅张謇一人就慷慨捐赠了一万元作为科学社基金，并发表一篇热情洋溢的讲话。张謇在讲话中，一方面希望科学家们知耻则奋，"殚精科学，格物致知，相励以智，利用厚生，相程以事，假之时日，必集大成，东西一治，同气同声"，共同促进中国科学事业的发展；另一方面勉励科学家"第一须用科学方法，研究社会心理；第二须用科学方法，量度社会经济"，唯其如此，才能消除社会上"一般人常以为科学家无益社会"的谬见，才能使科学家"所以营之事业效率，实较普通人为大"①。张謇此言，确是一个实业家与教育家的真知灼见。

1922年年会后，科学社更加明确了自己的使命，即不但要做提倡科学的机关，而且要做一个实行研究的团体。所以科学社除了开展常规的编印《科学》杂志及《科学通论》特刊与"科学丛书"、

---

① 张謇：《科学社年会送别演说》，载曹从坡、杨桐主编：《张謇全集》（四），江苏古籍出版社1994年版，第301-302页。

编订审定科学名词、著译科学书籍、开展定期与临时科学讲演、举办年会等工作外，还把设立研究所、博物馆和图书馆等列为未来发展的重大事项。1922年8月，中国科学社办起了自己的第一个研究所——"中国科学社南京生物研究所"，这是继丁文江创办地质研究所以来中国的第二个科研机构。这个研究所分动物、植物两部，其创设之目的为，"一方面搜集国内动植物标本，分类陈列，以备众人观览；一方面选择生物学中重要问题开始研究，以期于此中有所贡献"[①]。研究所所长由秉志（1886—1965年）担任。秉志是第一期"庚款"留美生，获美国康奈尔大学生物学博士学位。他曾于1921年在南京高等师范学校创建了我国第一个生物系，1927年又参与创建了著名的北平静生生物调查所。南京生物研究所在秉志的主持下，坚持学术独立原则，对于那些"御用科学家"，秉志斥之为"科学罪人"。他本人更是抱持许身科学决不入仕的信念，多次谢绝蒋介石的聘请。在生物研究所经费极度匮乏的情况下（每年经费仅240元），秉志带头不计报酬，并多次用自己在大学授课所得报酬为研究所添置仪器。他的人格魅力和献身科学的表率作用，使生物研究所发展很快，到1937年，人员由初创时的四五人增加到三十多人。研究所除开展形态学和生理学的研究外，还对我国的生物资源进行了大量调查。在研究所全盛时期，世界各国前来交换的刊物达六百余种。研究所除扩展既有规模外，还计划增设理化研究所、卫生研究所、矿冶研究所和特别研究所；亦准备设自然历史博物馆和工业商品博物馆等。[②]中国科学社自1915年正式创立，一直活动到中华人民共和国成立之后。1960年，经科学社理事提议并征得广大会员

[①] 任鸿隽：《中国科学社之过去与未来》，载樊洪业、张久春选编：《科学救国之梦——任鸿隽文存》，上海科技教育出版社、上海科学技术出版社2002年版，第286页。

[②] 参见任鸿隽：《中国科学社之过去与未来》，载樊洪业、张久春选编：《科学救国之梦——任鸿隽文存》，第287–288页。

同意并入中国科协,从而结束了自己的历史使命。作为一座醒目的丰碑,它永远矗立于中国科学事业发展的历程上。

除中国科学社外,这一时期林林总总的科技学会,主要的还有①:(1)"中华农学会"。该会于1917年1月在上海成立,由农业教育界人士过探先、陈嵘、王舜成、唐昌治等发起创办。该会宗旨是:"联络同志,研究农学,革新农业状态,改良农村组织,以贯彻民生主义。"该会创办自己的学术刊物《中华农学会报》。(2)"中华森林会"。该会经凌道扬等倡议,得到金邦正、陈嵘等人的支持,于1917年春季在南京成立,是中国最早的林业学术团体。其宗旨为:"集合同志,共谋中国森林学术及事业之发达"。会员除中华农学会中的林业界人士外,还有南京金陵大学林科的部分师生。该会设有董事会和学艺部,董事会督行全会事务,学艺部负责编辑出版学术刊物《森林》。(3)"北京大学地质研究会"。该会为北京大学地质学系学生杨钟健和工科采矿冶金门学生赵国宾等于1920年10月倡议创办。其宗旨为:"本共同研究的精神,增进求真理的兴趣,而从事于研究地质学。"该会会章规定的会务有四项:敦请学者讲演;实地调查;发行刊物;编译图书。该会创办的会刊为《国立北京大学地质研究会年刊》。(4)"中国地质学会"。该会于1922年1月在北京成立。会长为章鸿钊,副会长为翁文灏、李四光,会员为地质学家及其他对地质学有兴趣的科学家。该会宗旨为:"促进地质学及其关系科学之进步"。所谓"关系科学"是指古人类学、史前考古学、地震学、大地测量、土壤、燃料等。该会创办的会刊为《中国地质学会志》,该刊为西文季刊,每年出版1卷。该会还于1925年设立"葛氏奖章",授予那些对中国地质学或古生物学有重要研究

---

① 参见汪前进:《科技学会的成长发育时期》,载董光璧主编:《中国近现代科学技术史》,湖南教育出版社1995年版,第384—392页。

或对地质学有特大贡献者。该奖章第一次授给葛利普①本人，第二次授给李四光，第三次授给步达生。（5）"中国天文学会"。该会由高鲁和中央观象台全体职员发起，经北洋政府教育部批准，于1922年10月成立，以"求专门天文学之进步，及通体天文学之普及"为宗旨。创办有《观象汇报》（月刊）、《中国天文学会会报》（不定期刊）和《宇宙》（月刊）等刊物。其主要工作有：编辑天文学书籍、编订天文学名词、观测变量、沟通国内国际的学术交流、举办学术讲演、奖励天文学著作等。该会成立后，在普及天文学知识、推动天文学研究、发展中国天文事业等方面做出了重要贡献。（6）医学会。这一时期较有影响的医学团体有：①"太原市中医改进研究会"。该会于1919年成立，是国内影响较大的中医学术团体之一，以改进和提高中医中药学术为宗旨，研究内容为医学、药学、方剂学三大类。该会还于1921年创办附设医校，学制为4年，学习内容以中医为主，兼习西医课程。该会出版的《医学杂志》在国内影响很大。②"山东医药总会"。该会的前身是1912年在济南成立的"医学研究会"，1928年11月改组为"山东医药总会"，该会附设药业公会医学研究所，进行药物改良等研究工作。③"全国医药总会"。该会于1929年3月成立，它在争取中医药从业人员的合法权益、开展医药学术研究、培养中医药人才、筹办药物研究会及药物陈列馆等方面做出

---

① 葛利普（Amadeus William Grabau，1870—1946年），德裔美国地质学家、古生物学家、地层学家，古生态学的创始人之一。他一生发表近三百种学术著作，内容涉及古生物学、古人类学、地层学、地史学、古地理学、地貌学、生态学、矿物学、沉积岩石学、构造地质学、矿床学、石油地质学等领域。1920年，他应聘来到中国，任农商部地质调查所古生物室主任兼北京大学地质系古生物学教授。中国最早一批地层古生物学者大都出自葛利普的门下。葛利普把自己的后半生完全贡献给了为中国古生物学、地层学奠基的伟大事业。1922年，他协助丁文江创办了《中国古生物志》；1922—1936年，发表了8部《中国古生物志》专著，内容主要涉及珊瑚、腕足类、瓣鳃类、腹足类等各门类化石，为我国古生物学研究奠定了坚实的基础；他所著的《中国地质史》和36幅亚洲古地理图，是对中国地层和亚洲古地理的系统总结。1946年3月20日葛利普在北平病逝。

了一定的贡献。④"上海中医学会"。该会由名医丁甘仁、夏应堂于1921年在上海创立，拥有会员一千多人。该会致力于切磋医理，解决疑难杂病症，促进中医学术的进展，编辑发行《中医杂志》。⑤"南京中医公会"。该会于1929年成立，初期曾与上海中医学会联合组织活动，在国内有一定影响，出版物有《南京市国医公会杂志》。（7）"中国气象学会"。该会于1924年10月在青岛成立，蒋丙然被推为首届会长，彭济群为副会长。该会会刊为《中国气象学会会刊》。（8）"中国生理学会"。该会于1926年2月在林可胜等人的建议下在北京协和医学院成立。会员分为三类：普通会员、永久会员和名誉会员（均为世界著名生理学家，如美国的艾贝尔、卡尔森，英国的巴考提、霍普金斯、薛佛，德国的阿伯德哈登，苏联的巴甫洛夫等）。由于当时对"生理学"的解释是广义的，包括生理、生化、营养、药理等学科，因而会员主要来自这些学科，同时还吸收了不少从事解剖、微生物、病理、临床医学、心理学等学科的专家入会。该会成立后每年召开年会一次，并创办学术季刊《中国生理学杂志》，每期刊发的论文，在英、美、德、法的生物学、医学和心理学文摘杂志中都有摘要登载，而且许多论文都能引起外国研究同行学者的注意。（9）"中华自然科学社"。一些在南京学习的川籍学生鉴于中国西部科学比较落后，遂于1927年9月在南京中央大学成立"华西自然科学社"。1928年7月，在南京举行的第一届年会上，大家认为科学落后是我国的普遍现象，而且当时华西自然科学社社友的籍贯也不限于华西，所以决议将华西自然科学社改名为"中华自然科学社"。该社组织比较严紧，有五种社员，即普通社员、永久社员、赞助社员、名誉社员和团体社员。其学术方面的任务主要是：宣读论文，讨论科学问题，向社友及群众做专题报告或学术讲演，以及兴办科学展览会等。为推进各门学科的发展，该社又有学组之设，1928年设立了数学、物理、化学、地学、生物、心理六组，1930年增设农学、工学、医学组。到1931年，该社已发展成为一个全国性的综合性大学会。（10）"中华林学会"。该会于1928年8月成立于金陵大学，"以集合会员研究林学，建议林政，促进林业"为宗旨。该会设有理事会，下设总务、林学、林业、林政四部。创办有不定期刊物《林学》。（11）"'六足'学会"（亦称"中国昆虫学会"）。该会于1928年在南京东南大学成立，会长为张巨伯。该会成立后主要开展如下学术活动：每周进行一次演讲会和书报述义；每年春秋两季组织会员赴野外采集标本；创办实验场。（12）"中国化学工程学会"。该会于1929年5月在美国成立，1931年迁回南京，拥有会员五百多名，出版物为《中国化学工程》。

六、科学教育思潮改写中国教育

凭借"五四"新文化运动期间"赛先生"至高无上地位的灵光而勃兴的科学主义思潮，经过1923年思想理论界的"科玄论战"及各种科技学会和学术机构的创立，加之杜威等教育家的来华讲学，科学教育思潮终于在20世纪20年代的中国汇聚成一股声势浩大的时代潮流，并开始由以往理论上的喧闹，逐渐回归具体的教育实践，对中国教育改革产生了十分广泛而深远的影响，在某种意义上可以说是中国教育领域乃至整个社会思想领域一次颇具规模和声势的思想解放运动。

首先，"教育科学化"成为教育界的共识。所谓教育科学化，就是肯定教育也是一门科学，要像对待其他任何一门科学一样，用科学的精神、科学的态度、科学的方法去对待教育、研究教育。为此，专门的全国性教育研究团体和机构相继成立。1915年4月20日，全国18省区代表齐聚天津，决定共组"全国教育会联合会"，并召开了成立大会。该会以"体察国内教育状况，并应世界趋势，讨论全国教育事宜，共同进行"为宗旨。该会成立后每年由各省区轮流举行年会,历届年会的议决案及建议均呈教育部参照推行。在该会的成立大会上,即向教育部提交了八项改革案:"改三学期为二学期案""修改师范课程案""拟设教育讲演会案""实业教育进行计划案""军国民教育施行方法案""社会教育进行计划案""学校教员宜专任案""请设各省教育厅案"①。1917年5月6日,由教育界与实业界知名人士合组于上海成立"中华职业教育社",由黄炎培任主持之职。黄炎培在《中华职业教育社宣言书》中指出,欧美职业教育之盛,致使有欧美今日之盛,"学校无不用之成材,社会无不学之执业,国无不教之民,民无不乐之生,乃至野无旷土,肆无窳器,市无游氓"。而"今吾中国至重要至困难问题,厥惟生计。曰求根本上解决生计问题,厥惟教育。曰吾中国现时之教育,决无能解决生计问题之希望。曰吾中国现时之教育,不惟不能解决生计问题,且将重予关于解决生计问题之莫大障碍"。所以,他倡议成立中华职业教育社的目的,就是"推广职业教育""改良职业教育""改良普通教育,为适于职业之准备"②。该社创办了《教育与职业》杂志及中华职业学校,在职业教育、职业指导、职业补习、农村职教等方面均发挥了积极的影响。1918年,"教育调查会"成立,该会"隶属于教育总长,以调查审议教育上之重要事项为目的",设有教育行政、普通教育、师范教育、高等教育、社会教育、实业教育六个"调查股"③。1919年1月,由江苏省教育会、北京大学、南京高等师范学校、暨南学校、中华职业教育社发起组建"中华新教育社"(后改名为"中华新教育共进社")。新教育社成立后,计划在三年内编辑出

---

① 《全国省教育会第一次联合会记略》,引自陈学恂主编:《中国近代教育史教学参考资料》(中册),人民教育出版社1987年版,第461页。
② 黄炎培:《中华职业教育社宣言书》,引自陈学恂主编:《中国近代教育史教学参考资料》(中册),第388–391页。
③ 《教育部订定教育调查会规程》,引自陈学恂主编:《中国近代教育史教学参考资料》(中册),第477–479页。

版丛书 18 册，介绍西方著名教育家的思想、西洋各国教育制度、中英法德日对照教育名词汇、教育哲学、教育心理及西洋伦理学、美学、科学方法与精神等。同时，决定编辑《新教育》月刊，每年编印 10 期，旨在介绍世界教育思潮、文艺复兴时代之教育、英法美日德朝鲜菲律宾印度等国的教育、世界著名教育家如亚里士多德、康德、卢梭、杜威、斯宾塞、蒙德梭利等的教育思想，以及研究中国各省教育、各级各类教育与各学科教育中存在的问题等。[1]1921 年 12 月，中华新教育共进社、《新教育》杂志社和实际教育调查社又合并改组成中华教育改进社，以"调查教育实际，研究教育学术，力谋教育进行"为宗旨，推陶行知为主任干事。除上述社团外，这一时期比较有影响的教育社团还有：华法教育会（1916 年 6 月）、新民学会（1918 年 4 月）、新潮社（1918 年 11 月）、工学会（1919 年 2 月）、北京大学平民教育讲演团（1919 年 3 月）、健学会（1919 年 6 月）、平民教育社（1919 年 10 月）、工读互助团（1919 年 12 月）、中等教育协进社（1922 年）、中华平民教育促进会总会（1923 年 8 月）等。

为推动教育科学化，培养专业的教育科学研究人才也受到了高度重视。1915 年，北京高等师范学校设置教育专攻科，学制 4 年，以培养高等师范学校教师为主要目标，是为中国高等学校设置本科教育专业之始。1920 年，北京高等师范学校经北京政府教育部核准首次开办教育研究科，以教授高深教育学术养成教育界专门人才为宗旨，招收高师和专门学校毕业生及三年级大学生，这既是我国高等学校招收研究生之始，更开教育专业招收研究生之先河。开设的课程有哲学、美学、心理学、社会学、教育原理、教授法、教育史、各国教育制度、教育调查等 24 门。聘请了蔡元培、胡适、陈大齐、

---

[1] 《中华新教育社组织办法》，参见陈学恂主编：《中国近代教育史教学参考资料》（中册），人民教育出版社 1987 年版，第 485–487 页。

刘廷芳、李建勋、张耀翔、杜威及其夫人等国内外著名教育家、心理学专家为导师。1922年4月，16名学生毕业，举行了隆重的学位授予典礼，这是中国第一次授予"教育学士"学位，从此结束了中国高级教育专门人才完全依赖国外培养的局面。

为推动教育科学化，1919年以后，我国高等学校和部分大中城市相继出现采用国外先进理论和方法开展教育研究的势头。最早致力于这项研究工作的代表性人物有：南京高等师范学校的俞子夷、廖世承、陈鹤琴和北京高等师范学校的张耀祥、刘廷芳。1920年前后，教育界开始重视教育心理、智力测验、教育测验、学务调查、社会调查等，各种实验学校普遍设立，综合配套的改革实验如学制改革实验及课程、教材与教法的综合试验等逐渐展开。1920年8月王克仁在《中华教育界》发表《测量儿童智力之必要与方法》一文，提倡用精细的测验，将不同智力的儿童按程度分班，因材施教。同年夏季，南京高等师范学校招考新生，除学科考试外，加心理测验。翌年，江苏、安徽、河南等各省中等学校招考新生时也仿行。1921年陈鹤琴、廖世承合编的《智力测验法》一书出版，书中对智力测验法做了详尽的介绍。1922年，成立了专门的编制测量委员会，由中华教育改进社总干事、东南大学教育科主任陶行知负责。该委员会与东南大学和北京大学合作，在一年之中便编制了智力测验与教育测量表约30种，并在全国各地进行实验。1922年，中等教育协进社也编制了初高中使用的各种教育测试。1924年又出版了《测验概要》一书。同年，陆志韦等的《订正比纳西蒙智力测验》亦出版发行。与此同时，各种学务调查、教育调查也普遍进行。所有这些都极大地提高了教育的科学性，并为新教育方法的试验提供了科学依据。

其次，在科学教育思潮的影响下，教育界尤其是中小学普遍重视教学方法的改革。这种改革不仅有整体的、宏观的改革试验，还有深入各门课程具体教学方法的改革。在整体的、宏观的改革试验中最受人注目的是"设计教学法"和"道尔顿制"的试验。设计教学法是由美国教育家克伯屈（W.H.Kilpatrick，1871—1965年）等人于1918年创立的一种教学组织形式和方法。1918年，杜威的学生和同事、美国教育家克伯屈在哥伦比亚大学《师范学院学报》上发表了一篇题为《设计教学法，在教育过程中自愿活动的应用》的论文。该文发表后反响极大，为设计教学法奠定了理论基础，被时人誉为20世纪最有影响的一篇教学理论文章。1925年，克伯屈又撰成《教育方法原论》，对设计教学法进行了全面系统的阐述。设计教学法的理论源泉是杜威的"教育即生活""学校即社会"，其核心观点是：由学生自发地决定学习目的和内容；学生在自己设计、自己负责实行、自己评估的单元活动中获得有关的知识和解决实际问题的能力。具体做法是废除班级授课制，打破学科界限，摒弃教科书，依照"确定目的—制订计划—实施完成—检查评价"的程序，力图使教学与生活密切相联。在教学过程中，强调教师的任务在于利用环境以引起学生的学习动机，帮助学生选择活动所需要的材料，从而全面改革班级授课的教学组织形式和方法。我国引进并正式研究和试行该法始于俞子夷主持的南京高师附小。1919年8月，俞子夷在该校正式试行设计教学法。俞子夷采用"分系设计法"，把原先的科目进行改组，分成观察、故事、游戏、手工、体育等"系"，并把算术教学寓于游戏之中。科目界限被打破，但仍有大纲，上课时间改用分数制，设定每学期的、每学年的教学内容及应达到的标准。这一改革获得了很大的成功，由此使得俞子夷主持的南京高师附小，不仅成为全国试行设计教学法的重镇，而且成了当时中国小学教学改革的一面旗帜。1921年10月，全国教育联合会第七次会议通过了"推行小学校设计教学法案"，设计教学法的试验从南京、苏州、上海一带渐渐扩展到全国，逐渐达到高潮。当然，在设计教学法备受教育界青睐的同时，一些教育家也清醒地看到了这种方法在教学指导、设备、教材编写上存有诸多无法解决的困难,学生亦无法获得系统的知识。同时,由于设计教学法毕竟是舶来品,在试验过程中如何处理"舶来品"与传统教育的关系极为棘手。因此,在1924年以后,设计教学法渐失往昔风光,逐渐走向衰微。

在设计教学法兴盛的同时,美国另一种教学新法——"道尔顿制",也由著名教育家舒新城先生于1922年引入中国。道尔顿制是美国教育家柏克赫司特(Helen Parkhurst,1887—1973年)所创,并于1920年在美国马萨诸塞州道尔顿城的道尔顿中学实施。道尔顿制的理论基础来自两方面:一是意大利幼儿教育家蒙台梭利(Maria Montessori,1870—1952年)的自由主义教育思想,一是杜威的学校社会化的实用主义教育思想。其主要特色是:否定班级授课制,由教师辅导,学生个别自学。中国教育界对舶来的班级授课制向有微词,人们常追怀倾慕古代书院自由讲学、自由研究的学风,道尔顿制的出现可谓正逢其时。1922年10月,舒新城在上海吴淞公学的国文和社会常识两科进行道尔顿制试验。其主要措施是:改教室为各种作业室,按学科性质陈列图书和实验仪器,每室由一位或数位教师做指导,学生按照自己的兴趣自由选择到作业室去研究问题;废除课堂讲授,教师把各学科的学习内容制成分月、分周的作业大纲,规定需要完成的各项作业;学生在教师的指导下拟订"学习工约",然后据此选择不同的教材、速度和时间,由学生自主进行学习,学生把各科学习进程及所花时间记录在表上,以便教师检查学习效果,考核其是否达到某种程度。此后,舒新城又在廖世承主持的东南大学附属中学继续试验道尔顿制,并在该校举办道尔顿制暑期讲习班,又亲自前往上海、武进、宜兴、武昌、长沙等地发表讲演,介绍试验研究心得。在舒新城、廖世承等人的倡导、推动下,道尔顿制开始在教育界盛行。1923年10月,全国教育会联合会第九次会议通过一项议案——"新制中学及师范宜研究试行道尔顿制案"。该案称:"道尔顿制为新教学法之一种,其用意在适应个性,指导研究,打破学年制度,诚改善之教学法也。吾国学生乏研究之心,教师缺指导之力,个性莫由发展,年制又难免除,似非改善不可。现各省新制中学及师范学校日多,似宜择班数较多,设备较全,经济人才较充分之校酌量试办。而在试办之先,须有充分研究,如果试验确有效,不妨逐渐推广。"① 此案一出,全国迅速掀起了一股道尔顿制试验的热潮。据有关学者统计,1923年试行之学校达六十余所,翌年更达一百所以上。与此同时,各种有关道尔顿的文章、论著纷纷问世,仅舒新城在1924年就出版了《道尔顿制概况》《道尔顿制浅说》《道尔顿制研究集》《道尔顿制讨论集》四部著作。但道尔顿制在中国的结局似乎比设计教学法还要差,仅风行一时便于1926年逐渐偃旗息鼓了。究其原因,也许曾亲自试验过道尔顿制的廖世承所言较为公允。他说,经试验道尔顿制,发现其有四个方面优点和八个方面的困难。所以,他得出结论是:"提倡道尔顿制的人,在理论上常过于夸张,说得有百利而无一弊,其实我们相信无论什么制度,都有它的限度和缺点,挨守一种制度是不成功的。"② 尽管这些舶来品均因水土不服而以失败告终,但其科学探索的精神是可取的,教育的改革与进步毕竟离不开科学的试验与方法的创新。除了这些整体宏观的试验外,中小学各科,特别理科方面的算术、常识、理化诸科的教学方法改革也倍受人们关注。这些改革,既包括如何把各学科的最新成果吸收到教材和教学内容之中,也包括探讨如何通过这些课程的讲授对学生进行科学方法和科学精神的训练。

科学教育思潮旨在通过教育观念的变革和各种教育实验的展开,力谋科学的精神和方法能够在教育实践中得到广泛的展现,促进中

---

① 李桂林编:《中国现代教育史教学参考资料》,人民教育出版社1987年版,第515页。

② 汤才伯主编:《廖世承教育论著选》,人民教育出版社1992年版,第131页。

国传统教育的推陈出新，使中国教育真正植根于科学的基础上，其出发点和用心是值得称道的，事实上也取得了一些成效。但如同"五四"新文化运动前后掀起的各种教育思潮（如美感教育、职业教育、教育独立、平民教育、工读主义教育、乡村教育、生产教育、生活教育等）一样，也存在着许多不足之处。如科学教育的倡导者们过于强调自然科学而轻视社会科学，在处理教育与人的全面发展问题上，崇信"科学教育万能论"，认为科学教育在人的发展中无所不能，则又不免陷入"泛科学主义"的境地。但不管怎么说，正是这些形形色色的教育思潮，最终促成了1922年新学制的诞生，从而使中国科学与教育真正迈进了现代的、制度化的新时代。

纵观"五四"前后波澜壮阔的新文化运动和科学主义思潮，实乃中国近现代思想文化教育史上狂飙突进、空前绝后的大时代。这是一个需要巨人而且产生巨人的伟大时代，无论在哲学、历史、政治、教育诸学科，还是在文学、艺术、教育、科学诸领域，在当时都涌现出无数的思想领袖和知识精英。"五四"前后的新文化运动和科学主义与新教育思潮，以陈独秀、李大钊、胡适、吴虞、鲁迅等为代表的思想领袖，以任鸿隽等为代表的中国科学社的知识精英们，以"民主"和"科学"为标帜，提倡白话文和怀疑精神，介绍宣传西方的科学精神和科学方法论，毅然提出"打倒孔家店"的口号，要求铲除以人伦名教为核心的儒家学说，要求把"科学"和"民主"作为人类文化的普遍精神而予以全盘接受。毋庸置疑，所有这一切，在短短的数年间就使中国匆匆走过了在欧洲需历经数百年的文艺复兴和思想启蒙，使得国人能够卸下沉重的历史文化包袱，走出"黑暗的中世纪"，昂首步入现代文明。尽管新文化运动和科学主义思潮的弄潮儿，从一开始就有对传统思想文化教育的情绪化批判，强调文化的时代性，忽视文化的民族性，缺乏对中国当时的社会、经济、政治、文化教育状况作具体全面客观的分析，因而不可避免地产生了对中国传统文化一概否定、对西方科学文化无批判吸收的错误倾向，但这也是文化转型时期中国学术思想界所必须付出的代价之一。但不管怎么说，这场运动和这种思潮对中国社会的影响是深刻的，至少可以说为新文化、新教育及西方科技在中国的传播和发展起了推波助澜的作用，使中国步入了思想解放、科技与教育变革的新时代。

七、杜威与罗素的中国之行

"五四"时期，由于大批留美学生回国，中国科技与文化教育的参照体系指向美国，美国学者的联翩来华又给科学主义思潮与新教育注入了新的血液，起了推波助澜的作用。

杜威（John Dewey, 1859—1952年），是众所周知的美国实用主义哲学的代表人物之一，也是20世纪最博学的学者和最伟大的思想家之一。他在哲学、教育学、社会学、伦理学、心理学方面都可堪称"泰斗"，其涉猎广泛的著作被西方该领域的专家视为经典之作。他还是一位著名的社会活动家，曾担任过美国心理联合会会长、美国哲学会会长，并且是美国大学教授联合会的创立者和第一任会长。杜威不仅在美国乃至世界哲学史上占有显著的位置，甚至一度被认为是美国的精神象征，而且是公认的20世纪美国乃至世界上最有影响的一位教育家，他的教育学说和思想在教育领域引发了一场深刻的革命。胡适说："杜威在哲学史上是一个大革命家。为什么呢？因为他把欧洲近世哲学从休谟和康德以来的哲学根本问题一齐抹杀，一齐认为没有讨论的价值。一切理性派和经验派的争论，一切唯心论和唯物论的争论，一切从康德以来的知识论，在杜威眼里，都是不成问题的争论，都可以'不了了之'"；"在思想界里面，杜威的影响实在比詹姆士还大。有许多反对詹姆士实验主义的哲学家，对于杜威都不能不表敬意。他的教育学说影响更大，所以有人称他做'教师的教师'(the teacher of teachers)"[1]。对中国来说，杜威的思想尤其是教育思想更有其特殊的意义和经久不衰的影响。

1919年初，杜威在日本讲学，胡适、蒋梦麟、陶行知、郭秉文、蔡元培等教育家以北京大学、尚志学会、新学会、中国公学、南京高等师范学校和江苏教育会的名义，邀请杜威来华讲学。1919年4月30日，杜威夫妇坐轮船抵达上海，开启了他在中国现代教育史和文化史上具有划时代意义的学术演讲历程，受到了从学者到民众的普遍欢迎与拥戴。在教育界，西方学者中最熟悉中国的当首推杜威，杜威亦是当时对中国教育影响最大的西方教育家；而中国青年学子的求知若渴，也给杜威留下了极为深刻的印象，他确信在世界上没有哪个国家的青年像中国青年这样勤奋好学。截至1921年7月11日回国，杜威在中国居住了2年2月又11天。在这段时间里，杜威以60岁高龄奔波于中国大江南北，足迹遍及11个省和上海、北京等地，做了两百多场演讲，几乎每三天做一场报告。杜威在中国的讲演涉及哲学、教育学、伦理学、逻辑学、社会学、政治学等方面。这些演讲大多是他根据中国听众的需要专门准备的，有些专题是杜威第一次系统探究，如由16个演讲所构成的《社会与政治哲学》就是胡适根据当时中国社会的需要建议杜威做的，该演讲由胡适逐句口译，后根据录音整理成书。杜威在中国期间，根据录音整理的演讲先在各报纸杂志发表，后编辑成书，共出版五本著作，其中《杜威五大讲演》（包括"社会哲学与政治哲学""教育哲学""思想之派别""现代的三个哲学家""伦理讲演纪略"五个主题）在两年的时间内印刷14次，发行超过十万册，并在随后三十年里持续重印，影响深远。可以这么说，在世界各国中，除美国外，杜威的思

---

[1] 胡适：《杜威哲学的根本观念》，载〔美〕杜威：《杜威五大讲演》，张恒编，金城出版社2010年版，第291页。

想在中国产生的影响最大；在他访问讲学的国家中，在中国停留时间最长；他的著作在中国的翻译出版量最多；他的实用主义哲学和教育思想在中国的影响也最为广泛和深远。

早在杜威来华之前，由于国内有一批传播杜威思想的留美归来的学者，因此杜威的大名已为不少人所知。1918年，蔡元培在《新教育与旧教育之歧点》一文中便提到："因而知教育者，与其守成法，毋宁尚自然；与其求划一，毋宁展个性。请举新教育之合于此主义者数端。一曰托尔斯泰（Tolstoy）之自由学校，……二曰杜威（Dewey）之实用主义，杜威尝著《学校与普通生活》一书，力言学校教科与社会隔绝之害。"[①]1916—1918年间，在当时中国最有影响的《教育杂志》上，连续刊登了数十篇详细介绍杜威学说的文章。特别是曾留学美国哥伦比亚大学的留学生，回国后大都成了著名学者、社会名流，有的还在教育界担任要职，如蒋梦麟、郭秉文、胡适、陶行知、陈鹤琴等，这些杜威的弟子在杜威来华之前便有意识地做了大量的舆论宣传工作。他们的所为，诚如胡适所言，是"先开辟出一条道，再加些洒扫的功夫，也算是做弟子的应尽的职分"[②]。

杜威的中国之行不局限于学术演讲，他在演讲之余还撰写并发表了二十余篇论文，这些论文绝大多数是对中国文化和社会的理解与研究，为中国的利益而辩护。演讲、著述之余，他还理智而充满激情地投入当时中国的社会变革与教育改革之中。在杜威回国当天，胡适满怀感激之情地写道："杜威先生真爱中国，真爱中国人；他这两年之中，对我们中国人，他是我们的良师好友；对于国外，他还替我们做了两年的译人与辩护士。……因为他的人格高尚，故世界

[①] 蔡元培：《新教育与旧教育之歧点》，引自璩鑫圭、童富勇编：《中国近代教育史资料汇编（教育思想）》，上海教育出版社2007年版，第702页。

[②] 胡适：《实验主义》，载《胡适文存》（卷2），外文出版社2013年影印版。

的人对于他的评判几乎没有异议！杜威这两年来对中国尽的这种义务，真应该受我们很诚恳的感谢。"①

杜威认为，中国的启蒙之路是"通过一场建立在观念变革基础上的社会变革而得到改变"。"观念变革"的第一内涵是采纳科学方法与态度。杜威认为，那种主张"西方文明本质上是物质的、东方文明本质上是精神的"的观点是错误的，这会导致中国只从西方引进军事装备、技术手段、共和体制等物质性的东西，忽略西方文明的精华。他指出，西方文明的精华首先表现在科学方法与态度，也就是解决一切问题的理智态度和实验方法，即思想、观察、记录、批判、实验、判断和推理的方法。杜威说："西方的真正优势不是建立在任何西方特有的、有待于借鉴和模仿的东西之上，而是建立在某种普遍的东西之上，这种东西是一种研究与检验知识的方法；西方偶然发现了它，并早于东方几个世纪开始使用它。"②这种"研究与检验知识的方法"才是中国应该向西方借鉴的。"观念变革"的第二涵义是民主。但在杜威看来，民主首先是一种态度和生活方式，而不是一种制度，民主态度和生活方式的形成要靠教育。在"五四"新文化运动时期，无论是文学革命和白话文运动中所倡导和体现出的平民主义精神，还是整个五四运动期间所体现出的纯粹自发性的理智和道德的力量，均使杜威大受鼓舞，让他看到了中国乃至世界的希望，他因而撰写多篇论文研究并向世界介绍"五四"新文化运动。杜威写道："虽然新文化运动毫不关心在当今中国可以礼貌地称为共和国的东西，但它是由民主理念热情鼓动起来的，并且是以这样的前提开始的，即民主能够在政治上实现之前，必须首先在教育

---

① 胡适：《杜威先生与中国》，载《胡适文存》（卷2），外文出版社2013年影印版。
② 〔美〕杜威：《中国的新文化》，载《杜威全集·中期著作（1899—1924）：第十三卷（1921—1922）》，赵协真译，莫伟民校，华东师范大学出版社2012年版，第98页。

与工业中实现。"①

杜威在中国期间,正值国内"向西方学习"的热情空前高涨,"打倒孔家店"的口号震天响,杜威所到之处万人空巷。然而,无论是演讲还是著述,杜威一以贯之地主张,在迈向启蒙的过程中,中国要走自己的路。杜威认为,中西文化都有优劣,要根据当下中国的问题与需要,进行批判审查,将两种文化中的精华融合起来,创造出一种重新焕发青春的中国新文化。1921年4月21日,杜威在福州演讲时说道:"凡事临头,须凭推想之力,以探其源委。有推想,斯有权衡;有权衡,斯有取舍;有取舍,斯能适应社会。旧未必全非,新未必全是,东西文化,互有短长,苟能调和融会于二者之间,而创造一种文化,则社会自不难一新面目矣。"② 如何对待孔子,杜威也主张要持理性和批判的态度,要把变成统治工具的僵化的儒教与儒家的智慧区别开来。他说:"孔夫子那里真正的观念、有活力的观念,是对理念、知识的首要性的信念,以及对传播这些理念的教育之影响力的信念。"③ 在这里,杜威洞悉了儒家宝贵的理性精神。他在《像中国人那样思考》一文中指出:"中国人更倾向于依靠和平的理性而不是喧嚷的武力来平息事端。有哪一个别的民族如此持久地相信,孔夫子的影响最终是一切社会力量中最有力的吗?有哪些其他国家的英雄们是道德教师,而不是超自然事物的揭示者、僧侣、将军、政治家?"④ 杜威还认为,中国人生活的一个显著特点是对孔子特别尊重,"相信他对生活的持久影响力就像学生

---

① 〔美〕杜威:《中国的新文化》,载《杜威全集·中期著作(1899—1924):第十三卷(1921—1922)》,赵协真译,莫伟民校,华东师范大学出版社2012年版,第102页。

② 〔美〕杜威:《杜威在福州青年会讲演》,载张恒编:《杜威五大讲演》,金城出版社2010年版,第268页。

③ 〔美〕杜威:《中国的新文化》,载《杜威全集·中期著作(1899—1924):第十三卷(1921—1922)》,第101页。

④ 〔美〕杜威:《像中国人那样思考》,载《杜威全集·中期著作(1899—1924):第十三卷(1921—1922)》,第196页。

学到的东西一样",而且儒家学说由于强调艺术、文化、人性、学习和道德努力的重要,因此"它在上等人和官吏阶层中特别有作用"。但杜威认为,道家学说对中华民族心性的影响比儒家更具有普遍性而且更深远。他指出,由于儒家学说的"最终效果已经与老子的影响融合在一起,创造出了一种对政治明确的蔑视和对西方意义上所理解的统治的反感。对道家学说的信奉者来说,统治是非自然的,是人对自然的常规运作的干扰。皇帝们,即使是鞑靼人和满人这些异族,都不得不屈服于这种确信"。因此,儒家学说的总体观点虽然"与道家学说正好相反","且老子的训导并未以儒家学说的方式成为经典的和官方的",但从根本上来说,道家学说尊重自然的优先地位以及从中得出的"无为学说",是中国人的主流生活哲学。杜威说:"无为的观念几乎无法加以阐明和解释;它只能被人感觉到。它不完全是没有行动;它是道德行为的一种规则,是关于积极的耐心、忍耐、坚持,让自然有时间去做它自己的事情的一种学说。通过退让来征服是它的座右铭。自然的作用会适时地使人为的忙乱和人类的经营归于虚无。让骄傲和雄心勃勃的人去忙吧,他们最终一定会被自己制造出来的人为的一团乱麻给绊住。"杜威认为,在这个观点中,虽然"没有什么东西是中国独有的。但是,没有其他任何一个民族如此浸透着它的各种结果",它存在于中华民族"放任自流、满足、宽容、和平、幽默和乐天的生活态度的根源处;也存在于他们的宿命论的根源处";它不仅"表达了与中国人的脾性和生活习惯相一致的某种东西",而且与中国传统的农耕经济互为因果。杜威赞美道家的"无为"思想,是"一个无与伦比的人类成就"。当然,杜威认为道家的"无为"观也有缺陷。他说:"无为很容易变成消极的顺从,保守很容易变成对如此一成不变以至于成为'自然的'那些定规的顽固依赖,变成对变化的畏惧和厌恶。"① 杜威提醒每一个中国人需要有文化自觉：任何时候都要珍视、理解并发展自己的宝贵文化传统。他曾满怀激情赞赏中国哲学：在整个世界都处在变换与动荡之中的时候，"对于中国人的生活哲学的理解，不仅对明智地处理与中国有关的问题来说是至关重要的，而且对其他国家来说也有巨大的价值。……东方的哲学从来不曾像在目前的危机中那样，为西方所急需"②。当然也有如美国学者安乐哲指出的那样，由于杜威的实用主义与中国传统文化特别是儒家思想有许多融通之处，如"重视文化叙述，反对种族中心主义"，"强调人类社会沟通交流"，强调"自我修养"，对统治阶层有"劝谏的义务"，"传统的重要性"，"对民主的理解"，"将实用主义引入儒家民主"等，所以，来到中国短短几个月，"杜威的宣传就遭到了强有力的反抗。新文化运动开始无疑是反对儒教的，而且将杜威的思想与传统儒家思想根本对立起来。让人感到具有讽刺意味的是，尽管杜威被新文化运动的领导人当作打倒封建礼教的工具，可是他曾被誉为'孔子第二'。……孙中山跟他领导的国民党要求人们恢复传统的中国价值观，民众自然也就不到这个'洋孔子'那里去学习儒家思想了"。可见，杜威在中国的影响是短暂的，杜威回国后，在中国研究他的实用主义就远不及从前兴盛了。安乐哲说："在社会操作的层面上，杜威实用主义最终让位于马克思主义，没有能够对中国社会产生多大影响。其中一个重要的原因是，杜威实用主义拒绝全盘彻底解决社会问题。杜威不断提醒中国人民，不要不加批判地引进西方思想，当然也包括他自己的思想，也

---

① 〔美〕杜威：《像中国人那样思考》，载《杜威全集·中期著作（1899—1924）：第十三卷（1921—1922）》，赵协真译，莫伟民校，华东师范大学出版社2012年版，第196页；第194-195页。

② 同上书，第198页。

不要毫无批判地拒绝传统的中国价值观。"①

杜威在中国的演讲主要是围绕科学、民主与教育三个主题展开的。他在讲演中反复向中国学者指出科学"累积观"的不足，阐述了科学方法的核心地位以及方法转换的重要意义，认为科学方法的进步和应用的发展，对于社会、思想、人生观都有极大影响。他说："科学进步发展的影响，不在科学自身分量的增加，以新的代替旧的，以正确近于事实的代替不正确不近于事实的。因为此种分量的增加、性质的改变，尚不足以发生知识思想界的革命。须知分量的增加、性质的正确，还是一种结果。其所以能够增加、能够正确，在乎'方法'的变换。……简单说，科学方法，便是归纳的方法，一切都以事实下手，从试验下手。思想界因此起了很大的影响。故可称之为思想界的大革命（Intellectual Revolution）。"他认为，正是由于科学及其方法的改换引起知识思想界的革命，因此欧洲自中世纪以后，"一切工业、政治、社会、宗教、道德，都起了很大的变迁"。而科学发展进步的影响，除改换方法外，还给了我们两种重要的观念。第一种是"自然法（Law of Nature）的观念"，第二种是"能力（Energy）观念"，有了这两种观念，"我们的人生观都改变了"②。他还向中国学者指出，科学也是一种文化现象，近代科学与近代欧洲文明息息相关、唇齿相依。他说："欧洲的文化，起源于希腊，希腊对于自然很有研究，关于天文、地理、生物等科学积聚的知识很多，收集的材料也不少。传至罗马，基督教变为共同宗教的时候，把希腊传下来的科学，作为他们的学问的一部分，与宗教及社会生活都联在一起。……不但如此，欧洲古代的科学思想，

---

① 〔美〕安乐哲：《和而不同：中西哲学的会通》，温海明等译，北京大学出版社2009年版，第39-40页。

② 〔美〕杜威：《教育哲学》，载张恒编：《杜威五大讲演》，金城出版社2010年版，第93页。

不但与宗教及社会生活有关，而宗教复与政治有关。"由于西方的自然科学与社会、政治、宗教等都紧密相联、彼此影响，"所以新科学发生，连带打破旧国家和旧政治的关系"①。在杜威看来，中国尚不知道科学的真正意义是什么，以为科学只在技术方面，不过是些电机、汽机、开矿、造路等方法而已，因而科学在中国游离于社会主体文化之外，这正是中国与欧洲的不同之处，也正是中国文化的短处。他说："中国古代的学问，多偏向于人生哲学一方面，对于生物、天然地体等自然科学不甚注意，所以科学程度较浅，还够不上与政治、宗教、社会、人生发生联贯的关系。所以新思想输入，不大遭人的反对。在西方可以开几百年战争者，到了中国，社会上竟不当他是革命。"在欧洲，科学因为与人生日用有密切关系，"知道它的根本在什么地方，应用在什么地方，所以把新观念都彻底地研究出来了。在东方因为与人生日用无密切关系，所以没有人抵抗，新思想的输入，不过添了几个名词，于他的真意义，依旧不能懂得……反对是最好的事体，是进步的表示。越加反对，思想便越加进步。倘大家对他没有兴趣，于人生不受影响，则科学的进步也迟缓了，范围也不能扩大了。欧洲思想史上的特长，在乎争自由。一切思想、言论、研究、著作、出版、信仰等自由，争得以后，才可以有科学的研究"②。因此，杜威强烈主张把科学革命扩展为整个文化领域内的一场思想革命，从个人道德、人生观直到国家、民族精神。

当然，杜威在华期间谈得最多的还是教育。他在华期间就教育问题讲演了八十多场，内容涉及教育哲学、社会教育、学校教育、平民教育、职业教育、高等教育、现代教育、伦理教育、教师职责、

---

① 〔美〕杜威:《教育哲学》，载张恒编:《杜威五大讲演》，金城出版社2010年版，第94-95页。

② 同上书，第95页。

学生自治等方面。对此，胡适曾有明确的表述："杜威先生最注重的是教育的革新，他在中国的讲演也要算教育的讲演为最多。"[1]胡适指出，杜威"教育学说的哲学根据，就是杜威的实验主义"；杜威教育学说的要旨，总括起来就是两句话："教育即生活""学校即社会"。所谓"教育即生活"，指"教育即是继续不断地重新组织经验，要使经验的意义格外增加，要使个人主持、指挥后来经验的能力格外增加"[2]。杜威认为，"哲学就是广义的教育学说"。他指出，教育所以不可少主要有三个方面的缘故，一是"因为'生'与'死'两件事，人类当生下来的时候，不能独立，必须依靠他人，所以有赖于教育；死去的时候，把生前的一切经验和知识都丢了，后世子孙，倘要再去重头研究，岂非太不经济，甚至文化或可因此断绝，所以因为人类有死的一件事，也非有教育把他的经验和知识传之子孙不可"；二是因为"教育与长进是很有关系的，教育就是长进。没有教育，就没有长进；教育不进步，社会也不能进步"；三是因为"一切人生日用的事"都是教育。[3]据此，他认为，教育包括三大部分："第一是社会，就是教育的目的；第二是学校和学科，就是中间一座过渡的桥；第三是儿童的生活和本能，就是教育的起点。"杜威认为，教育最重要的就是要把上述三方面调剂得宜。但在教育实践中存在的最大弊端是，把学科看作教育的中心，不注重儿童的本能和以儿童的本能为基础开展教育，不管社会的需要如何，把学科看成"孤立的东西，与将来的社会无关，与现在的儿童生活也无关"。而这一流弊催生的后果是，"（1）学科与其生活断绝，生活自生活，学科是学科；（2）学科变成纸上的假东西，不是真实的东西；（3）学

---

[1] 胡适：《杜威先生与中国》，载《胡适文存》（卷2），外文出版社2013年影印版。
[2] 胡适：《杜威的教育哲学》，载张恒编：《杜威五大讲演》，金城出版社2010年版，第299页；第298页。
[3] 〔美〕杜威：《教育哲学》，载张恒编：《杜威五大讲演》，第66—67页。

科在实际上不能应用。"[1]所以，杜威主张："教育即生活""学校即社会""从做中学"。杜威认为，要发展儿童的本能，激发他们学习的兴趣，使他们能自由发展，可以采用游戏、有组织的运动、做戏（Dramatization）和工作（Work）四种方法。在杜威看来，教育的目的，就是培养良好的社会公民，因此教育与社会是紧密相联的。但以前的教育，"是独善其身的教育，是没有社会观念的教育"；现在的教育，"学校与社会是和合的，不是分离的，不使人人离开学校去谋他自己的幸福的。现在学校设立，那是谋社会的幸福，并且各个人都有机会能发展社会的幸福"[2]；"社会是否进化？以及社会要怎样才能进化？"这是学校教育的责任所在。"要预料他日社会的情形，且看今日所施的教育"[3]。所以，他又强调"教育为社会进化的工具"[4]，社会的改良全赖学校，"拿教育来改造社会，虽说缓慢，实在是惟一方法"[5]。他甚至认为："教育是救国的根本，教育可以解决一切问题"[6]。这是因为，在杜威看来："学校是造成新社会的，去掉旧弊向新的方向发展的，且含有不曾发现的能力，是预备儿童替社会做事的一大工具，许多旁的机关都不及它。例如，警察、法律、政治等，也未始不是改良社会的东西，但它们有它们根本的大阻力，

---

[1]〔美〕杜威:《教育哲学》，载张恒编:《杜威五大讲演》，金城出版社2010年版，第77页；第70—71页。
[2]〔美〕杜威:《教育与社会的关系》，载单中惠、王凤玉编:《杜威在华教育演讲》，教育科学出版社2016年版，第124页。
[3]〔美〕杜威:《教育与社会进化之关系》，载单中惠、王凤玉编:《杜威在华教育演讲》，第127页；第129页。
[4]〔美〕杜威:《教育哲学》，载张恒编:《杜威五大讲演》，第61页。
[5]〔美〕杜威:《教育之要素》，载单中惠、王凤玉编:《杜威在华教育演讲》，第177页。
[6]〔美〕杜威:《学校与社会》，载单中惠、王凤玉编:《杜威在华教育演讲》，第137页。

这个阻力唯有学校能征服它。"①因此，他强调指出："教育的基本观念，教育的目的、方法，都须为全社会的，合于社会一切生活状态的"；"学校是为求社会进步而设的，不是仅为传授知识给少数学生的，应当做成一个社会的缩影"；"各科教材的内容，须选取能够代表时代的生活状态的，不当专门选取代表古代的现象的"②；"教育应该建设在实际的根基上……实际的教育，是要使学生明白社会的情形，对于社会服务、研究有用的学问，养成他们一种优良的习惯，自己思想，自己判断，对于高尚的理想并且用魄力去实行。换句话说，就是要培养实际有用的人才"③。那么，如何使学校教育与社会紧密结合？使学生真正变成社会的一分子和实际有用的人才呢？杜威主张可分三步进行："（1）从感情方面使儿童有社会的兴趣及感觉，知道自身以外还有社会，还有别人；（2）从知识方面，给他社会上必需的知识；（3）养成实行的习惯，使他成为社会有用的人才"④。杜威还指出，要培养对社会有用的人才，教育必须"开着门把西洋文明的精彩灌输进来"，要促进国际理解与合作。因为"现在是东西洋文明最接近的时代。……我们倘使要接近的、交换的是和平的真文明，那么做教习的人，应该要有国际文明的互相了解，使儿童有世界的眼光，世界的环境，并使各民族间互相了解的程度逐渐增加，互相冲突的程度逐渐减少"⑤。杜威同时认为，"如果学校新教育要适宜于现社会，那么教育者应该知道科学进步的真意义是什么，思想方法的变迁和新方法的建设是怎样，对社会、人生、政治、宗

---

① 〔美〕杜威:《教育哲学》，载张恒编:《杜威五大讲演》，金城出版社2010年版，第83页。
② 〔美〕杜威:《学校与社会》，载单中惠、王凤玉编:《杜威在华教育演讲》，教育科学出版社2016年版，第136页；第138页；第139页。
③ 〔美〕杜威:《中国学校的科目问题》，载单中惠、王凤玉编:《杜威在华教育演讲》，第164页。
④ 〔美〕杜威:《教育哲学》，载张恒编:《杜威五大讲演》，第85页。
⑤ 同上书，第84-85页。

教的影响是怎样。然后教育不至于变为机械的、模仿的教育"①。近几百年来科学的大进步,不仅对社会及人的思想观念和物质生活、伦理道德产生了很大的影响,而且引发了教育的内容和方法的深刻变革。由于受科学进步的影响,杜威主张,在教材方面要减少从前偏重文科方面的语言文字等学科,而要加上一些注意实证的学科;在教学方法上,要减少从前武断的方法,如依据古说遗训、圣经贤传以及强使学生记诵等,而要加上一些使学生直接去观察去实验的方法。

杜威除了对教育的本质提出独到的见解外,对中国的教育制度及中国应如何举办各类教育,也提出了自己的看法和主张。如关于职业教育,他认为,一切教育都带有职业教育的性质,但学校教育又不应该都是职业教育。杜威说:"我们知道普通生活,不外四项职业,就是衣、食、住和交通。一切耕种、织布、造房子、车马运输往来,无论如何复杂,总逃不了这四项以外。初等的小孩,其趣味便是事事模仿大人。我们可以把广义的衣食住行放到初等教育里去做教材,一方可以做预备,一方使他们得到技术,并知道社会方面的重要。这虽然不是职业教育,但却是很安稳的职业教育的预备";中等教育"是一步一步地预备选择职业的机会和材料,使学生知道天然、人事是什么";"高等教育也有职业方面,专门和大学虽然都是专门,但也有非专门的一部分应该做普通学问"。要发展职业教育,当然首先是要弄清楚什么是职业教育。杜威指出:"职业教育最重要的观念,就是职业教育并不是'营业教育'(Trade Education),不是做专门行业的教育。做专门行业的教育是机械的,用不着心思和高深的学问,只希望养成本行的专门技能就算了。但这不是职业教育。职业教育应该注重使人懂得实业、工业所应知的科学方法:

---

① 〔美〕杜威:《教育哲学》,载张恒编:《杜威五大讲演》,金城出版社2010年版,第96—97页。

一方应用手足肢体发展的本能,一方不能不注重知识,知道科学的所以然。否则对于行业没有趣味。倘能知道科学的所以然,则随时可求革新进步。不但做工方面,就是享受工业的方面,也可以革新进步。"有鉴于此,杜威认为,在开展职业教育的过程中,要特别注意防止两种弊端:第一是"千万不要认定某种人是天生成做某种事业的"。若有这种观念,便会在青年时代给他们很狭隘的行业训练,这在当今这个变迁的社会,往往会把人才糟蹋了。因此,杜威强调,要"给他们博大广阔、面面俱到的教育;使他们的心思技能,有格外广阔的根基,能于短时间内变成某业的人才";第二是"千万不要以现在的实业、工业程度做标准"。杜威认为,社会常常是变迁的,也是一个工业变迁的时代,如果以现在的实业、工业做标准,那么等到把学生训练好了,外面早已变更,不适用了。"教育应该用将来的工业为标准","教育应该给他基础的方法技术,使他心思耳目都极灵敏,随时可以进步。这比狭义的训练好得多"。总而论之,"职业教育注重工作,尤须注重发展知识心思"[①]。杜威认为,在西方,随着科学尤其是应用科学的发展、技术进步及工商业的繁荣,越来越注重职业教育。再如,关于实业教育。杜威指出:"国之有教育与实业,如人之有两足焉。人之两足,能互助,故能行走。"所以,他主张中国也要大力发展实业教育。对于中国究竟要发展什么样的"实业教育",他提出了独到的见解。他认为,"只讲技艺教育而不及其他"的实业教育,"其结果只增多数之艺徒",这样的实业教育中国已多于外国,何必大声疾呼。加之这样的实业教育"其所学类近于模仿,其结果必至没却其创造能力"。但"无论何国,倘其实业发达,必有新改良、新发明,而其新改良、新发明每得力于学校"。所以,他主张中国要发展的是"为启发创造能

[①] 〔美〕杜威:《教育哲学》,载张恒编:《杜威五大讲演》,金城出版社2010年版,第121–123页。

力之实业教育"①。

　　作为美国进步教育协会的名誉主席，杜威直接参与了民国时期的"新教育改革运动"，为中国"新教育"的宗旨、内容和方法奠定了理论基础。1919年1月，杜威的学生蒋梦麟领衔成立的"新教育共进社"，成为领导"新教育改革运动"的主要机构。新教育改革运动的核心教育理念有三条：确立并发展每一个体的独立尊严；促进社会进步和民主化；弘扬科学精神。杜威全力支持蒋梦麟等人的"新教育改革运动"，他的教育演讲几乎全部围绕"新教育"而展开，涉及的主题包括"学生自治""平民教育""现代教育""职业教育"，等等。正是在新教育改革运动的基础上，民国政府于1922年1月1日正式颁布了《学校系统改革令》。这是在我国教育改革历史上具有里程碑意义的一份文件，标志着我国教育现代化和民主化获得官方确认并系统推进。该文件由民国时期最重要的民间专业组织"全国教育会联合会"制定，杜威直接参与了该文件的研究制定。1919年10月，在山西太原，杜威参加了全国教育会联合会第五届年会，做了题为《教育上的实验态度》的演讲，为文件的制定指明了方向。我国当时的"新教育改革运动"，与北美的进步教育运动、欧洲的新教育运动遥相呼应，共同构成了波澜壮阔的世界教育民主化运动，它不仅促进了中国的教育改革与社会的发展，而且向世界宣传中国的教育改革理念，贡献了具有中国智慧的中国方案。

　　杜威在华期间着重传播了他的实用主义哲学、民主主义和改良主义思想，极大地促进了中国社会与教育的民主化进程以及新教育改革。杜威的思想在当时极受推崇，其影响深入中国思想观念、文化教育的各个方面。蔡元培甚至将杜威的影响与孔子相类比。1919

---

①〔美〕杜威：《杜威在福州青年会讲演》，载张恒编：《杜威五大讲演》，金城出版社2010年版，第264页。

年10月20日是杜威60岁生日,也是孔子的诞辰。蔡元培在杜威的生日晚餐上发表演说:"博士(指杜威)的哲学,用十九世纪的科学作根据,用孔德的实证哲学、达尔文的进化论、詹美士的实用主义递演而成的,我们敢认为西洋新文明的代表。孔子的哲学,虽不能包括中国文明的全部,却可以代表一大部分;我们现在暂认为中国旧文明的代表。孔子说尊王,博士说平民主义;孔子说女子难养,博士说男女平权;孔子说述而不作,博士说创造。"他认为,尽管孔子和杜威所处的时代截然不同,但"孔子的理想与杜威博士的学说,很有相同的点",他甚至认为这些点正是"东西文明要媒合的证据了,但媒合的方法,必先要领得西洋科学的精神,然后用他来整理中国的旧学说,才能发生一种新义"[①]。

平心而论,杜威的思想,特别是他的实用主义哲学和教育思想,之所以能对中国发生如此之大的影响,还有一个重要原因就是杜威弟子不遗余力的宣传鼓吹。杜威的一些重要教育著作,如《我的教育信条》《学校与社会》《儿童与教材》《德育原理》《思维术》《教育上兴味与努力》《明日之学校》《教育科学之源泉》《经验与教育》《民本主义与教育》《今日的教育》等,几乎无一例外地被留美归国学者译成中文;杜威在中国讲演期间,除著名的《新教育》《教育杂志》成了宣传杜威、介绍其学说的阵地外,上海的《时事新报》和《国民日报》、北京的《晨报》和《平民教育》、浙江的《教育潮》及五四运动期间创办的数以百计的流行刊物,都竞相登载杜威的讲演,宣传他的学说思想。自称"受杜威先生实验主义哲学绝大影响"的新文化运动思想领袖胡适,在杜威在华期间不仅紧随左右充当翻译,而且发表一系列文章,如《杜威之伦理学》《杜威哲学的根本观念》《杜威的教育哲学》《杜威之道德教育》《杜威

[①] 蔡元培:《杜威六十生日晚餐会演说词》,载高平叔编:《蔡元培全集》(第三卷),中华书局1984年版,第350页。

先生与中国》《实验主义》等，对其学说思想摇旗呐喊大力渲染。他说："杜威给了我们一种思想的哲学，以思想为一种艺术，为一种技术。在《思维术》（How to Think）和《实验逻辑论文集》（Essays in Experimental Logic）里面，他制出这项技术。我察出不但于实验科学上的发明为然，即于历史科学上最佳的探讨，内容的详定，文字的改造，及高等的批评等也是如此。在这种种境域内，曾由同是这个技术而得到最佳的结果。这个技术主体上是具有大胆提出假设，加上诚恳留意于制裁与证实。这个实验的思想技术，堪当创造的智力（creative intelligence）这个名称，因其在运用想象机智以寻求证据，做成实验上，和在自思想有成就的结实所发出满意的结果上，实实在在是有创造性的。"① 在欢送杜威离华归国的演讲中，胡适更是盛赞杜威在来华两年中播下的种子，将会萌芽生长起来。他说："将来各地的试验学校渐渐地发生，杜威的教育学说有了试验的机会，那才是杜威哲学开花结子的时候呢！现在的杜威，还只是一个盛名；十年二十年后的杜威，变成了无数杜威式的试验学校，直接或间接影响全中国的教育，那种影响不应该比现在更大千百倍吗？"② 杜威的另一弟子陶行知在杜威来华前后也先后发表《新教育》《实验主义与新教育》《介绍杜威先生的教育学说》等文，广泛宣传杜威的实用主义教育思想。凡此种种，使得当时的中国文化教育思想界，人人言必称杜威，个个以杜威思想相标榜，各种教育思潮（平民教育思潮、实用主义教育思潮、科学教育思潮、职业教育思潮等）无不受其影响。正如当时身临其境的汪懋祖先生所言："杜威博士在我国宣传学说，告诉我们新教育是什么，新教育的途径应

---

① 胡适：《四十自述》，中国画报出版社2014年版，第144页。
② 胡适：《杜威先生与中国》，载《胡适文存》（卷2），外文出版社2013年影印版。

当怎样,而全国教育思潮为之一变,这就是新教育运动。"[①] 美国学者基南在其《杜威在中国的试验——民国初期的教育改革和政治权力》一书中指出:"在中国与西方交往的历史上,还没有一个西方学者像杜威那样对中国产生如此之大的影响。"[②] 有学者甚至认为,新文化运动后来主要"分化为杜威主义和马克思主义两派"[③]。胡适在《我们对于学生的希望》一文中说,邀请杜威先生来中国讲学的目的是,"在思想一方面提倡实验的态度和科学的精神;在教育一方面而输入新鲜的教育学说,引起国人的觉悟,大家来做根本的教育改革"[④]。不可否认,"五四"新文化运动打着革新的旗号,一开始曾对新思想,特别是西方社会改革的思想敞开大门,"人们对杜威的兴趣曾一度很高,因为杜威以'民主'作为他讲学的中心议题。人们同样欢迎他试图改革中国教育制度的努力,因为他想在这个儒家思想传统的文明古国施行他的实用主义"[⑤]。但如前所述,他的实用主义在中国的影响是短暂的,他以实用主义哲学为基础提出的改良中国教育的主张未能如胡适所说"开花结子",结局同样也是令人失望的。1927年,作为杜威最有创造力的学生陶行知在晓庄师范演讲时说,杜威的"教育即生活","是现代教育思潮的中流。我从民国六年起便陪着这个思潮到中国来。八年的经验告诉我说:'此路不通'"。陶行知说他的"教学做合一"正是实施"教育即生活"碰了

[①] 汪懋祖:《中华教育改进社缘起》,引自李桂林主编:《中国现代教育史教学参考资料》,人民教育出版社1987年版。

[②] 〔美〕基南:《杜威在中国的试验——民国初期的教育改革和政治权力》,引自璩鑫圭、童富勇编:《中国近代教育史资料汇编(教育思想)》,上海教育出版社2007年版,第1097页。

[③] 唐文明:《夭折的启蒙还是启蒙的破产?》,《读书》2014年第7期。

[④] 胡适:《我们对于学生的希望》,载柳芳编:《胡适教育文选》,开明出版社1992年版,第50页。

[⑤] 〔美〕安乐哲:《和而不同:中西哲学的会通》,温海明等译,北京大学出版社2009年版,第40页。

壁才找出来的新路。① 所以，尽管杜威的实用主义哲学与中国儒学在很多方面确有异曲同工之妙，但不顾中国当时的历史社会环境和中国国情与教育实际，盲目照搬杜威的思想，在中国是肯定行不通的，东西文明终究在当时没有找到一个很好的契合方法，自然也没能产生出蔡元培先生所期望的"一种新义"。但不管怎么说，杜威思想，尤其是他的实用主义教育思想对当时和后来的中国教育都产生了极大的影响，这是无须争辩的事实。有如我国著名教育史专家赵祥麟先生所言："只要旧学校里空洞的形式主义存在下去，杜威的教育理论将依旧保持生命力，并继续起作用。"②

继杜威之后，1921年9月，美国教育家、哥伦比亚大学教育学院教务主任、教育史教授孟禄（P.Monroe）博士应实际教育调查社之邀来华，调查中国的教育问题；1922年6月，美国科学教育家推士（G.R.Tuiss）应中华教育改进社之邀来华考察科学教育，并帮助中国发展自然科学教育；同年，美国教育测量专家麦柯尔（W.A.Mecall）亦应邀来华，帮助编制各种教育心理测验量表和训练有关人员，并与中国教育专家合作完成了五十多种测验，我国教育专家陆志韦、俞子夷、廖世承、陈鹤琴、刘廷芳等在麦柯尔的帮助下，订正了"比奈—西门智力量表"、编制了中小学各种教育心理测验量表。此外，美国"道尔顿制"的创立者帕克赫司特、美国"设计教学法"创造者克伯屈，亦应中华教育改进社之邀分别于1925年7月和1927年3月来华讲演；康奈尔大学生物系主任尼丹博士亦应中华教育文化基金董事之邀于1927年9月来华讲学。这些应邀而来的美国教育家，尽管其研究领域各有侧重，但他们的论著

---

① 参见中央教育科学研究所编：《陶行知年谱稿》，教育科学出版社1982年版，第29页。
② 赵祥麟：《重新评价实用主义教育思想》，《华东师范大学学报》（哲社版）1980年第2期。

和工作为推进中国科学教育的发展也产生了重要的影响。

值得特别提及的是,在杜威逗留中国期间,还有一位世界级哲学大师罗素(Bertrand Arthur William Russell,1872—1970年)也应梁启超等人和北京大学的联合邀请,于1920年10月来中国讲学。罗素是20世纪声誉卓著、影响深远的英国学者和思想家,也是一位百科全书式的作家。在近一个世纪的生涯中,他完成了四十余部著作,在逻辑、数学、哲学、政治、伦理、教育、科学、历史、宗教、社会等学科均有卓越的建树和独到的见解,是人类文明史上宝贵的精神财富。为表彰他"捍卫人道主义思想和思想自由的多种多样、意义重大的作品",1950年他被授予诺贝尔文学奖。他对科学知识本质的理解,特别是对数学和逻辑的理解,可以说在当时举世无出其右者,时人称其为"世纪的智者"。

罗素在中国讲学一年,与中国知识界的精英及各界人士有广泛的接触和交往,也对中国的哲学、历史、文化、艺术、政治、社会,以及中国人的思维方式和性格特征等方面进行了大量的考察和研究。他站在全人类文明进步的高度,以其特有的睿智、远见和洞察力,以一种深刻的历史感和全球化的视角来看待中国问题,来审视中国的文化和文明,评析中西文明的特征、优劣和价值。对中国文明中包括的传统美德和独特价值,他给予了高度的评价。在他看来,尽管中国文化有个弱点——"缺乏科学",且儒家文化中的忠孝观念缺点也不少,但比起西方倡导"商业"和"科学"及所谓的"爱国主义",则危害较少,因为后者更容易导致"帝国主义"和"黩武主义"。用他的话来说,如果一定要说西方的文化"比中国的更优越",那么它主要表现在"他们给了我们更熟练的杀人技艺。一个英国人杀一个中国人比一个中国人杀一个英国人要容易"[①]。所以,

---

① 〔英〕罗素:《中国问题:中国与西方各国》,秦悦译,学林出版社1996年版,第39页。

他呼吁中国人应保护国粹，西方应该学习中国，因为"中国人的思想能丰富我们的文化，就像同他们做生意能使我们的口袋鼓起来一样"[1]。这些观点使得罗素在中国各地的演讲，以及回国后不久出版的有关中国的著作，受到了饱受西方列强歧视压迫、自尊心深受伤害的中国人的欢迎和称赞。据说，孙中山先生甚至称他是"唯一了解中国的外国人"。

罗素的中国之行主要是在北大讲学，他的正式演讲有五次，主题分别是"数理逻辑"、"物之分析"、"心之分析"、"哲学问题"和"社会构造论"（这些讲演在他回国后以专著的形式陆续出版）。他在事后的回忆中，对北大和北大的青年学生很有好感并赞许有加。他说："我在那里讲课的国立北京大学是一所非常出色的学府。校长和副校长都是热心致力于中国现代化的人物。副校长是我所认识的最真诚的唯心主义者之一。本来用以付教师薪水的钱经常被督军们挪用，因此，他们教书主要是出于兴趣爱好而不是为了挣钱。这里的学生应该得到他们的教授要教给他们的东西。他们有强烈的求知欲，准备为祖国做出无限的牺牲。周围的气氛缊缊着大觉醒的希望。在经过了几个世纪的沉睡后，中国正开始发觉现代的世界，在这时，与政府的职责相随而来的贪婪和妥协的弊病还没有降临改革者们身上。英国人讥讽这些改革者，说中国总是中国。他们要我相信，听那些浅薄轻浮的年轻人高谈阔论是无聊的；然而不过几年的工夫，那些浅薄轻浮的年轻人却征服了中国，把英国人最心爱的许多特权给剥夺了。"[2] 1921年7月，罗素在中国讲学完毕，回国后写成了一部《中国问题》的专著。

作为思想敏锐而具有前瞻性的西方哲学家和世纪智者，罗素是

---

[1] 〔英〕罗素：《中国问题：现代中国》，秦悦译，学林出版社1996年版，第57页。
[2] 〔英〕罗素：《罗素自传（第二卷1914—1944）》，陈启伟译，商务印书馆2016年版，第195页。

以自己的亲身体验、人文关怀和理性思考，以一种平和而亲善的态度来观察中国的。罗素眼中的中国，既有由衷的赞赏和褒扬，又有诚恳的批评和建议。他指出："中国人最值得称道的事情是，他们总能得到外国人的好感。欧洲人都喜欢中国，无论是到中国旅游，还是侨居多年。虽然英日订有联盟，但就我所知，在远东的英国人没有谁会像喜欢中国人一样喜欢日本人。"中国人性格中"最让欧洲人惊讶的莫过于他们的忍耐了"，这种忍耐既是对苦难、贫困和疾病的忍耐，也是对社会不良现象诸如腐败的忍耐及对所有列强贪婪掠夺的忍耐。对于侵略者的贪婪掠夺，"中国人既不效仿日本人去抵制外来势力，又不听命于外国势力而无所作为。他们的思考不是以十年为单位，而是万年。他们曾经被征服过，最初是蒙古人，后来是满族人，但两次都同化了征服者。中国文明未经变化地保存下来；几代人之后，征服者比中国人还要中国人"。西方人都认为，中国人"令人费解，城府很深，不可理喻"，但罗素说他在中国工作的那段时间，找不到任何依据来支持这一观点，当然他也不相信所谓的中国人"难以捉摸"；中国人自上层社会到底层百姓，"都有一种冷静安详的尊严"，"自我尊重与个人尊严，可能体现在每一个中国苦力身上"，中国人在人际交往中能相互尊重、懂得礼让而不伤害他人的自尊。这种强烈的自尊常常被外国人认为是很可笑的"死要面子"，但在罗素看来这是中国人的"骄傲过于深厚"，且只有这样"要面子"，才能"在社会上形成互相尊敬的风气"，使"每个人，都有面子，即使最卑贱的乞丐"。罗素认为，中国人具有"坚忍不拔"的民族精神，不屈不挠的刚强伟力，"以及无可比拟的民族凝聚力"。但他同时认为，在中国人身上也存在着"冷漠"、"怯懦"、"贪婪"和"易于激动"的性格及"欣赏权力的偏好"。不过，尽管中国人表现得冷漠，缺乏人道主义的冲动，有时因为饥荒，"几块大洋就将自己的儿女卖与他人"，也很少看到赈济灾民之类的慈善事业,即使有也往往"被腐败侵占",然而,中国人的冷漠"或许就是出于问题不大,无从着手这个原因";"怯懦似乎是我们对中国人第一个坏印象,但我不敢肯定他们是否真的缺乏勇气";至于贪婪的确是"中国人最大的缺点",但也是由于"生计艰难,挣钱不易";"易于激动"的性格"使中国人尽管平日习惯于谨慎,但也是世界上最鲁莽的赌徒"。罗素认为,与其说中国是一个政治实体,"还不如把它视为一个文明实体——唯一从古代存留至今的文明"[①]。中国虽然也受到了外来文明的影响,最先是佛教,后来是西方科学,但罗素坚信,"佛教并没有使中国人变成印度人,科学也没有使中国人变成欧洲人。……对于西方的坏东西——兽性、不安、欺压弱者和纯物质的贪欲——他们都心如明镜,不愿接受。而对于那些优点,尤其是科学,则照单全收"。罗素认为,中国人这种既吸收优点,"却又不照搬我们的全部,这也正是最大的希望之所在,因为如果中国不采取军国主义,将来所产生的新文明或许比西方曾经产生的各种文明更好"。罗素还特别指出,尽管中国人性格中有许多优点,但同其他任何国家一样,"中国人也有自己的缺点"。他原本不愿揭露中国人的短处,"因为我从中国人身上体验了这么多的礼貌与真正的善良,以至于我只喜欢谈他们好的东西"。但"出于对真理负责,也出了对中国人的考虑",所以他还是把中国人身上最主要的三个缺点,即"贪婪""怯懦""冷漠"说了出来。他希望读者记住,"中国是我所接触的国家中最好之一","中国至高无上的伦理品质中的一些东西,现代世界极为需要"。所以,他希望学习中国"以公理为基础而不是以武力去解决争端",他"要对世界上每一个强国发出

[①] 梁漱溟回忆说,民国十九年友人陈嘉异在给他的信中有这么一段话:"罗素初至中国在上海演说时,即有冷隽之语曰:'中国实为一文化体而非国家'。不佞骤睹此惊人之句,即默而识之,以为罗素眼光何以深锐至此! 其后,泛观欧西学者论吾国文化之书,始知此语已有先罗素而道之者。"(梁漱溟:《中国人:社会与人生——梁漱溟文选》[上卷],中国文联出版公司1996年版,第77—78页)

更严重的声讨",他甚至准备拟一份控诉书,控诉每一个侵略中国的列强。①

罗素在中国讲学和考察期间,从世界文明进步的视角,对传统的中国文化和文明做了深层的分析、透视,评析了中西方文明的特征、优劣及其价值。他认为,在历史的黎明期,埃及与巴比伦影响了希腊和犹太文化,因而间接地成为西方文明的源泉。西方文明来源于三方面:一是"希腊文化";二是"犹太教与伦理";三是"现代科学的产物——现代工业主义"。在罗素看来,西方人从希腊文化继承了文学、艺术、哲学和纯数学,以及优雅的社交礼义;从犹太人那里,西方人学到了狂热的信念、道德热情,还有宗教的不宽容和民族主义中的一部分。至于由科学而产生的近代工业主义,在罗素看来则有两方面的影响,一方面由于科学得到了经验的方法,并获得了几乎所有的真知;另一方面,导致强力和权威感,工业化的民族相信自己可以像神一样,对科学落后的种族持有"公正"的生杀之权。罗素认为,中国文明是有别于西方文明的另一类型的文明。过去中国文明只重视古典文学,忽视自然科学,尽管中国文明中有类似希腊文明中的某些要素,或者说是"希腊间接地对中国的绘画、雕塑和音乐有影响",但在中国传统文化中,"有一个,并且只有一个外国的因素,那就是佛教"。他把中华文明和欧洲文明进行比较后发现,中国文化中的大部分内容在希腊文化可以找到,但西方文明中的另外两个元素即宗教和科学,在中国传统文明中却没有。他说,"中国是个缺乏宗教的国家,不仅上层社会没有宗教,全体人民也同样没有",中国人没有"原罪"观念,只有朴素有限的"相当明确的伦理制度";中国人向来重视学问,只是古代研究的学问大都是古典文献,直到晚清受欧洲的影响,中国

---

① 以上引文参见〔英〕罗素:《中国问题:中国人的性格》,秦悦译,学林出版社1996年版,第157–168页。

人才去欧美学习科学、经济、法律、政治理论,"中国才有了科学,有了工业主义"。由于长期受孔子、老子和佛教思想的熏染,中国人普遍表现出被西方人视作"懦弱"的克制、幽默、谦逊、含蓄、平和和宽容,所以在"中国诗中由于含蓄表达的习惯,明显地缺乏激情",因为中国人认为"聪明的人应该永远保持冷静,尽管他们也有感情冲动的时候"。在中国的文学中,也缺乏西方式的"浪漫主义","古老的音乐音量很低,刚刚能听到而已",中国人在艺术上"崇尚精细",在生活中"追求公理","中国人并不赞赏粗鲁的莽汉和不加限制的感情表达",由此也理所当然地造就了一个"言行得体、彬彬有礼"的民族,甚至"用礼节对待白人的蛮横无礼",而非"自我贬低到去用粗鲁回敬粗鲁。欧洲人经常视之为软弱,但这其实是真正的力量。依靠这种实力,中国最终征服了最初用武力征服中国的一切征服者"。中国传统人生观、伦理观与西方大异其处,不求个人神化或来世的解脱,而求达到现世的宽仁平和的生活;不追求变化与进步,而趋向保守和安于现状。相比之下,西方文明的"显著长处在于科学的方法,中国文明的长处则在于对人生归宿的合理理解"。他希望两者逐渐结合起来,也就是把尊重人的价值与科学技术结合起来。但罗素也同时指出,"虽然中国文明中一向缺少科学,但并没有仇视科学的成分,所以科学的传播不像欧洲有教会的阻碍"。罗素还将中国人在西方寻求的东西和西方人在中国寻求的东西做了一个比较,来说明两种文明的异同。他说:"中国人向西方寻求的是知识,他们认为这是通向智慧的大门(其实未必);西方人到中国去无非三个目的:打仗、赚钱和传教,……军人、商人、传教士都是强迫世界采纳我们的文化,或多或少抱有强硬的态度。"他认为,中国人绝不强迫西方人接受儒教;中国人也是不错的商人,但他们不像西方人"动辄采用租界、垄断、铁路、矿产等特权的办法,并设法以本国的兵舰作后援";中国人并不是很好的战士，是因为他们是有理性的，讲求师出有门，他们的宽容超过了欧洲人根据其生活经验所能想象的极限。不同文明的接触与交流是催生新文明、促进人类文明进步的重要途径。正是由于中西方文明各有优长，所以罗素主张加强中西文化交流。他指出："中西交流对双方都有好处。他们可以从我们这里学到必不可少的实用的效率，而我们则可以从他们那里学到一些深思熟虑的智慧，这种智慧使其他古国都已灭亡之时，唯独中国生存了下来。"罗素真切地期待"中国人给我们一些宽容的美德、深沉平和的心灵，以回报我们给他们的科学知识"。[①]

罗素还以一个西方知识分子的正义感，愤怒地驳斥了西方侵略者宣扬的西方民族"优等"、中华民族"劣等"的谎言。他说，他在中国考察和讲学期间，找不出任何理由证明中国人为劣等民族，而且大多数对中国稍有了解的人也会同意他的观点。他指出："中国在丝毫未受欧洲影响的情况下，完全独立地发展了自己的传统文化，因而具有与西方截然不同的优点和缺点。试图寻求某种平衡是徒劳的，因为从总体上说，我们现在的文化与17世纪的传教士所看到的天朝帝国的文化孰优孰劣，任何一个谨慎的人都不敢妄加断言，但在不同的方面各有短长却是肯定的。若要使西方各国与中国的交流产生良好的结果，我们就不应该自命为高等文化的使者，更不应该视中国人为劣等民族，而自以为有剥削、压迫和欺骗他们的权利。"他认为，中国的古老文明如今正在经历着急剧的变化，但他深信如果中国人能对西方文明扬善弃恶，再结合自身的传统文化，就一定能应对外来文化的挑战，再创辉煌。但在这个过程中，他特别提醒中国，"要避免两个极端的危险。第一，全盘西化，抛弃有别于他国的传统。那样的话，徒增一个浮躁好斗、智力发达的工业化、军事

---

① 以上引文参见〔英〕罗素：《中国问题：中西文明的比较》，秦悦译，学林出版社1996年版，第147-156页。

化国家而已,而这些国家正折磨着这个不幸的星球;第二,在抵制外国侵略的过程中,形成拒绝任何西方文明的强烈排外的保守主义(只有军事除外)"。他也警告西方列强,"中华民族是全世界最富忍耐力的,当其他的民族只顾及到数十年的近忧之时,中国则已想到几个世纪之后的远虑。它坚不可摧,经得起等待。现在那些自称文明的国度,滥用封锁、毒气、炸药、潜水艇和黑人军队,很可能在未来几百年里互相残杀,从世界舞台上消失,而只剩下那些爱好和平的国家,尽管它们贫穷而又弱小"。他善意地告诫世人,"中国人摸索出的生活方式已沿袭数千年,若能够被全世界采纳,地球上肯定会比现在有更多的欢乐祥和。然而,欧洲人的人生观却推崇竞争、开发、永无平静、永不知足以及破坏。导向破坏的效率最终只能带来毁灭,而我们的文明正在走向这一结局。若不借鉴一向被我们轻视的东方智慧,我们的文明就没有指望了。"[1]

对于中国的教育问题,罗素也发表了自己的看法。他在《教育与美好生活》一文中,将中国的传统教育与古希腊、现代日本、美国、英国的教育做了生动的比较与评析。他认为,传统的中国教育在某些方面与古希腊教育非常相像。如雅典的孩子被迫从头至尾背诵荷马史诗,中国的孩子被要求熟读所有的儒家经典;雅典人被教导要崇敬形象鲜明的诸神,而中国人被教导要服从一套与崇拜祖宗联系在一起的习俗,并服从这些习俗所包含的信念。但是希腊文明与中国文明之间有着很大的差别。希腊人精力旺盛,而中国人怠惰懒散;希腊人把旺盛的精力贡献于艺术、科学及人与人之间的互相残杀,而中国人则有一种消极无为和文质彬彬的怀疑主义。因此,"希腊文明毁灭了希腊文明,而中国文明只会被它的无所作为毁灭。"罗素指出:"中国教育创造了稳定和艺术,它不能创造进步和

---

[1] 以上引文参见〔英〕罗素:《中国问题:中国的种种问题》,秦悦译,学林出版社1996年版,第2–8页。

科学，也许这是怀疑主义带来的后果。狂热的信念不是产生进步，就是导致破坏，但不能创造稳定。科学甚至在它抨击传统观念时就有它自己的信念。科学绝不可能在一种怀疑主义的气氛中繁荣兴旺起来。而这个动荡不安的、已经被现代科学技术的发明联结为一个整体的世界上，活力是一个民族自我维护所必须的。并且，没有科学，实现民主是不可能的。……由于这些原因，传统的中国教育不能适应现代社会的发展。"在这篇文章里，罗素还特别强调"教育是人类开辟新世界的钥匙"，教育"应该把学生自身看作目的，而不是看作手段"。为了使教育有益于人们创造美好的生活，应当尽力培养人具有"活力""勇气""敏感""智慧"这四种"合乎全人类需要"①的品质。罗素在《中国问题：中国的前途》一中还认为，教育事关中国的前途和命运，所以他特别强调中国"必须普及教育，希望中国在"每个乡村都建立学校"；同时，"爱国主义精神是中国复兴所必不可少的"，所以他要求在教育中"首先应当注重的是爱国主义思想"的教育。当然，这种爱国主义思想教育，"不是像义和团那样盲目地排外，而是秉着开明的态度，向他国学习但又不受其支配"。他对当时中国让外国人参与管理教育，以及教会学校尤其是教会大学在中国大发展的现象，深表忧虑。他认为："中国必须自救，而不能依靠外人。"他在《中国问题：中国的高等教育》一文中指出："由传教士和保守的白种人控制的教育界并不能满足少年中国的需要。中国人既然抛弃了盛行几千年的本国迷信，要让他们再吸取为所有进步人民所不屑的欧洲迷信，那实在是太可笑了。只有在由中国的进步人士所主持的教育中，年轻学生的复兴精神才有活动的余地。中国人要用这样一种敢于怀疑和发问的自由精

---

① 〔英〕罗素:《教育与美好生活》，载王正平主编:《罗素文集》，改革出版社1996年版。

神，建设一种与其鼎盛时期的旧文化相媲美的新文化。"① 有鉴于此，他极力建议，"中国应该自己管理教育，这就同中国人管理自己的工业一样重要。就目前而言，有几门课程仍须由外国人来教，将来就不需要了。只要外国教师不太多则不足为害，就像路矿上也需聘用一定数量的外国工程师一样。只有外国人插手管理才足以造成危害。在教会学校和其他外国学校接受教育的学生，多半会丧失其本国的特性而倾向于西方文化。这使得他们不适于参与国事，并使其道德水准下降。……外国学校的影响减弱了学生的民族自尊心"。他进一步主张，"对于绝大多数的大学生来说，留在国内接受教育是上策。因为那些留学归来的学生多少带有留学国家的腔调，尤其是美国。"罗素告诫青年学生：如果中国能免受外国的戕害，那么中国的复兴就"可以发展出一种较世界上任何文化都更加优秀的文化"。所以，他希望中国的新青年应立定这样的人生目标，"保存中国人的文雅、谦让、正直、和气等特性，把西方科学的知识应用到中国的实际问题中。所谓实际问题有两个：一个由国内情形所引起，另一个由国际情形所引起。前者包括教育、民主，减少贫穷和饥饿，个人与公共的卫生等等；后者包括建立起强有力的政府、发展工业、修订条约、收回港口（在这方面可把日本作个例子）、建设强大的足以抵御日本的军队等等。要解决这两个问题，必须要采用西方科学，但没有采纳西方的人生观的必要。"② 每一个具有理智头脑的人，只要将罗素的这些言论与当时中国的教育状况乃至今天中国的教育改革做一些稍具理性的思考，就不能不惊叹于这位思想家的见解是何等的鞭辟入里、切中时弊！不能不盛赞其中包含着的

---

① 〔英〕罗素：《中国问题：中国的高等教育》，秦悦译，学林出版社1996年版，第177—178页。

② 除特别标注外，其余引文均参见〔英〕罗素：《中国问题：中国的前途》，秦悦译，学林出版社1996年版，第190—198页。

闪光真理！尽管作为思想巨人、世纪智者的罗素，其言不可能句句是真理，其人亦不可能是完人，但其思想处处显露出的人类良心和智慧，则是毋庸置疑的。

罗素是一位有良知而正直的学者，他对中国是很有感情的，他甚至"把自己设想成为一个进步的、具有公共精神的中国人"①。他始终坚信，"在我们这样一个令人失望的时代里"，只有中国能"给人类一个全新的希望。我愿以此来唤起中国新青年，因为这一希望并非遥不可及，正因为这一希望是能够实现的，所以中国人应该受到所有热爱人类的人们的极高崇敬"②。正因如此，他在一封致朋友奥托兰·莫雷尔的信中说，总想"在世界上做些什么事情来帮助中国人"，但是他觉得"并不容易"③。他从中国回国后不久，英国政府决定成立一个委员会来处理"庚子赔款"问题。当时的英国首相麦克唐纳邀请洛斯·迪金森和罗素为委员会的英方成员，罗素推荐丁文江和胡适为中方成员。罗素起草了一份《关于庚子赔款的备忘录》，在这个备忘录中，罗素反对委员会提出的"庚子赔款"议案的规定，即"庚子赔款未付部分将用于对英中两国互利的目的"。罗素认为，应当"明确规定这笔款项以中国教育为唯一目的来使用"，在他看来这才是"对中国最有益的花销"，"任何其他做法都不会对有影响的中国舆论产生好的效果"；同时也只有这样才能"赢得中国人的善意"④，并使英国人的利益得到保证。但随着麦克唐纳政府的倒台，新上台的保守党政府不再聘请他担任委员会职务，也不接受他推荐的丁文江和胡适为中方成员，他想"为取得同中国人的友好关系所

---

① 〔英〕罗素：《中国问题：中国的前途》，秦悦译，学林出版社1996年版，第190页。
② 同上书，第198页。
③ 〔英〕罗素：《罗素自传（第二卷1914—1944）》，陈启伟译，商务印书馆2016年版，第213页。
④ 同上书，第226-227页。

做的这次非常微弱的努力就此结束了"①。1926年,英国军队曾在三个不同的场所向手无寸铁的中国学生开枪,打死打伤多人。罗素撰文强烈谴责这种暴行,并发表在英国报刊上,尔后中国各地的报刊亦广泛刊载。罗素说,他的这一举动,"使怒不可遏的中国人得出一个结论:并非所有的英国人都是坏蛋"。但也因此使罗素"不仅招致在华英国人的敌视,而且被英国政府视若仇雠"。②罗素对中国的友善,使他在中国受到了人们无以复加的景仰和推崇,罗素的讲演在当时的中国也是很受人们尤其是教育工作者和青年学生的欢迎。1921年1月8日,他在致《国民报》的信函中有这样的描述:"自从我们乘船抵达中国以来,我们已经经历了一段最奇妙而有趣的时光,迄今我们完全是在多少有些欧化的中国学生和记者中间度过的。我讲演已不计其数,——讲爱因斯坦,讲教育和社会问题。学生们有惊人的求知欲。你一讲开了头,他们的眼中就流露出饿虎扑食般的神情。他们对我处处敬重有加,使我深感不安。我到上海的第二天,他们盛情招待我们,把我当作孔子第二来欢迎。那天上海的所有中国报纸都刊登了我的照片。布莱克小姐和我不得不到数不清的学校、教师会、各类大会上去演说。"③

如前所述,罗素应邀来中国主要是为北大师生讲授哲学的,但他刚到中国就发现,中国人的兴趣其实不在这里,"他们不要技术哲学,他们要的是关于社会改造的实际建议"。所以,罗素的学说当时很少被人理解和接受,其影响远不及杜威的学说。这固然是因为罗素的数理哲学曲高和寡,除非经过严格的西方哲学专业训练,否则很难理解。杜威曾说:"罗素的哲学,完全根据于数理,内容太近

---

① 〔英〕罗素:《罗素自传(第二卷1914—1944)》,陈启伟译,商务印书馆2016年版,第201页。

② 同上书,第195页。

③ 同上书,第207-208页。

专门了，……有人说，世界上真能够懂得数学的哲学的人，至多不过二十人，我既不是二十人之一，我也不能懂得。"① "五四"时期的中国，还没有专业的西方哲学研究院所，能真正理解罗素学说的人自然不多。当然，更深刻的原因似乎还在于，当时中国启蒙与救亡的需要迫使知识分子面对现实，寻找中国的社会改革之路，而杜威的实用主义又经过其学生的大力渲染和鼓吹，比英国的经验论哲学（准确地说是纯哲学），自然更能引起当时中国文化教育界和知识阶层的兴味。一位曾经就读于北京大学、时任"中国无政府主义者—共产主义者联盟"书记的袁琼生（名为音译）在致罗素的信中，表达过类似的意思："我们非常高兴，您这位世界上最伟大的社会哲学家来华抵达本埠，来救治中国学生的历史性的思想病。自从1919年以来学生界似乎是中国未来的最大希望；因为他们已经准备迎接中国社会的一个革命的时代。在那一年，约翰·杜威博士极其成功地影响了中国的知识阶层。但是我斗胆代表大多数中国学生向您说几句话：杜威博士在这里虽然是成功的，但是我们大多数学生并不满意他的保守的学说。因为我们大多希望得到关于无政府主义、工团主义、社会主义等等的知识。一句话，我们亟欲求得关于社会革命哲学的知识。……我们希望您，先生，能提供我们基于无政府主义的彻底社会哲学的基本原理。再者，我们希望您来纠正杜威博士这位美国哲学家的学说。"② 蔡元培亦有过类似的说法："在罗素没有到中国以前，已有人把他著的书翻译了几部，如《到自由之路》《社会改造原理》等。罗素的数学与哲学，我国人能了解而且有兴会的，很不多。他那关于改造社会的理想，很有点影响。"③ 在笔者看来，罗素的

---

① 〔美〕杜威:《杜威五大讲演》，张恒编，金城出版社2010年版，第196-198页。

② 〔英〕罗素:《罗素自传（第二卷1914—1944）》，陈启伟译，商务印书馆2016年版，第205-206页。

③ 蔡元培:《五十年来中国之哲学》，载高平叔编:《蔡元培全集》（第四卷），中华书局1984年版，第365页。

中国之行之所以没有在知识分子中引起太大的反响，也许历史学家徐中约的评说较为公允。徐先生说："因为他们急于成为现代人，盼望成为爱国的、民族的、积极的知识分子，而不是和平的、孝顺的和消极的。他们更急于摧毁儒家来推进西化，而不是教导西方如何获得中国人有关生活的人道观念。而这种观念恰是妨碍中国人努力仿效前进的、有活力的西方的枷锁，为了进步，必须抛弃它。在向西方式变化的速度和节奏中，没有为儒家昔日的静谧留有余地。"①

---

① 徐中约：《中国近代史（1600—2000中国的奋斗）》，计秋枫、朱庆葆译，世界图书出版公司2013年版，第508—509页。

主要参考征引文献

［1］《管子》（上下册），李山、轩新丽译注，中华书局 2019 年版。

［2］《列子》，叶蓓卿译注，中华书局 2015 年版。

［3］《吕氏春秋》（上下册），陆玖译注，中华书局 2018 年版。

［4］《墨子》，方勇译注，中华书局 2015 年版。

［5］《齐民要术》（上下册），石声汉译注，石定枎、谭光夫补注，中华书局 2015 年版。

［6］《清华大学校史稿》，中华书局 1981 年版。

［7］《史记》（四册），天津古籍出版社 1997 年版。

［8］《中国人文社会科学博士硕士文库（历史学卷·中册）》，浙江教育出版社 1998 年版。

［9］《周礼》（上下册），徐正英、常佩雨译注，中华书局 2020 年版。

［10］《左传》（上中下册），郭丹、程小青、李彬源译，中华书局 2012 年版。

［11］〔德〕恩格斯：《自然辩证法》，中共中央马克思恩格斯列宁斯大林著作编译局编译，人民出版社 2018 年版。

［12］〔德〕黑格尔：《哲学史讲演录》（第一、二、三卷），贺

麟、王太庆译,商务印书馆 2013 年版。

[13]〔德〕黑格尔:《哲学史讲演录》(第四卷),贺麟、王太庆译,商务印书馆 2014 年版。

[14]〔德〕利奇温:《十八世纪中国与欧洲文化的接触》,朱杰勤译,商务印书馆 1991 年版。

[15]〔德〕马克思:《机器。自然力和科学的应用》,人民出版社 1978 年版。

[16]〔德〕马克斯·韦伯:《文明的历史脚步——韦伯文集》,黄宪起、张晓琳译,生活·读书·新知三联书店 1988 年版。

[17]〔德〕马克斯·韦伯:《新教伦理与资本主义精神》,李修建、张云江译,九州出版社 2007 年版。

[18]〔法〕卢梭:《卢梭全集》(第 4 卷),李平沤译,商务印书馆 2016 年版。

[19]〔法〕孟德斯鸠:《论法的精神》(上下册),张雁深译,商务印书馆 1987 年版。

[20]〔法〕谢和耐:《中国社会史》,黄建华、黄迅余译,江苏人民出版社 2010 年版。

[21]〔加拿大〕诺曼:《日本维新史》,姚曾廙译,商务印书馆 1962 年版。

[22]〔美〕M. G. 马森:《西方的中华帝国观》,杨德山等译,时事出版社 1999 年版。

[23]〔美〕安乐哲:《和而不同:中西哲学的会通》,温海明等译,北京大学出版社 2009 年版。

[24]〔美〕丁韪良:《花甲忆记——一位美国传教士眼中的晚清中国》,沈弘、恽文捷、郝田虎译,广西师范大学出版社 2004 年版。

[25]〔美〕杜威:《杜威五大讲演》,张恒编,金城出版社 2010 年版。

［26］〔美〕菲利普·李·拉尔夫等:《世界文明史》(上下卷),赵丰等译,商务印书馆2001年版。

［27］〔美〕费正清、赖肖尔:《中国:传统与变革》,陈仲丹等译,吴世民等校,江苏人民出版社1995年版。

［28］〔美〕费正清、刘广京编:《剑桥中国晚清史(1800—1911)》(上下卷),中国社会科学院历史研究所编译室译,中国社会科学出版社1993年版。

［29］〔美〕弗朗西斯·福山:《政治秩序与政治衰败:从工业革命到民主全球化》,毛俊杰译,广西师范大学出版社2015年版。

［30］〔美〕郭颖颐:《中国现代思想中的唯科学主义(1900—1950)》,雷颐译,江苏人民出版社1995年版。

［31］〔美〕杰西·格·卢茨:《中国教会大学史(1850—1950)》,曾钜生译,浙江教育出版社1987年版。

［32］〔美〕柯文:《在传统与现代性之间——王韬与晚清改革》,雷颐等译,江苏人民出版社1994年版。

［33］〔美〕科恩:《科学中的革命》,鲁旭东、赵培杰、宋振山译,商务印书馆1998年版。

［34］〔美〕默顿:《十七世纪英国的科学、技术与社会》,范岱年、吴忠、蒋效东译,四川人民出版社1986年版。

［35］〔美〕帕尔默、科尔顿:《近现代世界史》(上中下册),孙福生等译,商务印书馆1992年版。

［36］〔美〕彭慕兰:《大分流:欧洲、中国及现代世界的发展》,史建云译,江苏人民出版社2003年版。

［37］〔美〕乔纳森·斯潘塞(史景迁):《改变中国》,曹德骏等译,生活·读书·新知三联书店1990年版。

［38］〔美〕塞缪尔·亨廷顿:《文明的冲突与世界秩序的重建》,周琪、刘绯、张立平、王圆译,新华出版社1999年版。

［39］〔美〕威廉·麦克尼尔:《西方的兴起:人类共同体史》,孙岳等译,郭方等译校,中信出版社2015年版。

［40］〔美〕韦尔伯·施拉姆:《大众传播媒介与社会发展》,金燕宁等译,华夏出版社1990年版。

［41］〔日〕沟口雄三:《作为方法的中国》,孙军悦译,生活·读书·新知三联书店2011年版。

［42］〔日〕森有礼编:《文学兴国策》,林乐知、任廷旭译,世纪出版集团、上海书店出版社2002年版。

［43］〔日〕实藤惠秀:《中国人留学日本史》,谭汝谦等译,生活·读书·新知三联书店1983年版。

［44］〔意〕利玛窦、〔比〕金尼阁:《利玛窦中国札记》(上下册),何高济等译,何兆武校,中华书局1983年版。

［45］〔英〕W.C.丹皮尔:《科学史及其与哲学和宗教的关系》(上下册),李珩译,张今校,商务印书馆1997年版。

［46］〔英〕赫德逊:《欧洲与中国》,王遵仲等译,何兆武校,中华书局1995年版。

［47］〔英〕怀特海:《科学与近代世界》,何钦译,商务印书馆1997年版。

［48］〔英〕李约瑟:《中国科学技术史》(第一卷,导论),袁翰青等译,科学出版社、上海古籍出版社2018年版。

［49］〔英〕李约瑟:《中国科学技术史》(第二卷,科学思想史),何兆武等译,科学出版社、上海古籍出版社2018年版。

［50］〔英〕李约瑟:《中国科学技术史》(第三卷,数学、天学和地学),梅荣照等译,科学出版社、上海古籍出版社2018年版。

［51］〔英〕李约瑟:《中国科学技术史》(第六卷,生物学及相关技术),刘巍译,科学出版社、上海古籍出版社2013年版。

［52］〔英〕罗素:《罗素自传(第二卷1914—1944)》,陈启伟

译，商务印书馆2016年版。

［53］〔英〕罗素:《中国问题》，秦悦译，学林出版社1996年版。

［54］〔英〕麦肯齐:《泰西新史揽要》，李提摩太、蔡尔康译，上海书店出版社2002年版。

［55］〔英〕塞缪尔·E.芬纳:《统治史》（三卷），王震译，华东师范大学出版社2014年版2015年印刷。

［56］〔英〕苏慧廉:《李提摩太在中国》，关志远等译，广西师范大学出版社2007年版。

［57］〔英〕汤因比、〔日〕池田大作:《展望二十一世纪——汤因比与池田大作对话录》，荀春生等译，中国国际文化出版公司1985年版。

［58］〔英〕汤因比:《文化经受着考验》，沈辉等译，浙江人民出版社1988年版。

［59］〔英〕伟烈亚力:《1867年以前来华基督教传教士列传及著作目录》，倪文君译，广西师范大学出版社2011年版。

［60］〔英〕亚当·斯密:《国民财富的性质和原因的研究》（上下卷），郭大力、王亚南译，商务印书馆1983年版。

［61］〔英〕约·罗伯茨编著:《十九世纪西方人眼中的中国》，蒋重跃、刘林海译，时事出版社1999年版。

［62］北京大学哲学系编:《西方哲学原著选读》（上下卷），商务印书馆1986年版。

［63］曹从坡、杨桐主编:《张謇全集》（6卷），江苏古籍出版社1994年版。

［64］陈邦贤:《中国医学史》，上海书店1984年版。

［65］陈登原:《中国文化史》（上下册），商务印书馆2014年版。

［66］陈独秀:《独秀文存》（3卷），外文出版社2013年版。

［67］陈独秀:《独秀文存》，安徽人民出版社1987年版。

［68］陈谷嘉、邓洪波编:《中国书院史资料》（上中下册），浙江教育出版社1998年版。

［69］陈景磐编:《中国近代教育史》，人民教育出版社1983年版。

［70］陈乐民、周弘:《欧洲文明的进程》，生活·读书·新知三联书店2014年版。

［71］陈青之:《中国教育史》，中国社会科学出版社2009年版。

［72］陈旭麓:《陈旭麓文集　第二卷：思辨留踪（上）》，华东师范大学出版社1997年版。

［73］陈学恂、田正平编:《中国近代教育史资料汇编》，上海教育出版社1991年版。

［74］陈学恂主编:《中国近代教育大事记》，上海教育出版社1981年版。

［75］陈学恂主编:《中国近代教育史教学参考资料》（上中下册），人民教育出版社1987年版。

［76］戴逸:《18世纪的中国与世界：导言卷》，辽海出版社1999年版。

［77］丁钢、刘琪:《书院与中国文化》，上海教育出版社1992年版。

［78］丁伟志、陈崧:《中西体用之间》，中国社会科学出版社1995年版。

［79］丁晓禾主编:《中国百年留学全纪录》（4册），珠海出版社1998年版。

［80］董光璧主编:《中国近现代科学技术史》，湖南教育出版社1995年版。

［81］董光璧:《中国近现代科学技术史论纲》，湖南教育出版社1992年版。

［82］樊洪业、张久春选编:《科学救国之梦——任鸿隽文存》，

上海科技教育出版社、上海科学技术出版社2002年版。

［83］樊树志:《晚明大变局》,中华书局2015年版。

［84］方汉奇:《中国近代报刊史》,山西出版传媒集团·山西教育出版社2012年版。

［85］冯林主编:《重新认识百年中国——近代史热点问题研究与争鸣》,改革出版社1998年版。

［86］傅璇琮:《唐代科举与文学》,陕西人民出版社2007年版。

［87］高明撰:《帛书老子校注》,中华书局1996年版。

［88］高平叔编:《蔡元培全集》,中华书局1984年版。

［89］高奇:《中国现代教育史》,北京师范大学出版社1995年版。

［90］高瑞泉主编:《中国近代社会思潮》,华东师范大学出版社1996年版。

［91］高时良、黄仁贤编:《中国近代教育史资料汇编（洋务运动时期教育）》,上海教育出版社2007年版。

［92］高时良主编:《中国教会学校史》,湖南教育出版社1994年版。

［93］高宗鲁:《中国幼童留美史》,华欣文化事业中心1982年版。

［94］戈公振:《中国报学史》,山东画报出版社2019年版。

［95］葛荣晋主编:《中日实学史研究》,中国社会科学出版社1992年版。

［96］顾树森编著:《中国古代教育家语录类编》（上下册）,上海教育出版社1983年版。

［97］顾卫民:《基督教与近代中国社会》,上海人民出版社1996年版。

［98］顾长声:《传教士与近代中国》,上海人民出版社1995年版。

［99］顾长声:《从马礼逊到司徒雷登——来华新教传教士评传》,上海人民出版社1985年版。

［100］顾准:《顾准文集》,华东师范大学出版社 2014 年版。

［101］郭廷以:《近代中国的变局》,九州出版社 2012 年版。

［102］何怀宏:《选举社会及其终结:秦汉至晚清历史的一种社会学阐释》,生活·读书·新知三联书店 1998 年版。

［103］何晓明:《百年忧患——知识分子命运与中国现代化进程》,东方出版中心 1997 年版。

［104］胡适:《丁文江传》,海南出版社 2002 年版。

［105］胡适:《胡适文存》,外文出版社 2013 年影印版。

［106］胡适:《胡适文存(二集)》,外文出版社 2013 年影印版。

［107］胡适:《胡适文存(三集)》,外文出版社 2013 年影印版。

［108］胡适:《胡适文存》(4 册),上海科学技术文献出版社 2015 年版。

［109］胡适:《四十自述》,中国画报出版社 2014 年版。

［110］黄济主编:《中国传统教育哲学思想概论》,河南教育出版社 1994 年版。

［111］黄留珠:《中国古代选官制度述略》,陕西人民出版社 1989 年版。

［112］黄新宪:《基督教教育与中国社会变迁》,福建教育出版社 1996 年版。

［113］江文汉:《明清间在华的天主教耶稣会士》,知识出版社 1987 年版。

［114］蒋廷黻:《中国近代史》,民主与建设出版社 2017 年版。

［115］金观涛、刘青峰:《兴盛与危机——论中国封建社会的超稳定结构》,湖南人民出版社 1984 年版。

［116］金耀基:《从传统到现代》,中国人民大学出版社 1999 年版。

［117］孔国平等:《中国近代科学的先行者——华蘅芳》,科学

出版社 2016 年版。

［118］李楚材辑:《帝国主义侵华教育史资料——教会教育》，教育科学出版社 1987 年版。

［119］李桂林编:《中国现代教育史教学参考资料》，人民教育出版社 1987 年版。

［120］李汉武:《魏源传》，湖南大学出版社 1988 年版。

［121］李喜所:《近代中国的留学生》，人民出版社 1987 年版。

［122］李亚舒、黎难秋主编:《中国科学翻译史》，湖南教育出版社 2000 年版。

［123］李泽厚:《中国古代思想史论》，人民出版社 1986 年版。

［124］李泽厚:《中国近代思想史论》，人民出版社 1986 年版。

［125］梁启超:《梁启超论清学史二种》，朱维铮校注，复旦大学出版社 1985 年版。

［126］梁启超:《饮冰室合集》(12 册)，中华书局 2008 年版。

［127］梁启超:《中国近三百年学术史》，中国书店 1985 年版。

［128］梁漱溟:《中国人：社会与人生——梁漱溟文选》(上下卷)，中国文联出版公司 1996 年版。

［129］梁元生:《林乐知在华事业与〈万国公报〉》，香港中文大学出版社 1978 年版。

［130］梁柱:《蔡元培与北京大学》，北京大学出版社 1995 年版。

［131］林庆元编:《福建船政局史稿》，福建人民出版社 1986 年版。

［132］刘大椿、吴向红:《新学苦旅——科学·社会·文化的大撞击》，江西高校出版社 1995 年版。

［133］刘海峰、李兵:《中国科举史》，东方出版中心 2006 年版。

［134］刘墨:《乾嘉学术十论》，生活·读书·新知三联书店 2006 年版。

[135] 刘志琴主编:《近代中国社会文化变迁录》(3卷),浙江人民出版社1998年版。

[136] 柳诒徵:《中国文化史》(上下卷),东方出版中心1996年版。

[137] 栾保群详注:《山海经详注》,中华书局2019年版。

[138] 罗荣渠:《现代化新论——世界与中国的现代化进程》,北京大学出版社1993年版。

[139] 罗新璋、陈应年编:《翻译论集》(修订本),商务印书馆2015年版。

[140] 吕达:《中国近代课程史论》,人民教育出版社1994年版。

[141] 马敏:《过渡形态:中国早期资产阶级构成之谜》,中国社会科学出版社1994年版。

[142] 牟宗三:《中国哲学十九讲》,吉林出版集团有限责任公司2010年版。

[143] 彭明、程歗主编:《近代中国的思想历程(1840—1949)》,中国人民大学出版社1999年版。

[144] 齐思和等整理:《筹办夷务始末(道光朝)》(80卷),中华书局2014年版。

[145] 启良:《新儒学批判》,生活·读书·新知三联书店1995年版。

[146] 璩鑫圭、唐良炎编:《中国近代教育史资料汇编(学制演变)》,上海教育出版社2007年版。

[147] 璩鑫圭、童富勇编:《中国近代教育史资料汇编(教育思想)》,上海教育出版社2007年版。

[148] 璩鑫圭编:《中国近代教育史资料汇编(鸦片战争时期教育)》,上海教育出版社2007年版。

[149] 阮元、罗士琳等撰:《畴人传合编校注》,冯立昇主编,

冯立昇等校注,中州古籍出版社2012年版。

[150]桑兵:《晚清学堂学生与社会变迁》,学林出版社1995年版。

[151]商务印书馆编辑部编:《论严复与严译名著》,商务印书馆1982年版。

[152]沈福伟:《中西文化交流史》,上海人民出版社1985年版。

[153]石峻等编:《中国近代思想史参考资料简编》,生活·读书·新知三联书店1957年版。

[154]舒新城编:《中国近代教育史资料》(上中下册),人民教育出版社1981年版。

[155]宋恩荣:《近代中国教育改革》,教育科学出版社1994年版。

[156]宋恩荣编:《晏阳初文集》,教育科学出版社1989年版。

[157]孙宏安:《中国古代科学教育史略》,辽宁教育出版社1996年版。

[158]谭双泉:《教会大学在近现代中国》,湖南教育出版社1995年版。

[159]汤志钧、陈祖恩、汤仁泽编:《中国近代教育史资料汇编(戊戌时期教育)》,上海教育出版社2007年版。

[160]汤志钧编:《康有为政论集》(2册),中华书局1981年版。

[161]唐宝林:《陈独秀全传》,社会科学文献出版社2013年版。

[162]唐逸主编:《基督教史》,中国社会科学出版社1993年版。

[163]田正平:《留学生与中国教育的近代化》,广东教育出版社1996年版。

[164]汪广仁主编:《中国近代科学先驱徐寿父子研究》,清华大学出版社1998年版。

[165]王炳照、阎国华主编:《中国教育思想通史》(8卷),湖

南教育出版社 1994 年版。

［166］王尔敏:《上海格致书院志略》,香港中文大学出版社 1980 年版。

［167］王树槐:《外人与戊戌变法》,上海书店出版社 1998 年版。

［168］王韬:《弢园文新编》,生活·读书·新知三联书店 1998 年版。

［169］王先明:《近代新学——中国传统学术文化的嬗变与重构》,商务印书馆 2000 年版。

［170］王扬宗:《傅兰雅与近代中国的科学启蒙》,科学出版社 2000 年版。

［171］王阳明:《传习录》,江西人民出版社 2016 年版。

［172］王阳明:《王阳明全集》,张立文整理,红旗出版社 1996 年版。

［173］王寅生编订:《中国的西方形象》,团结出版社 2015 年版。

［174］魏源撰:《海国图志》(上中下册),陈华等点校注释,岳麓书社 1998 年版。

［175］吴国盛:《技术哲学讲演录》,中国人民大学出版社 2009 年版。

［176］吴利明:《基督教与中国社会变迁》,香港基督教文艺出版社 1981 年版。

［177］萧功秦:《危机中的变革——清末现代化进程中的激进与保守》,生活·读书·新知三联书店 1999 年版。

［178］熊月之:《西学东渐与晚清社会》,上海人民出版社 1994 年版。

［179］徐中约:《中国近代史（1600—2000 中国的奋斗）》,计秋枫、朱庆葆译,世界图书出版公司 2013 年版。

［180］徐宗泽编著:《明清间耶稣会士译著提要》,中华书局

1989 年版。

［181］许纪霖、陈达凯主编:《中国现代化史》(第一卷),生活·读书·新知三联书店 1995 年版。

［182］许纪霖主编:《何种文明? 中国崛起的再思考》,江苏人民出版社 2012 年版。

［183］许明龙主编:《中西文化交流先驱》,东方出版社 1993 年版。

［184］严复:《严复集》(5 册),王栻主编,中华书局 1986 年版。

［185］杨国强:《百年嬗蜕:中国近代的士与社会》,生活·读书·新知三联书店 1997 年版。

［186］张建伟、邓琮琮:《中国院士》,浙江文艺出版社 1996 年版。

［187］张君劢、丁文江等:《科学与人生观》,山东人民出版社 1997 年版。

［188］张鸣:《再说戊戌变法》,陕西出版传媒集团、陕西人民出版社 2013 年版。

［189］张品兴主编:《梁启超全集》(10 册),北京出版社 1999 年版。

［190］张星烺:《欧化东渐史》,商务印书馆 2000 年版。

［191］章开沅、马敏主编:《基督教与中国文化丛刊》,湖北教育出版社 2000 年版。

［192］章开沅:《开拓者的足迹——张謇传稿》,中华书局 1986 年版。

［193］章开沅主编:《文化传播与教会大学》,湖北教育出版社 1996 年版。

［194］章柳泉:《中国书院史话——宋元明清书院的演变及其内

容》,教育科学出版社 1981 年版。

［195］赵尔巽等撰:《清史稿》(4 册),中华书局 1998 年影印版。

［196］赵俊杰:《科技复兴——欧洲的梦想与现实》,陕西人民教育出版社 1997 年版。

［197］中国孔子基金会编:《中国儒学百科百书》,中国大百科全书出版社 1997 年版。

［198］中国史学会主编:《中国近代史资料丛刊·戊戌变法》(4 册),上海人民出版社 1957 年版。

［199］中国史学会主编:《中国近代史资料丛刊·洋务运动》(8 册),上海人民出版社 1961 年版。

［200］中国文化书院学术委员会编:《梁漱溟全集》(8 卷),山东人民出版社 2011 年版。

［201］中华书局编辑部,李书源整理:《筹办夷务始末(同治朝)》(100 卷),中华书局 2008 年版。

［202］中华书局编辑部整理:《筹办夷务始末(咸丰朝)》(80 卷),中华书局 1979 年版。

［203］中华书局编辑部编:《魏源集》(上下册),中华书局 2018 年版。

［204］钟叔河:《走向世界——近代中国知识分子考察西方的历史》,中华书局 1993 年版。

［205］钟叔河主编:《走向世界丛书》(10 册),岳麓书社 2008 年修订版。

［206］周积明:《最初的纪元——中国早期现代化研究》,高等教育出版社 1996 年版。

［207］朱维铮:《走出中世纪》(增订本),中信出版集团 2018 年版。

［208］朱维铮主编:《基督教与近代文化》,上海人民出版社1994年版。

［209］朱熹撰:《四书章句集注》,徐德明校点,上海古籍出版社2001年版。

［210］朱有瓛主编:《中国近代学制史料》(第一辑),华东师范大学出版社1983年版。

［211］朱有瓛主编:《中国近代学制史料》(第二辑),华东师范大学出版社1987年版。

［212］朱有瓛、高时良主编:《中国近代学制史料》(第四辑),华东师范大学出版社1993年版。

［213］邹振环:《晚明汉文西学经典:编译、诠释、流传与影响》,复旦大学出版社2011年版。

［214］祖嘉合、梁雪影:《工业文明》,华夏出版社2000年版。

后　记

人类的文明都激荡着历史的回声，而人类的历史则是依靠文化的链环来衔接与延续的，对现实的曲解往往来源于对历史的无知和漠视。文化与历史自有其独特的价值和令人销魂的美感，它思接万千世界，雄视古今中外。人类文明的主题无疑就是历史和文化，而历史与文化从根本上说就是人类本身及其思想与行为。人虽然是历史的囚徒，且历史的规律也往往让人捉摸不透，但历史终究是难以忘怀的，每一个栖身大地的人无不处在历史的坐标中。正如法国史学大师马克·布洛赫所言："在逝去的漫漫时光中，似乎总有这么一个短暂时期，其开端相对而言距今并不久远，其结局与我们的时代巧合。无论是其引人注目的社会、政治特征，还是物质设施、文化情调皆与我们的世界没有任何重大的差异。总之，它与我们具有显著的'同时代性'，并由此产生出与过去不同的长处和短处。"[1] 所以近代中国的历史虽然离我们的记忆有近200年，但是这些消失于历史深处的文化似乎又离我们很近，到处都留存有抹不去的痕迹，借助这些文化遗产我们仍然可以究天人之际、通古今之变，正所谓前事不忘，后事之师。

---

[1] 〔法〕马克·布洛赫：《历史学家的技艺》，张和声、程郁译，上海科学出版社2019年版，第20—21页。

谁也不敢否认中国是人类文明的主要发源地和中心之一，许多在人类文明史上曾经一度繁荣的文明都已消逝不见，而华夏文明数千年来一直延绵不绝、令人着迷。若将中国数千年的文明史比作一个舞台，那么近代中国100多年的文明史毫无疑问也是一出历史大剧。尽管出剧的演员们表演得不是太好，有些遗憾，有些甚至不忍看下去，但历史的真相就是这样。1898年，张之洞在《劝学篇》中说："古来世运之明晦，人才之盛衰，其表在政，其里在学。"① 是时，国势颓危，列强环伺，传统频遭质疑，西学新知呕呕而入。一时间，中西学并立，文史哲分家，新学科勃兴，令国人乱花迷眼，中国传统文化的转型正是完成于这一混沌的过渡时期，于切磋琢磨、交锋碰撞、融合会通中不断前行。而文化与思想的新变，又带动了社会各领域的全面转型，为中华文明的复兴奠定了基础。可以说，是西方列强的大炮将中国从中世纪的荒野打入近代文明的大门，近代中国的历史是屈辱、悲壮的，但中国传统文化又在近代的悲愤、抗争和会通中实现了新生。

有人说，对历史有真正的认识会使我们时时记得宽容。但我更倾向于认为，对历史时时存有记忆会使我们对当下世界有更加清醒和理智的判断。清朝末年，貌似文明的西方列强凭借其近代以来发展起来的先进科技和强大的经济军事实力，联合起来以傲慢和野蛮的姿态欺凌中国、侵略中国，上演了人类文明史上极不文明的一幕。今天的世界格局显然与那时不可同一而语。当下的中国，已不再是19世纪西方人眼中那个愚昧落后、衰败脆弱的国度了，中国的复兴也不是西方人认可的方式，而是一个文明古国在汲取人类智慧的同时，以独立思考的特有方式展开的。但我们今天所处的世界，有一点与近代又十分相似，那就是，西方的优越感在今天的中国人面前

---

① 舒新城编:《中国近代教育史资料》(下册)，人民教育出版社1981年版，第962页。

已荡然无存的时候，一些西方人对中国的傲慢和偏见并没有真正地改变。西方各国对中国尽管不敢像100多年前那样明目张胆行欺凌侵略之举，但他们对中华文明的全面复兴与中国在世界舞台上的迅速崛起极不甘心，时刻不忘围追堵截。正因如此，我们对近代中国这段亘古未有的变局进行深入的思考，探究中国这个人类文明史上最耀眼、最灿烂的文明中心，为什么到明朝便开始褪色，到清朝更是日趋落伍？中国传统文化在应对外来文化侵略的抗争中，是如何在近代的被动应对与主动汲取的过程中，实现推陈出新的？中华文明在人类文明史上是独自创发的，但在历史的视野中，不同区域、不同人种、不同民族间的文化既有其独特性，又是多元与相互融通的，那些常常被我们忽略的外来文化元素，特别是曾经被我们避而不谈的西来基督教传教士，到底在中国传统文化新陈代谢，特别是近代中国科技与文化教育发展中起到什么样的作用？厘清这几个关键性的问题及其中的关键性因素所在，不论对于中国当下的发展抑或是未来发展路径和策略的选择，都显得尤有必要。

然而，在今天这样一个飞速转动的时代里，到处都是令人眩晕的匆忙，到处都是浮躁急进的功利主义。也许是现代社会的确有太多的诱惑、太多的是非利害、太多的道德表演，我们被拥塞其间，不得喘息，以至躁动不安、内心空虚、理性丧失，不能平静地生活和思考，自然也就无暇顾及思索这些看似无关紧要的问题。严复所谓的"士徇利禄，守阙残，无独辟之虑"[①]，也就成了当下的一种普遍现象或者说是一道随处可见的景观；马克斯·韦伯所谓的"社会上到处都充斥着没有精神的专家，没有信仰的声色沉迷之徒"[②]，在这个

---

① 严复：《天演论·自序》，载王栻主编：《严复集》（五），中华书局1986年版，第1320页。

② 马克斯·韦伯：《新教伦理与资本主义精神》，九州出版社2007年版，第285页。

聒噪的演员世界里有此广大的市场也就不足为怪了。由此，近代中国所发生的一切已显得陌生与隔阂，它们正在人们心中，尤其是在年轻人心中，被疏远遗忘或显得无足轻重，也许会有一天我们将不知历史为何物。但是，民族文化不仅和有机体一样有其内在的演化发展规律，而且它与价值观念一样是传承相继的，它隐藏于人们的生活习性和思想言行之中。如果一味地否定文化的累积与传承，至少是一种虚幻主义的态度与极端轻率的行为。也就是说，文化和人一样都是历史的产物，都是一代代走过来，又一步步走向下一个新时代，正所谓"一切终将过去"，但"一切都不会轻易过去"。所以，温故而知新，述往事而思来者，考镜源流，辨章学术，以展现中华传统文化之新变，探求中华现代文明之根基，这或许就是学者们乐此不疲的缘由，也是我撰写拙著的初衷。

　　唯有文字可以永存。所以，学者们常把著书立言比作"名山事业"，十分慎重。这项事业的确极其艰辛，正所谓"文章千古事，得失寸心知"。在我所有的著作里，拙作可能算不上是我最喜欢的一部，也称不上是一部最严肃的、有思想深度的学术著作，但它却是我花费心血精力最多的一部。为撰写拙著，我阅读了数千万字的文献。但这个问题的确体大精深，故需广泛涉猎古今中外人类文明史上的各种知识和历史人物。史事烦重，调度不易，自古已然。要研究这样一个宏大的课题，我常想以我的学识和所处的环境条件是极不相称的，或许终其一生也只能是"弱水三千，取一瓢饮"而已。同时，研究的这个课题涉及大量的自然科学技术知识，而我毕生所学又大都是教育学方面的知识，近20多年来又专门从事所谓的职业教育研究。尽管我兴趣比较广泛，并不满足于自己专业所学，且很难说自己有一个明确的专业方向，但历史与自然科学技术毕竟不是自己的专长。所以，当我阅读那些专业以外，特别是涉及自然科学技术方面的历史文献时，就像是处在一片昏暗与茫然之中，读得越多，越发体会到这个选题的复杂纷繁以及自己的无知与寡闻，其中的奥妙也许远不是我这个门外汉所能理解的。宗教和科技是社会生活的两个重要方面，尽管宗教与科技之间长期存在着冲突，但人类文明的一个重要来源是西方的基督教文明却是确定无疑的，中国传统文化教育的新陈代谢与它也是息息相关的。基督教文明与我们所推崇的儒家文化是有别的，况且基督教历史之悠久、教派之林立、纷争之繁复，初识其源流演变已属不易。加之我30多年前所学的英文和日文，由于常年不用已几乎遗忘殆尽，对于涉及基督教和传教士的资料，我只能去读第二手的翻译文献，姑且不去评析这些文献会不会出错或作伪，就是这些翻译过来的著作是否达到了严复所谓的"信、达、雅"标准，我也是断然不能判定的。基于上述种种的原因，我的底气一直不足，几次写到中途又放弃。当然，在这个讲求实用和功利的时代，个中原因自然不排除有严复所谓"辛苦著书成底用？竖儒空白五分头"[①]这样的感慨。去年6月，因不小心，摔伤了脚，行动不便，我只能待在家里休养。在这个物质丰盛的社会，家中自然不乏果腹的食物，但那只能喂养身体的躯壳。人毕竟是有思想的动物，还需要有滋养大脑和心灵的面包。为了不至于像野兽那样愚蠢而粗俗地活着，寻求一种清新的、简单的生活，亦或是为了排遣心中的狂躁与内心的空虚，寻求心灵上的安慰，我又有了重拾此作的念想；春节至今，因波及世界的新冠肺炎病毒疫情，推迟上班，使我又有了一段静心独处、无琐事搅扰的美好时光，终于一鼓作气草就此书。

　　众所周知，历史画面是色彩斑斓的，而且往往还是捉摸不着、难以理喻的，它是由无数偶然与必然的因素促成的，每个历史时刻都有多种意义，每个历史人物也都有其独特的心路历程。人类文明也不是永恒不变的，是会随着历史的发展和文明间的相互碰撞而发

---

① 严复：《赠英华》，载王栻主编：《严复集》（二），中华书局1986年版，第414页。

生演化的，同时它又是多姿多彩的，是区域性与多样性并存的，当然它有时也难免是荒唐可笑的。这些虽然为我们研究人类文明的历史展现了一个十分广阔的、热闹的舞台，但也增加了我们研究的艰难与复杂程度。譬如，中国的现代文明是在晚清被动应对西方列强的侵略和主动学习西方近代新生文明——科学技术与政教制度的过程中展开的，但我们的先人在应对西方文明挑战的过程中并没有走上完全西化的道路，而是走上了一条既会通中西，又具有某种与西方不一样的中国特质的发展道路，也就是说近代中国的文明变迁有中国社会经济、政治和思想文化的内在渊源，并不是完全由外来文明强压的。譬如，人类文明中的两大源头，中国的春秋战国时期和古希腊罗马时期，天才卓绝的思想家和不可一世的暴君并处，不朽的文明和不朽的战争并存，这显然就是对历史和文明的一大讽刺。再譬如，第一次世界大战的爆发，可以说是近代科技高度发达后直接催生了西方侵略者野心的结果。大战结束后，1918年底至1920年初，梁启超偕蒋百里、丁文江、张君劢等人赴欧洲考察，他们目睹了欧洲"文明国家"互相厮杀的惨状及战后西方社会的危机四伏，对欧洲和欧洲文明的价值大失所望，回国后梁启超写了一篇《欧游心影录》，他在文中直言"科学破产"，说"欧洲人做了一场科学万能的大梦"。可见，西方近代科学技术在创造种种奇迹使人类摆脱愚昧、贫穷和懦弱的同时，也给人类文明带来了摧残以及给人类自身带来了种种苦难、不切实际的虚幻及为此而付出的高昂代价；当然这也表明，人从来就不是完全理性的动物，任何科技的发展都不可能满足人类多样性的、永无止境的欲望，通往人类文明的道路向来都是与不文明的野蛮相伴而行的。对此，我们应该以一种什么样的历史文化视角和思想经纬去对这些历史现象进行理性的分析和客观的评判？同时，离开特定的历史环境，就很难理解任何历史现象，加之历史又不是玄虚的文字可以随意描述、任情褒贬的，历史事件的产生有当时特定的环境条件、有事物发展的脉络和规律、有始料不及的机缘巧合；历史人物也是他们所处时代和社会环境的产物，且他们的思想言行是离不开既存的生活境遇的，不管是多么伟大的天才人物，他们也有内心的烦恼、痛苦和不安。要使历史事件的描述不至于停留在笼统、抽象的层面，使历史人物不至于脸谱化、简单化，就只有从点滴微观的真实细节入手，反复咀嚼、考证辨伪，才能对久远的历史事件的评判不至于得出荒唐的结论，才能使历史人物有活生生的呼吸，并对他们多一分理解与同情。但是，要做到这一点，的确是非常之艰难。为了力求还原和接近历史，比较真实地记录每个历史事件和历史人物，体现一个学者所谓"内不欺心，外不欺人"的良知，我有时为了一个历史事件或历史人物的细节，往往要熬上好几夜去查阅相关的文献资料；为了寻求一种新的认知或新的叙述角度，用一种轻松流畅的文笔去描述那些波澜壮阔的历史事件和那些旷古难见的天才人物与思想巨匠，我也往往要反复推敲好几天。梁启超曾有言："今日中国之现状，实如驾一扁舟，初离海岸线，而放于中流，即俗语所谓两头不到岸之时也。"[①] "两头不到岸"说的就是，近代中国的各种事业与各色人物夹缠在古今、新旧、中西之间，不易做也不好说。法国当代著名哲学家雷蒙·阿隆亦有言："人的认识不可能尽善尽美，这并非因为我们缺少无所不知的本领，而是因为我们认识的对象蕴涵的意义丰富至极。"[②] 历史的多样性和复杂性是令人吃惊的！历史人物的确很少是绝对的好或绝对的坏，历史事件亦很少像不是白便是黑、不是对便是错这样泾渭分明的。况且，我等并非圣贤，总免不了有个人的情感好恶，要以超然物外的态度对待史实，避免因个人的偏好而影响自己理性的思考和

[①] 梁启超：《过渡时代论》，载《饮冰室合集》（文集之六），中华书局2008年版。
[②] 雷蒙·阿隆：《知识分子的鸦片》，吕一民、顾杭译，译林出版社2012年版，第147–148页。

严肃的评判，亦须有非凡的定力和宽广的视野，而识见不广、思想浅薄如我者要做到这点也实非易事。正如杜甫所谓"愁极本凭诗遣兴，诗成吟诵转凄凉"，大概也只有历尽风霜之后，才能看透世事、理解历史。所以，拙作虽然草就，于繁征博引之间，虽勉强以萤火之光、愚拙之材，妄烛前古，妄谈往昔，但荒谬之处肯定不少。在此，只有乞求读者诸君：读其书而谅其人，明其义而不囿其辞了。

拙作是我主持的广东省人文社科重点研究基地——新时代中国职业教育研究中心和中国职业技术教育学会研究课题的研究成果之一。在拙著付梓之际，我要感谢我所服务的深圳职业技术学院，它不仅为我提供了良好的学术研究条件，而且还为拙著的出版提供了资助费用。学术之道从来就是前后相继，绵绵不绝的。先圣孔子尚且有"述而不作"（《论语·述而》）之谓，道家先祖庄周更有"大圣不作"（《庄子·外篇·知北游》）一说。所以，在拙著中，我也荣幸地借鉴、援引了中外诸多前贤和学者的相关研究成果，除了在行文中一一注明以示恭敬外，在此我还要再一次表示深深的谢意。当然，我要声明的是，尽管我试图在先贤铺垫的学术路基上开张更新、踵事增华，但就拙作现有的水平看，还是远远没有达成我当初的愿望的！拙著能顺利出版，当然少不了商务印书馆苑容宏先生和编辑人员所付出的辛勤劳动，在此亦表敬意。我还要感谢我的好友罗凌云先生，在与他的交往中，我不仅获得了许多做人的道理，领悟了孔圣人所谓"仁义"的真谛与价值，他对朋友的赤诚更是深深地感动了我；他对工作的热情和强烈的责任心，也令我为之敬佩，在疫情期间，为了守护好中国的南大门，他经常通宵达旦地忘我工作，而且是连续几个月不休息；也是他告诉我，著书立说是一个学者的本分与情怀（老实说，来深圳三十年，迫于生计，浑浑噩噩，心智昏乱，学无所成，所以从不敢以所谓学者自居）。也许就是我这位豪情满怀、心气相通的仁义之兄使我重拾了这种情怀，正因为这种情怀，在我几次想放弃时，又有了写下去的精神动力。忽视最亲近、最熟悉的人的存在和付出，可能是人类的通病。但在这里，我还是要特别地感激我的妻子林学萍女士，是她以平凡而伟大的母爱为我们养育了一位聪慧灵秀、刻苦耐劳且能自食其力的女儿，使我的人生获得了升华，充满了快乐与甜美；是她的智慧和辛劳，使我这样一个百无一用的人在深圳这样一个世俗化的大都市也能过上一种比较体面和些许尊严的生活；是她甘于牺牲自我，在我撰写拙作期间，让我过上了一种"饭来张口"的生活，在解决我口腹饥渴的同时也温暖了我的灵魂。看来，上苍待我真是不薄。草民如此，夫复何求！

去年年末至今，一场突然而来的新冠肺炎病毒疫情正在波及全球，正所谓世事难料，变化莫测，昨天还是世事如常，今天就变得诸事不宜了。人们的正常生活被打乱，世界的政治经济秩序、文化价值观念和人类生存的方式可能也因此而变，近代以来掀起的全球化热潮也极有可能因此衰弱，或者说至少会改变现存的模式。当我写完拙作时，被病毒所感染的人已超过400万人。尽管用不了多久，这场疫情终将被人类战胜，但这次疫情的确使西方所谓的民主政治和"新自由主义"带来的社会经济与民生问题暴露无遗。这又使我想起了梁漱溟先生晚年所说的这句话："这个世界会好吗"？这话或许是梁先生这位大哲一生对社会现实与人生问题的烦闷与怀疑。我没有梁先生的睿智、洞见与清醒，也没有他所处的那个时代的境遇，更无法预知那个不确定的、游移不定的未来，自然我也无法知道到底要生活在一个什么样的世界和社会里才会好。我向来认为，千古春秋在历史的长河中不过朝露而已，大多数人只不过是披了一件职业或身份的外衣来遮掩自己的渺小、无知和丑陋，绝大多数个体的存在似乎在历史上也是没有多少价值和光彩的，我们所知道的不过是像梭罗所说的每天都有日出日落而已。梁启超先生有言："人生不过数十寒暑耳，社会之纷纷扰扰，吾人何必去管？名利为身外之物，贪多务得，有何用处？"① 我生性懦弱胆怯，天资平庸愚钝，内心也充满了矛盾，我的思想在这个变化莫测的时代也像梁启超一样"太无成见"，自然也没有梭罗的豪迈气概："只要你善于思考，天堂倒塌或大地裂开，都将是伴你前进的音乐。"② 或许用梁先生上面那段话来作为我自己的人生志趣是一个不错的选择。当然，尽管未来不确定的因素太多，谁也无法断定来年就一定会比上一年过得更好、更自在，但我始终坚信，人类未来文明一定不仅仅是一个既有文明历史发展的结果，而是一个文明间相互碰撞融汇的结果；我尤其确信，中华文明一定会成为人类未来文明最重要的有机组成部分，中国的未来也一定会好的，较之西方所谓的发达国家，中国纵然不能后来居上，至少亦可以在世界舞台上并驾齐驱、一展风姿。也许，在不久的将来就会印证梁漱溟先生在100年前的断言："质而言之，世界未来文化就是中国文化的复兴。"③ 所以，行文至此，我还是想借用房龙在《人类的故事》中的一段话来鼓舞自己，也与阅读拙著的诸君同勉："我们是碰巧生不逢时，还是正好躬逢其盛，这完全依你的看法而定。但是那些生来具备了勇气与上天恩赐的好奇心的人，却完全有理由感到满足，因为时代给了我们机会，我们是目击者，正见证着历史舞台上最引人入胜的一幕。就我而言，我依然信仰着人类的终极命运，相信人类社会这些无休止的剧变与动乱是一个新时代的序章，在那个新时代，人类终将因信念而鼓足勇气，终将无畏地

---

① 梁启超：《中国教育之前途与教育家之自觉》，引自舒新城编：《中国近代教育史资料》（下册），人民教育出版社1981年版，第951页。

② 〔美〕亨利·戴维·梭罗：《寻找精神家园》，方碧霞译，外语教学与研究出版社2010年版，第259页。

③ 梁漱溟：《东西文化及其哲学》，载中国文化书院学术委员会编：《梁漱溟全集》（第一卷），山东人民出版社2011年版，第525页。

摆脱自己最可怕的敌人——任性的无知,以及精神上的极度怯懦。"[1]

最后,我还想借用17世纪英国伟大的清教徒诗人约翰·弥尔顿《失乐园》中的几行诗来表明我内心由衷的期待:

  我心中蒙昧,愿得您独照光明;
  我意趣卑低,愿得您提携引领。

李建求

2020 年 5 月 10 日

于三正半山居所

---

[1] 〔美〕亨德里克·威廉·房龙:《人类的故事》,邓嘉宛译,天津人民出版社2017年版,第389页。